图书编辑校对实用手册

（第五版）

黎洪波　利来友　编

GUANGXI NORMAL UNIVERSITY PRESS
广西师范大学出版社
· 桂林 ·

图书在版编目（CIP）数据

图书编辑校对实用手册 / 黎洪波，利来友编 . —5
版 . —桂林：广西师范大学出版社，2021.1（2024.10 重印）
ISBN 978-7-5598-3482-9

Ⅰ . ①图… Ⅱ . ①黎…②利… Ⅲ . ①图书—编辑工
作—手册②图书—校对—手册 Ⅳ . ①G232.2-62

中国版本图书馆 CIP 数据核字（2020）第 267205 号

广西师范大学出版社出版发行

（广西桂林市五里店路 9 号 邮政编码：541004
网址：http://www.bbtpress.com ）

出版人：黄轩庄

全国新华书店经销

广西广大印务有限责任公司印刷

（桂林市临桂区秧塘工业园西城大道北侧广西师范大学出版社
集团有限公司创意产业园内 邮政编码：541199）

开本：880 mm × 1 240 mm 1/32

印张：19.5 字数：554 千

2021 年 1 月第 5 版 2024 年 10 月第 7 次印刷

印数：30 001～35 000 册 定价：78.00 元

第五版说明

《图书编辑校对实用手册》(第四版)自 2016 年 9 月出版至今已有 4 年多,其间,国家有关部门陆续更新了一些新的法律法规和规范标准。为更好地满足广大文字工作者的需求,此次再版,编者对书中内容做了较大调整。删除《普通话异读词审音表》《我国历代纪元表》全篇以及《量和单位》部分内容等。更新了部分出版法规和办法,如《中华人民共和国著作权法》(中华人民共和国主席令第 62 号)、《图书、期刊、音像制品、电子出版物重大选题备案办法》(国新出发〔2019〕35 号)、2016 年修订的《出版管理条例》,增补了部分内容,尤其是增加了有关法律法规中涉出版相关规定。同时,优化部分章节内容编排并订正书中的个别疏漏。当然,书中可能尚存讹误,欢迎读者批评指正。

编者
2021 年 7 月

第四版说明

　　《图书编辑校对实用手册》（第三版）自 2014 年 7 月出版至今已有两年，其间，国家有关部门陆续推出了一些新的规范标准。为更好地满足广大文字工作者的需求，此次再版，编者根据最新规范文件，对书中内容作了较大调整，删除了《文后参考文献著录规则》《图书出版合同》《出版文字作品报酬规定》《图像复制用校对符号》等内容，更新了部分国家标准，如《信息与文献　参考文献著录规则》（GB/T 7714—2015）、《使用文字作品支付报酬办法》《汉语拼音正词法基本规则》（GB/T 16159—2012），增加了《学术出版规范》等内容，订正书中的疏漏。当然，书中可能尚存讹误，恳请读者批评指正。

编者

2016 年 8 月

第三版说明

　　本书于 2002 年 5 月出版，12 年来，重印和再版过多次，每次重印或再版，编者都根据国家有关语言文字政策、国家标准等的变化情况，对有关内容作适时适当的修改、调整和补充，对发现的编校方面的讹误作订正，努力使之更趋完善。此次再版，编者对书中内容作了较大调整，删除了《简化字总表》等相关内容，替换了部分国家标准，增加了《规范字与繁体字、异体字对照表》等内容，对部分内容进行了改写，以期更适合当前编辑校对工作者使用。当然，书中一定尚存讹误，恳请读者批评指正。

编者

2014 年 6 月

第二版说明

　　本书初版于 2002 年，2004 年即已售罄。近年来，不断有出版单位和读者打来电话求购此书。有鉴于此，我们决定再版此书。此次再版，编者对部分内容进行了修订，订正了书中百密一疏的讹误，删除了少数实用价值不大的内容，增补了若干新内容，根据最新资料，更换了少数过时的内容。

　　希望本书能给广大出版从业人员提供切实的帮助。

编者

2006 年 7 月

第一版前言

祖国的语言文字，历史悠久，博大精深。尽管常用汉字并不很多，国家语委、新闻出版署于 1988 年 3 月公布的《现代汉语通用字表》仅有 7000 字，可收在《康熙字典》里的汉字却有四万多，新修成的《汉语大字典》收有五万多，《中华字海》收字更多达八万之众。汉字之难，首先是读音。且不说平时难得一见的冷僻字，就是书刊上的常见字，都要字正腔圆地念出来，恐怕也没几人能完全做到的。其次是书写。作为方块字的汉字，多一撇少一点，其结果往往是差之毫厘，失之千里，汉字的严谨程度，足以让世人叹为观止。而汉字之最难处，还在于对它的使用。单个汉字在文章里表现出的毛病常常为人们防不胜防的错字、别字和生造字。而单个汉字组成了词，结成了句，则驾驭的难度，更足以让专家和作家们都不敢掉以轻心。

汉字的繁难，汉语语法的复杂多变，标点符号运用的正谬，以及近年来阿拉伯数字运用的争议，量和单位使用的规范与否，外语大小写的混乱，等等，注定了我们的编辑工作和校对工作的复杂与艰辛。广大编辑人员除在"三审"过程中把好思想政治关，匡正学术上内容上的谬误之外，其更大量更具体的工作和任务，便是会同校对人员一道，为祖国的语言文字的健康使用而不懈地斗争，具体而言就是使构成我们文章的字、词、句、标点、数字、量和单位等，都能按照国家颁布的有关法规和标准，科学地、准确地、规范地加以使用。为了达到这个目的，除不断地提高广大编校人员的思想水平和文化素养外，长久以来，我们一直想为他们提供一部权威的、齐备的、方便实用的案头工具书，使他们在判断和处理文章中的错讹遗漏时，有一个快捷的方法和权威的依据。于是，经过有关专家学者和编校人员多年的辛勤努力，终于有了这部《编辑校对实用手册》。

　　与以往类似的工具书相比，本书具有收录齐全、针对性强、联系实际、便于操作等特点。不仅从事书、报、刊、音像制品、电子出版物的专职编辑、校对人员可以从中得到准确而完备的专业知识，从而大大有利于本职工作的完成，专门从事写作和教学的人员乃至一般的读者，也可以当作一种辅助性的工具书，阅读它，有助于解惑答疑、增加知识、提高素养。因此，我们完全有理由相信，本书的出版，将会受到广大编校人员和语言文字工作者的欢迎，为促进人们更加规范正确地使用祖国的语言文字贡献一份力量。

夏永翔

2002 年 1 月 10 日

目　　录

上编　编校基本规范

下编　有关法律法规、国家标准和规范

一、出版法律、法规、规章、规定

二、法律法规中涉出版相关规定

三、标准、规范

（一）语言、文字

上　编

编校基本规范

第一章　文字规范

一、使用规范汉字

2000 年 10 月 31 日第九届全国人民代表大会常务委员会第十八次会议通过了《中华人民共和国国家通用语言文字法》，江泽民同志于当天签署主席令，批准该法自 2001 年 1 月 1 日起施行。这是我国历史上第一部关于规范使用汉语言文字的法律。它与我们新闻出版工作关系密切，意义重大。

《中华人民共和国国家通用语言文字法》第十一条规定：

汉语文出版物应当符合国家通用语言文字的规范和标准。汉语文出版物中需要使用外国语言文字的，应当用国家通用语言文字作必要的注释。

新闻出版署和国家语言文字工作委员会于 1992 年 7 月 7 日颁发，1992 年 8 月 1 日起施行的《出版物汉字使用管理规定》，目前仍然有效。其中的第五条规定：

报纸、期刊、图书、音像制品等出版物的报头（名）、刊名、封皮（包括封面、封底、书脊等）、包装装饰物、广告宣传品等用字，必须使用规范汉字，禁止使用不规范汉字。

出版物的内文（包括正文、内容提要、目录以及版权记录项目等辅文），必须使用规范汉字，禁止使用不规范汉字。

第六条规定：

向台湾、香港、澳门地区及海外发行的报纸、期刊、图书、音像制品等出版物，可以用简化字的一律用简化字，如需发行繁体字版本的，须报新闻出版署批准。

什么是规范汉字？

2013年6月5日，国务院发出关于公布《通用规范汉字表》的通知。《通用规范汉字表》是贯彻《中华人民共和国国家通用语言文字法》，适应新形势下社会各领域汉字应用需要的重要汉字规范。制定和实施《通用规范汉字表》，对提升国家通用语言文字的规范化、标准化、信息化水平，促进国家经济社会和文化教育事业发展具有重要意义。《通用规范汉字表》公布后，社会一般应用领域的汉字使用应以《通用规范汉字表》为准，原有相关字表停止使用。

2013年10月9日，教育部、国家新闻出版广电总局等十二部门发出关于贯彻实施《通用规范汉字表》的通知，要求大力推动《通用规范汉字表》在相关领域的贯彻实施。"新闻出版等领域。《通用规范汉字表》公布后，汉语文出版物，广播、电影、电视，公共场所设施，招牌、广告以及互联网等用字，均应执行《通用规范汉字表》。""语文辞书编纂领域。《通用规范汉字表》是现代汉语规范性语文辞书编纂的重要依据。《通用规范汉字表》公布后，出版或修订、再版的相关语文辞书应依照《通用规范汉字表》，根据其服务领域和使用对象不同，部分或全部收录《通用规范汉字表》中的字，也可以适当多收一些备查的字。收入《通用规范汉字表》以外的字一般应采用历史通行的字形，不应自造未曾使用过的新的简化字。"

二、使用繁体字、异体字等不规范汉字的情形

不规范汉字指《通用规范汉字表》收录的8105个规范汉字以外的汉字，包括繁体字、异体字、旧字形等。

一般情况下，汉语文出版物必须使用规范汉字，禁止使用不

规范汉字，但在某些特殊情况下，可以使用繁体字、异体字。

《中华人民共和国国家通用语言文字法》第十七条规定，有下列情形的，可以保留或使用繁体字、异体字：

（一）文物古迹；

（二）姓氏中的异体字；

（三）书法、篆刻等艺术作品；

（四）题词和招牌的手书字；

（五）出版、教学、研究中需要使用的；

（六）经国务院有关部门批准的特殊情况。

《出版物汉字使用管理规定》第七条规定，有下列情形的，可以保留或使用繁体字、异体字：

（一）整理、出版古代典籍；

（二）书法艺术作品；

（三）古代历史文化学术研究著述和语文工具书中必须使用繁体字、异体字的部分；

（四）经国家有关部门批准，依法影印、拷贝的台湾、香港、澳门地区及海外其他地区出版的中文报刊、图书、音像制品等出版物。

三、使用汉字应注意的几个问题

1. 注意规范字与传承字、繁体字的对应关系。

凡用繁体字排版的图书，在用规范字本翻排繁体字本时，应注意规范字与历史传承字（与规范字字形相同）、繁体字的对应关系。有时一个规范字对应一个传承字、一个繁体字，如"后"就对应传承字"后"（皇后）和繁体字"後"两个字；有时一个规范字对应两个以上的繁体字，如"发"就对应"發"（发射）、"髮"（头发）两个繁体字。遇到这种情况应注意对应准确。（详见本书下编《通用规范汉字表·规范字与繁体字、异体字对照表》）

2. 不要乱用二简字和生造字。

以下各组左边的字，不能替代右边的字来使用。

咀—嘴　闫—阁　兰—蓝　予—预　欠—歉　令—龄

迁—遇　代—戴　亍—街　另—零　仃—停　午—舞

圹—塘　芽—菜　尸—展　佟—懂　芷—藏　昮—量

阮—原　口—器　炒—爆　彐—雪

3. 不要滥用不规范的异体字。

一般情况下出版物中不得使用异体字。《中华人民共和国国家通用语言文字法》中明确规定，异体字的使用范围仅限于姓氏。中国出版工作者协会校对研究委员会拟出的《关于校对工作的两个建议》中根据实际情况，放宽两点，其中之一是在名字中使用异体字也不计错。例如：

钱松喦（岩）　　刘儁（俊）

4. 不能使用不规范的旧字形。

旧字形是国家已明令淘汰的字形，不能再在出版物中使用。目前，一些计算机汉字库的字体（如目前流行的一种圆角字）采用了旧字形，是不规范的。例如：

既—旣　真—眞　吕—呂　吴—吳　摇—搖　奂—奐

值—値　黄—黃　青—靑　虚—虛　晋—晉　滚—滾

俞—俞　温—溫

5. 不要写（造）错字、用别字。

错字是把汉字的笔画写错了，错字字形往往与正字形似，如把"步"写成"步"、"染"写成"染"等。现在出版物基本上采用电脑录入，一般不会出现错字。若遇到电脑字库没有的生僻字，必须用电脑造字时，要注意字形，不要造出错字来。

别字是把甲字写成乙字，甲字和乙字往往音同音近或形近义近，如把"舞蹈"写成"午蹈"、"玩耍"写成"玩要"、"季节"写成"李节"、"轿车"写成"桥车"等。别字与正字或形似，或音同，或义近，似是而非，判别有时并不容易。因此，判别别字要从字义入手。一些形近、音近、义近的汉字常容易混淆，必须严格区别。例如：

【像—相】图像、录像、摄像、录像机、音像、实像、虚像；照相、照相机、数字相机、相纸、相片、相册

【份—分】股份、身份、年份、省份、一式两份、份额、凑份子；成分、部分、过分、水分、分外、分量、糖分、组分

【备—倍】艰苦备尝、关怀备至、备受折磨；事半功倍、勇气倍增、倍感亲切

【绝—决】绝无此意、绝非易事、绝不止于此；决不罢休、决不投降、决不食言

【长—常】长盛不衰、警钟长鸣、长年累月；常胜将军、常备不懈、常设机构

【汨—汩】汨罗（河）；汩汩（流水）、汩没

【度—渡】浓度、度假村、置之度外、欢度春节、一年一度、光阴虚度、普度众生；渡河、渡口、渡船、渡槽、远渡重洋、渡过难关、横渡

【炭—碳】炭化（煤化）、炭画、炭精、炭盆、炭疽、煤炭；碳化（干馏）、碳水化合物、二氧化碳、碳酸气、碳元素

【气—汽】气体、元气、湿气、气垫船、水蒸气、气泡、气门、气球；汽车、汽化、蒸汽机、汽油、汽水、汽缸、汽轮机、汽暖

【燥—躁】干燥、燥热、枯燥、山高地燥；暴躁、急躁、烦躁、浮躁、毛躁、不骄不躁、少安毋躁

【侯—候】侯爵、侯门似海、侯（姓）、夏侯（姓）、闽侯（地名）；等候、问候、时候、候鸟、火候、气候、候补、候选人

【的—地—得】"的""地""得"都是助词，它们的语法功能各不相同。"的"的用法很多，但主要是用在定语后面，表示修

饰、领属等关系，如"我们的祖国""美好的生活"。"地"一般用在状语后面修饰动词或形容词，如"科学地安排时间""兴奋地讲着"。"得"一般用在动词、形容词与补语之间，表示可能、程度或结果，如"这个箱子我搬得动""屋子收拾得干干净净""他说得大家都笑了""速度快得出奇"等。常见的错误是将"地""得"写成"的"。早期白话文往往不注意"的""地""得"的区别，很多著名作家的早期作品里对这三个助词的区分还不十分严格，翻印当时的作品或引用这些作品的内容可以保留原样。现在，这三个助词的使用要加以区别。

【症—征—证】《中国大百科全书·中国传统医学》"证"条："证"最早指患者的临床表现。随着理论的发展，转而包括对病机的判断和诊断结论。中国传统医学认为，"病"是机体发生病理变化的全过程，"证"只是对疾病过程中的各个阶段和各种类型的概括，"症"专指病证的临床表现。

病、证、症，均统一在人体病机演变的基础上，"病"与"证"都是对疾病本质的认识。区别在于"病"是对疾病全过程的特点与规律所做的概括，"证"是对疾病所处一定阶段或一定阶段的某种类型的病因、病性、病位等所做的概括，而"症"只是病证的外在表现。

症——［心理学］梦游症、失语症、遗忘症；［现代医学］炎症、败血症、低血糖症、高钾血症、飞蚊症、肥胖症、癌症、骨质疏松症、精神分裂症、瘙痒症、肢端肥大症、原发性血小板增多症；［农业］母畜不育症、微量元素缺乏症、植物缺素症；［中国传统医学］急腹症、症结；［常用词语］病症、急症、不治之症、对症下药、症候、症状

征——［现代医学］更年期综合征、多动综合征、帕金森氏综合征、妊娠高血压综合征、下丘脑内分泌综合征、异位内分泌综合征；［农业］鸡减蛋综合征；［心理学］表征；［化学］催化

剂性能表征；［矿冶］金属力学性能的表征

证——［中国传统医学］辨证论治、病因辨证、三焦辨证、六经辨证、八纲辨证、脏腑辨证、经络辨证、痹证、喘证、癫证、肺热证、风证、疳证、寒证、火证、痉证、厥证、淋证、气逆证、气陷证、气虚证、气滞证、湿证、暑证、脱证、痿证、胃寒证、胃热证、胃实证、胃虚证、哮证、血热证、血虚证、血证、郁证、燥证

【做—作】

一、首字是 zuo 的动宾词组，全用"做"。

做准备/做广告/做生意/做贡献/做事情/做手术/做检查/做父母/做宣传/做文章/做实验/做朋友/做斗争/做游戏/做动作/做试验/做报告/做研究/做调查/做处理/做运动/做努力/做调整/做后盾/做表率/做家教/做模范/做分析/做实事/做节目/做决定/做活动/做解释/做比较/做买卖/做设计/做衣服/做保证/做交易/做演员/做服务/做表演/做好事/做模特/做报道/做医生/做顾问/做记者/做奴隶/做皇帝/做介绍/做项目/做保障/做抵押/做美容/做企业/做担保/做示范/做事业/做临时工/做市场。

二、首字是 zuo 的双音节词，按习惯用法。

做爱/做伴/做东/做法/做工/做功/做鬼/做活儿/做媒/做梦/做派/做亲/做人/做事/做寿/做戏/做作；作案/作罢/作保/作弊/作别/作成/作答/作对/作恶/作伐/作法/作废/作风/作梗/作古/作怪/作家/作假/作价/作件/作践/作乐/作脸/作料/作乱/作美/作难/作孽/作弄/作呕/作陪/作品/作色/作势/作数/作死/作速/作祟/作态/作痛/作为/作伪/作文/作物/作息/作兴/作业/作揖/作俑/作用/作战/作者/作准。

三、末字是 zuo 的双音节词或三音节词语，全用"作"。

比作/变作/缠作/当作/读作/分作/改作/化作/换作/记作/叫作/看作/拼作/评作/切作/认作/算作/听作/弯作/写作/选作/装

作/称作/释作/视作/分析作/化装作/解释作/理解作。

四、成语或四字格等固定结构中，有"做"或"作"的，按习惯用法。

白日做梦/敢做敢当/假戏真做/小题大做/做贼心虚/好吃懒做/亲上做亲/一不做，二不休/不痴不聋，不做家翁/做一天和尚撞一天钟；逢场作戏/胡作非为/回嗔作喜/认贼作父/始作俑者/述而不作/天作之合/为非作歹/为虎作伥/为人作嫁/无恶不作/五行八作/兴风作浪/一鼓作气/以身作则/装聋作哑/装模作样/装腔作势/自我作古/自作聪明/自作多情/自作自受。

五、在用"做""作"两可的情况下，要做到局部一致。

用作——用做/作诗——做诗/作秀——做秀。

［"做"与"作"的推荐用法摘编自《中国科技术语》2011（2）：60］

附录一

常见别字举例

（按正字的音序排列，括号里的是别字）

A

唉（哀）声叹气
和蔼（霭）
暮霭（蔼）
安（按）排
安（按）装
黯（暗）然
桀骜（傲）不驯

B

酒吧（巴）
飞扬跋（拔）扈
甘拜（败）下风
班（搬）门弄斧
班（搬）师回朝
略见一斑（般）
磕磕绊绊（拌拌）
炮（爆）羊肉
自暴（抱）自弃
暴（爆）发户
勇气倍（备）增

关怀备（倍）至
并行不悖（背）
原形毕（必）露
凋敝（蔽）
奴颜婢（卑）膝
刚愎（復）自用
裨（俾）益
金碧（壁）辉煌
完璧（壁）归赵
针砭（贬）时弊
心胸褊（偏）狭
辨（辩）证施治
明辨（辩）是非
辨（辩）析
辩（辨）证法
治标（表）不治本
濒（频）临
赌博（搏）
脉搏（博、膊）
按部（步）就班
战略部（布）署

C

兴高采（彩）烈
粲（灿）然一笑
璀璨（灿）
察（查）言观色
检察（查）院
河汉（叉）
一刹（霎）那
惊诧（咤）
听信谗（馋）言
万古长（常）青
好景不长（常）
杀人偿（尝）命
瞠（膛）目结舌
墨守成（陈）规
松弛（驰）
不齿（耻）于人类
忧心忡忡（冲）
一筹（愁）莫展
相形见绌（拙）
川（穿）流不息

串（窜）门

吹毛求疵（刺）

佘（余）丸子

催（摧）化剂

精粹（萃）

D

责无旁贷（代）

以逸待（代）劳

戴（带）罪立功

披星戴（带）月

虎视眈眈（耽）

殚（惮）精竭虑

挡（当）车工

挡（档）位

大排档（挡）

搭档（挡）

马镫（蹬）

中流砥（抵）柱

真谛（缔）

玷（沾）污

沽名钓（钩）誉

间谍（牒）

通牒（谍）

大名鼎鼎（顶顶）

装订（钉）

纱锭（绽）

度（渡）假

渡（度）河

F

先发（法）制人

砝（法）码

番（蕃）茄

举一反（返）三

成绩斐（蜚）然

分（份）量

辈分（份）

凑份（分）子

奋（愤）发图强

麻风（疯）

深孚（负）众望

辐（幅）射

手无缚（搏）鸡之力

翻来覆（复）去

G

气概（慨）

竹竿（杆）

麦秆（杆）

金刚（钢）

格格（隔隔）不入

横膈（隔）膜

卑躬（恭）屈膝

沟（勾）通信息

汩汩（汨汨）

变卦（挂）

全神贯（灌）注

一贯（惯）

灌（贯）输

走上正轨（规）

诡（鬼）计多端

坩埚（锅）

H

汗（汉）牛充栋

震撼（憾）

浩瀚（翰）

引吭（亢）高歌

秋毫（豪）无犯

和（合）盘托出

菏（荷）泽

随声附和（合）

哄（轰）堂大笑

内讧（哄）

候（后）补委员

变幻（换）莫测

病入膏肓（盲）

皇皇（煌煌）巨著

黄（皇）帝内经

融会（汇）贯通

彗（慧）星

诨（浑）号

J

通缉（辑）

迫不及（急）待

亟（急）待

负笈（籍）从师

籍（藉）贯

汗流浃（夹）背

戛（嘎）然而止

不假（加）思索

草菅（管）人命

精简（减）机构

佼佼（姣姣）者

挖墙脚（角）

直截（接）了当

电解（介）质〔指
导电体〕

电介（解）质〔指
绝缘体〕

弱不禁（经）风

噤（禁）若寒蝉

陷阱（井）

不胫（径）而走

赳赳（纠纠）武夫

针灸（炙）

既往不咎（究）

家具（俱）

万事俱（具）备

龙盘虎踞（据）

诀（决）别

抉（决）择

竣（峻）工

K

同仇敌忾（慨）

勘（堪）探

堪（勘）舆

戡（堪）乱

不落窠（巢）臼

抠（扣）字眼

L

丢三落（拉）四

蜡（腊）染

蜡（腊）烛

味同嚼蜡（腊）

蓝（兰）天

陈词滥（烂）调

粗制滥（乱）造

赢（羸）弱

同等学力（历）

再接再厉（励）

变本加厉（利）

火中取栗（粟）

风声鹤唳（泪）

黄连（莲）

连（联）锁反应

简练（炼）

锻炼（练）

链（连）霉素

栋梁（粱）

黄粱（梁）美梦

寥寥（廖廖）无几

潦（缭）草

瞭（了）望

鳞（麟）次栉比

棉铃（蛉）虫

流（留）芳百世

蒸馏（溜）水

孪（挛）生

螺（罗）丝钉

M

轻歌曼（慢）舞

蔓（漫）延

贸（冒）然

笑眯眯（咪咪）

弥（迷）漫

弥（迷）天大谎

风靡（糜）

靡靡（糜糜）之音

甜言蜜（密）语

沉湎（缅）酒色

一文不名（明）

没（末）落
温情脉脉（默默）
墨（默）守成规
拇（姆）指

N

百衲（纳）本
恼（脑）羞成怒
拈（沾）轻怕重
唯唯诺诺（喏喏）

O

斗殴（欧）
呕（沤）心沥血
怄（呕）气

P

如法炮（泡）制
赔（陪）礼道歉
帐篷（蓬）
癖（僻）好
浮想联翩（篇）
平（凭）添
平（凭）心而论
居心叵（颇）测
前仆（扑）后继
风尘仆仆（扑扑）
一曝（爆）十寒

Q

误入歧（岐）途
神祇（祗）
星罗棋（旗）布
水蒸气（汽）
气（汽）球
修葺（茸）
大器（气）晚成
青（清）山绿水
山清（青）水秀
委曲（屈）求全
并驾齐驱（趋）
屈（曲）指可数
稳操胜券（卷）
望而却（怯）步
一阕（阙）词
声名鹊（雀）起

R

饶（绕）有风趣
当仁（人）不让
发轫（韧）
雍容（荣）华贵
水乳交融（溶）
矫揉（糅）造作
杂糅（揉）
繁文缛（褥）节

偌（喏）大年纪

S

砂（沙）轮
霎（刹）时
姗姗（蹒蹒）来迟
礼尚（上）往来
少（稍）安毋躁
威慑（摄）
引申（伸）
延伸（申）
舍生（身）取义
革命圣（胜）地
各行其是（事）
共商国是（事）
招工启事（示）
有恃（持）无恐
首（手）屈一指
各抒（书）己见
署（暑）名
漱（嗽）口
精神矍铄（烁）
耸（怂）人听闻
追溯（朔）
鬼鬼祟祟（崇崇）
名落孙（深）山
烦琐（锁）

T

鞭挞（鞑）

糟蹋（塌）

一摊（滩）泥

袒（坦）护

袒（坦）露

煤炭（碳）

碳（炭）酸钙

前提（题）

提（题）纲

字帖（贴）

铤（挺）而走险

出人头（投）地

走投（头）无路

如火如荼（茶）

蜕（脱）化变质

鸵（驼）鸟

W

港湾（弯）

名门望（旺）族

任人唯（为）贤

高品位（味）

文（纹）过饰非

魁梧（武）

好高骛（鹜）远

趋之若鹜（骛）

X

嬉（嘻）戏

安详（祥）

端详（祥）

元宵（霄）节

夜宵（霄）

销（消）声匿迹

云霄（宵）

威胁（协）

排泄（泻）

别出心（新）裁

不省（醒）人事

气势汹汹（凶凶）

锦绣（秀）河山

麦锈（绣）病

戊戌（戍）变法

栩栩（诩诩）如生

宣（渲）泄

寒暄（喧）

主旋（弦）律

徇（循）私

Y

赝（膺）品

谒（竭）见

集腋（掖）成裘

贻（遗）笑大方

不能自已（己）

倚（以）老卖老

演绎（译）

弈（奕）棋

神采奕奕（弈弈）

肄（肆）业

心心相印（映）

荧（莹）光屏

蜂拥（涌）而出

优（忧）柔寡断

怨天尤（忧）人

鱼（渔）肉百姓

滥竽（芋）充数

竭泽而渔（鱼）

负隅（偶）顽抗

给予（于）

圆明园（圆）

源（渊）远流长

世外桃源（园）

晕（昏）头转向

芸芸（纭纭）众生

孕（蕴）育

Z

退回赃（脏）款

暴躁（燥）

书札（扎）

敲诈（榨）勒索

破绽（锭）   支吾（吱唔）   文绉绉（诌诌）

明火执仗（杖）   树脂（酯）   高瞻远瞩（嘱）

膨胀（涨）   仗义执（直）言   一炷（柱）香

层峦叠嶂（障）   养殖（植）业   惴惴（喘喘）不安

浅尝辄（则）止   趾（指）高气扬   谆谆（淳淳）告诫

蛰（蜇）伏   硫酸二甲酯（脂）   床笫（第）

车辙（辄）   卷帙（秩）浩繁   恣（姿）意妄为

缜（慎）密   脍炙（灸）人口   诅（咀）咒

旁征（证）博引   学以致（至）用   编纂（篡）

附录二

出版物中最常见的 100 个别字

（以正字的音序排列，括号中的字为别字）

1. 安（按）装
2. 甘拜（败）下风
3. 自暴（抱）自弃
4. 针砭（贬）
5. 舶（泊）来品
6. 脉搏（博）
7. 松弛（驰）
8. 一筹（愁）莫展
9. 川（穿）流不息
10. 精粹（萃）
11. 重叠（迭）
12. 度（渡）假村
13. 妨（防）碍
14. 辐（幅）射
15. 一副（幅）对联
16. 天翻地覆（复）
17. 言简意赅（骇）
18. 气概（慨）
19. 悬梁刺股（骨）
20. 一鼓（股）作气
21. 粗犷（旷）
22. 食不果（裹）腹

23. 震撼（憾）
24. 凑合（和）
25. 候（侯）车室
26. 迫不及（急）待
27. 即（既）使
28. 一如既（继）往
29. 草菅（管）人命
30. 矫（娇）揉造作
31. 挖墙脚（角）
32. 一诺千金（斤）
33. 不胫（径）而走
34. 竣（峻）工
35. 不落窠（巢）臼
36. 脍（烩）炙人口
37. 打蜡（腊）
38. 死皮赖（癞）脸
39. 蓝（兰）天白云
40. 鼎力（立）相助
41. 再接再厉（励）
42. 老两（俩）口
43. 黄粱（梁）美梦
44. 瞭（了）望

45. 水龙（笼）头
46. 杀戮（戳）
47. 痉挛（孪）
48. 美轮（仑）美奂
49. 啰（罗）唆
50. 蛛丝马（蚂）迹
51. 萎靡（糜）不振
52. 沉湎（缅）
53. 明（名）信片
54. 墨（默）守成规
55. 大拇（姆）指
56. 呕（沤）心沥血
57. 平（凭）添
58. 出其（奇）不意
59. 修葺（茸）
60. 青（亲）睐
61. 罄（磬）竹难书
62. 入场券（卷）
63. 声名鹊（雀）起
64. 发轫（韧）
65. 瘙（搔）痒病
66. 欣赏（尝）

67. 谈笑风生（声）
68. 人情世（事）故
69. 有恃（持）无恐
70. 额手（首）称庆
71. 追溯（朔）
72. 鬼鬼祟祟（崇崇）
73. 金榜题（提）名
74. 走投（头）无路
75. 趋之若鹜（骛）
76. 迁徙（徒）
77. 洁白无瑕（暇）
78. 九霄（宵）

79. 宣（渲）泄
80. 寒暄（喧）
81. 旋（弦）律
82. 赝（膺）品
83. 不能自已（己）
84. 犹（尤）如猛虎
　　下山
85. 竭泽而渔（鱼）
86. 滥竽（芋）充数
87. 世外桃源（园）
88. 赃（脏）款
89. 蘸（醮）水

90. 蛰（蜇）伏
91. 装帧（祯）
92. 饮鸩（鸠）止渴
93. 坐镇（阵）
94. 旁征（证）博引
95. 炙（灸）手可热
96. 九州（洲）
97. 床笫（第）之私
98. 恣（姿）意妄为
99. 编纂（篡）
100. 坐（做）月子

（《解放日报》《咬文嚼字》编辑部辑）

附录三

外文字母

拉丁字母

正　体		斜　体	
大写	小写	大写	小写
A	a	*A*	*a*
B	b	*B*	*b*
C	c	*C*	*c*
D	d	*D*	*d*
E	e	*E*	*e*
F	f	*F*	*f*
G	g	*G*	*g*
H	h	*H*	*h*
I	i	*I*	*i*
J	j	*J*	*j*
K	k	*K*	*k*
L	l	*L*	*l*
M	m	*M*	*m*
N	n	*N*	*n*
O	o	*O*	*o*
P	p	*P*	*p*
Q	q	*Q*	*q*
R	r	*R*	*r*
S	s	*S*	*s*
T	t	*T*	*t*
U	u	*U*	*u*
V	v	*V*	*v*
W	w	*W*	*w*
X	x	*X*	*x*
Y	y	*Y*	*y*
Z	z	*Z*	*z*

希腊字母

正 体		斜 体		读 音	
大写	小写	大写	小写	英语读音	汉语读音
A	α	A	$α$	alpha	阿尔发
B	β	B	$β$	beta	培塔
Γ	γ	$Γ$	$γ$	gamma	伽玛
Δ	δ	$Δ$	$δ$	delta	代尔塔
E	ε	E	$ε$	epsilon	依伯西隆
Z	ζ	Z	$ζ$	zeta	兹依塔
H	η	H	$η$	eta	爱塔
Θ	θ	$Θ$	$θ$	theta	西塔
I	ι	I	$ι$	iota	爱呵塔
K	κ	K	$κ$	kappa	卡巴
Λ	λ	$Λ$	$λ$	lambda	乃姆达
M	μ	M	$μ$	mu	弥优
N	ν	N	$ν$	nu	纽
Ξ	ξ	$Ξ$	$ξ$	xi	爱克刹爱
O	o	O	o	omicron	奥米克戎
Π	π	$Π$	$π$	pi	派爱
P	ρ	P	$ρ$	rho	罗
Σ	σ	$Σ$	$σ$	sigma	西格玛
T	τ	T	$τ$	tau	套
Υ	υ	$Υ$	$υ$	upsilon	优伯西隆
Φ	φ	$Φ$	$φ$	phi	非
X	χ	X	$χ$	chi	盖
Ψ	ψ	$Ψ$	$ψ$	psi	伯刹爱
Ω	ω	$Ω$	$ω$	omega	奥米轧

俄文字母

正 体		斜 体	
大写	小写	大写	小写
А	а	*А*	*а*
Б	б	*Б*	*б*
В	в	*В*	*в*
Г	г	*Г*	*г*
Д	д	*Д*	*д*
Е	е	*Е*	*е*
Ё	ё	*Ё*	*ё*
Ж	ж	*Ж*	*ж*
З	з	*З*	*з*
И	и	*И*	*и*
Й	й	*Й*	*й*
К	к	*К*	*к*
Л	л	*Л*	*л*
М	м	*М*	*м*
Н	н	*Н*	*н*
О	о	*О*	*о*
П	п	*П*	*п*
Р	р	*Р*	*р*
С	с	*С*	*с*
Т	т	*Т*	*т*

续表

正　体		斜　体	
大写	小写	大写	小写
У	у	*У*	*у*
Ф	ф	*Ф*	*ф*
Х	х	*Х*	*х*
Ц	ц	*Ц*	*ц*
Ч	ч	*Ч*	*ч*
Ш	ш	*Ш*	*ш*
Щ	щ	*Щ*	*щ*
Ъ	ъ	*Ъ*	*ъ*
Ы	ы	*Ы*	*ы*
Ь	ь	*Ь*	*ь*
Э	э	*Э*	*э*
Ю	ю	*Ю*	*ю*
Я	я	*Я*	*я*

附录四

外文正体、斜体、黑体在科技书中的应用规则

【正体用于】

（1）三角函数符号（如 sin，cos…），反三角函数符号，双曲函数符号，反双曲函数符号。

（2）对数符号，常数符号，公式中的缩写字（如 log，ln，const，max，lim，Re，lm 等）。

（3）表示数学符号的希腊字母（如 $\sum$，Π 等）。

（4）罗马数码。

（5）化学元素符号。

（6）温标（如℃，K）。

（7）计量单位的代号［如 cm（厘米），F（法拉），V（伏特），eV（电子伏特），Ω（欧姆）等］。

（8）硬度符号（如 HB，HR，HV，HS）；公差配合符号（如 Jb）；螺纹符号（如 M）。

（9）光谱所用的字母（如 A—H，K 等）。

（10）国名、组织名、机关名、地名及其缩写［如 The People's Republic of China（中华人民共和国），USA（美国），IPA（国际音标），ISO（国际标准化组织），GB（中华人民共和国国家标准化代名）等］。

（11）仪器、元件、样品等的型号（如 JS，6V6 等）。

（12）试验及试件编号。

（13）方位和经纬度（如 N，W 等）。

（14）生物学学名中的种、属［sp.（种），subsp.（亚种）］。

黑正体常用于张量，如张量 **S**，张量 **T** 等。

【斜体用于】

（1）代表量（如 x，y，z，a，b，c，原点 O，$\angle A$，$\triangle ABC$ 等）。

（2）表示标量和算符［如 $f(x)$，∂x，dy 等］。

（3）物理量的符号（如 P，V，v，ε，ψ 等）。

（4）化学中的浓度单位（如 N，M 等）。

（5）生物学中的学名（如 $Oryza satiua subsp. shien$ 籼稻）。

（6）表示单位代号的俄文字母（如 $см$，$мг$ 等）

黑斜体常用于矢量及电磁学、力学中的某些符号，如矢量 **A**，矢量 **B**，磁场 **H**，电场 **E** 等。

附录五

外文大小写一般规则

外文句首、专有名词、姓名的第一个字母用大写。德文的名词，拉丁文的专有形容词第一个字母用大写。

在冒号后分条叙述，均成完整句子的，其首字母大写；如与冒号前文句构成一句时其首字母用小写。

大小写一般规则：

1. 人的名字、父名、姓用大写起头，缩写亦同。

外国人名：

Charles Darwin

Kawasaki S.

Иван Петрович Павлов（И. П. Павлов）

复姓均大写起头，中间加连字符（-）：

Milne-Edwards

Мелъников-Печерский

姓氏中冠词的写法：

（1）Saint-，Mac-，Van-等首字大写，并加连字符，例如：

Saint-Simon，Mac-Dowell，Van-Eck

亦有连写的，例如：

McDonald，McCarthy

（2）Ia，Ie（法文），am，zur，von（德文）等均小写并不加连字符。俄罗斯人姓名组成：名＋父名＋姓。

参考文献中作者名的排列法一般有两种，例如：

Павлов，И. П. и Лепешинская，О. В.

I.rown &·F. Smith

中国人名译成外文时：

（1）凡是双名，姓和名的第一个字的头一个字母大写，并用连字符将名的两个字连接。

　　　Hua Loo-keng，Гу Чао-хао

（2）凡是单名，姓和名的头一个字母均大写。

　　　Lu Min，Сюн И

（3）复姓，应连写，首字大写。

　　　Аоянь Юй-Тянь

朝鲜人、越南人的姓名，每字均大写起头，不加连字符。

　　　Ким Ир Сен，Хо Ши Мин

　　2. 地名，属专有名词部分以大写起头，一般名称部分小写起头。

　　　Yellow Sea，Волга река

地名作形容词时，所形容的是普通名词，则小写起头。

　　　chinese tea

　　　kpblmckие яблоки

　　3. 国家、国际组织、国际会议、条约、文件名称等以大写起头（前置词小写起头），缩写亦同。

　　　Conference of Asia and Africa

　　　Китайская Народная Республика （КНР）

　　　Организация Объединённых Наций （ООН）

　　4. 城市、街道、广场名称等以大写起头。

　　　Beijing，Shanghai，Площадь Маяковского

　　5. 学校、机关名称等以大写起头。

　　　Academia Sinica

　　　Institute of Geology，Beijing

　　　Академия Наук СССР

6. 书名、期刊名、作品名等英文除前置词、虚词以外，每个字都大写起头，俄文则只是第一个字大写起头。

Hodgman，West & Selby：Handbook of Chemistry and Physics

Журнал аналитической химий

7. 标题、章节名为了突出，有时全用大写。

СОДЕРЖАНИЕ ЗПММАЯУ

8. 附在中译名后面的外文原名，专有名词用大写，一般均用小写，德文的名词用大写。

营养（nutrition），欧洲（Европа），膨胀（набухание）

第二章　词语规范

　　本章所述的词语主要指词和固定词组，不包括自由词组（如参加会议、美丽又大方等）。固定词组包括成语、惯用语、歇后语、谚语等。词语是句子的基本组成单位，正确规范地使用词语，对汉语的健康发展非常重要。

一、异形词的选用

　　异形词是指在现代汉语中并存并用、音同或音近、同义而异形的词语。现代汉语中存在着大量的异形词，这些异形词都是在汉语的历史发展过程中形成的，其形成原因主要有以下几种：

　　1. 因异体字而形成，如唏嘘（欷歔）、腽肭（膃肭）、徜徉（倘佯）、惝恍（惝怳）、扁豆（萹豆、稨豆、藊豆）等。

　　2. 因通假字、古今字而形成，如思维（思惟）、吩咐（分付）、反照（返照）等。

　　3. 由随意拈取同音字而形成，如咔嗒（喀哒、咔哒）、寒碜（寒伧）等。

　　4. 由同义或近义语素而形成，如猛醒（猛省）、订婚（定婚）、制伏（制服）等。

　　5. 因构词理据不同而形成，如皇历（黄历）、同人（同仁）等。

　　6. 因语言文字的简化趋势促使选用笔画简单的同音字而形成，如银圆（银元）、模糊（模胡）等。

7. 由错别字合法化而形成，如信口开河（信口开合）、名副其实（名符其实）、莫名其妙（莫明其妙）等。

以上所列举的异形词，括号外的为《现代汉语词典》中的首选词，括号内的在《现代汉语词典》中作参选词处理。无论是首选词还是参选词，在使用时都是正确的。但是，异形词是汉语的赘冗，它的大量存在给现代汉语书面语的使用增加了负担，造成了混乱，给新闻出版、辞书编纂、中文信息处理、汉语教学等带来了困难，对汉语的规范化不利。考虑到出版物在使用语言方面的引导和示范作用，在出版物中我们应尽量选用《现代汉语词典》和《第一批异形词整理表》①中的首选词，以逐步淘汰参选词，促进汉语词汇不断趋向规范。

二、词的误用

词的误用主要有以下几种情况。

1. 误解词义致误。

作者或编辑在写作或编辑文稿时，因没弄清词的意义而造成误用。例如：

①自古以来，没听说过"家家有余粮"的富裕年间，有谁会为一篮饭、一包盐而甘冒坐班房之大不韪。

②在天笑如此痛苦的现在，就去追求他，让他忘掉阿兰，那是对死者的不恭，也是对未亡人的不敬，似乎在说明天笑并不真爱阿兰，妻子刚刚故世，丈夫就另觅新欢。

例①"不韪"的意思是"过失"，这里被错用来表示"危险"的意思。例②的"未亡人"本是寡妇的自称，作者望文生义地用来指称死了妻子的男人。

因误解词义而错用词语的现象往往出现在具有相同或相近读

---

① 教育部、国家语言文字工作委员会发布，详见本书第 308 页。

音且有一个相同语素的一组词里。例如：

品位—品味	启示—启事	截止—截至	反映—反应
工夫—功夫	以至—以致	权力—权利	坠落—堕落
包含—包涵	必需—必须	暴发—爆发	篡改—窜改
发愤—发奋	学历—学力	扶养—抚养	雇用—雇佣
贯穿—贯串	坚苦—艰苦	娇气—骄气	考察—考查
接收—接受	简洁—简捷	声明—申明	实行—施行
熟悉—熟习	擅长—擅场	推脱—推托	委曲—委屈
效力—效率	违犯—违反	消失—消逝	休养—修养
树立—竖立	一齐—一起	一身—一生	治服—制服
已往—以往	振动—震动	珍重—尊重	蒸汽—蒸气
出生—出身	终身—终生	制订—制定	自愿—志愿
抑制—压制	融化—溶化—熔化		一班—一斑—一般

以上每组词读音都相同或相近，并且都有一个相同的语素，但它们的意义和用法都各不相同，使用时如果不注意分辨，极易误用，出版物中这类词的错误语例并不鲜见。例如：

①兑奖时间截止9月底，过期作自动放弃处理。

②身份证丢失后，我曾在晚报刊登过寻物启示，可至今没有消息。

③目前高品味的文学已在大众读者中提升了地位。

④《宪法》赋予公民的权力是神圣的，不容他人随意侵犯。

例①的"截止"应为"截至"，"截止"是不及物动词，不能带宾语。若保留"截止"，原句应改为"兑奖时间9月底截止……"例②"启示"应为"启事"。例③"品味"应为"品位"。例④"权力"应为"权利"。

2. 生造词。

生造词是个别人杜撰出来的，不是交际中所需要的，意义也不够明确，它的出现会损害语言的纯洁和健康，是词汇规范化的对象。生造词与新造词性质不同，新造词是为适应社会发展的需要而创造的，它意义明确，符合汉语的构词规律，并得到了社会的承认，已经约定俗成。出版物中使用了生造词会影响理解，不利于交际。例如：

①那天晚上，大家躺在月光辉照的炕上，畅谈各自的理想。

②其时，柳烟里的人站起来……就一阵阵生了凉意，清寂着一张面。

③和少年讨价还价，论高论低，黑封了脸。

④第一部分是故事的揭幕曲。

例①"辉照"、例②"柳烟""清寂"、例③"黑封"、例④"揭幕曲"都是生造词，令人费解，应改为规范的普通话词语。

3. 把已丧失"词"的资格的文言语素作为词来使用。例如：

①从明朝鼓楼瞰绿荫覆盖的南京……

②主护理士从我旁边走过，一位牧师伫在转椅后面。

例①"瞰"应改为"鸟瞰"或"俯瞰"。例②"伫"应改为"伫立"。"瞰"和"伫"都是文言词，在现代汉语里已变成非自由的构词语素，一般不能单独作词来使用，以上两例的用法都是不规范的。

4. 技术原因造成词语误用。

技术原因造成的词语误用主要是指由电脑录入造成的词语错误。这主要有两种情况：

（1）重码误选。目前，任何一种汉字输入法都避免不了重码，整词录入时，遇到重码若不注意选择，会造成词语录入错误，而有时错置的词语在句中似乎并不影响理解，这就容易使错误在书中扎根。如果原稿非打印稿，此类错误还有可能逃不过校对的慧眼，但如果原稿是打印稿，此错误出自作者手下，编辑又未费力斟酌，那就只能遗讹于书中了。例如：

教师—老师（FTJG）　　　　高速—调整（YMGK）

　　收音机—飞机（NUSM）　　总统—总编（UKXY）

　　广西—文本（YYSG）　　　政党—正常（GHIP）

　　纪委—纪律（XNTV）　　　读音—诗意（YFUJ）

　　出动—出去（BMFC）　　　等待—德行（TFTF）

　　片面—版面（THDM）（括号中的编码为该组词的五笔型码）
以上各组词都是重码词，整词录入时很容易出错。

　　（2）电脑输入法编码缺陷致误。以目前使用最广泛的五笔字型输入法为例，"环节"和"五一节"这两个词的五笔编码都是GGAB，可在电脑里输入这一编码出来的词只有"五一节"一个，输入法软件没有给"环节"一词编码，整词输入"环节"一词就会误作"五一节"。类似的情况很多。

　　5. 人名、地名、单位名称不规范。

　　中国人名、地名的写法要以《辞海》（上海辞书出版社）、《中国人名大辞典》（上海辞书出版社）、《中国地名词典》（上海辞书出版社）、中国地图出版社出版的最新地图和地名录为准，外国人名、地名、单位名称的译名要以《辞海》、中国地图出版社出版的最新地图和地名录、新华社译名手册等为准，不能用同音字随意替换规范译名用字。凡与上述工具书不一致的名称一般皆视为不规范名称。例如：

　　爱迪生（Edison）—艾迪生　　丘吉尔（Churchill）—秋吉尔

　　马可·波罗（Marco Polo）—马可·菠萝

　　屠格涅夫（Иван Сергеевич Тургенев）—屠格涅甫

　　纽约（New York）—钮约　　阿拉斯加（Alaska）—阿拉思加

　　英国莱兰公司（British Leyland Ltd.）—英国来兰公司

　　波音公司（Boeing Co.）—播音公司

　　亚马孙（Amazon）—亚马逊（南美洲地名、河流名）

　　亚马逊（Amazon）—亚马孙（美国电子商务公司名）
以上诸例中的"艾迪生""秋吉尔""马可·菠萝""屠格涅甫"

"钮约""阿拉思加""英国来兰公司""播音公司"等都是不规范译名。Amazon，作为地名、河流名称，规范译名为"亚马孙"，作为美国电子商务公司名，规范译名为"亚马逊"。

港澳台媒体上出现的国外人名、地名、单位名称的译名有很多与大陆不一致，不能作为我们的规范。如美国总统 Bush（布什），台湾译作"布希"，香港译作"布殊"；Singapore（新加坡），香港译作"星加坡"；Atlanta（亚特兰大），香港译作"阿特兰大"，均与大陆不一致。在引进版图书中，若非出于修辞需要，这类译名一般应据大陆的规范用法改译。

另外，地名和单位名称在使用时还有一点需要注意：小的地名，是中国的应冠以省、直辖市、自治区，市、地区、自治州，县、市、自治县、旗等名称，是国外的应冠以国家、州、省等名称，否则，读者可能无法判断其所处地域位置。小的单位应冠以大的地域名称和高一级甚至两级的领导单位名称，以帮助读者了解单位所处地域及其管辖单位。例如：

①犯罪嫌疑人是（浙江省）永嘉县无业游民。

②该书英文版权归（德国）贝塔斯曼出版集团所有。

例①的"浙江省"、例②的"德国"一般不能省略。当然，如果出版物的读者对象熟悉该地名、单位名称，不会产生理解障碍，则大地名、大单位也可以省略。如果例①读者仅限于浙江省，例②读者仅限于德国，那么，"浙江省"和"德国"可以省略。

6. 使用不规范的方言词和港台语词。

非文学类作品使用方言词（包括方言音译词）和港台语词（已进入普通话的方言词和港台语词除外），是不规范的，应改用普通话词汇。例如：

①志平坚持眠床、橱子、桌子不买，用旧的。

②"哼！"管工脸臭臭地走了。

③今次入市干预，获得市民支持，乘机向交易所施压，成功

机会大增。

　　④香港回归祖国，鸦片战争以来的屈辱，终于画上了句点。例①"眠床"是闽南、浙东等地的方言词，意思为"床铺"，用在这里完全没有必要。例②"脸臭臭地"是福州方言词，相当于普通话"板着面孔"，这里用普通话词语，更容易为读者理解。例③"今次"是"这次"的意思，例④"句点"意为"句号"，这两个词都是香港的语词，它们都有对应的普通话词语，非引进版图书里一般情况下不必使用。

　　又如：

单车（自行车）　　冲凉（洗澡）　　揩面（洗脸）　　月老娘（月亮）

埋汰（肮脏）　　　唛（商标）　　　日头（太阳）　　闲嗑牙（聊天）

家俬（家具）

以上诸例中括号外的词都是方言词或方言音译词（如"唛［mark］"），这些词如果出现在非文学类作品中，都是不规范的。当然，已经被普通话吸收的方言词和方言音译词除外。例如，"炒鱿鱼"原是粤方言词、"的士"原是粤方言的音译词，这两个词现在都已被普通话吸收，应看作是规范词语。

　　又如：

幼稚园（港）——幼儿园（陆）　　录影带（港）——录像带（陆）

检获（港）——查获（陆）　　　　安老院（港）——养老院（陆）

上述香港语词在普通话里都有对等的词可替代，没有特殊需要，出版物中不必使用它们。港台有些表示该地区特有事物的语词，如"有限政府""笼民""绿印作家"等，确有必要时可以适当采用，但要加注说明。

　　7. 外来词用字不规范。

　　（1）音译外来词用字不规范。例如，的士（taxi）若写成"迪士"、坦克（tank）若写成"坦刻"、沙发（sofa）若写成"砂发"、沙龙（salon）若写成"沙农"等就是不规范的，因为它不符合人们约定俗成的用法，尽管用这些字也能转译原外文词的读音。

（2）半字母（主要是拉丁字母和希腊字母）半汉字的外文词写法不规范。例如：

卡拉 OK　T 恤衫　γ 射线　B 超　X 光

这些词中的汉字和字母都不能随意改动，否则都是错误的或不规范的，词中的字母应按规范的写法，不能随便改字母的大小写。

（3）纯字母词（包括外文词、外文缩写词、汉语拼音缩写词）的使用不规范。例如：

CT（X 射线计算机断层扫描）、WTO（世界贸易组织）、UFO（不明飞行物）、ABC（字母表、基础知识）、CAD（计算机辅助设计）、MTV（音乐电视）、GRE（美国招收外国研究生的入学考试）、HSK（汉语水平考试）

这些字母词进入普通话，人们已按普通话的拼音规则去拼读，一般也把它们看作普通话词语。字母词中的任何一个字母都不能随意改动，也不能把大写字母改成小写字母，更不能随意添加或减少字母，否则，都是错误的或不规范的。

8. 使用已经淘汰的政治经济类名词。

随着社会的发展，不少政治经济类名词因不适应形势的需要而被淘汰或改造，一般情况下不能再使用这些已废弃的词。例如：

①满清——解放前通用，因带有民族歧视性，解放后国家已明令禁止使用，应改为"清朝""清代""清季"或"清王朝"。

②南巡讲话——"巡"，巡幸也，在古代指帝王出巡，用来指邓小平去深圳视察不妥，现已改为"南方谈话"。

③国营企业——"国营"是计划经济时期的词语，经济体制改革以后，市场经济时期国营企业的国家经营模式，已变成国家所有、企业自主经营模式，"国营企业"这一名词也因此演变成

了"国有企业"。

此类词语在当今的出版物中并不鲜见。例如：

（蒋作宾）数年后愤于满清政府，乃赴日本入陆军士官学校步兵科学习。

三、成语的误用

成语是长期习用的、意义上整体化、结构上定型化的固定词组。成语的误用主要有以下几种情形。

1. 修辞和形容不当而误。例如：

①他和牛结下了血肉相连的关系。

②不少前往泉州旅游、观光的海外游客乘车行驶在无树的公路上，任凭风尘、烈日的侵袭，纷纷摇头叹息，叹为观止。

③小沈是我青梅竹马的旧友，以前我们像亲兄弟一样在一块玩。

④这一次扑灭森林大火，解放军又一次首当其冲。

例①"血肉相连"比喻关系密切，多用于人与人之间，这里用来比喻人与牛的关系，显得很别扭。例②"叹为观止"意为"赞美看到的事物好到极点"，与"摇头叹息"意义相反，显然不是作者想表达的意思，是误用。例③"青梅竹马"本是形容男孩女孩天真无邪地在一起玩耍，这里用来形容两个男孩亲兄弟般的关系，显然是错误的。例④本想表现解放军的勇敢无畏，却用了意为"处于冲要位置首先被冲击"的"首当其冲"，形容不当，可改为"冲锋在前"。

2. 任意改变结构、增减或调换成分造成误用。

成语的结构具有定型化的特点，一般不能随意改变，更不能增添或减少其成分，否则，会影响对成语意义的理解。例如：

心机枉费（枉费心机）　　八两半斤（半斤八两）

好景无常（好景不长）　　渊远流长（源远流长）

括号外的"成语"被改变了结构或成分，都是错误的或不规范的。

再看几个例句：

①他叫大林，人高马大的，姑娘们喜欢接近他。

②乾隆以后，中国陶瓷的辉煌终成昨日黄花，实无可奈何。

③大凡热心荐贤的人，也总是十分爱贤。不因求全而责备，不因小过而废之。

④他的作品，既不矫揉，也不造作。

例①把"牛高马大"中的"牛"窜改成了"人"，是生造"成语"。例②把"明日黄花"的"明日"改成了"昨日"，是想当然的窜改。例③在成语"求全责备"中间插入了"而"字，将它拆成"因求全而责备"，其实，"求全"与"责备"意思相同，两者之间没有因果关系。例④把成语"矫揉造作"拆成"既不矫揉，也不造作"，其实，"矫揉"与"造作"并不是并列关系，"矫"和"揉"都是形容"造作"的。如此改造成语，既破坏了成语意义的完整性，也破坏了成语结构的定型性，是对成语的误用。

⑤他不渝地深入生产实际找课题的精神，得到了上级领导的高度赞扬。

⑥可惜的是，这样一组动人的人体形象镜头，在放映的时候却被莫名地剪去了。

⑦两个孩子使尽浑身力气，把一根横卧在轨道上的木头推了出去，一辆满载旅客的列车在千钧时刻化险了。

例⑤"不渝"由成语"始终不渝"省简而来，例⑥"莫名"由成语"莫名其妙"省简而来，例⑦"千钧""化险"分别由成语"千钧一发""化险为夷"简缩而来。这样任意删减成语固有的成分，破坏了成语结构的定型性，意义的整体性，很令人费解。

当然，成语虽不能任意改动，但在一些特殊的语言环境里，为了达到某种修辞效果，也可以适当活用。例如：

⑧视人民之痛苦若无睹，此放弃民生主义也。（毛泽东《向

国民党的十点要求》)

"视若无睹"中嵌进"人民之痛苦"五字,增添语意,有助于抒发强烈感情。成语的活用需谨慎,切不可滥用。

四、惯用语、歇后语和谚语的误用

　　惯用语、歇后语和谚语大多来自民间,多出现于口语中,带有浓厚的生活气息,因而,它们大多出现在文学作品和面向大众的普及读物里,使用它们,能使语言生动形象,富于幽默感。例如:

　　哟,瞧你个大男子汉,还抹鼻子呢。

"抹鼻子"是"哭"的动作,这里表示"哭",显然比直接用"哭"字要形象得多,生动得多。

　　①不久前,王刚又杀回马枪,再返中央电视台主持节目,舍"动物"而去找"朋友",又迅速吸引了不少观众的眼球。

　　②他从前年开始迷上集邮,兴趣越来越浓,以至于到了一发不可收拾的地步。

　　③如今巴以和谈的时机已生米煮成熟饭了,再无限期拖延下去,将给双方带来无尽的灾难。

例①中的"杀回马枪"比喻回过头来给追击者以突然袭击,用在此处与句意不符。例②中的"一发不可收拾"指事情一旦发生便出现不可收拾的局面,用在此处与句意不符,可改为"一发不可收"。例③中的"生米煮成熟饭"比喻事情已经做成,不可再改变,用在此处与句意不符,可改为"成熟"。

　　惯用语、歇后语和谚语的误用还表现为出现在不该出现的文体里。科技论著、政治读物等文体里一般不宜使用这类词语,否则会与整个语境和文章风格不统一、不协调。

五、缩略语的误用

缩略语，也即通常所说的简称，是指较复杂的名称经过压缩和简略之后而形成的词或词组。如化肥（化学肥料）、民警（人民警察）、共青团（共产主义青年团）、三讲（讲学习、讲政治、讲正气）、中国文联（中国文学艺术界联合会）等。缩略语的使用符合语言交际的"经济原则"，因此，语言里有大量的缩略语存在，而且，人们还在不断地创造新的缩略语。但缩略语的使用也要注意规范，否则会影响交际的正常进行。缩略语的误用主要有以下几种情况。

1. 盲目求简，造成语义不明。例如：

姑苏一女工绣成"四妇会"会标。

"四妇会"是指"第四次世界妇女大会"，如此简缩，读起来很别扭，且令人费解，规范的缩略形式应该是"第四次世妇会"。

2. 随意生造，令人费解。例如：

市政府于 11 月 4 日至 7 日在蓟县召开了天津市改水工作会议……

"改水"是"改善饮用水条件"的缩略语，纯属生造，读者很难理解。

3. 忽略区别性，造成歧义。

有些缩略语字形相同，意义却并不一样（如人大——中国人民大学／人民代表大会），还有些缩略语与其他词语字形相同，意思却完全不同［如入世——加入世界贸易组织／投入社会生活（与"出世"相对）；人流——人工流产／不断流动的人群］，应注意区别它们，在容易产生歧义的语言环境里，应使用全称。

4. 缩略语形式不定。

有些缩略语不注意采用人们普遍使用的说法，另造其他形式，造成歧义。例如：

①我是路总的秘书，对这起事件最知底，市检委要我写份材料，将情况如实汇报一下。

②插青进来，好奇地瞧着她，咯咯地笑。

例①的"检委"是"纪律检查委员会"的缩略语，规范缩略形式应为"纪委"；例②的"插青"是"插队知识青年"的缩略语，规范简称是"知青"。以上两例都没有采用约定俗成的缩略语，而是另造缩略语，这容易造成语言交际障碍。

语言是约定俗成的，有时尽管违背了常理，也无法改变它，只能被动地去接受。例如，"邮政编码"这一短语按理说简缩成"邮码"更合理一些，而人们偏把它简缩成"邮编"，虽不合常理，但已约定俗成，若另立简称"邮码"，便不能为人接受。类似例子还有很多，例如：

爱国卫生委员会——爱委会（爱卫会）

教学改革——教改（教革）

括号里的缩略形式似乎更合理，却是不规范的。

六、词语的汉语拼音未遵守拼写规则

汉语拼音的基本拼写规则是以词为书写单位，要分词连写。下面这一书名的汉语拼音是不规范的：

《中国现代化决战西部》——ZHONG GUO XIAN DAI HUA JUE ZHAN XI BU

书名汉语拼音没有分词连写，违反了汉语拼音的基本拼写规则。

关于词语汉语拼音的详细拼写规则，可参考《汉语拼音正词法基本规则》《中国人名汉语拼音字母拼写规则》《中国地名汉语拼音字母拼写规则》等文件。

附录一

语气词"啊"的音变

"啊"附在句子的末尾表语气,与前一个音节连读而受其尾音的合音影响,常常发生音变现象。在不同的语音环境中,"啊"的读音有不同的变化形式。"啊"的不同读音,可用相应的汉字来表示,也可均用"啊"来表示。

1. 前面音节的末尾音素是 a、o、e、i、ü、ê 的,读作"呀"(ya)。

快去找他啊(呀)(tā ya)!

你去说啊(呀)(shuō ya)!

今天好热啊(呀)(rè ya)!

你可要拿定主意啊(呀)(yì ya)!

我来买些鱼啊(呀)(yú ya)!

赶紧向他道谢啊(呀)(xiè ya)!

2. 前面音节的末尾音素是 u(包括 ao、iao)的,读作"哇"(wa)。

你在哪里住啊(哇)(zhù wa)?

他人挺好啊(哇)(hǎo wa)!

口气可真不小啊(哇)(xiǎo wa)!

3. 前面音节的末尾音素是 n 的,读作"哪"(na)。

早晨的空气多清新啊(哪)(xīn na)!

多好的人啊（哪）（rén na）!

你猜得真准啊（哪）（zhǔn na）!

4. 前面音节的末尾音素是 ng 的，读作"啊"（nga）。

这幅图真漂亮啊（liàng nga）!

注意听啊（tīng nga）!

附录二

常用的容易混用的词辨析

（分组按音序排列，写出词义并示例）

B

包含　里边含有：这句话包含好几层意思。

包涵　客套话，请人原谅：请多包涵。

暴发　①忽然发作：山洪暴发。②突然发财：暴发户。

爆发　①岩浆迸出：火山爆发。②突然发生：爆发革命。

必需　必不可少的：生活必需。

必须　一定要那样做：必须照办。

标明　用文字或符号标出来，使大家知道：标明价格。

表明　清清楚楚地显示出来：表明态度。

不屑　认为不值得（做）：不屑一顾。

不惜　不顾惜；舍得：不惜牺牲；不惜血本。

C

残败　残缺衰败：到他一代家业残败了。

惨败　惨重的失败：敌军惨败溃逃。

长年　一年到头；整年：长年在野外工作。

常年　①终年；长期：常年守卫。②平常的年份：常年收成

　　较好。

成规　久已通行的规则：墨守成规。
陈规　不适用的旧规章：陈规陋习。

出身　①个人早期的经历：店员出身。②由家庭成分所决定的身
　　　份：农民出身。
出生　胎儿从母体中分离出来：他1958年出生在北京。

篡改　用作伪的手段改动或曲解（经典、理论、政策等）：篡改
　　　历史。
窜改　改动（成语、文件、古书等）：窜改原文。

D

大意　①大概或主要的意思：段落大意。②疏忽；不注意：粗心
　　　大意。
大义　大道理：深明大义。

E

遏止　用力阻止：革命洪流不可遏止。
遏制　控制；制止：遏制激动的感情。

F

发愤　决心努力：发愤用功。
发奋　振作起来：发奋有为。

反映　①把客观事物的实质表现出来：意识反映存在。②把客观
　　　情况或别人的意见等告诉上级或有关部门：反映情况。

反应　一般指事情所引起的意见、态度或行动：读者反应。

妨碍　阻碍：妨碍交通。
妨害　有害于：妨害健康。

仿造　照样子制造：仿造唐代文物。
仿照　模仿；参照（用于经验或办法）：仿照办理。

分辨　辨别；分析区别：分辨真假。
分辩　辩白；解释争论：当场进行分辩。

扶养　扶助；供养：由他扶养长大。
抚养　爱护；教养：抚养子女。

富裕　指经济较宽绰：富裕生活。
富余　足够而有余：钱有富余。

G

工夫　时间、时候：花几天工夫。
功夫　本领、造诣：下了不少功夫。

固然　意同"本来""虽然"：生命固然重要，但气节更为重要。
果然　事实（可假设事实）与所说或所料相符，含有"真的""果真这样"的意思：果然名不虚传。

雇用　出钱请人为自己做事：雇用临时工。
雇佣　用货币购买劳动力：雇佣兵。

贯串　头尾连接而相通：这一思想贯串全书。
贯穿　穿过；连通：这条路贯穿了 5 个省。

灌注　浇进；注入：把铁水灌注到模型里。
贯注　①连贯；通连：一气贯注。②（精神、精力）集中：全神
　　　贯注。

H
涣然　形容（嫌隙、疑虑、误会等）完全消除：涣然冰释。
焕然　形容有光彩：焕然一新。

J
急流　湍急的水流：急流险滩。
激流　湍急的水流，受阻而涌起：激流勇进。

棘手　形容事情难办：这事真棘手。
辣手　手段厉害或毒辣：想不到他真辣手。

坚苦　坚忍刻苦：坚苦卓绝。
艰苦　艰难困苦：艰苦奋斗。

检察　审查被检举的犯罪事实：检察案情。
检查　为了发现问题而用心查看：检查身体。

简洁　说话、写文章简明扼要：文笔简洁。
简捷　直截了当：说话简捷有力。

间隙　空隙（用于时间或空间）：利用工作间隙学习。

间歇　动作、变化等，每隔一定时间停止一会儿：不间歇地连续
　　　工作。

娇气　脆弱，不坚强：他很娇气，吃不了苦。
骄气　骄傲自满的作风：他成绩还可以，但骄气十足。

接收　收受过来：接收会员。
接受　容纳而不拒绝：接受新任务。
接手　接替：他的工作由你接手。

截止　（到一定期限）停止：报名在昨天已经截止。
截至　截止到（某个时候）：报名日期最迟截至本月底。

界限　不同事物的分界：划清思想界限。
界线　两个地区分界的线：跨越界线。

经心　在意；留心：漫不经心。
精心　特别用心；用全部精力：精心治疗。

精致　精巧细致：工艺品很精致。
精制　精工制造：经过精制的高级食品。

聚积　一点一滴地累积：把闲散的资金聚积起来。
聚集　集合；凑在一起：从四面八方聚集。

K

考察　实地观察调查：考察水利工程。
考查　用一定的标准来检查衡量：考查成绩。

宽待　宽大对待：宽待俘虏。

宽贷　宽容；饶恕：对知法犯法的人，决不宽贷。

L

连接　互相衔接：群山连接。

联结　结合在一起：上海联结京沪、浙赣两条铁路。

流连　玩得很高兴，舍不得离开：流连忘返。

留恋　不忍心放弃或离开：留恋往事。

M

蒙眬　两眼半开，看东西模糊：睡眼蒙眬。

朦胧　月光不明；不清楚：月色朦胧；烟雾朦胧。

牟取　谋取（名利）：牟取暴利。

谋取　设法取得：谋取利益。

P

旁征　广泛收集：旁征博引。

旁证　侧面的证据：人证、物证以外，还有旁证。

Q

期望　对未来的事物或人的前途有所希望和等待：不辜负大家的
　　　期望。

希望　要求、盼望达到某种目的：我抱着希望。

启示　启发、指示，使人省悟：他得到启示。

启事　为了某事而公开声明：寻人启事。

权力　强制力量：行使权力。
权利　依法享受的权益：享有权利。

R

溶化　物质在液体里化开：盐溶化于水。
熔化　金属用火加热变成液体：铁熔化为铁水。
融化　固体受热变为液体：冰、雪等融化为水。

S

擅长　在某方面有特长：擅长绘画。
擅场　压倒全场；在某种专长方面超过一般人：擅场之作。

声明　①公开表示态度或说明真相：公开声明。②声明的文告：
　　　发表联合声明。
申明　郑重地申述理由：申明原因。

什物　泛指家庭日常使用的衣物及其他零碎物品：什物架。
实物　①实际应用的东西。②真实的东西（与图片、模型相对而
　　　言）：实物教学。

实足　确实足够：实足年龄。
十足　特别充分；纯粹：信心十足。

实行　用行动来实现：实行改革。
施行　①加以推行，使之生效；执行：本条例自公布之日起施
　　　行。②按照某种方式或办法去做：施行手术。

侍候　陪伴服侍：侍候病人。
伺候　在人身边供使唤，照料饮食起居：伺候东家。

收集　积聚在一起：收集资料。
搜集　到处寻找事物，集中在一起：搜集意见。

授奖　把奖品给予得奖的人：授奖大会。
受奖　得奖人得到奖品：立功受奖。

熟悉　了解得很清楚：熟悉情况。
熟习　对某种技术或学问很熟练或了解得很深刻：他熟习英文。

树立　建立：树立榜样。
竖立　直立在地面上：竖立起旗杆。

随意　任从心意：随意安排。
遂意　合乎心意：称心遂意。

T

停止　动作终止，不再进行：停止前进。
停滞　指工作或事业受到阻碍，不能顺利发展：工业停滞。

推脱　推卸、摆脱：推脱责任。
推托　借故拒绝：推托有事。

W

违反　不遵照；不依从：违反意志。

违犯　　违背；触犯：违犯法律。

委曲　　委婉曲折，暂时忍受：委曲求全。
委屈　　受冤枉心里难过：平白无故受委屈。

位置　　①所在或所占的地方：地理位置。②地位；职位：此书在
　　　　文学史上占有重要位置；谋了个处长位置。
位子　　座位：剧场有 1200 个位子。

侮蔑　　轻视；轻蔑：带有侮蔑的口气。
诬蔑　　捏造事实败坏别人的名誉：造谣诬蔑。

X

鲜明　　①鲜艳；不晦暗：颜色鲜明。②明朗；不含糊：旗帜
　　　　鲜明。
显明　　明白清楚：显明的对照。

消失　　事物逐渐减少以至于没有了：人影消失。
消逝　　一般指时间、流水"走"远了：时光消逝。

效力　　①发生作用：药的效力大。②出力；效劳：愿为他效力。
效率　　功效的比率：机器比手工效率高。

心酸　　心里痛苦；悲伤：听了叫人心酸。
辛酸　　比喻苦难的遭遇：流下辛酸的泪。

须要　　一定要：头脑须要冷静。
需要　　①应该有或必须有：体弱需要营养。②对事物的欲望或要

　　　求：读者需要。

喧腾　喧闹沸腾：人声喧腾。
暄腾　松软而有弹性：馒头蒸得暄腾。

玄乎　玄虚难以捉摸：他说得也太玄乎了。
悬乎　危险；不保险；不牢靠：这事办得可悬乎了。

学历　学习的经历，指曾在哪些学校肄业或毕业：专科学历。
学力　在学问上达到的程度：同等学力。

Y

压制　用威力使人屈服：压制批评。
抑制　按住；控制：抑制不住内心的喜悦。

洋洋　广大、众多的意思：洋洋大观。
扬扬　得意的样子：扬扬得意。

一班　一群：一班人马。
一斑　比喻相类似的许多事物中很小的一部分：窥一斑而知全豹。

一齐　同时；全都：大家一齐动手。
一起　①同一处所：坐在一起。②一同：两人一起回来。

一身　①从头到脚；全身：一身是劲。②一套（衣服）：一身工
　　　作服。
一生　从生到死；一辈子：光辉的一生。

以至　①到、直到（用于时间、数量、范围的延伸或扩大）：循
　　　环往复以至无穷。②表示前半句话所说的动作、情况的程
　　　度很深而形成的结果（用于下半句的开头）：他用心写生，
　　　以至野地刮起风沙来也不理会。
以致　由此而造成（用于下半句的开头，多表示不好的结果）：
　　　没有研究，以致作出错误判断。

Z

振动　往复振荡：电线被风刮得振动不已。
震动　①颤动：春雷震动山谷。②激动人心：震动全国的大事。

蒸气　液体、固体升华成气体：水蒸气。
蒸汽　水蒸气：蒸汽机。

直接　不经过中间事物：直接联系。
直截　简单爽快：直截了当。

志愿　志向；意愿：为人民服务是我的志愿。
自愿　自己愿意：自愿参加。

制定　定出（法规、政策等）：制定方针。
制订　创制拟定：制订下一步工作计划。

治服　治理、整治使之服从：治服了洪水。
制服　强力压服：这匹烈性马被制服了。

置备　购买（用具）：置备仪器。
制备　化学工业上指经过制造而取得。

中止　中途停止，不再进行：他本想攀上顶峰，因体力不支，就中止了。

终止　结束；停止：终止活动。

终身　一生；一辈子（多就切身的事说）：终身大事。

终生　一生（多就事业说）：奋斗终生。

衷心　发自内心的感情：衷心拥戴。

忠心　忠诚的心：忠心耿耿。

坠落　往下掉：从马背上坠落在地。

堕落　思想、行为变坏：堕落为罪犯。

第三章　语法规范

一、语法概说

语法是语言的结构规则。语法学是研究语言结构规律的科学。现代汉民族共同语（现代汉语）语法研究的是现代汉语共同语的结构规律，它分为词法和句法两个层面。词法研究语素组成词的规律，句法研究词构成词组、句子以及单句构成复句的规律。任何语言都有语法，也就是说，其语法成分的组合都有一定的规律。语言在使用过程中符合这些规律是规范的，否则即不规范。

二、语法规范

现代汉民族共同语语法的规范，由典范的现代白话文著作的一般用例表现出来。"典范的现代白话文著作"主要是指现代文学史上有重大影响的著名作家的代表性作品，如鲁迅、茅盾、郭沫若、老舍、巴金、叶圣陶等人以及当代一些名家的作品。由于作家们使用语言时既遵循着共同语语法，也受各自方言和个人爱好、习惯的影响，因此，共同语语法的规范只能是表现在他们作品中的一般用例的规则。用数学公式表示，即：

典范的现代白话文著作的全部用例－方言和个人的特有成分＝共同语语法规范

例如：

①翠娟硬要梁志达每个月给几百元她母亲……（陈浩泉《选

美前后》）

②老林酽酽呷了一口茶。（何立伟《故城一些事》）

例①中的"给几百元她母亲"是粤方言语法，虽然出自现代作家的作品，也不能作为共同语语法的规范。例②中的"酽酽呷了一口茶"是个别人的个别用法，也不能当作共同语语法的规范。

三、典型的失误语法现象（语病）

通常情况下，不符合语法规范就是语言运用失误，有失误语法现象的句子就是病句（文艺作品中的个别特例和方言用法除外），也即一般所说的语病。现代汉语常见的语病主要有以下一些类型。

（一）词性误用

1. 名词误作形容词。例如：

①俱乐部顿时娱乐起来了。

"娱乐"是名词，后面不能接趋向动词"起来"。此处将"娱乐"误作形容词用了，可将其改为"热闹"。

②他年纪虽小，却很本事。

名词"本事"被误作形容词，可改为"能干"。

2. 名词误作动词。例如：

①画家田雨霖义务为学生讲座。

"讲座"是名词，应改为动词"讲课"。

②这是对他极大的摧残和耻辱。

"耻辱"是名词，应改为动词"污辱"。

3. 形容词误作名词。例如：

在学习上，他是全班第一的努力。

"努力"是形容词，不能做"是"的宾语，可将"第一的努力"改成的字结构"最努力的"。

4. 形容词误作动词。例如：

①只有迅速提高科学技术水平，才能相称大好形势的要求。

"相称"是形容词，不能带宾语，可改为动词"适应"。

②第二天，他买了一本新书还给那位同学，还向那位同学抱歉。

"抱歉"是形容词，不能受介词结构"向那位同学"修饰，应改为动词"道歉"。

5. 动词误作名词。例如：

①他由于顶不住压迫而丧失了原则。

"压迫"是动词，应改为名词"压力"。

②到底他肯不肯担负此重任，这还是一个怀疑。

"怀疑"是动词，应改为名词"疑问"。

6. 动词误作形容词。例如：

①他贪图地用手摸一摸钱箱。

"贪图"是及物动词，一般不作状语，可改为形容词"贪婪"。

②我们怀着对革命先烈无限瞻仰的心情，来到了人民英雄纪念碑前。

"瞻仰"是动词，不能受程度副词"无限"修饰，可改为形容词"崇敬"。

7. 不及物动词误作及物动词。例如：

①我不由自主地抬起了头，无限深情地注目着她。

"注目"为不及物动词，不能带宾语，可改为及物动词"注视"。

②如今，裕安大厦已成为安徽省各地市接轨浦东的重要载体。

"接轨"为不及物动词，不能带宾语，可将"接轨浦东"改为"与浦东接轨"。

8. 虚词的误用。例如：

①每隔一段时间，他们就组织人员昼夜观察，对大熊猫发出

的每一个声音都记录下来。

应改"对"为"把"。

②法制报要向读者宣传国家的法规法纪，首先报纸自己要遵纪守法，这样，报纸才有感召力。否则报纸让别人学法守法，而办报却违法犯法，就是失职。

应改"否则"为"如果"。

③这种飞机因为氧化剂比燃料重八倍，因此，起飞时的重量大大减轻。

关联词"因为"与"因此"不能搭配。可改为"因为……所以……"或"由于……因此……"。

④改号期间将可能影响您的通话，敬请您的谅解：若出现障碍请向 112 申告，改号详情请向 114 台查询。

助词"的"衍，删去。

⑤要掌握本区域内出版物印刷企业、打字复印店以及图书、期刊、音像制品批发零售场所经营者的信息。

"和""及（以及）"都可用作连词，"和"可以连接名词性、动词性或形容词性成分，表示平等联合；而"及（以及）"连接的成分往往有主次之分，"及（以及）"后的成分一般是次要的。本句中"以及"前后的成分无主次关系，应改为"和"。

（二）成分残缺

1. 主语残缺。例如：

①听了这个报告，使我受到了深刻的教育。

缺主语，删去"听了"，让"这个报告"作主语；或者删去"使"，让"我"作主语。

②俄罗斯艺术家的演出，受到了各界观众热烈的欢迎，对这次成功的演出给予了很高的评价。

缺主语，应在"对这次成功的演出"之前加上"观众"。

③将屠宰的废料应集中消毒处理。

缺主语，删去介词"将"，让介宾短语的宾语"屠宰的废料"作句子的主语。

2. 谓语残缺。例如：

①完成任务后，大家就到餐厅夜宵。

句子缺少谓语，应在宾语"夜宵"前加上谓语"吃"。

②我们沿着华山路，没有多久，就到了徐家汇。

第一个分句缺少谓语，"沿着华山路"是个介词结构，在句中作状语，应在其后或在"没有"之后加上"走"。

③全岛长夏无冬，阳光充足，海水清澈，空气清新，美丽多姿的热带植物，是有发展前景的旅游区。

"美丽多姿的热带植物"一句缺谓语，可在其前加上"还有"或"更有"。

3. 宾语残缺。例如：

①高分子材料用在医药上，大致可分为机体外使用和机体内使用。

缺宾语，应在句末加上"两种"作宾语。

②这支古老遗民仍保留着以钻木取火的方法获取火种以照明和取暖。

缺宾语，应在句末加上"的习惯"。

4. 定语残缺。例如：

油棕是一种热带油料植物，含油量很高。

"含油量"前缺定语"果实的"。

5. 状语残缺。例如：

我们一下车，她就过来一一握手。

"一一握手"前缺状语"与我们"。

（三）搭配不当

1. 主语与谓语搭配不当。例如：

①在香山老人的传说里，曹雪芹的足迹走遍了香山。

主语"足迹"与谓语"走遍"不能搭配，可改"走遍了"为"遍布"，或删去"的足迹"。

②急忙中，衣服被峭壁划破、划伤，可他全然不顾。

主语"衣服"与谓语"划破、划伤"中的"划伤"搭配不当，应删去"划伤"。

2. 动词与宾语搭配不当。例如：

①他们说服了老师的劝阻。

谓语动词"说服"与宾语"劝阻"搭配不当，可改为"说服了劝阻的老师"。

②这样更显得小巧玲珑、机智敏捷的性格。

"显得"与"性格"不能搭配，删去"的性格"，让"小巧玲珑、机智敏捷"作宾语。

3. 定语与中心词搭配不当。例如：

①如何提高产量和质量，这是一件很值得研究的问题。

"一件"与"问题"不能搭配，应将定语"一件"改为"一个"。

②山光水色和千余只活泼温驯的鹿群吸引着游客。

定语"千余只"与中心词"鹿群"搭配不当，应删去"千余只"或"群"。

4. 状语与中心词搭配不当。例如：

①皎洁的月光像银纱似的照着美丽的校园。

状语"像银纱似的"与谓语动词"照着"搭配不当，应改"照着"为"罩着"。

②随着科学技术的发展，随着对语言性能的深入把握，"共生语言"与"自然语言"之间的转换或转化将日益成功。

"成功"是终止了的动作行为，不能与"日益"搭配，可改"成功"为"发展"。

5. 中心词与补语搭配不当。例如：

①导演对女主角说："生活一点，再生活一点！"

中心词"生活"与补语"一点"搭配不当，可改"生活"为"生活化"。

②王雪芹长得大方、清秀。

中心词"长"可与补语"清秀"搭配，却不能与补语"大方"搭配，应删去"大方"。

6.主语与宾语搭配不当。

这类病句主要出现在"是"字句中，表现为"是"字前后的词语不相类。例如：

①武威的甜菜制糖在甘肃占有重要地位，亦是省商品粮基地。

主语"武威的甜菜制糖"与宾语"省商品粮基地"不能搭配。

②很显然，这种看法是一种急功近利的表现。

此句紧缩后便成为"看法是表现"，不通。原句可改为"很显然，持有这种看法是一种急功近利的表现"。

7.照顾不周（"一面"对"多面"）。例如：

①到了海边，小林张开嘴巴，尽情地呼吸着清新的空气、海水和阳光。

"呼吸"只能与宾语"空气、海水和阳光"中的"空气"搭配，不能与"海水和阳光"搭配，犯了照顾不周的毛病。

②切实提高教师的待遇，关系到社会主义现代化建设的成败。

"提高待遇"对应的是"成"，而不能照顾到"败"。原句主语可改为"能否切实提高教师的待遇"。

8.关联词搭配不当。例如：

由于人们在家居中多以休息为主，所以有关休息方面的家具最为关键……

"由于"与"因而"或"因此"成对出现，"所以"与"因为"成对出现。

（四）成分冗余

口语和书面语里都经常会出现表意重复的冗余成分，造成叠床架屋。有冗余成分的句子也是病句。例如：

①1985 年全世界有 10 多家工厂生产稀土抛光粉，总生产能力约 5000～6000 吨。

约数重复。"约 5000～6000 吨"中的"约"与"5000～6000"表意重复，删去"约"。类似的还有"50 多米左右""约 5 分钟许""约两千余人"等。

②他已经把儿子们送上了一条不可返转的通衢大道，已经护着他们走好了开头的几步，以后，他们自己就可以一直走下去了。

"通衢"即大道，因而"通衢"与"大道"表意重复，两者删一。

③人之灵魂可与之契合，也可以倾听到天籁之声在四周流漫。

"天籁"即自然界的声音，故"天籁"之后的"之声"为冗余成分，应删去。

④而艺术符号却是一种终极的意象……一种诉诸于直接的知觉的意象。

"诸"是古汉语里的合音词，为"之于"两词的合音，因而，其后的"于"为冗余成分，应删去。

⑤这是一份宝贵的遗产，特别是她同时代的许多友人都已纷纷作古，留给我们的这份回忆资料就更加弥足珍贵。

"弥"意为更加，"弥足珍贵"意即更加珍贵，因而句中的"更加"与"弥"表意重复，应删去冗余成分"更加"。

⑥我看到妈妈伤心的样子，心里内疚得无法忍受，像一块沉重的石头压在我心上。

"心里"与"内疚"表意重复，删去"心里"。

⑦桥上，来来往往的车辆飞快地奔驰而过。

"奔驰"已含"飞快"之意，故"飞快"乃冗余成分，删去。

⑧一群孩子们有说有笑地走出了校园。

"照汉语的习惯，前面有表示数量的词，或'各''其他'等，后面就不加'们'。"①"们"衍，应删去。

⑨孩子们终于露出了发自内心的由衷的微笑。

"发自内心"与"由衷"表意重复，删"发自内心的"。

⑩我亲眼目睹了事件的全过程。

"目睹"即为亲眼看见。删"亲眼"。

⑪电影所以有趣，全来自于它可以让观众兴味很高地去发现接下来会发生什么事。

"自""于"意同，删"于"。

（五）不规范的方言用法

在非文艺作品中出现方言用法的句子也是病句。例如：

①这个屋子暖和起那一个。（这间屋子比那间暖和。）

这是山东牟平方言的用法。这种"A×起B"格式，在普通话里则用"A比B×"格式。

②把酒不要喝得太多。（不要把酒喝得太多。）

渭南方言中"不要""不会""不敢"置"把"字短语之后，与普通话相反。

③他的官大过你。（他的官比你的大。）

粤方言用法。这种"A（形容词）过B（宾语）"格式，在普通话里则为"比B（宾语）A（形容词）"。

④我走先。（我先走。）

粤方言用法。这种状语后置格式，现代汉语鲜见。

（六）歧义

歧义是指一个句子表达了两个或多个不同的意思。有歧义的

---

① 吕叔湘，朱德熙. 语法修辞讲话［M］. 北京：中国青年出版社，1952.

句子多因语序不当所致。歧义句不便于读者理解，若非基于修辞目的，则应进行分解或调整其语序。例如：

①文章讲述了一个工人抢救国家财产的故事。

②这个故事我讲不好。

例①"一个"可以理解为修饰"工人"，也可以理解为修饰"故事"，有歧义，应分解，原句可改为"文章讲述了一个关于工人抢救国家财产的故事"或"文章讲述了某工人抢救国家财产的故事"。例②"我讲不好"也是歧义结构，既可理解为"我/讲不好"，也可理解为"我讲/不好"，应根据语境对其结构进行调整。

③王力是中国文字改革委员会原副主任。

④袁贵仁是前教育部部长。

表示某人曾任职务时，常在职务前加上"原"或"前"。当职务所属机构、单位已不存在或已改名时，"前"和"原"应置机构、单位名称前，反之，"前"和"原"应置职务前。据此，上述两例应改为："王力是原中国文字改革委员会副主任。""袁贵仁是教育部前部长。"

（七）杂糅

杂糅是指把两种说法搀和在一起，使得句子表意不清。例如：

①东山总厂与南宁市壮宁工业有限责任公司联合组成集团式经营。

②你可知道，要出版一本译作是要经过多少人的努力以后，才能与读者见面的。

例①"联合组成集团式经营"为"联合组成集团"与"集团式经营"的杂糅。该杂糅结构可改为"联合起来进行集团式经营"或"联合组成集团，进行集团式经营"。例②是把"要出版……的努力"和"一本译作……见面的"糅合在一块儿，用哪一句都可以。

（八）数量表达混乱

例如：

①由于化疗药物反应，朱鹏的白血球指数比正常值少三倍。

②为民化工厂的纯利润去年是四万元，今年是五万两千元，今年比去年增长了130％。

③某公司曾二次被上级授予安全生产先进单位称号。

例①表示数量减少，不能用倍数，只能用分数。可以改为"只是正常值的三分之一"。例②表示增长了多少的百分比，必须先用实际数减去基本数以后再去除以基本数，句中"增长了130％"应改为"增长了30％"。例③中"二"表示数目时一般用在传统度量衡前（也可用"两"），如"二斤肉（两斤肉）""二尺布（两尺布）"，其他情况下，一般用"两"。这里的"二次"应改为"两次"。

（九）不合事理

例如：

①国庆节快到了，为了迎接祖国55周岁，我单位准备举办大型文艺晚会。

②我们的报刊、电视等媒体，更有责任做出表率，杜绝用字不规范的现象，增强使用语言文字的规范意识。

③汽车在蜿蜒的山道上急驰，如离弦之箭一般。

例①中说"迎接祖国55周岁"不合事理。祖国已有数千年文明史，怎能说才55周岁。可改为"迎接新中国55周岁"。例②要先说"增强使用语言文字的规范意识"，后说"杜绝用字不规范的现象"，才符合事理。例③比喻不合事理。

第四章　标点符号用法规范

　　标点符号的使用要以国家质量监督检验检疫总局、国家标准化管理委员会 2011 年 12 月 30 日发布，2012 年 6 月 1 日开始实施的《标点符号用法》(GB/T 15834—2011) 为标准，符合该标准的即为规范用法，不符合的即为不规范用法。但是，此标准中关于标点符号的"用法说明"比较粗疏，在实际语言运用过程中，我们往往会遇到一些特殊情况或复杂情况。这些情况下，标点符号该怎么用，查阅《标点符号用法》，找不到答案。鉴于此，在这一章里我们综合有关材料，着重谈谈特殊情况下标点符号的使用问题。

　　标点符号分两大类：一类是标号，包括引号、括号、破折号、省略号、着重号、连接号、间隔号、书名号、专名号和分隔号 10 种，还有一种从外国引进的虽未收进《标点符号用法》但使用也很普遍的标号——省年号；另一类是点号，包括句内点号和句末点号，句内点号有逗号、顿号、分号、冒号 4 种，句末点号有句号、问号、叹号 3 种。点号的作用在于点断，主要表示说话时的停顿和语气。标号的作用在于标明，主要标明语句的性质和作用，破折号和省略号有时还兼有点号的作用。

　　下文从剖析常见的标点讹例入手来谈谈标点符号的用法规范。

一、逗号的误用

1. 复句内部并列分句之间的停顿，应当用分号，而误用了逗号。例如：

理论，来源于实践，实践，要靠理论来指导。

"来源于实践"后面的逗号应改为分号。

2. 并列词语之间的停顿，应当用顿号，而误用了逗号。例如：

笑声，歌声，嬉闹声响彻了山谷。

"笑声，歌声，嬉闹声"三个并列词语之间的逗号应改为顿号。

3. 不该停顿的地方用了逗号。例如：

总之，这部文集，触及了当代一系列重大的学术问题，相信有心的读者，会从中得到深刻的启示。

"读者"后面不应有停顿，逗号应删去。

4. 该停顿的地方没有用逗号。例如：

我在武汉听了毛委员演说三个月之后又在郑州听到谭延闿对湖南农民运动的恶毒攻击……

"演说"与"之后"后面都应有停顿，应在它们后面加上逗号。

5. 提示性话语之后的停顿，应当用冒号，而误用了逗号。例如：

我一面按照他的指示挖战壕，一面想，总司令身经百战，这一仗一定会打胜的。

"一面想"为提示性话语，其后的逗号应改为冒号。

二、顿号的误用

1. 表示概数的两个连用数字之间不用顿号隔开。例如：

这二、三天时间里，来了二、三十个二十七、八岁的年轻人，共栽了七、八百棵树。

"二三""二三十""二十七八""七八百"都表示概数,不能用顿号隔开,顿号应删去。

2. 并列成分之间有关联词或其他起联结作用的词联结时,该联结词前不用顿号,而用逗号。例如:

①由于商品供求往往随着不同区域、不同季节、甚至不同客流成分的变化而变化,所以采购者应当及时把握需求信息。

"不同季节"与"不同客流成分"之间有关联词"甚至"联结,两者之间不能用顿号,而应改成逗号。

②他也不得不继续办下去,或亲自签批、或指示下属领导,将同心县、海原县和固原地区 117 名不符合条件的人录用为干部。

"或……或……"联结的是选择性的并列结构,第二个"或"前的顿号应改为逗号。

类似用法的关联词还有"以及""并(并且)""尤其(尤其是)""还有""特别是"等。这些词前一般都不用顿号,而用逗号。

3. 并列成分中又有另一层次的并列成分时,不能都用顿号,否则就混淆了结构层次。例如:

①全国人大常委会又颁布了禁毒决定,对制造、贩卖、运输、非法持有毒品、非法种植罂粟、大麻等原植物、引诱、教唆他人吸食、注射毒品等,都作了严厉的处罚规定。

"制造、贩卖、运输、非法持有毒品""非法种植罂粟、大麻等原植物""引诱、教唆他人吸食、注射毒品"这三个短语为并列关系。由于这三个短语内部又有并列关系,使用了顿号,因而这三个短语之间应该用逗号,不能再用顿号。

②请将此文件抄报市委副书记杨山、市委常委、宣传部部长林小华、副市长吴一用等领导同志。

三位市党政领导人的名字构成第一层并列关系,林小华部长的两个职衔为第二层并列关系。两个层次都用顿号造成了层次混乱，应改为第一层用逗号，第二层用顿号，即林小华部长的两个职衔之间用顿号，其余两个顿号应改为逗号。

③中国共产党的优秀党员、著名物理学家、教育家谢希德同志昨日不幸逝世。

"中国共产党的优秀党员"与"著名物理学家、教育家"是同位并列关系，构成第一层次，而"物理学家"与"教育家"也是并列关系，是第二层次，为清楚标示这两层关系，应将第一个顿号改为逗号。

④我们要重点发展中药加工成套设备，改变中药切片、制片、针剂、膏、散、丸药的加工所存在的落后状况。

"中药切片、制片""针剂、膏、散、丸药的加工"为第一层并列关系，而"切片"与"制片"为第二层并列关系，"针剂、膏、散、丸"也为第二层并列关系，为明确标示这两层关系，应将第一层关系之间的停顿改为逗号，即"制片"后的顿号应改为逗号。

4. 非并列词语间误用顿号。例如：

①入冬以来，丰台区公安分局先后共查获非法制造、贩运、禁放烟花爆竹的治安案件八起。

"非法制造""贩运"为并列关系的词语，"禁放烟花爆竹"是这两个词语的宾语，不能与它们构成并列关系，其前顿号应删去。

②宛南华侨新村位于徐汇区、中山南二路与宛平路交会处，是整个宛平新村的组成部分。

句中"徐汇区"与后面的"中山南二路与宛平路"具有领属关系，中间不能用顿号。

5. 没有停顿的并列词语间误用了顿号。例如：

①他们过着牛、马不如的生活。

②在村口支锅搭灶卖个烹、炒、煎、炸什么的。

"牛马"和"烹炒煎炸"是并列关系的词语，连接紧密，中间没有停顿，不要加顿号。

③我父、母亲都是美国留学生，母亲先学医，以后又攻读工艺美术。

"父母亲"是合并式简称，中间没有停顿，不要用顿号。此类用法很多，如中小学、大小雁塔、大中专、前后任领导等，这些合并式简称中间都不要加顿号。

6.表示缩略的两个相连数字之间应该用顿号而未用顿号。例如：

　　小学三四年级　　　五六月份　　　四五号泊车位

以上三例中的两个相邻数字都不是表示概数，而是缩略结构，指三年级和四年级、五月份和六月份、四号泊车位和五号泊车位，两个数字间应加上顿号。

7.表序列的词语、字母或数字后面误用了顿号。例如：

　　第一、　　第二、　　首先、　　其次、

这里的顿号应改成逗号。

　　（一）、（二）、（1）、（2）、（3）、①、②、③、

这些序列数字都加了括号（或圆圈），不必再加顿号，应去掉顿号。

　　1、2、3、A、B、C、a、b、c、Ⅰ、Ⅱ、Ⅲ、

这里的顿号应改为下脚圆点号。

要注意的是，表序列的数字"一、二、三、……"的后面要用顿号，不能用逗号，或者空一字格，也可不用顿号。

8.并列使用的引号之间、书名号之间的顿号一般可省略，但书名号后面若有括注成分等，顿号则不能省略。例如：

①从古至今，"草"一直是人们极为熟悉的一个词，不过它在人们心目中的价值和地位并不高，像"草民""草命""草台班子""草菅人命"等带有"草"的词语就反映出人们的这种心理

认识。

　　②《三国演义》《西游记》《水浒传》《红楼梦》是中国四大古典名著。

例①的引号、例②的书名号之间可加顿号，为紧凑起见，也可去掉顿号。

　　③《三国演义》（罗贯中）《西游记》（吴承恩）《水浒传》（施耐庵）《红楼梦》（曹雪芹）是中国四大古典名著。

　　④那时几个熟人都在编文学杂志，在《作家》（孟十还主编）《译文》（黄源主编）《文学月刊》（靳以主编）之后，烈文主编的《中流》半月刊也创刊了。

例③、例④的书名号之间加了括注成分，书名号之间的顿号不能省，要不然会造成混乱，不便阅读。

　　顿号的这一用法的理论依据是："如果一连串的词语都是用引号括起的，按道理是应该加上顿号的。可是形式难看，而这些引号也附带着有隔断的作用，因此一般的习惯就把这些顿号去掉了。例如：

　　名词是事物的名称，例如'山''水''人''手''道德''法律'。

　　如果引号里是一些句子，已经有了句号、问号或叹号，就更没有加顿号的需要。下面这句话的引号里面已经有了叹号，外面再加顿号，就格外觉得难看了：

　　在装着钱的纸包或信封上，写着'反对丘吉尔者捐五先令！''一个红军的朋友捐一镑！''两个坐过纳粹集中营的合捐十五先令，反对武装西德！'"[①]

　　这一段话说的虽是引号之间的顿号问题，同样也适用于书名号。

---

① 吕叔湘，朱德熙. 语法修辞讲话［M］. 北京：中国青年出版社，1952.

三、分号的误用

1. 并列词语之间只能用顿号和逗号，不能用分号。例如：

①《雷雨》中的人物对话；《红楼梦》里的心理描写；《水浒传》中故事情节的铺叙都极富特色。

②报名者请带户口簿；身份证；高中毕业证书；体检证明；两张二寸近期免冠照片。

分号一般用来表示复句内部并列分句之间的停顿，不用于单句中。例①、例②均为单句，例①的 3 个并列词组在句中作主语，例②的 5 个并列词语在句中作宾语，句中的分号都应改为逗号。

2. 应该用句号断开的两个独立的句子间误用分号。例如：

这样的豪言壮语，究竟出自谁人之口呢？不是别人，正是林彪；它是赤裸裸的反马克思主义谬论。

"林彪"后面的分号应改为句号，因为此分号前后为两个独立的句子。

3. 非并列关系的分句间误用了分号。例如：

①去年 12 月 13 日，在河北省香河县公安局的配合下，通州区公安局破获了盗窃高压电线路铁塔塔材的案件；抓获犯罪分子二十余人。

②这些展品不仅代表了两千多年前我国养蚕、纺织、印染、刺绣和缝纫工艺方面所达到的高超水平；而且也显示了我国古代劳动人民的聪明智慧和创造才能。

例①是承接关系，例②是递进关系，皆非并列关系的分句，分号都应改为逗号。

四、问号的误用

问号主要用来表示疑问句（包括设问句和反问句）末尾的停顿。问号的误用主要是把非疑问句误为疑问句。这种情况多发生在带有"谁""哪""什么""怎样""几"等疑问词和"是……还是……"疑问结构的非疑问句里。例如：

①至于谁来当我们的处长？目前尚无从知晓。

句中的问号应改为逗号。

②他不知道怎样才能从困境中解脱出来？

③他独自走着，低着头，分不清天上下的是雨，是雪，还是雪珠儿？

④据张国宾交代，和他一起在金谷大厦住的，有一些很有钱的"朋友"。天知道张国宾此时是不是又在吹牛皮？

句末的问号应改为句号。

⑤不知道同学们发现了这个秘密没有？

"不知道……没有"表达的是陈述语气，非疑问语气，句末的问号应改成句号。

问号的讹用还有一种情况：表示强烈的疑问，常常问号与叹号并用，问号与叹号的位置有时会错置。例如：

发生了这么重大的事故，作为一校之长，你难道没有责任！？

正确的用法应是问号在前，叹号在后，因为表示强烈疑问的句子首先应是疑问句。

五、冒号的误用

冒号表示提示性话语之后的停顿，用来提起下文。冒号的讹用主要表现在以下几个方面。

1. 引文中间的插入语（通常为"某某说"）后面误用了冒号。例如：

"不做生意？"翁亮说："不做生意打那么多长话？鬼才相信，你一定是在做大生意！"

此处的"翁亮说"为插入语，非提示性话语，其后一定要用逗号。

2. 在没有停顿的地方用了冒号。例如：

①我跳下车来，说了声："忠爷爷再见！"就往家里走。

"说了声"后面的冒号应删去，同时应删去"再见"后的叹号，在引号后加逗号。

②同来的人有：李大民、张小美、林莉华等。

"有"后面不应有停顿，冒号应删去。

③厂领导及时提出："以强化管理抓节约挖潜、以全方位节约促成本降低、以高质量低成本开拓市场增效益"的新思路。

"提出"指向的是宾语"新思路"，其后不应有停顿，删去冒号。

3. 在一个句子里出现了两重冒号。例如：

也还有另一种观点：当作品涉及某些阴暗现象的时候，有的同志会说："你写的现象虽然是真实的，但要考虑文艺的党性原则。"

在一个句子里不能出现两重冒号。第一个冒号应改为句号。

4. 该用冒号的地方没有用冒号。例如：

①企业长期亏损，出路只有一条，改革。

②前锋线上派出了上届西班牙大赛时为夺冠立功的三名前锋，罗西、孔蒂和阿尔托贝利。

"出路只有一条"和"三名前锋"为提示性话语，其后应该用冒号。

5. 冒号与比号混用。该用数学符号比号（：）的地方误用了冒号（：），该用冒号的地方误用了比号。（冒号位于字的下标，比号位置居中。）例如：

①地图比例尺 1：300000

"1：300000"中的冒号应为比号（1：300000）。

②早餐时间：7：30

"7：30"应为 7：30。表示时分秒之间的间隔用冒号，不用比号。

6. 起解释说明作用的冒号与"即"同时出现。例如：

脑海中闪过一个带有几分哲理性的问题：即群山与高峰的关系。

这里，冒号与"即"所起的作用相同，删"即"或改冒号为逗号。

六、引号的误用

1. 整句引文，句末标点未置引号内。例如：

俗谚云："惊蛰多栽树，春分犁不闲"。

"惊蛰多栽树，春分犁不闲"为整句引文，末尾的句号应置引号里面。

2. 局部引文，引文末尾的标点未置引号之外。

①据当时《力报》总编辑冯英子的回忆，那个周处长"是一个嗅觉很灵的猎犬，他老是伸长鼻子，这里嗅嗅，那里闻闻，鸡蛋里也要找出骨头来才算罢休。"

局部引文，"罢休"后面的句号应置引号之外。

②张伯仑可能再来一次慕尼黑，要当心，要警戒，"妥协政策促进欧洲的新危机，""俎上的羔羊仍旧是波兰。"

③新桂系承认："土地改革在廿三年至廿六年曾雷厉风行，可是收获不大，""各县能切实照规定减租者，寥寥无几。"

以上两例的四处引文皆为局部引文，非独立完整的句子，因而引文末尾的标点（"危机"后面的逗号、"波兰"后面的句号，"收获不大"后面的逗号、"寥寥无几"后面的句号）应放在引号之外。

3. 应加引号的地方未用引号。

（1）带有特殊含义（或修辞用法）的词语未加引号。例如：

①自私，不听从合理的指导，没有自尊心，都是性格上很大的弱点。这些弱点都是老牌的慈母送给她们孩子的恩物。

"慈母"和"恩物"都带有贬义，应加上引号。

②从山脚向上望，只见火把排成许多之字形，一直连到天上，跟星光接起来，分不出是火把还是星星。

"之"在此语境里表示弯弯曲曲，是修辞用法，应加引号。

③然而，她还感到遗憾，总觉得有两个是字没有唱好。

"是"在句中指的是唱词里的字，应加引号。

这里所说的特殊含义（或修辞用法），指的是该词语在句中所用的意义不是其固有的理性意义，而是其比喻义、褒贬义等附加意义。为引起读者的注意，这些词语需加上引号。

（2）行文中论述的对象未加引号。例如：

①认知一词最早是承认父子关系的法律用语，后来又用于哲学，表示认识的意思。

"认知"是论述对象，应该加引号。

②这种态度，就是有的放矢的态度。的就是中国革命，矢就是马克思列宁主义。

第二句中的"的"和"矢"是论述对象，应加引号。

4. 不该用引号的地方用了引号。

（1）间接引用的文字加了引号。例如：

牛大水说，"他父亲来过这里，在这里打过一场恶仗"。

引号里的句子实际上是对牛大水所说的话的转述，属间接引用，不能加引号。转述的话若改为直接引用，要调整人称，有时还要调整标点。此句若改为直接引用，则要将"他"改为"我"。

（2）非特殊用法的词语加了引号。例如：

①这本书写得还是太"赶"了，它的每一部分几乎都是"急就章"。

②随着癸酉年鸡年的日趋临近，一年一度的春节晚会再次成为广大电视观众所关注的"热点"。

以上两例中的"赶""急就章"和"热点"在这两个语境里都是一般用法，不必加引号。

5. 不作为独立句子来用的引文，其末尾原有的问号和叹号引用时未保留。例如：

①在护国寺街西口和新街口没有一个招呼"西苑哪？清华哪"的。

②所以，先前是刊物的封面上画一个工人，手捏铁铲或鹤嘴锹，文中有"革命！革命""打倒！打倒"者，一帆风顺，算是好的。

例①中的"清华哪"应保留问号，且应放在引号里面。例②的第二个"革命"和第二个"打倒"也应加上叹号，并放在引号里面。以上两例中的问号和叹号在句中已不表示停顿，只表示语气。

6. 连续引用几个段落时，每段都用了完整的引号。例如：

我在疑惧中不及回身，然而已看见墓碣阴面残存的文句——

"……抉心自食，欲知本味。创痛酷烈，本味何能知？……"

"痛定之后，徐徐食之。然其心已陈旧，本味又何由知？……"

"……答我。否则，离开！……"

每段都用完整的引号，会让人误解为以上三段引文为非连续性引文。正确用法是：在每段开头用前引号，只在最后一段的结尾用后引号。也可以只在第一段开头用前引号，最后一段结尾用后引号。

7. 第三层引用用了单引号。例如：

（若璩）尝语弟子曰：曩在徐尚书府夜饮，公云："今晨值起居注，上问：'古人言，'使功不如使过'，引语自有出处。'当时不能答。"

句中"使功不如使过"为第三层引用，应该用双引号。

七、叹号的误用

1. 该用句号和问号的地方误用了叹号。句号、问号和叹号都是句末点号，稍不注意，很容易造成误用。例如：

①"怎么吃饭没花粮票！"她闷闷地问道。

这是一个疑问句，应该用问号。有些带有强烈感情的疑问句，可用叹号，但也只能是问号、叹号并用，且问号在前，叹号在后，因为表达强烈感情的疑问句，首先应是疑问句。

②对烧伤面积达 93％的王德林，有的医生就觉得是无法挽救的！

这个句子虽带有感情，却只是个一般的陈述句，句末要用句号，不能用叹号。

2. 句子内部误用叹号。叹号是句末点号，有人喜欢在叹词和语气词后面用叹号，不管这些叹词是不是独立成句，语气词是不是在句末，也不管句子是不是感叹句。例如：

①哇！这地方真美！

②祖国壮丽的河山啊！就像一块巨大的磁石强烈地吸引着游子的心。

例①的"哇"是句首叹词，不独立成句，其后的叹号应改为逗号。例②的"啊"是句中语气词，"祖国壮丽的河山啊"是整个句子的主语，不是一个独立的句子，"啊"后的叹号也应改为逗号。

八、书名号的误用

1. 书名号使用范围扩大化。

书名号是表示文化精神产品的专名号。主要用于书名（包括篇名）、报纸名（包括版块、栏目名）、期刊名（包括栏目名），以及其他精神产品（电影、戏剧、乐曲、舞蹈、摄影、绘画、雕塑、工艺品、邮票、相声、小品等）的题目。如小品《打工奇遇》、湘绣《龙凤呈祥》、特种邮票《中国皮影》、报纸上《人民子弟兵》专栏、双人舞《根》、罗丹的《思想者》、贺岁片《甲方乙方》等。非文化精神产品，诸如物质产品名、商品名、商标名、课程名、证件名、单位名、组织名、奖项名、活动名、展览名、集会名、称号名等，使用书名号都是讹用。例如：

《长征二号》运载火箭　《桑塔纳》轿车　颁发《身份证》填报《职工下岗登记表》　《康佳杯》音乐电视大赛　荣获《百花奖》　《商业英语速成班》招生　《第十届全国书市》开幕　《'99中国油画艺术展》开幕　办理《营业执照》　开设《小说艺术研究》课程

以上各例中的书名号都是讹用。

2. 丛书名一般使用引号，也可使用书名号。丛书名称为一个词的，要连同"丛书"一词加书名号（或引号）；丛书名称是词组的，"丛书"一词应置书名号（或引号）外。下面的用例是讹例：

《五味》丛书（"五味"丛书）

《科学家爷爷谈科学丛书》（"科学家爷爷谈科学丛书"）

上面两个讹例应改正为：

《五味丛书》（"五味丛书"）

《科学家爷爷谈科学》丛书（"科学家爷爷谈科学"丛书）

丛书名用书名号还是引号？

丛书名有用书名号的，也有用引号的。我们建议用书名号，理据有二：

其一，《标点符号用法》规定："书名、篇名、报纸名、刊物名等，用书名号标示。"丛书也是书。书是一个总概念，下面有丛书，丛书下面又有单本书，细分下去，还有卷、篇、章、节等。这是一个系统。在这个系统中，标点符号的使用应该是一致的。

其二,《现代汉语词典》释"丛书":"由许多书汇编成的一套书,如《知不足斋丛书》《历史小丛书》。"《现代汉语词典》释"丛书"所举例证用的是书名号。《辞海》《辞源》《中国大百科全书》等权威工具书"丛书"条所举的例子都用了书名号。应用上的一致性,反映出认识上的一致性。

3. 书名号里面的名称应与实际文化精神产品名称一致,否则即为误用。例如:

　　《解放军》报　　《东方》丛刊　　《海外星云杂志》　　《人民邮电报》

以上用例皆为讹例,应改为:

　　《解放军报》　　《东方丛刊》　　《海外星云》杂志　　《人民邮电》报

书名号里面的名称是这些报刊的实际名称。

使用书名号是为了把文化精神产品名称与一般词语区分开来,便于理解。在不用书名号也不会引起混淆时,也可以不用。例如:

　　当年新华日报在重庆与国民党作斗争,当然是阶级斗争,但就在那时,阶级斗争也不是报纸的全部内容。

此例中的"新华日报"不加书名号也不会影响阅读和理解。

九、括号的误用

1. 句内括号放在了句外。例如:

　　新桂系批评和反对蒋介石的不抵抗政策,认为"中国除武装抵抗日本的侵略外,决无第二条死里求活的出路"。(《南宁民国日报》1936 年 6 月 9 日)

此句的括注是注释引文的,应紧跟引文,放在后引号和句号之间。句外括号改为句内括号。

2. 句外括号放在了句内。例如:

这一带岩石较为破碎，地震较多，致使河（沟）床坡降加大，山坡陡峭，而且夏季暴雨很多，这就为泥石流的形成提供了条件（《一次大型的泥石流》）。

"《一次大型的泥石流》"是注释全句的，而非注释最后一个分句，因而括号应置句号外。

3. 括号离开了被注释的文字。例如：

①此谕旨颁于康熙十七年三月（1678 年），内容为整饬海疆事宜。

"1678 年"是括注"康熙十七年"的，应紧跟之，置"三月"前。

②现在的大青山，树木不多，但在汉代，这里却是一个"草木茂盛，多禽兽"的地方（《汉书·匈奴传》），古代的匈奴人曾经把这个地方当做自己的范围。

"《汉书·匈奴传》"括注的是"草木茂盛，多禽兽"，应紧跟其后。

十、省略号的误用

1. 省略号衍用。文章中引用别人的著作或讲话只引用需要的部分，如果没有特殊的需要，省略的部分不必用省略号标明。例如：

一位女大学生对布源说："我并不指望您给我回信，只希望有人听我倾诉……"另一个女孩也说："……深宵里拥被而坐，与你说话，从未打算要你解答问题，仅仅想开口低语一番。"句中两个省略号都应删去。

2. 省略号前后保留了顿号、逗号、分号。例如：

雄伟的人民大会堂，是首都最著名的建筑之一，……。那壮丽的廊柱，淡雅的色调，以及四周层次繁多的建筑立面，组成了一幅绚丽的图画。

句中省略号前后的点号都应删去。一般来说，省略号前是句末点号（句号、问号、叹号），允许保留。例如：

不受制约的权力将产生腐败现象。但是，谁来制约？谁来监督？谁能制约？谁能监督？……尚有一系列问题需要深入探讨。但省略号后面一般不能再加点号。省略号前后可以有标号。

3. 省略号与"等""等等""之类"等并用。例如：

①宋庆龄、茅盾、周建人……等，都热心为本书撰稿和改稿。

②在另一领域中，人却超越了自然力，如飞机、火箭、电视、计算机……等等。

③春花什么都没带，所需的日用杂品全都是娟姐到小卖部替她买来的：热水瓶、脸盆、毛巾、香皂、镜子、剪刀……之类。例①的"等"和逗号、例②的"等等"和句号、例③的"之类"和句号都应删去，如果保留"等""等等""之类"，就要删去省略号。何去何留，要视具体情况而定，两者在标明列举省略时用法上有些区别。省略号是书面符号，只能看不能读，因而，在需要读出来的地方（如讲话稿）要用"等""等等""之类"，不能用省略号。

4. 形式不合规定。这主要有三种情形：一是省略号只有 3 个连点（…或 ...）；二是出现 12 个连点（在标示诗行、段落的省略时，可连用两个省略号），甚至更多；三是 6 个下脚点（......）。这些形式都是不规范的。规范的应是占两个汉字位的 6 个居中连点（……）。

十一、破折号的误用

破折号是一条直线，应占两个汉字的位置，中间不能断开。破折号的主要用法是引出解释说明的语句（在这一点上与括号用法相似），此外，其用法还有：引出补充说明的语句、标明语意的突然转变、标明分项列举、标明连续的几个阶段、表示声音的延长、表示说话的中断、表示说话中间的停顿、引起下文、引出歇后语的语底部分、用在副标题的前面等。

破折号的误用主要表现在以下四个方面：

1. 破折号衍用。在引出解释说明的语句时，破折号前后所指并不相当（或并不完全相当），破折号衍用。例如：

①这一切，使人们想起了解放前——1937年大旱50天，赤地千里，四出逃荒的悲惨往事。

②它既不是汽油，也不是酒精，而是金属——镁或铝。

例①中的"解放前"所指范围大，"1937年"所指范围小，不能用破折号。破折号应改为"的"。例②根本用不着破折号，删去。

2. 该用其他标点符号的地方误用了破折号。例如：

①《李自成——巾帼悲歌》是尤小刚执导的第一部历史题材的电视剧。

②一个士兵惊惶失措地跑进来向戒严司令报告："不——不好了！工人冲了进来，挤上楼梯来了。我们用枪也拦不住。"

③在亲人金珠玛米——解放军——的帮助下，我很快就恢复了健康。

例①《巾帼悲歌》是《李自成》中的一集，破折号应改为间隔号。例②表示说话慌乱，断断续续，要用省略号，不用破折号。例③中的"解放军"是对藏语"金珠玛米"的意译，破折号应改为括号。

3. 该用破折号的地方没有用，或用了其他标点符号。例如：

①二氧化碳和水在合成车间，叶绿体里发生奇妙的变化。

②这就是王倩；丽丽的妈妈；张明的爱人；师大的老师。

③计算机科学的另一个实用分支情报检索中，语言学的问题更具体。

例①"合成车间"就是"叶绿体"，后者是对前者的补充说明，中间不能用逗号，应该用破折号。例②"王倩"和"丽丽的妈妈""张明的爱人""师大的老师"指的是同一个人，后者是对前者的解释说明，中间应该用破折号。"王倩"和"丽丽的妈妈"之间用了分号，此句会被读者误解为四个人。例③"计算机科学的另一个实用分支"就是指"情报检索"，两者中间应加上破折号。

4. 破折号误为一字线（—）、两个一字线（——）、四个半字线（————）或下画线（＿＿＿）。

十二、间隔号的误用

1. 间隔号误为顿号。例如：

约翰、里德　　　一二、九运动

"约翰·里德"是一个人，名姓之间用了顿号会让读者误为两个人。表示外国人名或少数民族人名内部各部分的分界应该用间隔号。"一二·九运动"是用该事件发生的时间（十二月九日）来命名的，月日之间不能用顿号。表示月份（一月、十一月、十二月）与日期之间的分界要用间隔号。

2. 间隔号误为下脚圆点号。例如：

"3.15"消费者日　　A. 罗伯特. 李　　爱新觉罗. 溥仪

表示事件、节日和其他特殊意义的含有月日（用阿拉伯数字）简称的词组，月日之间一定要用间隔号，不能用下脚圆点号。"3.15"应为"3·15"。标示外国人和少数民族人名内部各部分之间的分界用间隔号，不用下脚圆点号，因而"A. 罗伯特. 李"应为"A. 罗伯特·李"，"爱新觉罗. 溥仪"应为"爱新觉罗·溥仪"。但人名中若出现缩写字母，则缩写字母后面要用下脚圆点号，不能用间隔号（如上例"A"后面用的就是下脚圆点号，又如"D. H. 劳伦斯"），缩写字母若出现在名字中间，则缩写字母与其前面汉字部分之间仍用间隔号，如埃斯尔·M. 戴尔。

十三、连接号的误用

1. 连接号误为破折号。例如：

国际饭店今年 1——7 月客房入住率与去年同比增长 8％。
"1——7"用的是两字线，是破折号，应改成一字线或浪纹线连接号。

2. 连接号衍用。不该用连接号的地方用了连接号。例如：

"这上面的字怎么这么乱？你帮我看看，有没有陈—志—先，他是十室的……"
"陈志先"中间不需要用连接号。若表示声音延长，则用破折号；若表示一字一顿，则用顿号。

3. 该用连接号的地方用了别的标点符号。例如：

①声调不仅是一种生理·物理现象，更重要的它是一种具有社会功能的能区分语义的"语言现象"，因此，不能单纯地从生理·物理方面去注意。

②探讨语义·语法范畴，是在语法研究中将形式和意义结合起来的有效方法。
连接号表示连接，间隔号表示间隔，把相关的几个概念或事物连成整体要用连接号。以上两例中的间隔号都要改成半字线连接号。

4. 连接号的各种变体使用场合有误。

连接号的形式主要有一字线"—"、半字线"-"和浪纹线"～"三种。它们各有使用范围和具体的使用场合。书面上连接号的不规范使用现象很多。例如：CH—53D 型起重直升机。这里的连接号用于产品型号，应为半字线。三种连接号的使用范围大致如下（有些场合用其中的某两种皆可）：

（1）一字线：连接地名或方位名词，表示起止、相关或走向；连接几个相关的项目，表示递进式发展；表格中表示"未发现"。

（2）半字线：连接相关词语，构成复合名词；连接字母、阿拉伯数字等，组成产品型号及各种代号；全数字式日期表示法中间用来分隔年、月、日；连接图序（或表序）中的章节号与图（或表）号。不要与数学的减号和外文中的连字符（为字母 m 宽度的 1/3）混淆。

（3）浪纹线：连接相关的阿拉伯数字或代表数量的字母，表示数值范围。

5. 连接号用在表示数值范围的汉字数字之间。例如：

五—九人

此处的连接号应改为汉字"至"。

十四、省年号的误用

省年号（'）又叫高撇号，是近年来从国外引进的一种符号，中文只用于省年形式。例如，用"'88"替代"1988 年"。省年号的误用主要有三种情况。

1. 省年号的位置误放在年数后面。例如：

99'南宁国际民歌艺术节

应为"'99 南宁国际民歌艺术节"。

2. 省年号后面误加了"年"字。例如：

'99 年南宁国际民歌艺术节

应为"'99 南宁国际民歌艺术节"或"1999 年南宁国际民歌艺术节"。

3. 用了省年号却没有将标示"世纪"的数字省略。例如：

'1998 春节联欢晚会。

用了省年号，"19"应省略。

此外，点号使用中还有两种常见的错误。

1. 行文中以停顿时间短的点号包孕停顿时间长的点号。例如：

这些课外活动有很多特点。一是它形式自愿。孩子愿意参加就参加,不愿意可以不参加;二是内容丰富多彩。孩子们的兴趣、爱好,甚至要求可以得到充分满足;三是评定方法轻松活泼,考试成了展览、演出、小型报告,孩子们可以尽情发挥。句中说到课外活动的特点时列了一、二、三条,这三条构成了一个并列复句,三个并列分句之间用了两个分号,而每个分号内部又包孕了一个句号,句号是句末点号,停顿时间比句中点号分号长,这就犯了以小包大的错误了,应该把"形式自愿"和"丰富多彩"后面的两个句号改为逗号或把分号改成句号。

2. 表格中顶格排的句子,句末用了标点。例如:

选题名称	内容简介
学科教育心理学·化学教育心理学。	本书稿主要介绍认知心理学原理在化学教育各领域中的应用和作用。

表格中的文字顶格排时,句末不加标点,低两格排时应加标点。上例应改为:

选题名称	内容简介
学科教育心理学·化学教育心理学	本书稿主要介绍认知心理学原理在化学教育各领域中的应用和作用

或改为:

选题名称	内容简介
学科教育心理学·化学教育心理学。	本书稿主要介绍认知心理学原理在化学教育各领域中的应用和作用。

附录一

汉语标点符号在科技书刊中的用法

一般标点有普通体和黑体两种。通常使用普通体，黑体标点只在黑体标题上使用。下面谈谈标点符号在中、外文科技书刊中的习惯用法。

"。"由于大小和地位的不同，有下列各种用法：

1. 在对开字身下脚的"。"，称句号或脚圈，用来断句（用于一般书刊）；句号前是外文字母、数码或带下角的符号时，应在标点前加空四开字身，以免误为下角零。

2. 在对开字身上角的"°"，有以下两种用法：（1）表示度数，例如，坡度 $15°\sim20°$，温度 $35℃$，东经 $18°$ 等；（2）在数学书刊中，有时作分小节用，例如，$1°$，$2°$。

3. 在全开字身上比较大的"○"，代替零字用，例如，一九六○年，一○○节等。

"."由于粗细和地位不同，有下列各种用法：

1. 在对开字身下脚的"."，称点或句点，用来断句（用于数理和技术科学书刊）。

2. 在四开字身下脚的"."，有以下两种用法：（1）用做外文缩写记号；（2）用做小数点。

3. 在字身中间的"·"，称中圆点，有以下几种用法：（1）代表乘号；（2）复合化合物中不同分子结合的记号，例如，$CuSO_4·5H_2O$；（3）分开标题中并列的词，例如，"水利·土木·建筑"；（4）援引中国古代著作出处中书名和篇名间的连接，例如，《后汉书·律历志》等；（5）分开音译外国人的姓名，例如，查·达尔文。

4. 在对开字身中心偏下方的，用于行间，作文句的着重点用，称密点；一般只用在汉字下。

"，"由于字身大小和地位不同，有下列两种用法：1. 在对开字身下脚的"，"，作逗号用；2. 在四开字身上角的"'"，作外文分读用。

"'"硬撇。用法：1. 用在计量上；2. 用在计时上；3. 用在经纬度上。置上角标。

"…"省略号，亦称连点，有三连点和二连点两种。用法：1. 在文句上表示意思未完，用两个三连点；2. 在公式中表示未尽项，用一个三连点（例如，x_1，x_2，…，x_n-1），亦可用无数连点填补缺项；3. 在目录中用做标题和页码或作者名之间的连接，在动植物检索表中用做描述文与分类之间的连接；4. 填在节段的空行间，常用六个三连点。

"（ ）〔 〕〔 〕"用法除注解、提示、分项外，在数理化书刊中"（ ）""〔 〕"还有其他用途。

"【 】"用在提示、题解、注释上。

"＊"星号，亦称花星，用法：1. 标明文字后面有注解；2. 文章需分段，但无标题，则往往空开一行，而于行间加三个花星。在数理化书刊中星号还有其他用途。

"†"剑号，多用在注解的地方。

"§"章节号，多用在数理化和技术科学书刊中，作小节符号用，例如，§12，§10.4。

"㊀②十廿"前两种为阳文码，后两种为阴文码，大都用在注释或分别项目上。

"×"用作隐讳号，大都因为某人、某地、某事不便写明，就用"×"来代替。用时要和不写明的字数相等。有时亦如花星，作空行填空用，一般用三个。

"□"虚缺号，古籍版本上有些字迹已经腐蚀得看不出来，在翻刻或引用时，就用它来代替。用时要和原来的字数相等。

"–"对开画（半字线、连字符），占半个字身地位。它的用法有：

1. 用作两个或两个以上独立的词组成的复合词组。例如：

物理-化学作用　　　铱-钨-钴合金　　　生态-地理

圆-椭圆形　　狐茅-禾草-苔草群落　　　残积-坡积物

生物-水热条件　　　氧化-还原反应

2. 用作复合两个人名。例如：

盖革-弥勒计数器　　　焦耳-楞次定律

3. 用作表示合金系统的联结或者某一多元体系组分与组分间的联结。例如：

Cu-Zn　　　Fe-Cr-V　　　$MgO-Al_2O_3-SiO_2$

4. 用作化合物名称和它前面的符号之间或位序之间的联结。例如：

d-葡萄糖　　　1,3-二溴丙烷　　　α-氨基丁酸

5. 用于公式、表格、插图、插题、实验、品种、标本等的编号。例如：

　　式（1-24）　　　表（3-17）　　　东方红-54 拖拉机

图4-25　　碧码-1YS-型引燃管　　　大肠杆菌 K-12

6. 表示方位或走向的连接。例如：

南东东-北西西　　　北东-南西　　　西北-东南走向

"—"全身画（一字线、范围号），即占一个字身地位。它的用法有：

1. 用作表示从某某到某某。例如：

30—40℃　　80％—95％　　　5°—14°　　　1949—1964 年

北京—上海

2. 用作化学键，例如：

H—O—H　　—SH

3. 在表格中作补缺项用。

"——"双连画（两字线、破折号），占两个字身地位。它的用法有：

1. 打破上下文的连贯，文中加入注释、说明、插入的话或引用的语句。例如：可惜，爱因斯坦——相对论的作者——并没有正确地解释他所得到的公式。

2. 表提示和总结用。例如：

中国科学院地理研究所正在进行着一门古老而又年轻的科学研究——物候学。

3. 用在公式说明文字中或图注中。例如：

ρ——密度　　　v——初速

外文中破折号（Dash）字身与 m 同宽，印刷术语上 S 叫 m Dash，它有如下几种用法：

1. m Dash 相当于中文中的双连画用法，表示文句的中断或解释。例如：

Rayon—a regenerated cellulose—has a completely deferent chemical identity。

2. 2m Dash 表示尚有未尽之意，科技书刊中用得较少。

3. 3m Dash 表示省略或代表与上行相同的名字（两端不能与左右字相连），一般见于参考文献或索引。例如：

Regan，C. T.：1905. Descriptions of five new Cyprinid fishes from Lhasa，Tibet，collected by Captain H. J. Walton，*Ann. Mag. Nat. Hist.* 15（86）：185—186.

——：1905. Descriptions of two new Cyprinid fishes from Tibet，*Ann. Mag. Nat. Hist.* 15（87）：300—301.

比 Dash 还短的画，印刷术语上叫连接符，俗称哈芬（hyphen），它有以下几种用法：

1. 对开哈芬。字身为 m 的一半，表示由此到彼，相当于中文中的全身画用法。例如：Ann. of Math. 39（1938），220 - 234.

2. 三开哈芬。字身为 m 的三分之一，表示连接的意思，相当于中文中的对开画用法。例如：

self-contained   non-Abelian

附录二

英文标点符号的用法

英文著作中使用标点符号的作用主要是把词组分开，以解释意义与加强语气，或表示讲话中音高、音量和语调等的改变，或避免上下文意思的混淆，或表示句子的停顿。英文标点符号的种类和一般用法如下。

一、撇号（'）（Apostrophe）

1. 与 s 连用，表示名词的所有格和不定代词。例如：
Senator Smith's Constituents　议员史密斯的选民们
the boy's mother　这个小男孩的母亲
the boys' mothers　这些小男孩的母亲们
It is anyone's guess how much it will cost.
这将花费多少，是大家都拿不准的事。
2. 表示词的紧缩形式。例如：
didn't（紧缩前是 did not）
3. 与 s 连用，常构成字母、数字的复数形式。例如：
You should dot your i's and cross your t's.
i 上应该加点，t 上应该加横。
His 1's and his 7's looked alike.
他写的字，1 与 7 看起来一样。

二、方括号（［　］）（Square brackets）

1. 分开外加的材料，例如编辑的插入语，特别是在引文中。

例如：

He wrote，"gain't［sic］going."

他写道："我不［原文如此］去。"

2. 放在圆括号内，起到与圆括号同样的作用。例如：

Bowman Act（22 stat.，Ch. 4，§［or sec.］4，p. 50）.

鲍曼法（第 22 条，第 4 章，§4［或第 4 节］，第 50 页）。

3. 把语音符号分开。例如：

［t］in British duty   英国语言 duty 一词中的 t 字

三、冒号（：）（Colon）

1. 放在附加的解释性从句的前面。例如：

The sentence was poorly constructed：it lacked both unity and coherence.

这个句子造得很差，缺乏统一性和连贯性。

2. 指出同位语。例如：

He had only one pleasure：eating.

他只有一个愿望：吃。

3. 放在一组并列词前面。例如：

Three countries were represented：England，France and Belgium.

出席的有三个国家：英国、法国和比利时。

4. 放在冗长的引文前面，使用行首缩进而不用引号的方法，把引文与文章的其余部分分开。例如：

I quote from the text of Chapter one：…

我从第一章正文中引一段如下：……

5. 分隔时间、目录学材料等。例如：

8：30 a. m   上午八点半

New York：Smith Publishing Co.

纽约：史密斯出版公司

6. 分隔书中的标题和副标题。例如：

The Tragie Dynasty：*A History of the Romanovs*

悲惨的王朝：罗曼诺夫王朝的历史

7. 用在书信或发言开头客气称呼的后面。例如：

Dear Sir：　　　先生：

Gentlemen：　　　先生们：

四、逗号（,）（Comma）

1. 分开用并列连接词（和、但是、或者等）连接起来的几个主句，或很短的子句。例如：

I am a boy，and she is a girl.

我是一个男孩，她是一个女孩。

I came，I saw，I conquered.

我来了，我看见了，我克服了困难。

2. 分开主句前面的状语从句（或一个长词组）。例如：

When she found that her friends had deserted her，she sat down and cried.

当她发现自己被朋友们抛弃了时，她坐下来哭了。

3. 将句子中转折词（反之、另一方面），连接副词（所以、可是）和引进一个解释或例子（即、例如）的词同句子的其他部分分开。例如：

Your second question，on the other hand，remains open.

另一方面，你的第二个问题仍然悬而未决。

She expects to travel through two countries，namely，France and England.

她盼望到两个国家去旅游，即法国和英国。

4. 分隔一系列的单词、词组或从句。例如：

Men，Women，and Children crowded into the square.

男人、妇女和儿童都拥到广场上去了。

5. 把作为附加注释的成分（非限制性修饰语和非限制性同位语）同句子的其他成分分开。例如：

Our guide，who wore a blue beret，was an experienced traveller.

我们那头戴蓝色贝雷帽的向导，是一位富有经验的旅行家。

The captain，John Jones，was an experienced mariner.

船长约翰·琼斯是一位有经验的海员。

6. 用在一个直接引语的前面，或结束一个既不是提问又不是感叹词的直接引语，或隔开两段分裂的引文。例如：

John said，"I am leaving."　约翰说："我要走了。"

"I am leaving，" John said.　"我要走了，"约翰说。

"I am leaving，" John said with determination，"even if you want me to stay."

约翰毅然地说，"即使你们想留我，我也要走。"

7. 在直接的称呼、独立的词组和轻微的感叹词中分开单词。例如：

You may go，Mary，if you wish.

玛丽，如果你愿意的话，你可以走了。

8. 把附加疑问词同句子的其他部分分开。例如：

It's a fine day, isn't it?　今天是晴天，是吗？

9. 表示省略了一个或几个单词，特别是句子中已经出现过的那些单词。例如：

Common stocks are preferred by some investors，bonds，by others.

对某些投资者，普通股是优先偿付的，而对另一些投资者，债券是优先偿付的。

10. 用于避免意思混淆，也用于强调一个特定的词组。例如：

To Mary，Jane was someone special.

对玛丽来说，简是特别亲密的人。

The more embroidery on a dress，the higher the price.

衣服上绣的花愈多，其价格就愈高。

11. 把数目字三个一组地分开。不过通常在四位数、页码、日期、街道号码中不分开。例如：

pop. 2,400,000　　人口 240 万

但下列数字都不分开：

3600 rpm　　每分钟转 3600 次

the year of 1973　　1973 年

page 1411　　1411 页

4507 Smith Street　　史密斯街 4507 号

12. 姓名中把姓放在前面的，要标上逗号。例如：

Smith，John W.　　史密斯，约翰·W.

13. 把姓名同后面的头衔分开。例如：

John Smith，M. D.　　约翰·史密斯，医学博士

14. 把几个地理名词（例如州和城）分开，把日期和地址同正文的其余部分分开。例如：

Shreveport，Louisiana，is the site of a large air base.

路易斯安那州的什里夫波特，是一个很大的空军基地。

15. 用在非正式书信的称呼后面，也用在正式或非正式信件中表示敬意的客套话的后面。例如：

Dear Mary，　　亲爱的玛丽，

Affectionately，　　你的亲爱的，

very truly yours，　　你的忠实的，

16. 表示我们认为需要停顿的地方。例如：

This can be，and should be，corrected.

这一点可以也应该改正。

五、破折号（一）（Dash）

1. 表示意思的突然转折。例如：

"And I may ask—" said John，"but I guess it's better for you to ask him about it."

"我可以问——"约翰说，"不过我想还是你问他的好。"

2. 放在一系列单词或短语后面，后接概括的陈述。例如：

Oil，steel and wheat—these are the sinews of industrialization.

石油、钢铁和麦子——这些是工业化的主要支柱。

3. 往往放在引文的作者之前。例如：

My foot is on my native heath...—Walter Scott.

我的脚踏在出生地上……——沃尔特·斯各特。

六、省略号（...）（Ellipsis）

1. 表示在对话中的吞吞吐吐或一个未完成的句子。例如：

"I'd like to...that is...if you don't mind..." he faltered and then stopped speaking.

"我想……那是……如果你不介意的话……"他犹豫着，最后不再说了。

2. 在一段引文中省略了一个或几个句子，或在句末省略了几个单词，使用一排四个点来表示，其中最后一个点是句点。例如：

That recovering the manuscripts would be worth almost any effort is without question.... The monetary value of a body of

Shakespeare's manuscripts would be almost in calculable——Charlton Ogburn.

为重新找到这些手稿，值得尽一切力量，这是毫无疑问的……莎士比亚手稿的价值，大得几乎是无法估量的。

——查尔顿·奥格伯恩

七、惊叹号 （!）（Exclamation Point）

1. 作为一个表示强烈感情的句子或短语的结尾。例如：
Get out of here!　　滚出去！
2. 作为一个强调叫喊声的句子或短语的结尾。例如：
Encore!　　再来一个！

八、连字号 （-）（Hyphen）

1. 标志着在行末一个单词的一个音节上断开，后面部分移到下一行。例如：
…mill-
stone　磨石
…pas-
sion　　热情
2. 用于前缀和词根的组合之间，如前缀＋专有名词：
pre-Renaissance　　文艺复兴以前
以元音字母结尾的前缀＋以同一元音开始的词根（常见于英国英语）：
Co-opt　　增选（某人）为会员
重读前缀＋词根单词，特别是这种组合与另一单词相似时：
re-cover a sofa　　给一只沙发换个新的面子
recover from an illness　　痊愈

3. 用于一些复合词，特别是那些含有介词的复合词。例如：

president-elect　　　新当选（尚未就职）的总统

sister-in-law　　　嫂子、姑子、姨子、弟媳

attorney-at-law　　　律师

good-for-nothing　　　无价值的

4. 常用于定语位置上的修饰词组成部分之间，以避免意思表达不清。例如：

He is a small-business man.　　　他是一个小店主。

He looked at her with a know-it-all expression.

他用自信无所不知的表情看着她。

5. 若两个复合词一个紧跟着另一个，而它们的最后一部分相同，则第一个词中相同的部分可由连字号代替。例如：

a six-or eight-cylinder engine　　　6 或 8 缸发动机

6. 用于书写 21 至 99 的合成数字。例如：

thirty-four　　　三十四

7. 在书写分数时，特别在用做修饰词时，写在分子与分母之间。但是，作为名词的分数常常不加连字号。例如：

a two-thirds majority of the vote　选票的三分之二多数

ate two thirds of a box of candy　已吃了一盒糖果的三分之二

8. 作为短语"直至并包括"的对应词，用于数字之间和年代之间。例如：

pages 40-98　　　40～98 页

the decade 1960-69　　　1960～1969 的十年

用于以大写字母开头的名词的合成。例如：

the New York-Moscow flight　　　纽约—莫斯科航班

九、双连字号（＝）（Hyphen，Double)

用于连字合成词在行末的断开，以表明断开处本来就是用连字号连接的地方。例如：

self＝［end of line］seeker　　追求私利的人

self＝［end of line］same　　完全一样的

十、圆括号（（ ））（Parentheses)

1. 把补充的、附带说明的和解释的词同句子的其他部分分开。例如：

He is hoping（as we all are）that this time he will succeed.
他希望（我们大家也希望）这次他会成功。

2. 把阿拉伯数字括出来，这个数字进一步肯定正文中的书面数字。例如：

Delivery will be made in thirty（30）days.
货物将于三十（30）天内送到。

十一、句点（.）（Full stop)

1. 作为不是问句也不是惊叹句的句子结尾。例如：

He obeyed the law.　　他遵守法律。

2. 放在缩略词的后面。例如：

Dr.　博士　　A. D.　公元　　Esq.　先生

十二、问号（?）（Question Mark)

1. 作为直接问句的结尾。例如：

You are still waiting here?　　你还在这儿等?

2. 表示情况不明或存疑。例如：

Edward（? －1924. 7. 17)

爱德华（生于何年不明，卒于 1924 年 7 月 17 日）

十三、双引号（" "）（Quotation Marks，Double）

1. 放在直接引语的前后。例如：

He said，"I am leaving." 他说："我要走了。"

2. 放在短诗、短故事、文章、演讲、书中章节、歌、短乐曲、广播和电视节目的标题前后。例如：

Pushkin's "Queen of Spades" 普希金的《黑桃皇后》

NBC's "Today Show" 美国全国广播公司《今日节目》

十四、单引号（' '）（Quotation Marks，Single）

在引号里面，另有一个引号。例如：

The witness said，"I distinctly heard him say，'Don't be late'，and then I heard the door close."

目击者说："我清清楚楚地听他说'别迟到了'，然后我听到关门的声音。"

十五、分号（；）（Semicolon）

1. 连接那些不用并列连接词的主句。例如：

Some people have the ability to write well；others do not.
有些人有写作能力，有些人没有。

2. 连接那些用连接词的主句。

Speeding is illegal；furthermore，it is very dangerous.
超速行驶是违法的，而且很危险。

十六、斜线（/）（Slash）

1. 分开两者中选一种的词。例如：

...designs intended for high-heat and/or high speed applicatisons.

……打算应用于高温和（或）高速的设计。

2. 分开一段连续时间中应加划分的部分（月或年）。例如：

the fiscal year 1972/73　　财政年度 1972/1973

3. 常代表"每"。例如：

20km/hr.　　每小时 20 千米

第五章　数字用法规范

　　关于数字的使用，2011年7月国家质量监督检验检疫总局、国家标准化管理委员会发布了国家标准《出版物上数字用法》对其进行了规范。但此标准内容比较宽泛，在实际使用过程中，常会遇到一些特殊情况，是用阿拉伯数字还是用汉字数字，在其中找不到依据。这一章里，我们根据有关文件，再综合部分专家的意见，在不违背此标准精神的前提下，对其作了一些补充和细化。

一、应当使用阿拉伯数字的

　　1. 用于计量的数字。当数值伴随计量单位出现，表示长度、面积、体积、容积、质量、温度、频率等，一般宜用阿拉伯数字，这样可达到醒目和易辨识的效果。例如：

　　1 m（1米）　　5 g（5克）　　3 A（3安）　　−15 ℃（零下15摄氏度）

　　2. 用于编号的数字。表示电话号码、邮政编码、汽车号牌、道路编号、公文编号、书号刊号、产品型号等各类代号、代码、序号中的数字宜用阿拉伯数字。例如：

　　邮政编码：530028　　电话：82534589　　新出发〔2001〕7号文件　　国家标准GB/T 15835—1995　　国际标准书号ISBN 7−219−03960−3/K·796　　JZ20Y2−C型燃气灶　　5/6次特快列车　　201号运动员　　318国道

3. 用于计数的数值。如正负整数、小数、分数、百分数、比例等要用阿拉伯数字。例如：

4 1005 −23 0.56 −89.39 $\frac{3}{5}$ $-\frac{8}{9}$ 21.7%

3%−7% 10∶13

4. 已经定型的含有阿拉伯数字的词语。例如：

G20 峰会 4G 手机 "3·15" 消费者权益保护日
CCTV1

二、应当使用汉字数字的

1. 定型的词、词组、成语、惯用语、谚语、缩略语、歇后语或具有修辞色彩的词语中作为语素的数字，必须使用汉字数字。例如：

词：一概 四肢 一方面 十堰（地名） 十滴水 三叶虫 四边形 星期五 路易十四 三氧化二铁 七绝 六六六粉（农药）

词组：二万五千里长征 四书五经 五四运动 九三学社 八国联军 二律背反 五子登科 九九归一 四世同堂

成语：三心二意 十全十美 九霄云外 八面玲珑 四分五裂 五花八门 六神无主

谚语：三个臭皮匠，赛过诸葛亮 三百六十行，行行出状元 八仙过海，各显神通 三天打鱼，两天晒网

惯用语：包二奶 不管三七二十一 八九不离十

缩略语：二炮 五讲四美三热爱 三个代表 三讲 三反五反

歇后语：十五个吊桶打水——七上八下 铁公鸡——一毛不拔

2. 相邻的两个数字连用表示概数，必须使用汉字数字，连用的两个数字之间不得用顿号隔开。例如：

一两个人 三五天 二三种书 二十七八吨 三十三四岁

二三百架次　一千五六百元　三四万册

相邻的两个数字表示概数不能使用阿拉伯数字，把"三五天"写成"3、5 天"，把"七八十年代"写成"7、80 年代"或"70、80 年代"等都是错误的或不规范的。另外要注意的是："二"和"两"用法有别，"一两个"不能写成"一二个"，写成"一二个"不规范，也容易被人误为"十二个"。

3. 带有"几"字的数字表示概数，必须使用汉字数字。例如：

几百米　十几人　三百几十天　几十万分之一

"10 几人"之类的用法是错误的。

4. 重排古籍中的数字，必须使用汉字数字。

5. 非公元纪年一律用汉字数字。如中国清代以前的历史纪年（帝王年号、谥号、庙号纪年，太平天国纪年等）、民间现在仍在使用的干支纪年、新中国成立前的中华民国纪年、国内外其他民族的特有纪年（如中国藏族的生肖纪年、日本现在仍在使用的天皇年号纪年等）、阴历月日等。行文中，非公元纪年后应括注用阿拉伯数字表示的公元纪年。

（1）年号纪年。例如：

清咸丰十年（1860 年）　东汉元和二年（85 年）　昭和六十一年（1986 年）

"咸丰"为清文宗年号，"元和"为东汉章帝年号，"昭和"为日本国裕仁天皇年号。年号纪年始于汉武帝建元元年（公元前 140 年），此前无年号纪年。一个帝王可能有多个年号，也有的只有一个年号。

（2）谥号、庙号纪年。例如：

秦孝公十二年（公元前 350 年）　唐太宗三年（629 年）

"孝公"是战国时秦国君渠梁的谥号，"太宗"唐皇李世民的庙号。

（3）太平天国纪年。例如：

太平天国庚申十年九月二十四日（清咸丰十年九月二十日，1860 年 11 月 2 日）

（4）中华民国纪年。例如：

民国二十五年（1936 年）

1949 年 10 月 1 日（新中国成立）之后的年份不能再用民国纪年，引进台湾版图书时要注意将书中的"民国"纪年改为公元纪年，特殊需要保留的，应加引号。

（5）干支纪年。例如：

辛巳年二月二十一日（2001 年 3 月 15 日）

（6）阴历月日。例如：

腊月初八　正月十五　五月端午

（7）藏族生肖纪年。例如：

藏历阳木龙年八月二十六日（1964 年 10 月 1 日）

6. 含有月日简称表示事件、节日和其他意义的词组中的数字，一般应使用汉字数字。当涉及 1 月、11 月、12 月时，月日之间应加间隔号，并外加引号；涉及其他月份时，不用间隔号，是否加引号，视事件的知名度而定。例如：

"一·二八"事变（1 月 28 日）　　"一一·一〇"案件（11 月 10 日）　"一二·九"运动（12 月 9 日）　五四运动　五卅惨案　三八妇女节　八一三事变　"九一三"事件

7. 其他应使用汉字数字的。

（1）古诗文中的数字。例如：

①三人行，必有我师焉。（《论语·述而》）

②白发三千丈，缘愁似个长。（李白《秋浦歌》）

③二十四桥仍在，波心荡，冷月无声。（姜夔《扬州慢》）

（2）表示百分比的"成"。例如：

今年一季度的产量与去年同比提高了三成。

"成"表示十分之一或 10％。用"成"来表示百分比时必须使用汉字数字。

三、使用阿拉伯数字和汉字数字两可的

1. 整数表示计量和编号，如果数字不大，可视具体情况选择两种数字形式中的一种，但要照顾到上下文，求得局部体例上的一致。例如：

8 只碗（八只碗）　　1 个人（一个人）　　去过十次（去过 10 次）　　九条意见（9 条意见）　　三个百分点（3 个百分点）

2. 古籍的引文标注版次、卷次、页码，使用阿拉伯数字和汉字数字皆可，但应与其所据版本一致。例如：

①《四书五经》，影印世界书局影印本，2 版，120 页，北京，中国书店，1985。

②许慎：《说文解字》，四部丛刊本，卷六上，九页。

3. 部分表示序列的数字用阿拉伯数字和汉字数字皆可。例如：

第 10 届全国书市（第十届全国书市）　　排名第三十八位（排名第 38 位）　　第 5 卷（第五卷）

但有些情况下只能用汉字数字，例如：名列第一、第二，其一、其二。有些情况为了突出庄重典雅的表达效果，应使用汉字数字，如"第十一届全国人民代表大会第一次会议"。

4. 用"多""余""左右""上下""约""来""许""近"等表示约数的数字（含有"几"的概数除外）。例如：

二十多件（20 多件）大衣　　十余位（10 余位）嘉宾　　来了二十个左右（20 个左右）　　十三岁上下（13 岁上下）　　约五十元（约 50 元）　　三十来岁（30 来岁）　　时间在七时许（7 时许）　　近六十人（近 60 人）

在具体语言环境中，用汉字数字还是用阿拉伯数字，可灵活掌握，但要保持局部体例的统一。

5. 年月日的表示，既可选用阿拉伯数字，也可选用汉字数字，视具体情况选择。例如：

二〇一六年八月六日

2016 年 8 月 6 日

2016 - 8 - 6

2016 - 08 - 06

以上年月日表示法都是规范的。要注意的是四位数字表示的年份不能简写成两位。如"1998 年"不能简写成"98 年"。

四、《出版物上数字用法》适用范围

《规定》适用于除文艺作品和重排古籍外的各类出版物。文艺作品中的数字使用可灵活处理。重排古籍的数字必须用汉字数字。

五、数值和量值范围的表示

《规定》对数值和量值范围的表示法的说明较为笼统、宽泛，有几处需要补充说明。

1. 表示数值范围的连接号形式。《规定》规定：阿拉伯数字书写的数值在表示数值的范围时，使用浪纹式连接号"～"。实际上，这条规定只适用于科技类图书。非科技类图书除浪纹号外还可使用一字线连接号"—"或半字线连接号"-"。

注意：用汉字数字表示数值范围时，不能使用连接号，而一般用汉字"至"或"到"表示。如"四至八人""七到九年"，不能写成"四—八人""七—九年"。

2. 百分数的范围。

正确表示法：20％～30％　1.5％～11.29％

错误表示法：20～30％　1.5～11.29％

3. 用"万""亿"表示的数值范围。

正确表示法：20 万～32 万　　3 亿—9 亿

错误表示法：20～32 万　　　3—9 亿

六、数字使用中应注意的问题

1. 数字的使用在行文中要注意局部体例的统一的原则、同类别同形式的原则。在使用阿拉伯数字和汉字数字都可以时，选择哪一种，要照顾到上下文的体例，尽量让同一句话、同一段落或同一页的数字体例一致。当然，照顾局部体例的统一，应该在遵守数字用法规范的前提下，不能为了统一而强改。例如：

该省从机动财力中拿出 1 900 万元，调拨钢材三千多吨、水泥两万多吨、柴油 1 400 多吨，用于农田水利建设。

一句话中既用了阿拉伯数字又用了汉字数字，体例不统一，"三千多"和"两万多"应改为"3 000 多"和"2 万多（或 20 000 多）"。

2. 概数、约数的使用要避免表意重复，出现冗余成分。例如：

到会的有三四十个左右　　约有一百来人出席庆典　　提高了 20％—30％左右　　来人 50 来岁上下

"三四十"是概数，加上"左右"表意重复，"左右"为冗余成分，应删去。"一百来"已是约数，前面再加上"约"，表意重复，"约"和"来"应删去一个。"20％—30％"是约数，再加表示约数的词"左右"，语义重复，应去掉"左右"。"来人 50 来岁上下"中的第二个"来"和"上下"都是表示约数的词，用在同一个约数中，表意重复，"来"和"上下"应删去一个。

3. 公元前纪年要加"公元前"，公元后纪年可加"公元"，也可不加，但如果容易产生混淆，则应加"公元"。例如：

公元前 78 年—12 年

此处的"12 年"容易让人误解为公元前 12 年，因而应加上"公元"二字。

4. 按此标准，含有月日的专名采用阿拉伯数字表示时，月日之间一定要加间隔号，不能用下脚圆点号，也不能用顿号，并且月日简称应加上引号。例如：

"3·15"消费者权益保护日　"11·25"沉船事件

"3·15""11·25"不能写成"3.15""11.25"或"3、15""11、25"。

5. 注意汉字数字"〇"的字形。汉字数字"〇"与阿拉伯数字"0"、外文字母"O"字形上有差异，应注意区别，不要混用。例如，"二〇〇一"不要写成"二 00 一""二 OO 一"。

6. 书写小数点前或后 4 位以上数字，一般应采用三位分节法，即从小数点起向左或向右每 3 位为一节，节与节之间空 1/4 字格，废弃传统的千分撇法。如 2,431.589,1 应改为 2 431.589 1。但年份、页数、部队番号、电器和仪器仪表型号、标准号等不能用三位分节法。

附录一

罗马数字

I	Ⅰ	i	1
II	Ⅱ	ii	2
III	Ⅲ	iii	3
IV	Ⅳ	iv	4
V	Ⅴ	v	5
VI	Ⅵ	vi	6
VII	Ⅶ	vii	7
VIII	Ⅷ	viii	8
IX	Ⅸ	ix	9
X	Ⅹ	x	10
XI	Ⅺ	xi	11
XX	ⅩⅩ	xx	20
XL			40
L			50
LX			60
XC			90
C			100
CD			400
D			500
DC			600
CM			900
M			1 000

$\overline{\text{X}}$ 10 000

$\overline{\text{M}}$ 1 000 000

罗马数码有 7 种基本符号：I—1，V—5，X—10，L—50，C—100，D—500，M—1 000。两种符号并列时，小数放在大数的左边，表示大数对小数之差；小数放在大数的右边，则表示小数、大数之和。在符号上面加一短横线，表示这个符号代表的数目增值 1 000 倍。

第六章　量和单位的用法规范

关于"量"和"单位"的使用规范，1993 年，国家技术监督局发布了国家标准《量和单位》（GB 3100～3102—93），除古籍类和文艺类出版物外，所有出版物特别是教科书和科技书刊，在使用量和单位的名称、符号、书写规则时，都应符合此国家标准的规定。

量和单位涉及面广，使用中容易出错，其不规范用法或错误用法主要表现在以下几个方面。

一、量名称的使用不规范

1. 使用了已经废弃的旧名称。例如：

质量（重量）　　密度（比重）　　电流（电流强度）　　粒子注量（粒子剂量）　　质量热容，比热容（比热）

括号中的名称为已经废弃的量名称，一般情况下不能再使用。

2. 使用量名称的译名不规范，同一量名称出现多种写法。例如：

吉布斯自由能（吉卜斯自由能）　　阿伏加德罗常数（阿伏伽德罗常数，阿佛加德罗常数）

括号中的量名称为不规范译名。舶来的量名称，国家有统一的规范的译名，不能用同音字随意替换译名用字。

3. 使用以"单位＋数"构成的量名称。例如：

长度（米数）　　装载质量（吨数）　　功率（瓦数）　　物质的

量（摩尔数）

括号中使用的量名称是由"单位＋数"构成的，常见于口语中，都是不规范的。

二、量符号的使用不规范

1. 量符号错用了正体字母。例如：

V（体积）　　t（时间）　　I（电流）　　Mr（相对分子质量）

国标《量和单位》规定：除 pH 外，所有量符号都必须使用斜体（以上诸例的量符号都应改成斜体——V［体积］、t［时间］、I［电流］、Mr［相对分子质量］），对于矢量和张量，还应使用黑斜体。

2. 没有使用国标规定的符号。例如：质量的规范符号是 m，但常有用 W，P，Q，μ 等表示的；阿伏加德罗常数的符号为 L 或 N_A，有些教材则用 N 或 N_0。

3. 用多个字母构成一个量符号。例如，用 IAT 作为内部空气温度的量符号。IAT 是"internal（内部）""air（空气）""temperature（温度）"三个英文词的首字母缩写。有些出版物把输入功率表示为 Pi，输出功率表示为 Po，也是错误的。功率的量符号是 P，表示"输入"的字母 i（input 的首字母）和表示"输出"的字母 o（output 的首字母）应居于 P 的下标位置（P_i，P_o），不能并列。

4. 量符号的下标不规范。量的符号通常是单个拉丁字母或希腊字母，有时量符号也带有下标，出版物中这些下标的使用常常很不规范，主要表现在以下几个方面：

（1）没有采用国标已规定的下标，而是用量名称的汉语拼音缩写做下标，有的甚至用汉字做下标。例如：辐射能，国标规定的符号为 E_R，但有些出版物用 E_F（F 为"辐"的汉语拼音首字母）或 $E_辐$，这些都是不规范的。

（2）正斜体混乱。国标规定：凡量符号和代表变动性数字、坐标轴名称及几何图形中表示点线面体的字母做下标，采用斜体，其他情况一律用正体。例如：电能 W_i（$i=1$，2，3⋯）（i 代表变动性数字）；力的 y 分量 F_y（y 为坐标轴符号）；$\triangle ABC$ 的面积 $S_{\triangle ABC}$。

（3）大小写混乱。区别大小写的规则是：量符号做下标，其字母大小写同原符号；来源于人名（外文人名）的缩写做下标用大写正体；不是源于人名的缩写做下标，一般都用小写正体。违背了这一规则的都是不规范的用法。

三、单位名称书写错误

1. 相除组合单位名称与其符号的顺序不一致，有的名称中的"每"用了两个或两个以上。例如：速度单位 m/s 的名称是"米每秒"，而不是"米秒""秒米""每秒米""秒分之米"；质量热容单位 J/（kg·K）的名称是"焦耳每千克开尔文"或"焦每千克开"，而不是"焦耳每千克每开尔文"或"焦每千克每开"（不能出现两个"每"）。

2. 乘方形式的单位名称错误。例如：截面系数单位 m³ 的名称是"三次方米"，而不是"米三次方""米立方""立方米"；面积单位 m² 的名称是"平方米"，而不是"二次方米""米平方""米二次方""平方"。

3. 在组合单位名称中加了符号。例如：摩尔体积单位 m³/mol 的名称是"立方米每摩尔"或"立方米每摩"，而不是"立方米/摩尔""立方米/每摩""米³/每摩""米³ 摩⁻¹"等。

四、单位中文符号的书写和使用不正确

1. 把单位的名称当作中文符号使用。例如：单位 N·m 的中文符号是"牛·米"，有的出版物却用单位名称"牛米"或

"牛顿米"作为单位的中文符号使用。

2. 使用既不是单位名称也不是中文符号的"符号"。如"牛顿/平方米"这一符号就是一个错误符号。若表示压强单位名称，则应为"牛顿每平方米"或"牛每平方米"；若是压强单位的中文符号，则应为"牛/米^2"或"牛·米$^{-2}$"。类似的错误用法很多，例如：千克/摩尔（千克/摩）、焦耳/开尔文（焦/开）、立方米/秒（米^3/秒）、安培每米^2（安/米^2）、韦伯·米$^{-1}$（韦·米$^{-1}$）、瓦开$^{-1}$（瓦·开$^{-1}$）。（括号中的名称或符号为正确用法）

3. 组合单位中两种符号并用。例如：速度单位写作"km/时"是错误的，而应写作"km/h"或"千米/时"；流量单位写作"m^3/分"是错误的，而应写作"m^3/min"或"米^3/分"；用药量单位不应写作"mg/（kg·天）"，而应写作"mg/（kg·d）"或"毫克/（千克·天）"。

4. 非普及性书刊和高中以上教科书使用单位的中文符号或名称。按国标要求，非普及性书刊和高中以上教科书在表达量值时都应当使用单位的国际符号，如把 m、K、min、Hz、m/s^2 分别写作米、开、分、赫、米/秒^2，是违反国标规定的，中文符号只在小学、初中教科书和普通书刊中在有必要时才使用。

五、单位国际符号的书写和使用不正确

1. 单位国际符号错用了斜体字母。按照国标规定，单位国际符号应当使用正体字母。

2. 单位国际符号的大小写错误。国标规定，一般单位符号为小写体（只有单位"升"的符号例外，可用大写体"L"），来源于人名的单位符号，其首字母应该大写。例如：g（克）、m（米）、s（秒）、t（吨）、lx（勒）等是一般单位符号，用小写是对的，若写成大写 G、M、S、T、LX 就是错误的。Pa（帕）、J（焦）、Hz（赫）等单位符号来源于人名，应该用大写，若写成

pa、j、HZ 或 H$_z$ 就是错误的。

3. 把单位英文名称的非标准缩写或全称作为单位符号使用。例如：min（分）、s（秒）、d（天）、h（小时）、a（年）、lx（勒）、r/min（转每分）等是规范的单位国际符号，若把它们分别写成非标准的缩写或全称 m、sec、day、hr、y 或 yr、lux、rpm 则是错误的。

4. 把 ppm、pphm、ppb、ppt 等表示数量份额的缩写字作为单位符号使用。应改用它们分别代表的数值 10^{-6}、10^{-8}、10^{-9}（美、法等国）或 10^{-12}（英、德等国）、10^{-12}（美、法等国）或 10^{-18}（英、德等国）。

5. 相除组合单位中的斜线"/"多于 1 条。例如，把服药量的单位 mg/（kg·d）和血管阻力单位 kPa·s/L 分别错误地表示为 mg/kg/d 和 kPa/L/s。

6. 对单位符号进行修饰，主要表现是加下标，在组合单位中插入说明性字符、修饰单位等。例如：

①把最小电流表示为 $I=3$ A$_{min}$，正确表示应为 $I_{min}=3$ A。

②把 Pb 的质量浓度 0.1 mg/L 表示为 0.1 mg（Pb）/L 或 0.1 mg 铅/L，规范表示应为 ρ（Pb）$=0.1$ mg/L。

③把 Ca 的质量分数表示为 Ca 为 25%（m/m）或 Ca 为 25%（W/W），规范表示应为 ω（Ca）$=25\%$。

④使用习惯上常用的经过修饰的单位符号，如标准立方米 Nm^3、m$_n^3$，标准升 NL、L$_n$，正确的符号应为立方米 m^3，升 L 或 l。

7. 书写量值时，数值与单位符号间未留适当空隙，或把单位插在数值中间。如：15mol 应为 15 mol（数值与单位之间留适当空隙）；1m75 应为 1.75 m 或 175 cm，10 s01 应为 10.01 s（单位不能插在数值中间）。

六、SI 词头符号的书写和使用不正确

1. SI 词头符号大小写混淆。20 个 SI 词头符号中，代表的因数 $\geqslant 10^6$ 的 7 个词头 M（兆）、G（吉）、T（太）、P（拍）、E（艾）、Z（泽）、Y（尧）要采用大写正体，不能用小写正体；代表的因数 $\leqslant 10^3$ 的 13 个词头 k（千）、h（百）、da（十）、d（分）、c（厘）、m（毫）、μ（微）、n（纳）、p（皮）、f（飞）、a（阿）、z（仄）、y（幺）要采用小写正体，不能用大写正体。两者在使用时如果混淆了就会造成错误。

2. SI 词头符号独立使用。SI 词头符号不能独立使用，它只有跟单位结合才有意义。例如，$10\ \mu m$ 不能写作 $10\ \mu$，$5\ M\Omega$ 不能写作 $5\ M$，这里的词头符号 μ 和 M 只有分别与单位 m 和 Ω 结合才有意义。

3. SI 词头符号重叠使用。例如：$m\mu m$、$m\mu s$、$\mu\mu F$、μkg、kMW 中的 $m\mu$、$m\mu$、$\mu\mu$、μk、kM 都是词头符号的重叠使用，是错误的，应分别改为词头符号 n、n、p、m、G。

4. 给不能加 SI 词头符号的单位℃（摄氏度）、°（度）、′（［角］分）、″（［角］秒）、d（天）、h（时）、min（分）、r/min（转每分）、n mile（海里）、kn（节）等加了词头。

5. 给乘方形式的单位加错了 SI 词头符号。例如：把 7 200 m^3/d 错写成 $7.2\ km^3/d$，把 10 000 000 m^{-2} 错写成 $10\ Mm^{-2}$，正确的表示应分别为 $7.2\ dam^3/d$ 和 $10\ mm^{-2}$。

七、使用非法定单位或已废弃的单位名称

1. 使用市制单位。如丈、尺、寸、担、斤、两、钱、亩、斗等市制单位一般情况下都不能使用，但在文学作品中和引用历史资料时允许使用，在学术著作或以农民为读者对象的普及性读物中必要时也可适当使用，但要括注法定计量单位。

2. 使用早已停用的"公字号"单位。除公斤、公里、公顷以外的所有"公字号"单位都应停止使用,如公尺(米、m)、公分(厘米、cm),公亩(百平方米、100m²),公升(升、L),公方(立方米、m³),公吨(吨、t)等(括号中为法定名称及符号)。公斤、公里一般也不要用于教科书中,教科书用到公斤、公里时要改用法定单位"千克(kg)""千米(km)"。

3. 使用英美制单位。英美制单位如英寸、英尺、英里、平方英尺、立方英寸、英亩、夸脱、美吨、磅、盎司等不能在出版物中使用,确有必要使用时,最好用括注形式,如 51 cm(20英寸)。

4. 使用已废除的单位旧译名用字。哩、浬、吋、呎、呎、瓩等单位的旧译名用字因为违反了言文一致的原则,原中国文字改革委员会和国家标准计量局已明令禁止使用。(见《关于部分计量单位名称统一用字的通知》,1977 年 7 月 20 日)"浬""瓩"的规范名称分别是"海里""千瓦";"哩""吋""呎""呎"是英美制非法定单位的旧名称,其名称现在分别用"英里""英寸""英尺""盎司"代替,一般情况下不能使用,必要时可以括注形式使用。

5. 使用 CGS 制中有专门名称的导出单位及其他杂类单位。这些常见的废弃单位及其换算因数见下表:

单位名称	符号	换算因数
微(米)	μ	$1\ \mu = 1\ \mu\mathrm{m}$
费密	Fermi	$1\ \mathrm{Fermi} = 10^{-15}\ \mathrm{m} = 1\ \mathrm{fm}$
达因	dyn	$1\ \mathrm{dyn} = 10^{-5}\ \mathrm{N}$
千克力	kgf	$1\ \mathrm{kgf} = 9.806\ 65\ \mathrm{N}$
吨力	tf	$1\ \mathrm{tf} = 9.806\ 65\ \mathrm{kN}$

续表

单位名称	符号	换算因数
标准大气压	atm	1 atm＝101.325 kPa
工程大气压	at	1 at＝9.806 65×10⁴ Pa
托	Torr	1 Torr＝133.322 Pa
毫米汞柱	mmHg	1 mmHg＝133.322 Pa
毫米水柱	mmH₂O	1 mmH₂O＝9.806 65 Pa
泊	P	1 P＝0.1 Pa・s
斯〔托克斯〕	St	1 St＝1 cm²/s
西西	cc	1 cc＝1 mL
丹尼尔	den	1 den＝(1/9)tex
兰氏度	°R	1°R＝1.25 K
华氏度	°F	$\dfrac{t_F}{°F}=\dfrac{9}{5}\dfrac{T}{K}-459.67$
道尔顿	D，Da	1 D＝1 u
〔米制〕克拉	carat	1 carat＝200 mg
尔格	erg	1 erg＝10⁻⁷ J
卡	cal	1 cal＝4.186 8 J
大卡，千卡	kcal	1 kcal＝4.186 8 kJ
度（电能）		1 度＝1 kW・h
〔米制〕马力		1 马力＝735.499 W
辐透	ph	1 ph＝10⁴ lx
熙提	sb	1 sb＝10⁴ cd/m²
尼特	nt	1 nt＝1 cd/m²
屈光度	D	1 D＝1 m⁻¹
奥斯特	Oe	1 Oe△79.578 A/m
高斯	Gs	1 Gs△10⁻⁴ T
麦克斯韦	Mx	1 Mx△10⁻⁸ Wb
体积克分子浓度	*M*	1 *M*＝1 mol/L
当量浓度	*N*	

八、图、表等在用特定单位表示量的数值时未采用标准化表示方式

国标规定的标准化方式有两种：1. 用量和单位的比值；2. 把量的符号加上花括号，并用单位的符号作为下标。建议采用第 1 种方式。例如：$v/$（$m\cdot s^{-1}$）或 $v/$（m/s），不能表示成"v（m/s）"或"v，m/s"的形式。如有需要也可以表示成 $\dfrac{v}{ms}$ 的形式，但水平分式线不能省略。

九、数理公式和数学符号的书写或使用不正确

1. 字母、符号的正、斜体混淆，该用正体的字母用了斜体。例如：对其值不变的数学常数 e（$=2.718\ 281\ 8\cdots$）、π（$=3.141\ 592\ 6\cdots$）、i（$=\sqrt{-1}$，电工学中常用 j），已定义的算子符号 div（散度）、d（微分号）、Δ（有限增量符号）、δ（变分号）等，有特殊含义的缩写字 max（极大值）、Re（实部）、T（转置）、Rt（直角）、ASA（角边角）等，使用了斜体字母。

2. 字母、符号的正、斜体混淆，该用斜体的字母用了正体。例如：对变数 x、y，函数 f，φ（t），Ψ_i 中变动的附标 i，几何图形中表示点线面体的字母（如点 P、线段 CD、平面 Σ、$\triangle ABC$、三棱锥 $P-ABC$）等，使用了正体字母。

3. 数理公式转行不符合规定。新标准规定："当一个表示式或方程式需断开、用 2 行或多行来表示时，最好在紧靠其中记号 $=$，$+$，$-$，$\pm$，$\mp$，$\times$，$\cdot$ 或/后断开，而在下一行开头不应重复这一记号。"例如：

$$ax+by-cz=$$
$$m-n+p.$$

4. 其他常见错误，如下表所示：

名称、含义	正确标号	错误符号
比例号	∶	：
数值范围	～	一 、 － 、 ——
约等于	≈	≃ 、 ～ 、 ≐
渐近等于	≃	～ 、 $\overset{\frown}{S}$
角括号	〈　〉	＜　＞
远小于	≪	《
远大于	≫	》
余切	cot α	ctg α
x 的反余切	arccot x	arcctg x
x 的反正弦	arcsin x	$\sin^{-1} x$
x 的常用对数	lg x	log x
$m \times n$ 型矩阵	$A = \begin{pmatrix} A_{ll} \cdots A_{ln} \\ \vdots \quad \vdots \\ A_{ml} \cdots A_{mn} \end{pmatrix}$	$A = \begin{pmatrix} A_{ll} \cdots A_{ln} \\ A_{ml} \cdots A_{mn} \end{pmatrix}$ 、 $A = \begin{pmatrix} A_{ll} \cdots A_{ln} \\ \cdots\cdots\cdots \\ A_{ml} \cdots A_{mn} \end{pmatrix}$

第七章　版面格式规范

图书的版面格式指图书的封面、书名页、目录、书眉、标题、注释、插图、表格、索引及正文的格式。版面格式是图书的包装形式，设计图书的版面格式要体现美观、实用、准确三个原则。编校过程中，审校版面格式与审校正文内容同样重要。

一、封面格式的规范

封面是图书的外包装，广义的封面包括封一（即狭义的封面）、封四、书脊三部分。按照法定要求，封一上应刊登书名、著（编、译）者名、出版者名；封四上应刊登条形码、定价、国际标准书号，还可同时刊登责任编辑、封面设计者、版式设计者、美术编辑名等项内容；书脊（指厚度大于或等于 5 mm 的图书书脊）上应刊登主书名和出版者名（或图案标志），一般书名在上，出版者名居下，如果版面允许，还可加上著（编、译）者名和副书名。书脊的编排格式有横排、纵排、边缘纵排（在封四上沿书脊边缘纵排）三种。

二、图书书名页的规范

按照国标《图书书名页》（GB/T 12450—2001）的规定，图书正文之前应有载有书名信息的书名页。书名页包括主书名页和附书名页。主书名页正面应提供书名、著作责任者、出版者等信息，位于单数页码面；背面应提供图书的版权说明、在版编目数据和版本记录等信息，编校者名也可刊登在书名页背面上端，书名页背面位于双数页码面。附书名页应提供多卷书、丛书、翻译书等有关书名信息，附书名页位于主书名页之前。（具体规定详见国标《图书书名页》）

另外，按照规定，在图书封面（封一）或图书书名页上，书名应加注汉语拼音。因装帧设计需要，封面副书名前的破折号可省略，但副书名的字号应小于正书名，以示区别。

三、目录格式的规范

目录是图书内容体系的缩影，除要求标题、作者名、附缀页码必须与正文一致外，本身还须眉目清楚，即从字体、字号和版面格式三方面体现标题体系。如：同一级题字体字号要一致，无题序的题目转行要缩进一字排，副标题也要缩进一字排，等等。

四、书眉格式的规范

书眉是正文章节变化的反映，除必须与正文章节标题文字保持一致外，还有其固定的版面格式，即双数页码排第一级题，单数页码排第二级题，如果没有第二级题，单双页码均可排第一级题；同一面上有两个第二级题时，应排后出现的；眉题一般排在外版口一侧或居中另排。

五、标题格式的规范

标题是反映图书内容的纲，而且是成体系的。标题的格式应以不同的字体、字号、占行、位置等来体现其隶属关系。较长标题转行时不要割裂词语，更不能因转行而产生歧义或相反义。用数字表示标题的顺序时，不同级别的标题应注意使用不同的数字符号，一般来说，一级标题用"一、二、三、……"，二级标题用"（一）（二）（三）……"，三级标题用"1.2.3.……"，四级标题用"（1）（2）（3）……"，五级标题用"①②③……"。另外，要避免标题沉底（位于页面的最后一行），出现"背题"，导致题目下无正文。

六、注释格式的规范

注释是对正文局部内容的解释和交代。注释的版面格式有文内夹注、脚注、篇末或书末注三种。文内夹注应紧跟被注文字。脚注格式最复杂，编校者必须根据正文版面的实际变化，调整脚注的顺次和版面格式，使之与正文注码对口。脚注与正文之间应排一条注线，顶格排，长度占版面宽度四分之一左右。脚注文字一般应比正文小一号。注码排在正文所注文字的右上角，一般采用①②③……之类的数字序号或星标（＊）等。篇末或书末注中附缀的正文页码，要特别注意核对准确。篇末或书末注一般在注文很长或注序很多的情况下才采用。另外，注释形式的选择全书应统一。

七、插图格式的规范

插图是图书内容的重要组成部分，插图分随文插图和单页插图两种。随文插图的位置要根据设计标注核对准确。要特别注意插图与正文内容的衔接问题，图的位置一般不要超前，可以略微拖后，但不能超越本节范围。有说明文字的，一般排在图下或图的侧面，要特别注意核对图与文是否配套，防止张冠李戴。图中人物的左右应依读者立场来分。图的摆放应避免上下颠倒，这一点美术类图书（如篆刻作品）尤其应注意。跨页图必须双码跨单码。横置图一律朝向左侧，即反时针转 90 度。图的顺序号应按章编排。此外，还要防止图的反片。

八、表格格式的规范

表格是图书内容的一种重要表现形式。表格的格式一般是先排表序、表题，然后排表头、横竖表线、数字、注释、资料来源等。表序一般以章节顺序和表格顺序组成；表头有横竖两种，必要时可以互换；项目中的隶属关系要清晰，小项目要缩格排；表格跨页，续表必须加排表头，同时要标注"续表"二字；跨页表必须双页跨单页；表中数字一般以末位数对齐，注意不要错格，表中有空位的地方应写一字线"—"符号表示没有数据；表中各种数量一般均应标出单位，全表为一种单位的，单位置表题后，各列单位不同的，单位应标在表头栏内。

九、索引格式的规范

索引一般分为人名、地名、文献、主题或名目四种。索引的编排一般按笔画、部首或汉语拼音排序，也有用四角号码的；外文索引一般按外文字母顺序编排。无论哪一种编排方法，都应注意笔画、拼音、号码和字母顺序的准确无误。特别要核对准确条目的附缀正文页码；正文页码有变动，要相应改正索引的附缀页码。

十、参考文献格式的规范

参考文献必须根据《信息与文献　参考文献著录规则》（GB/T7714—2015）（详见本书下编第 508 页）进行编排。著录项目与著录格式依文献类型各有不同。

（一）专著的著录项目与著录格式。例如：

徐光宪，王祥云. 物质结构［M］. 北京：科学出版社，2010.

（二）专著中的析出文献的著录项目与著录格式。例如：

程根伟. 1998 年长江洪水的成因与减灾对策［M］//许厚泽，赵其国. 长江流域洪涝灾害与科技对策. 北京：科学出版社，1999：32－36.

（三）连续出版物的著录项目与著录格式。例如：

中华医学会湖北分会. 临床内科杂志［J］. 1984. 1（1）-. 武汉：中华医学会湖北分会，1984-.

（四）连续出版物中的析出文献的著录项目与著录格式。例如：

袁训来，陈哲，肖书海，等. 蓝田生物群：一个认识多细胞生物起源和早期演化的新窗口［J］. 科学通报，2012，55（34）：3219.

十一、正文版面格式的规范

正文版面格式应注意另面、另页、暗码的编排，段落的另起和接排，引文的缩格或变换字体要前后一致，内文中的空行、空字，竖排文字的编排顺序应自右至左，章节的标题不要沉底，等等。

十二、中国标准书号的规范印刷位置

中国标准书号由标识符"ISBN"和 13 位数字组成。

中国标准书号应同时印刷在出版物的版本记录页和封底（或护封）。在封底（或护封）上，中国标准书号应以条码格式印刷在封底（或护封）的右下角，条码符号上方印 OCR-B 字体的中国标准书号。

第八章　常见知识性错误举例

常识性错误在出版物中屡见不鲜，其中尤以历史、地理类差错居多。现从书报刊中拾掇数例，分类编录于此，以提醒编校者注意此类差错。

一、历史、天文、地理类知识性差错

1. 清代学者洪亮吉，他的文集和历来其他学者的文集一样，几乎无所不包，其中就包含了他的《人口论》著作，比达尔文还早半个世纪。

达尔文是进化论的创立者，没有写过《人口论》之类的著作，此处的达尔文应为英国著名经济学家、《人口论》的作者马尔萨斯。这是学者笔下的失误。

2. 中国历代文人多有癖石之嗜好，南宫之拜石，东坡之供石，传为美谈，自明朝王冕始以花乳刻制印章以来……

王冕（1287—1359），著名诗人、画家，卒于明朝建立（1368年）之前，当是元朝人。

3. 1997 年 7 月 1 日前，陈方安生的官名叫布政司……历史上沿用了六百多年的官名，终于"寿终正寝"了。

陈方安生的官名为"布政司"无误，但明清时代"布政司"为地方行政机构名，非官名，"布政使"才是官名。文中表述有误。

4. 英、俄、日、法、德、美、意、奥八国，为了扩大对华侵略，镇压太平天国运动，联合组织侵略军，于 1900 年 6 月 10

日大举进犯中国。

八国联军镇压的是义和团，不是太平天国（1851—1864）。

　　5. 英宗（正统）二十岁时被瓦剌部可汗发兵掳去，史称"土木堡之变"，于是监国朱祁钰即位为景帝，改国号景泰。

明英宗被俘后，朱祁钰即位，即明代宗，次年改年号为景泰。大明的国号并没有改。书中将用于纪年的年号误为指朝代名称的国号，大谬。

　　6. "七子"之一的广州湾（今广州）是1899年被法国强行租借的……

1899年11月，法国强迫清政府签订了《广州湾租界条约》，强租广州湾，条约中的"广州湾"是湛江港的旧称，而非广州。

　　7. 西湖有苏堤白堤，有三潭印月，有柳浪闻莺，有"青山埋忠骨"的岳王庙、岳飞墓，更有雷峰塔和金山寺让我们想到潇潇春雨中断桥上的许仙与白蛇化身的白素贞的生死恋情……

金山寺坐落在镇江市区西北面的金山上，作者想当然将它移到了西湖边。

　　8. 那碧波浩渺、湖水清澈晶莹的千岛湖和独特的新安江水库，就在境内（指建德市境内）。

千岛湖就是新安江水库。

　　9. 月儿弯弯照九洲，几家欢喜几家愁。

九洲应是九州。上古大禹把天下分为九州。九州有多种说法，其中一种为冀、豫、青、徐、荆、扬、兖、雍、梁九州。出版物中常有把潮州写成潮洲、把钦州湾写成钦洲湾的。

　　10. 旅行团一行十二人在美国、日本、韩国、台湾、香港留下了愉快的足迹。

台湾、香港是中国的一个地区，不能与美国等国家并列。这个问题不能含糊，但出版物中又常犯类似的错误。正确的表述应该是：旅行团一行十二人在美国、日本、韩国等国家和中国的台湾、香港等地区留下了愉快的足迹。

11.乾隆编《四库全书》，号召民间献出善本，作为奖励，寿以枣梨，意思是给一些钱买枣和梨吃。

乾隆号召民间献善本，"寿以枣梨"，并不是给钱买枣和梨吃。雕版书通常用枣木和梨木制版，寿以枣梨指书刊行世，世间又多用"灾梨祸枣"来指责滥印无用之书的现象。

12."享以太牢"，将居牢狱当作是一种享受。

某教授对"享以太牢"作如此解，实为大谬。太牢，指祭祀供奉神灵的三牲（牛、豕、羊），或单指牛。

13.楚霸王项羽为了表示决一死战的决心，命军士用破斧凿坏舟船使之沉没。

这是对成语"破釜沉舟"的误解。釜，是指造饭的炊具。将饭锅打破，把船沉掉，表示自己断绝退路，只能前进。

14.李白《蜀道难》说他"扪参历井仰胁息，以手抚膺坐长叹"，山顶上的参和山谷中的井都触摸到了，可见险峻。

参和井分指二十八宿中的参宿和井宿，按州域对应，代指益州和雍州，蜀道跨越此二州。诗句应指在蜀道上攀行，就像用手可以摸到天上的星星，谓其高峻险奇。

15.阴历七月，秋分那日出了一件大事。

按二十四节气在阴历中的排列，秋分不可能出现在七月，只能出现在八月。

二、人名称谓知识性差错

1.我国古代著名书法家有王羲之、王右军、颜真卿、柳公权等。

王右军就是王羲之。王羲之官至右军将军、会稽内史，人称"王右军"。古代文化名人中，以官职、封号、地望相称的不少，如杜甫，官检校工部员外郎，世称"杜工部"；草圣张旭，官至金吾长史,世称"张长史";颜真卿,封鲁郡公,人称"颜鲁公"。另外,也有多呼其字号的,如李商隐,字义山,有《李义山诗集》传世,人称"李义山";黄庭坚,号山谷道人,人呼"黄山谷";李清照,号易安居士,人称"李易安"。还有以地望相称的,如柳宗元,河东解人,世称"柳河东";王安石,江西临川人,人称"王临川";康有为,广东南海人,世称"康南海"等。

2. 于右任先生为民国元老,于老晚年在台湾仍然仰望祖国大陆。

近现代一部分名人的尊称,有特殊的讲究,例如,于右任不能称于老,而应该称"于右老"。类似者还有黄炎培,称"黄炎老"而不称黄老,张澜称"张表老"(张澜字表方),章士钊称"行老"(章士钊字行严)等。

3. 刘光同志,近接家父信,才知道你已调动工作。

近来,称别人的父亲为"家父"者日众。家父是自己的父亲,称别人父亲应称"令尊"。另外,容易错用的还有"乃父",乃指你的。"大有乃父之风"即很有你父亲的作派、风格。

三、误解词语用法

1. 我国南宋时有位豆蔻年华的词苑新秀李清照……

南宋建立(1127年)时,李清照(1084—约1151)已四十多岁,年届不惑,"豆蔻年华"指的是十三四岁的少女,用于此处,显然大谬。

2. 事发当日,公安人员就抓获了5位犯罪嫌疑人。

"位"作量词用时,带有敬意,用来指犯罪嫌疑人,显然是错用。

3. 案发当日,在抓获的嫖客中,各阶层人士都有。

"人士"泛指有一定社会地位或在某方面有代表性的人物,在实际运用中一般都带有尊褒色彩,用来指称嫖客显然不合适。

4. 我公司现面向社会公开招聘20名推销员……联系人:王

先生、李小姐。

"先生""小姐"用于称呼为尊称,用来自称不太合适。

四、自然科学类知识性差错

1. 单那小茄形的骨朵已经是一种奇迹了。你看它逐渐翻红,逐渐从顶端整裂为四瓣,任你用怎样的劈刀也劈不出那样的匀称。

据有关专家考证,石榴之花瓣不可能为四瓣,花朵四瓣者,一般为十字花科植物,如白菜、萝卜等,石榴属安石榴科,花瓣应为5—8裂。这是文学大家笔下小小的失误。

2. 十二级龙卷风袭击嘉兴

龙卷风不分等级,无"某某级龙卷风"之说。

3. 中国卫生部也于几年前颁布了相关方案,规定了麻醉药的供应及使用办法。

这里的"麻醉药"系"麻醉药品"之误。这两个相似的名词在医药上是完全不同的概念。麻醉药是指能使感觉消失,特别是痛觉消失的药品,如乙醚(用于全身麻醉)、利多卡因(用于局部麻醉)等。麻醉药多用于外科手术。麻醉药品是指连续使用后能使人成瘾癖的药品,停药后会出现全身不适甚至虚脱等症状,并有强烈的用药欲。吗啡等属于这类药品。麻醉药品临床使用多为减轻病人的痛苦,供应上有严格的限制。

五、地图上的错误

地图与政治相关,因此,国家明文规定,地图出版必须经国家测绘行政主管部门审批,由专门的地图出版社出版。一般图书、报刊中若将单幅地图作为插图使用,所插地图也须经国家测绘行政主管部门审查。

地图出版若出现差错,则多是政治性错误。纯地图类图书一般由专门的地图出版社出版，不容易出政治差错。容易出差错的地图多是作为插图使用的，由非地图专业出版社出版的一般图书中的地图。综合来看，地图出现差错主要有如下几种情况：

1. 地图所据资料已经过时。

国际政治形势、政治格局不断发生变化，新出版的地图也应随之及时反映最新形势，如果所据资料已经过时，则会造成政治错误。如称韩国为南朝鲜，称韩国首都为汉城（韩国首都的中文名称已改为"首尔"），把"锡金"仍标注为中国的邻国（锡金不再是中国的邻国，中国政府已承认它是印度的一个邦），在德国版图上仍标注民主德国和联邦德国等。

2. 中国地图省略了南海诸岛、钓鱼岛和赤尾屿。

此类差错最为突出，出现频率很高。南海诸岛、钓鱼岛和赤尾屿自古以来就是中国领土。"由于越南、菲律宾和马来西亚侵占我南沙群岛，越南还宣称西沙群岛是它的领土，使南海诸岛成为国际上一个十分敏感的地区。因此，在地图上如何表示南海诸岛问题，直接关系到我维护南海诸岛领土主权的斗争。"钓鱼岛、赤尾屿等早在明朝就已经在中国海防区域之内，是中国台湾省的附属岛屿，其主权属于中国，有充分的历史和法律依据，无可争辩。近几十年来，日本右翼势力多次在此挑起事端，擅建侵犯中国主权的设施及标志，企图强行霸占我钓鱼岛。因此，出版中国全图或南中国区域地图都必须包括南海诸岛、钓鱼岛和赤尾屿，不能省略。

3. 中国地图上关于台湾、香港、澳门的标识有错误。

按规定，中国地图上台湾、香港、澳门的中文、外文或汉语拼音名称标识，所用文字、字体、字号均应与大陆省级行政区域一致。在以不同颜色区别不同国家的世界地图上，这些地区的颜色应与中国大陆一致。一些出版物中的地图常在这方面出现差错，引进版图书中的地图尤其应注意此类错误。

4. 国界线与省界线混淆。

有些中国地图在标示中国与陆上邻国的边界时没有按国际上统一的国界线符号标示，而错用了省界线符号，这已不只是小小的编校错误，而是一个不小的政治错误了。这一点在编校地图时应特别注意。

5. 以"麦克马洪线"和"约翰逊线"作为中印边界线。

"麦克马洪线"是1914年印英殖民政府代表麦克马洪与西藏代表秘密换文，单方面制定的中印边界东段的界线。它是英国对中国西藏地方执行侵略政策的产物，从未被中国的任何一个中央政府所承认，中国从来没有放弃对"麦克马洪线"以南的九万平方公里领土的主权。因此，"麦克马洪线"是不合法的，绘制中国地图绝不能把"麦克马洪线"作为中国与印度东段的边界线。阿克赛钦地区自古也是中国的领土。1865年英印殖民政府派遣测量局官员约翰逊潜入新疆南疆地区，通过"勘察"，绘制地图，把阿克赛钦等地区划入英属印度的克什米尔版图，即所谓"约翰逊线"，但英印政府的势力从未进入该地区，也未在该地区行使权力或建立行政机构。中国政府从不承认所谓"约翰逊线"。因此，绘制中国地图绝不能把"约翰逊线"作为中国与印度西段的边界线。

六、音乐类知识性差错

（一）简谱中常见的知识性差错

1. 2/4　C＝1

简谱中的调号和拍号排在同一行，一般在曲名的左下方先排调号，后排拍号。上例中有数处错误：一是调号与拍号位置颠倒了；二是把调号1＝C错成了C＝1；三是表示拍号的两个数字间的横线被排成了斜线。上例应改为"1＝C　$\frac{2}{4}$"。

2. 深情亲切地　中速稍慢

速度术语和感情术语应排在调号、拍号之下，速度术语在前，感情术语在后，中空一字以示区别，如"中速　亲切地"。如有两个速度术语，要用顿号隔开，感情术语亦然。上例速度术语和感情术语位置颠倒了，且术语中间未用顿号隔开，应改为"中速、稍慢　深情、亲切地"。

3. 雷振邦曲　乔羽词

歌词与歌曲作者名应排在歌名右下方，分两行排，词作者在上，曲作者在下，如遇单名，中空一字。上例显然不符合要求，应改为：

　　　乔　羽词

　　　雷振邦曲

4.

一字多音时需用连音线。连音线的使用常出现两种错误，一是遗漏了连音线，二是连音线未连到应连的音符上。上例中第一小节漏了连音线，第二小节的连音线未连到第三小节的 3 音符上。应改为：

5.

这是歌曲《劳动最光荣》的结尾处，这里把半终止结束记号（双细线 ‖）误为终止结束号（一细一粗线 ‖）。上例应改为：

（二）五线谱中常见的知识性差错

1. adagietto（小柔板）　debo le（柔弱；无力）

五线谱曲谱的速度术语和感情术语用意大利文标记，首字母应大写。上例应改为"Adagietto Debo le"。

2. （谱例）

此例中的符干应朝下，即（谱例）。根据乐理，凡符头音在第三线以上的，符干应朝下，又如（谱例）；符头音在第二线以下的，符干应朝上，如（谱例）；符头音在第三线上的，符干朝上朝下都可以（（谱例））。

附录一

科技类图书常见编校错误

一、科技名词、科技术语使用不规范，或者使用错误

例如："相对原子质量"错为"原子量"，"相对分子质量"错为"分子量"，"动摩擦因数"错为"动摩擦力因数"，"开关S"错为"电键K"，"电能表"错为"电度表"，"概率"错为"几率"，"电压表"错为"伏特表"，"电流表"错为"安培表"，"百分数"错为"百分比数"，"金刚石"错为"金钢石"，"丙胺"错为"丙铵"，"继电器"错为"断电器"，"二极管"错为"二级管"，"三极管"错为"三级管"，"电动机"错为"马达"，"哥德巴赫猜想"错为"歌德巴赫猜想"，"化学键"错为"化学健"，"拓扑学"错为"拓朴学"，"优选法"错为"优先法"，"有限元法"错为"有限元素法"，"生物钟"错为"生物种"，"固相酶"错为"固像酶"，"驻极体"错为"柱极体"，"光导纤维通信"错为"光导纤维通讯"，"络合物"错为"铬合物"，等等。

二、量和单位的用法不规范（参见本书第六章）

三、外文字母用法混乱

1. 外文字母斜体的大小写用法混乱。如"p"（压强）错成"P"（功率）、"s"（路程）错成"S"（面积）、"C"（周长）错成"c"（真空中的光速，比热）、"V"（体积）错为"v"（速度）、"t"（时间）错为"T"（热力学温度）等等。

2. 外文字母正斜体用法混乱。如数学中的符号"sin，lim，

min，max，cos，tan，log，Re，Σ，Π"错成"sin，lim，min，max，cos，tan，log，Re，Σ，Π"，生物学名中的属、种符号如"sp.（种），subsp.（亚种）"错成"$sp.$，$subsp.$"，物理量的符号如"P，V，v，W，U，I，R"错为"P，V，v，W，U，I，R"，化学中的浓度单位如"N，M"错成"N，M"，"S（南极），N（北极）"错为"S，N"，等等。

3. 外文字母正体的大小写用法混乱。如"Co"（钴）写成了"CO"（一氧化碳），"HCl"写成了"HCL"，"eV"写成了"ev"或者"EV"，"km"写成了"KM"，"X 射线"写成了"x射线"，"s（秒）"写成了"S（电导）"，等等。

4. 外文字母的正斜体、大小写用法混乱。如"$\lg x$"错成"$\lg X$"，"L"（灯）错为"L"，"$\triangle ABC$"错成"ΔABC""ΔABC""Δabc"，"$k\in\mathbf{R}$"错成"$k\in R$"，"$x\in\mathbf{Z}$"错成"$x\in Z$"，"$A\cup B$"错成"$A\ \cup B$"，"π"错成"π"，"$AB\cap l=D$"错成"$AB\ \cap l=D$"，"HF"错成"HF"，等等。

5. 外文字母中英文、俄文和希腊文与数字运用混乱。如希腊文"α"错成英文"a"，俄文"и"错成英文"H"，俄文"Г"错成英文"T"，俄文"д"错成希腊文"π"，俄文"Э"错成数字"3"，俄文"ь"错成英文"b"，希腊文"Υ"错成英文"r"，俄文"п"错成罗马数字"Π"或希腊文"π"，等等。

四、上下角标与正常书写用法混乱

1. 下角标字母正斜体混乱、字母与数字不分、下角标与正常书写不分。如"C_g，g_n，μ_r，E_k，X_e，$T_{1/2}$，c_{sat}，U_m，Z_{max}，V_{min}，c_{H_2O}"错为"C_g，g_n，μ_r，E_k，X_e，$T_{1/2}$，c_{sat}，U_m，Z_{max}，V_{min}，c_{H_2O}"；而"p_x，I_λ，g_{ik}，C_p，$\sum a_n Q_n$，L_p，L_w，R_Q"错成"p_x，I_λ，g_{ik}，C_p，$\sum a_n Q_n$，L_p，L_w，R_Q"；"（x_0，y_0）"错成"（x_O，y_O）"；"Ba（OH）$_2$"错成"Ba（0H）$_2$"或"Ba（OH2）"；"2mol·L^{-1}"错成"2mol.

L^{-1}"。

2. 上角标与正常书写混乱、上角标符号与数字混乱。如"$\sin^2\alpha$"错成"$\sin2\alpha$"或"$\sin\alpha^2$"，"$0°$"错成"$O°$""0^0"或"O^0"，"$\log_b a^3$"错成"$\log ba^3$"或"$\log_b{}^3a$"，等等。

3. 上、下角标用法颠倒。如"R^+"错成"R_+"，"Z^-"错成"Z_-"，"C^{14}"写成"14 碳断代法""C^{14} 断代法""^{14}C"或"$_{14}C$"，等等。

五、形似符号混淆

如"$\angle B$"错成"$<B$"，　"$\triangle ABC$"错成"ΔABC"或"$\triangle ABC$"，"$O=\!=\!=C=\!=\!=O$"错成"$O=C=O$"，"$H\equiv H$"错成"$H\equiv H$"，远大于号"$\gg$"与书名号后半截"$\rangle\!\rangle$"、远小于号"$\ll$"与书名号前半截"$\langle\!\langle$"混淆，"—OH"错成"$-$OH"或"——OH"。

六、公式、方程式常见差错

$$\overrightarrow{P_1P}=\lambda\ \overrightarrow{PP_2}\text{写成了}\frac{\overrightarrow{P_1P}}{\overrightarrow{PP_2}}=\lambda\text{（因为没有定义两向量的除法）}$$

$NaCl+H_2SO_4$（浓）$=NaHSO_4+HCl\uparrow$ 常常写成如下形式：

$NaCl+H_2SO_4=NaHSO_4+HCl\uparrow$

$NaCl+H_2SO_4$（浓）$=NaHSO_4+HCl$

$NaCl+H_2SO_4$（浓）$=NaHSO_4+HCl\uparrow$

$NaCl+H_2SO_4=NaHSO_4+HCl$

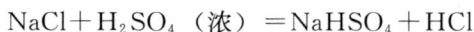

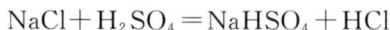

（因为实验室制取氯化氢气体时，是用固体 NaCl 和浓 H_2SO_4 在微热条件下制取的，所以在化学方程式中必须注明实验条件，反应生成物必须标注是气体）

$Ag^++Cl=AgCl$　　$Ag^++Cl=AgCl\downarrow$　　$Ag^++Cl^-=AgCl$

这三个式子都不正确，前两个式子的共同点是正负离子数不相等，第一、第三两个式子的共同点是 AgCl 沉淀没标注，正确的离子方程式应为：

$Ag^+ + Cl^- = AgCl\downarrow$

过量的氯气通入溴化亚铁溶液中，其离子方程式写成：$3Cl_2 + Fe^{2+} + 4Br^- = 6Cl^- + 2Fe^{3+} + 2Br_2$，这个离子方程式错误之处是没有配平，导致两边正负离子数不相等，没法平衡，把"Fe^{2+}"改为"$2Fe^{2+}$"即可。

七、表格常见差错

1. 有线表的边框用了正线，正确的应是用反线；排成两栏的表格，两栏的中间有的用正线分隔，有的用反线分隔，正确的应是用双正线隔开，并且转栏后要重复排上表头；横长竖短的表格，拆成两段，上下叠排，在上下两截之间有的用正线分隔，有的用反线分隔，有的用双反线分隔，正确的应是用双正线分隔，并且在下面的一段应把左边第一栏的项目重复排出；一面排不下的表，此表的下边用了正线，另面的上方也用了正线，并且没有"续表"两字，表头没重排，正确的应是下边及另面的上方都用反线，并且要加上"续表"两字，"续表"两字字体应与表名一致，重排表头。

2. 表格的序码顺序不连贯；表格的序码、表名排法不统一，有的靠左边排，有的靠右边排，有的居中排；表名字体、字号不统一，有的用宋体，有的用黑体，有的用小 5 号，有的用 6 号；有些表名加上标点符号，表内文字最后仍用标点；表中有些数字或文字重复时用"同右""同上"或""″""代替；表身内容所用单位一样时，没有列于表头右上角；表内数据对应位不对齐；更为错误的是表格出现在相应文字之前；明明下面出现的是表格，但在正文中却说"见下图"。

八、插图常见差错

1. 插图与正文所表达的意思不一致。例如，正文的文字叙述是战争取得了胜利，人们热烈欢呼和祝贺，但图所反映的却是攻打的场面；正文叙述的是各获奖项目所占的比例，但图所反映的是科研项目数据结构；等等。

2. 图题与插图所表达的意思不一致。例如，图题是木棉花，插图却是山茶花；图题是药物竹罐疗法，插图所用器具却是牛角；等等。

3. 图序在一本书或同一章里不连贯。例如，其一页是图 4，几页后就标到了图 6，图 5 就漏接了；或者从图 2-2-10 跳到图 2-2-12，缺标图 2-2-11；等等。

4. 图题中的图序与图下的图序不一致。例如正文指"如图 3-2 所示"，但图下却没有"3-2"这图序，或者是"图 3-3"，等等。

5. 图题与图中的名词术语、表达式、数学符号不一致。如图中是用"第二季度"，正文却用"第 2 季度"；图中是用"第三季度"，正文表述却用"7～9 月份"；图中三角形的三边长分别用"a，b，c"，但正文中却用"A，B，C"；图中的灯泡和开关符号分别用"L"和"S"，但正文错用"L"和"S（K）"。

6. 插图中的线段、符号、国界线、名称等不符合国际和国家最新的规定。如有些地理书中的地图仍有"捷克和斯洛伐克共和国"（正确的是"捷克共和国"和"斯洛伐克共和国"），等等。

7. 同一内容而随意用不同的表达式。如"Cu 的百分含量"用"Cu%""Cu 的百分比（％）""含 Cu 的质量（％）"等表示。

8. 图的位置和大小不规范、不正确。如先排插图而隔了几行甚至跨页才见到文字；有些图的缩放比例不合适，16 开本的书的插图很小，而 32 开本的书的图很大，有些甚至超版心；有些图与文字靠得太紧，甚至图题与文字连成了一行。

下　编

有关法律法规、国家标准和规范

出版法律、
法规、规章、
规定

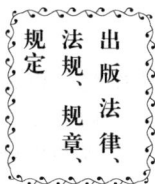

中华人民共和国著作权法

（1990 年 9 月 7 日第七届全国人民代表大会常务委员会第十五次会议通过，根据 2001 年 10 月 27 日第九届全国人民代表大会常务委员会第二十四次会议《关于修改〈中华人民共和国著作权法〉的决定》第一次修正；根据 2010 年 2 月 26 日第十一届全国人民代表大会常务委员会第十三次会议《关于修改〈中华人民共和国著作权法〉的决定》第二次修正；根据 2020 年 11 月 11 日第十三届全国人民代表大会常务委员会第二十三次会议《关于修改〈中华人民共和国著作权法〉的决定》第三次修正）

目录

第一章 总则

第一条 为保护文学、艺术和科学作品作者的著作权，以及与著作权有关的权益，鼓励有益于社会主义精神文明、物质文明建设的作品的创作和传播，促进社会主义文化和科学事业的发展与繁荣，根据宪法制定本法。

第二条 中国公民、法人或者非法人组织的作品，不论是否发表，依照本法享有著作权。

外国人、无国籍人的作品根据其作者所属国或者经常居住地国同中国签订的协议或者共同参加的国际条约享有的著作权，受本法保护。

外国人、无国籍人的作品首先在中国境内出版的，依照本法享有著作权。

未与中国签订协议或者共同参加国际条约的国家的作者以及无国籍人的作品首次在中国参加的国际条约的成员国出版的，或者在成员国和非成员国同时出版的，受本法保护。

第三条 本法所称的作品，是指文学、艺术和科学领域内具有独创性并能以一定形式表现的智力成果，包括：

（一）文字作品；

（二）口述作品；

（三）音乐、戏剧、曲艺、舞蹈、杂技艺术作品；

（四）美术、建筑作品；

（五）摄影作品；

（六）视听作品；

（七）工程设计图、产品设计图、地图、示意图等图形作品和模型作品；

（八）计算机软件；

（九）符合作品特征的其他智力成果。

第四条 著作权人和与著作权有关的权利人行使权利，不得违反宪法和法律，不得损害公共利益。国家对作品的出版、传播依法进行监督管理。

第五条 本法不适用于：

（一）法律、法规，国家机关的决议、决定、命令和其他具有立法、行政、司法性质的文件，及其官方正式译文；

（二）单纯事实消息；

（三）历法、通用数表、通用表格和公式。

第六条　民间文学艺术作品的著作权保护办法由国务院另行规定。

第七条　国家著作权主管部门负责全国的著作权管理工作；县级以上地方主管著作权的部门负责本行政区域的著作权管理工作。

第八条　著作权人和与著作权有关的权利人可以授权著作权集体管理组织行使著作权或者与著作权有关的权利。依法设立的著作权集体管理组织是非营利法人，被授权后可以以自己的名义为著作权人和与著作权有关的权利人主张权利，并可以作为当事人进行涉及著作权或者与著作权有关的权利的诉讼、仲裁、调解活动。

著作权集体管理组织根据授权向使用者收取使用费。使用费的收取标准由著作权集体管理组织和使用者代表协商确定，协商不成的，可以向国家著作权主管部门申请裁决，对裁决不服的，可以向人民法院提起诉讼；当事人也可以直接向人民法院提起诉讼。

著作权集体管理组织应当将使用费的收取和转付、管理费的提取和使用、使用费的未分配部分等总体情况定期向社会公布，并应当建立权利信息查询系统，供权利人和使用者查询。国家著作权主管部门应当依法对著作权集体管理组织进行监督、管理。

著作权集体管理组织的设立方式、权利义务、使用费的收取和分配，以及对其监督和管理等由国务院另行规定。

第二章　著作权

第一节　著作权人及其权利

第九条　著作权人包括：

（一）作者；

（二）其他依照本法享有著作权的自然人、法人或者非法人组织。

第十条　著作权包括下列人身权和财产权：

（一）发表权，即决定作品是否公之于众的权利；

（二）署名权，即表明作者身份，在作品上署名的权利；

（三）修改权，即修改或者授权他人修改作品的权利；

（四）保护作品完整权，即保护作品不受歪曲、篡改的权利；

（五）复制权，即以印刷、复印、拓印、录音、录像、翻录、翻拍、数字化等方式将作品制作一份或者多份的权利；

（六）发行权，即以出售或者赠与方式向公众提供作品的原件或者复制件的权利；

（七）出租权，即有偿许可他人临时使用视听作品、计算机软件的原件或者复制件的权利，计算机软件不是出租的主要标的的除外；

（八）展览权，即公开陈列美术作品、摄影作品的原件或者复制件的权利；

（九）表演权，即公开表演作品，以及用各种手段公开播送作品的表演的权利；

（十）放映权，即通过放映机、幻灯机等技术设备公开再现美术、摄影、视听作品等的权利；

（十一）广播权，即以有线或者无线方式公开传播或者转播作品，以及通过扩音器或者其他传送符号、声音、图像的类似工具向公众传播广播的作品的权利，但不包括本款第十二项规定的权利；

（十二）信息网络传播权，即以有线或者无线方式向公众提供，使公众可以在其选定的时间和地点获得作品的权利；

（十三）摄制权，即以摄制视听作品的方法将作品固定在载体上的权利；

（十四）改编权，即改变作品，创作出具有独创性的新作品的权利；

（十五）翻译权，即将作品从一种语言文字转换成另一种语言文字的权利；

（十六）汇编权，即将作品或者作品的片段通过选择或者编排，汇集成新作品的权利；

（十七）应当由著作权人享有的其他权利。

著作权人可以许可他人行使前款第五项至第十七项规定的权利，并依照约定或者本法有关规定获得报酬。

著作权人可以全部或者部分转让本条第一款第五项至第十七项规定的权利，并依照约定或者本法有关规定获得报酬。

第二节 著作权归属

第十一条 著作权属于作者，本法另有规定的除外。

创作作品的自然人是作者。

由法人或者非法人组织主持，代表法人或者非法人组织意志创作，并由法人或者非法人组织承担责任的作品，法人或者非法人组织视为作者。

第十二条 在作品上署名的自然人、法人或者非法人组织为作者，且该作品上存在相应权利，但有相反证明的除外。

作者等著作权人可以向国家著作权主管部门认定的登记机构办理作品登记。

与著作权有关的权利参照适用前两款规定。

第十三条 改编、翻译、注释、整理已有作品而产生的作品，其著作权由改编、翻译、注释、整理人享有，但行使著作权时不得侵犯原作品的著作权。

第十四条 两人以上合作创作的作品，著作权由合作作者共同享有。没有参加创作的人，不能成为合作作者。

合作作品的著作权由合作作者通过协商一致行使；不能协商一致，又无正当理由的，任何一方不得阻止他方行使除转让、许可他人专有使用、出质以外的其他权利，但是所得收益应当合理分配给所有合作作者。

合作作品可以分割使用的，作者对各自创作的部分可以单独享有著作权，但行使著作权时不得侵犯合作作品整体的著作权。

第十五条 汇编若干作品、作品的片段或者不构成作品的数据或者其他材料，对其内容的选择或者编排体现独创性的作品，为汇编作品，其著作权由汇编人享有，但行使著作权时，不得侵犯原作品的著作权。

第十六条 使用改编、翻译、注释、整理、汇编已有作品而产生的作品进行出版、演出和制作录音录像制品，应当取得该作品的著作权人和原作品的著作权人许可，并支付报酬。

第十七条　视听作品中的电影作品、电视剧作品的著作权由制作者享有，但编剧、导演、摄影、作词、作曲等作者享有署名权，并有权按照与制作者签订的合同获得报酬。

前款规定以外的视听作品的著作权归属由当事人约定；没有约定或者约定不明确的，由制作者享有，但作者享有署名权和获得报酬的权利。

视听作品中的剧本、音乐等可以单独使用的作品的作者有权单独行使其著作权。

第十八条　自然人为完成法人或者非法人组织工作任务所创作的作品是职务作品，除本条第二款的规定以外，著作权由作者享有，但法人或者非法人组织有权在其业务范围内优先使用。作品完成两年内，未经单位同意，作者不得许可第三人以与单位使用的相同方式使用该作品。

有下列情形之一的职务作品，作者享有署名权，著作权的其他权利由法人或者非法人组织享有，法人或者非法人组织可以给予作者奖励：

（一）主要是利用法人或者非法人组织的物质技术条件创作，并由法人或者非法人组织承担责任的工程设计图、产品设计图、地图、示意图、计算机软件等职务作品；

（二）报社、期刊社、通讯社、广播电台、电视台的工作人员创作的职务作品；

（三）法律、行政法规规定或者合同约定著作权由法人或者非法人组织享有的职务作品。

第十九条　受委托创作的作品，著作权的归属由委托人和受托人通过合同约定。合同未作明确约定或者没有订立合同的，著作权属于受托人。

第二十条　作品原件所有权的转移，不改变作品著作权的归属，但美术、摄影作品原件的展览权由原件所有人享有。

作者将未发表的美术、摄影作品的原件所有权转让给他人，受让人展览该原件不构成对作者发表权的侵犯。

第二十一条 著作权属于自然人的，自然人死亡后，其本法第十条第一款第五项至第十七项规定的权利在本法规定的保护期内，依法转移。

著作权属于法人或者非法人组织的，法人或者非法人组织变更、终止后，其本法第十条第一款第五项至第十七项规定的权利在本法规定的保护期内，由承受其权利义务的法人或者非法人组织享有；没有承受其权利义务的法人或者非法人组织的，由国家享有。

第三节 权利的保护期

第二十二条 作者的署名权、修改权、保护作品完整权的保护期不受限制。

第二十三条 自然人的作品，其发表权、本法第十条第一款第五项至第十七项规定的权利的保护期为作者终生及其死亡后五十年，截止于作者死亡后第五十年的 12 月 31 日；如果是合作作品，截止于最后死亡的作者死亡后第五十年的 12 月 31 日。

法人或者非法人组织的作品、著作权（署名权除外）由法人或者非法人组织享有的职务作品，其发表权的保护期为五十年，截止于作品创作完成后第五十年的 12 月 31 日；本法第十条第一款第五项至第十七项规定的权利的保护期为五十年，截止于作品首次发表后第五十年的 12 月 31 日，但作品自创作完成后五十年内未发表的，本法不再保护。

视听作品，其发表权的保护期为五十年，截止于作品创作完成后第五十年的 12 月 31 日；本法第十条第一款第五项至第十七项规定的权利的保护期为五十年，截止于作品首次发表后第五十年的 12 月 31 日，但作品自创作完成后五十年内未发表的，本法不再保护。

第四节 权利的限制

第二十四条 在下列情况下使用作品，可以不经著作权人许可，不向其支付报酬，但应当指明作者姓名或者名称、作品名称，并且不得影响该作品的正常使用，也不得不合理地损害著作权人的合法权益：

（一）为个人学习、研究或者欣赏，使用他人已经发表的作品；

（二）为介绍、评论某一作品或者说明某一问题，在作品中适当引用他人已经发表的作品；

（三）为报道新闻，在报纸、期刊、广播电台、电视台等媒体中不可避免地再现或者引用已经发表的作品；

（四）报纸、期刊、广播电台、电视台等媒体刊登或者播放其他报纸、期刊、广播电台、电视台等媒体已经发表的关于政治、经济、宗教问题的时事性文章，但著作权人声明不许刊登、播放的除外；

（五）报纸、期刊、广播电台、电视台等媒体刊登或者播放在公众集会上发表的讲话，但作者声明不许刊登、播放的除外；

（六）为学校课堂教学或者科学研究，翻译、改编、汇编、播放或者少量复制已经发表的作品，供教学或者科研人员使用，但不得出版发行；

（七）国家机关为执行公务在合理范围内使用已经发表的作品；

（八）图书馆、档案馆、纪念馆、博物馆、美术馆、文化馆等为陈列或者保存版本的需要，复制本馆收藏的作品；

（九）免费表演已经发表的作品，该表演未向公众收取费用，也未向表演者支付报酬，且不以营利为目的；

（十）对设置或者陈列在公共场所的艺术作品进行临摹、绘画、摄影、录像；

（十一）将中国公民、法人或者非法人组织已经发表的以国家通用语言文字创作的作品翻译成少数民族语言文字作品在国内出版发行；

（十二）以阅读障碍者能够感知的无障碍方式向其提供已经发表的作品；

（十三）法律、行政法规规定的其他情形。

前款规定适用于对与著作权有关的权利的限制。

第二十五条　为实施义务教育和国家教育规划而编写出版教科书，可以不经著作权人许可，在教科书中汇编已经发表的作品片段或者短小的文字作品、音乐作品或者单幅的美术作品、摄影作品、图形作品，但应当按照规定向著作权人支付报酬，指明作者姓名或者名称、作品名称，并且不得侵犯著作权人依照本法享有的其他权利。

前款规定适用于对与著作权有关的权利的限制。

第三章 著作权许可使用和转让合同

第二十六条 使用他人作品应当同著作权人订立许可使用合同，本法规定可以不经许可的除外。

许可使用合同包括下列主要内容：

（一）许可使用的权利种类；

（二）许可使用的权利是专有使用权或者非专有使用权；

（三）许可使用的地域范围、期间；

（四）付酬标准和办法；

（五）违约责任；

（六）双方认为需要约定的其他内容。

第二十七条 转让本法第十条第一款第五项至第十七项规定的权利，应当订立书面合同。

权利转让合同包括下列主要内容：

（一）作品的名称；

（二）转让的权利种类、地域范围；

（三）转让价金；

（四）交付转让价金的日期和方式；

（五）违约责任；

（六）双方认为需要约定的其他内容。

第二十八条 以著作权中的财产权出质的，由出质人和质权人依法办理出质登记。

第二十九条 许可使用合同和转让合同中著作权人未明确许可、转让的权利，未经著作权人同意，另一方当事人不得行使。

第三十条 使用作品的付酬标准可以由当事人约定，也可以按照国家著作权主管部门会同有关部门制定的付酬标准支付报酬。当事人约定不明确的，按照国家著作权主管部门会同有关部门制定的付酬标准支付报酬。

第三十一条　出版者、表演者、录音录像制作者、广播电台、电视台等依照本法有关规定使用他人作品的，不得侵犯作者的署名权、修改权、保护作品完整权和获得报酬的权利。

第四章　与著作权有关的权利

第一节　图书、报刊的出版

第三十二条　图书出版者出版图书应当和著作权人订立出版合同，并支付报酬。

第三十三条　图书出版者对著作权人交付出版的作品，按照合同约定享有的专有出版权受法律保护，他人不得出版该作品。

第三十四条　著作权人应当按照合同约定期限交付作品。图书出版者应当按照合同约定的出版质量、期限出版图书。

图书出版者不按照合同约定期限出版，应当依照本法第六十一条的规定承担民事责任。

图书出版者重印、再版作品的，应当通知著作权人，并支付报酬。图书脱销后，图书出版者拒绝重印、再版的，著作权人有权终止合同。

第三十五条　著作权人向报社、期刊社投稿的，自稿件发出之日起十五日内未收到报社通知决定刊登的，或者自稿件发出之日起三十日内未收到期刊社通知决定刊登的，可以将同一作品向其他报社、期刊社投稿。双方另有约定的除外。

作品刊登后，除著作权人声明不得转载、摘编的外，其他报刊可以转载或者作为文摘、资料刊登，但应当按照规定向著作权人支付报酬。

第三十六条　图书出版者经作者许可，可以对作品修改、删节。

报社、期刊社可以对作品作文字性修改、删节。对内容的修改，应当经作者许可。

第三十七条　出版者有权许可或者禁止他人使用其出版的图书、期刊的版式设计。

前款规定的权利的保护期为十年，截止于使用该版式设计的图书、期刊首次出版后第十年的 12 月 31 日。

第二节　表演

第三十八条　使用他人作品演出，表演者应当取得著作权人许可，并支付报酬。演出组织者组织演出，由该组织者取得著作权人许可，并支付报酬。

第三十九条　表演者对其表演享有下列权利：

（一）表明表演者身份；

（二）保护表演形象不受歪曲；

（三）许可他人从现场直播和公开传送其现场表演，并获得报酬；

（四）许可他人录音录像，并获得报酬；

（五）许可他人复制、发行、出租录有其表演的录音录像制品，并获得报酬；

（六）许可他人通过信息网络向公众传播其表演，并获得报酬。

被许可人以前款第三项至第六项规定的方式使用作品，还应当取得著作权人许可，并支付报酬。

第四十条　演员为完成本演出单位的演出任务进行的表演为职务表演，演员享有表明身份和保护表演形象不受歪曲的权利，其他权利归属由当事人约定。当事人没有约定或者约定不明确的，职务表演的权利由演出单位享有。

职务表演的权利由演员享有的，演出单位可以在其业务范围内免费使用该表演。

第四十一条　本法第三十九条第一款第一项、第二项规定的权利的保护期不受限制。

本法第三十九条第一款第三项至第六项规定的权利的保护期为五十年，截止于该表演发生后第五十年的 12 月 31 日。

第三节　录音录像

第四十二条　录音录像制作者使用他人作品制作录音录像制品，应当取得著作权人许可，并支付报酬。

录音制作者使用他人已经合法录制为录音制品的音乐作品制作录音制品，可以不经著作权人许可，但应当按照规定支付报酬；著作权人声明不许使用的不得使用。

第四十三条 录音录像制作者制作录音录像制品，应当同表演者订立合同，并支付报酬。

第四十四条 录音录像制作者对其制作的录音录像制品，享有许可他人复制、发行、出租、通过信息网络向公众传播并获得报酬的权利；权利的保护期为五十年，截止于该制品首次制作完成后第五十年的 12 月 31 日。

被许可人复制、发行、通过信息网络向公众传播录音录像制品，应当同时取得著作权人、表演者许可，并支付报酬；被许可人出租录音录像制品，还应当取得表演者许可，并支付报酬。

第四十五条 将录音制品用于有线或者无线公开传播，或者通过传送声音的技术设备向公众公开播送的，应当向录音制作者支付报酬。

第四节　广播电台、电视台播放

第四十六条 广播电台、电视台播放他人未发表的作品，应当取得著作权人许可，并支付报酬。

广播电台、电视台播放他人已发表的作品，可以不经著作权人许可，但应当按照规定支付报酬。

第四十七条 广播电台、电视台有权禁止未经其许可的下列行为：

（一）将其播放的广播、电视以有线或者无线方式转播；

（二）将其播放的广播、电视录制以及复制；

（三）将其播放的广播、电视通过信息网络向公众传播。

广播电台、电视台行使前款规定的权利，不得影响、限制或者侵害他人行使著作权或者与著作权有关的权利。

本条第一款规定的权利的保护期为五十年，截止于该广播、电视首次播放后第五十年的 12 月 31 日。

第四十八条 电视台播放他人的视听作品、录像制品，应当取得视听作品著作权人或者录像制作者许可，并支付报酬；播放他人的录像制品，还应当取得著作权人许可，并支付报酬。

第五章 著作权和与著作权有关的权利的保护

第四十九条 为保护著作权和与著作权有关的权利，权利人可以采取技术措施。

未经权利人许可，任何组织或者个人不得故意避开或者破坏技术措施，不得以避开或者破坏技术措施为目的制造、进口或者向公众提供有关装置或者部件，不得故意为他人避开或者破坏技术措施提供技术服务。但是，法律、行政法规规定可以避开的情形除外。

本法所称的技术措施，是指用于防止、限制未经权利人许可浏览、欣赏作品、表演、录音录像制品或者通过信息网络向公众提供作品、表演、录音录像制品的有效技术、装置或者部件。

第五十条 下列情形可以避开技术措施，但不得向他人提供避开技术措施的技术、装置或者部件，不得侵犯权利人依法享有的其他权利：

（一）为学校课堂教学或者科学研究，提供少量已经发表的作品，供教学或者科研人员使用，而该作品无法通过正常途径获取；

（二）不以营利为目的，以阅读障碍者能够感知的无障碍方式向其提供已经发表的作品，而该作品无法通过正常途径获取；

（三）国家机关依照行政、监察、司法程序执行公务；

（四）对计算机及其系统或者网络的安全性能进行测试；

（五）进行加密研究或者计算机软件反向工程研究。

前款规定适用于对与著作权有关的权利的限制。

第五十一条 未经权利人许可，不得进行下列行为：

（一）故意删除或者改变作品、版式设计、表演、录音录像制品或者广播、电视上的权利管理信息，但由于技术上的原因无法避免的除外；

（二）知道或者应当知道作品、版式设计、表演、录音录像制品或者广播、电视上的权利管理信息未经许可被删除或者改变，仍然向公众提供。

第五十二条　有下列侵权行为的，应当根据情况，承担停止侵害、消除影响、赔礼道歉、赔偿损失等民事责任：

（一）未经著作权人许可，发表其作品的；

（二）未经合作作者许可，将与他人合作创作的作品当作自己单独创作的作品发表的；

（三）没有参加创作，为谋取个人名利，在他人作品上署名的；

（四）歪曲、篡改他人作品的；

（五）剽窃他人作品的；

（六）未经著作权人许可，以展览、摄制视听作品的方法使用作品，或者以改编、翻译、注释等方式使用作品的，本法另有规定的除外；

（七）使用他人作品，应当支付报酬而未支付的；

（八）未经视听作品、计算机软件、录音录像制品的著作权人、表演者或者录音录像制作者许可，出租其作品或者录音录像制品的原件或者复制件的，本法另有规定的除外；

（九）未经出版者许可，使用其出版的图书、期刊的版式设计的；

（十）未经表演者许可，从现场直播或者公开传送其现场表演，或者录制其表演的；

（十一）其他侵犯著作权以及与著作权有关的权利的行为。

第五十三条　有下列侵权行为的，应当根据情况，承担本法第五十二条规定的民事责任；侵权行为同时损害公共利益的，由主管著作权的部门责令停止侵权行为，予以警告，没收违法所得，没收、无害化销毁处理侵权复制品以及主要用于制作侵权复制品的材料、工具、设备等，违法经营额五万元以上的，可以并处违法经营额一倍以上五倍以下的罚款；没有违法经营额、违法经营额难以计算或者不足五万元的，可以并处二十五万元以下的罚款；构成犯罪的，依法追究刑事责任：

（一）未经著作权人许可，复制、发行、表演、放映、广播、汇编、通过信息网络向公众传播其作品的，本法另有规定的除外；

（二）出版他人享有专有出版权的图书的；

（三）未经表演者许可，复制、发行录有其表演的录音录像制品，或者通过信息网络向公众传播其表演的，本法另有规定的除外；

（四）未经录音录像制作者许可，复制、发行、通过信息网络向公众传播其制作的录音录像制品的，本法另有规定的除外；

（五）未经许可，播放、复制或者通过信息网络向公众传播广播、电视的，本法另有规定的除外；

（六）未经著作权人或者与著作权有关的权利人许可，故意避开或者破坏技术措施的，故意制造、进口或者向他人提供主要用于避开、破坏技术措施的装置或者部件的，或者故意为他人避开或者破坏技术措施提供技术服务的，法律、行政法规另有规定的除外；

（七）未经著作权人或者与著作权有关的权利人许可，故意删除或者改变作品、版式设计、表演、录音录像制品或者广播、电视上的权利管理信息的，知道或者应当知道作品、版式设计、表演、录音录像制品或者广播、电视上的权利管理信息未经许可被删除或者改变，仍然向公众提供的，法律、行政法规另有规定的除外；

（八）制作、出售假冒他人署名的作品的。

第五十四条　侵犯著作权或者与著作权有关的权利的，侵权人应当按照权利人因此受到的实际损失或者侵权人的违法所得给予赔偿；权利人的实际损失或者侵权人的违法所得难以计算的，可以参照该权利使用费给予赔偿。对故意侵犯著作权或者与著作权有关的权利，情节严重的，可以在按照上述方法确定数额的一倍以上五倍以下给予赔偿。

权利人的实际损失、侵权人的违法所得、权利使用费难以计算的，由人民法院根据侵权行为的情节，判决给予五百元以上五百万元以下的赔偿。

赔偿数额还应当包括权利人为制止侵权行为所支付的合理开

支。

人民法院为确定赔偿数额，在权利人已经尽了必要举证责任，而与侵权行为相关的账簿、资料等主要由侵权人掌握的，可以责令侵权人提供与侵权行为相关的账簿、资料等；侵权人不提供，或者提供虚假的账簿、资料等的，人民法院可以参考权利人的主张和提供的证据确定赔偿数额。

人民法院审理著作权纠纷案件，应权利人请求，对侵权复制品，除特殊情况外，责令销毁；对主要用于制造侵权复制品的材料、工具、设备等，责令销毁，且不予补偿；或者在特殊情况下，责令禁止前述材料、工具、设备等进入商业渠道，且不予补偿。

第五十五条　主管著作权的部门对涉嫌侵犯著作权和与著作权有关的权利的行为进行查处时，可以询问有关当事人，调查与涉嫌违法行为有关的情况；对当事人涉嫌违法行为的场所和物品实施现场检查；查阅、复制与涉嫌违法行为有关的合同、发票、账簿以及其他有关资料；对于涉嫌违法行为的场所和物品，可以查封或者扣押。

主管著作权的部门依法行使前款规定的职权时，当事人应当予以协助、配合，不得拒绝、阻挠。

第五十六条　著作权人或者与著作权有关的权利人有证据证明他人正在实施或者即将实施侵犯其权利、妨碍其实现权利的行为，如不及时制止将会使其合法权益受到难以弥补的损害的，可以在起诉前依法向人民法院申请采取财产保全、责令作出一定行为或者禁止作出一定行为等措施。

第五十七条　为制止侵权行为，在证据可能灭失或者以后难以取得的情况下，著作权人或者与著作权有关的权利人可以在起诉前依法向人民法院申请保全证据。

第五十八条　人民法院审理案件，对于侵犯著作权或者与著作权有关的权利的，可以没收违法所得、侵权复制品以及进行违法活动的财物。

第五十九条　复制品的出版者、制作者不能证明其出版、制作有合法授权的，复制品的发行者或者视听作品、计算机软件、录音录像制品的复制品的出租者不能证明其发行、出租的复制品有合法来源的，应当承担法律责任。

在诉讼程序中，被诉侵权人主张其不承担侵权责任的，应当提供证据证明已经取得权利人的许可，或者具有本法规定的不经权利人许可而可以使用的情形。

第六十条 著作权纠纷可以调解，也可以根据当事人达成的书面仲裁协议或者著作权合同中的仲裁条款，向仲裁机构申请仲裁。

当事人没有书面仲裁协议，也没有在著作权合同中订立仲裁条款的，可以直接向人民法院起诉。

第六十一条 当事人因不履行合同义务或者履行合同义务不符合约定而承担民事责任，以及当事人行使诉讼权利、申请保全等，适用有关法律的规定。

第六章 附 则

第六十二条 本法所称的著作权即版权。

第六十三条 本法第二条所称的出版，指作品的复制、发行。

第六十四条 计算机软件、信息网络传播权的保护办法由国务院另行规定。

第六十五条 摄影作品，其发表权、本法第十条第一款第五项至第十七项规定的权利的保护期在 2021 年 6 月 1 日前已经届满，但依据本法第二十三条第一款的规定仍在保护期内的，不再保护。

第六十六条 本法规定的著作权人和出版者、表演者、录音录像制作者、广播电台、电视台的权利，在本法施行之日尚未超过本法规定的保护期的，依照本法予以保护。

本法施行前发生的侵权或者违约行为，依照侵权或者违约行为发生时的有关规定处理。

第六十七条 本法自 2021 年 6 月 1 日起施行。

中华人民共和国国家通用语言文字法

（2000 年 10 月 31 日第九届全国人民代表大会
常务委员会第十八次会议通过）

第一章　总则

第一条　为推动国家通用语言文字的规范化、标准化及其健康发展，使国家通用语言文字在社会生活中更好地发挥作用，促进各民族、各地区经济文化交流，根据宪法，制定本法。

第二条　本法所称的国家通用语言文字是普通话和规范汉字。

第三条　国家推广普通话，推行规范汉字。

第四条　公民有学习和使用国家通用语言文字的权利。

国家为公民学习和使用国家通用语言文字提供条件。

地方各级人民政府及其有关部门应当采取措施，推广普通话和推行规范汉字。

第五条　国家通用语言文字的使用应当有利于维护国家主权和民族尊严，有利于国家统一和民族团结，有利于社会主义物质文明建设和精神文明建设。

第六条　国家颁布国家通用语言文字的规范和标准，管理国家通用语言文字的社会应用，支持国家通用语言文字的教学和科学研究，促进国家通用语言文字的规范、丰富和发展。

第七条　国家奖励为国家通用语言文字事业做出突出贡献的组织和个人。

第八条　各民族都有使用和发展自己的语言文字的自由。

少数民族语言文字的使用依据宪法、民族区域自治法及其他法律的有关规定。

第二章　国家通用语言文字的使用

第九条　国家机关以普通话和规范汉字为公务用语用字。法律另有规定的除外。

第十条　学校及其他教育机构以普通话和规范汉字为基本的教育教学用语用字。法律另有规定的除外。

学校及其他教育机构通过汉语文课程教授普通话和规范汉字。使用的汉语文教材，应当符合国家通用语言文字的规范和标准。

第十一条　汉语文出版物应当符合国家通用语言文字的规范和标准。

汉语文出版物中需要使用外国语言文字的，应当用国家通用语言文字作必要的注释。

第十二条　广播电台、电视台以普通话为基本的播音用语。

需要使用外国语言为播音用语的，须经国务院广播电视部门批准。

第十三条　公共服务行业以规范汉字为基本的服务用字。因公共服务需要，招牌、广告、告示、标志牌等使用外国文字并同时使用中文的，应当使用规范汉字。

提倡公共服务行业以普通话为服务用语。

第十四条　下列情形，应当以国家通用语言文字为基本的用语用字：

（一）广播、电影、电视用语用字；

（二）公共场所的设施用字；

（三）招牌、广告用字；

（四）企业事业组织名称；

（五）在境内销售的商品的包装、说明。

第十五条　信息处理和信息技术产品中使用的国家通用语言

文字应当符合国家的规范和标准。

第十六条　本章有关规定中，有下列情形的，可以使用方言：

（一）国家机关的工作人员执行公务时确需使用的；

（二）经国务院广播电视部门或省级广播电视部门批准的播音用语；

（三）戏曲、影视等艺术形式中需要使用的；

（四）出版、教学、研究中确需使用的。

第十七条　本章有关规定中，有下列情形的，可以保留或使用繁体字、异体字：

（一）文物古迹；

（二）姓氏中的异体字；

（三）书法、篆刻等艺术作品；

（四）题词和招牌的手书字；

（五）出版、教学、研究中需要使用的；

（六）经国务院有关部门批准的特殊情况。

第十八条　国家通用语言文字以《汉语拼音方案》作为拼写和注音工具。

《汉语拼音方案》是中国人名、地名和中文文献罗马字母拼写法的统一规范，并用于汉字不便或不能使用的领域。

初等教育应当进行汉语拼音教学。

第十九条　凡以普通话作为工作语言的岗位，其工作人员应当具备说普通话的能力。

以普通话作为工作语言的播音员、节目主持人和影视话剧演员、教师、国家机关工作人员的普通话水平，应当分别达到国家规定的等级标准；对尚未达到国家规定的普通话等级标准的，分别情况进行培训。

第二十条　对外汉语教学应当教授普通话和规范汉字。

第三章　管理和监督

第二十一条　国家通用语言文字工作由国务院语言文字工作部门负责规划指导、管理监督。

国务院有关部门管理本系统的国家通用语言文字的使用。

第二十二条　地方语言文字工作部门和其他有关部门，管理和监督本行政区域内的国家通用语言文字的使用。

第二十三条　县级以上各级人民政府工商行政管理部门依法对企业名称、商品名称以及广告的用语用字进行管理和监督。

第二十四条　国务院语言文字工作部门颁布普通话水平测试等级标准。

第二十五条　外国人名、地名等专有名词和科学技术术语译成国家通用语言文字，由国务院语言文字工作部门或者其他有关部门组织审定。

第二十六条　违反本法第二章有关规定，不按照国家通用语言文字的规范和标准使用语言文字的，公民可以提出批评和建议。

本法第十九条第二款规定的人员用语违反本法第二章有关规定的，有关单位应当对直接责任人员进行批评教育；拒不改正的，由有关单位作出处理。

城市公共场所的设施和招牌、广告用字违反本法第二章有关规定的，由有关行政管理部门责令改正；拒不改正的，予以警告，并督促其限期改正。

第二十七条　违反本法规定，干涉他人学习和使用国家通用语言文字的，由有关行政管理部门责令限期改正，并予以警告。

第四章　附则

第二十八条　本法自 2001 年 1 月 1 日起施行。

出版管理条例

（2001 年 12 月 25 日中华人民共和国国务院令第 343 号公布，根据 2011 年 3 月 19 日国务院令第 594 号《国务院关于修改〈出版管理条例〉的决定》第一次修订，根据 2013 年 7 月 18 日国务院令第 638 号《国务院关于废止和修改部分行政法规的决定》第二次修订，根据 2014 年 7 月 29 日国务院令第 653 号《国务院关于修改部分行政法规的决定》第三次修订，根据 2016 年 2 月 6 日国务院令第 666 号《国务院关于修改部分行政法规的决定》第四次修订）

第一章　总则

第一条　为了加强对出版活动的管理，发展和繁荣有中国特色社会主义出版产业和出版事业，保障公民依法行使出版自由的权利，促进社会主义精神文明和物质文明建设，根据宪法，制定本条例。

第二条　在中华人民共和国境内从事出版活动，适用本条例。

本条例所称出版活动，包括出版物的出版、印刷或者复制、进口、发行。

本条例所称出版物，是指报纸、期刊、图书、音像制品、电子出版物等。

第三条　出版活动必须坚持为人民服务、为社会主义服务的方向，坚持以马克思列宁主义、毛泽东思想、邓小平理论和"三个代表"重要思想为指导，贯彻落实科学发展观，传播和积累有益于提高民族素质、有益于经济发展和社会进步的科学技术和文化知识，弘扬民族优秀文化，促进国际文化交流，丰富和提高人民的精神生活。

第四条 从事出版活动，应当将社会效益放在首位，实现社会效益与经济效益相结合。

第五条 公民依法行使出版自由的权利，各级人民政府应当予以保障。

公民在行使出版自由的权利的时候，必须遵守宪法和法律，不得反对宪法确定的基本原则，不得损害国家的、社会的、集体的利益和其他公民的合法的自由和权利。

第六条 国务院出版行政主管部门负责全国的出版活动的监督管理工作。国务院其他有关部门按照国务院规定的职责分工，负责有关的出版活动的监督管理工作。

县级以上地方各级人民政府负责出版管理的部门（以下简称出版行政主管部门）负责本行政区域内出版活动的监督管理工作。县级以上地方各级人民政府其他有关部门在各自的职责范围内，负责有关的出版活动的监督管理工作。

第七条 出版行政主管部门根据已经取得的违法嫌疑证据或者举报，对涉嫌违法从事出版物出版、印刷或者复制、进口、发行等活动的行为进行查处时，可以检查与涉嫌违法活动有关的物品和经营场所；对有证据证明是与违法活动有关的物品，可以查封或者扣押。

第八条 出版行业的社会团体按照其章程，在出版行政主管部门的指导下，实行自律管理。

第二章 出版单位的设立与管理

第九条 报纸、期刊、图书、音像制品和电子出版物等应当由出版单位出版。

本条例所称出版单位，包括报社、期刊社、图书出版社、音像出版社和电子出版物出版社等。

法人出版报纸、期刊，不设立报社、期刊社的，其设立的报纸编辑部、期刊编辑部视为出版单位。

第十条　国务院出版行政主管部门制定全国出版单位总量、结构、布局的规划，指导、协调出版产业和出版事业发展。

第十一条　设立出版单位，应当具备下列条件：

（一）有出版单位的名称、章程；

（二）有符合国务院出版行政主管部门认定的主办单位及其主管机关；

（三）有确定的业务范围；

（四）有 30 万元以上的注册资本和固定的工作场所；

（五）有适应业务范围需要的组织机构和符合国家规定的资格条件的编辑出版专业人员；

（六）法律、行政法规规定的其他条件。

审批设立出版单位，除依照前款所列条件外，还应当符合国家关于出版单位总量、结构、布局的规划。

第十二条　设立出版单位，由其主办单位向所在地省、自治区、直辖市人民政府出版行政主管部门提出申请；省、自治区、直辖市人民政府出版行政主管部门审核同意后，报国务院出版行政主管部门审批。设立的出版单位为事业单位的，还应当办理机构编制审批手续。

第十三条　设立出版单位的申请书应当载明下列事项：

（一）出版单位的名称、地址；

（二）出版单位的主办单位及其主管机关的名称、地址；

（三）出版单位的法定代表人或者主要负责人的姓名、住址、资格证明文件；

（四）出版单位的资金来源及数额。

设立报社、期刊社或者报纸编辑部、期刊编辑部的，申请书还应当载明报纸或者期刊的名称、刊期、开版或者开本、印刷场所。

申请书应当附具出版单位的章程和设立出版单位的主办单位及其主管机关的有关证明材料。

第十四条　国务院出版行政主管部门应当自受理设立出版单位的申请之日起 60 日内，作出批准或者不批准的决定，并由省、自治区、直辖市人民政府出版行政主管部门书面通知主办单位；不批准的，应当说明理由。

第十五条　设立出版单位的主办单位应当自收到批准决定之日起 60 日内，向所在地省、自治区、直辖市人民政府出版行政主管部门登记，领取出版许可证。登记事项由国务院出版行政主管部门规定。

出版单位领取出版许可证后，属于事业单位法人的，持出版许可证向事业单位登记管理机关登记，依法领取事业单位法人证书；属于企业法人的，持出版许可证向工商行政管理部门登记，依法领取营业执照。

第十六条　报社、期刊社、图书出版社、音像出版社和电子出版物出版社等应当具备法人条件，经核准登记后，取得法人资格，以其全部法人财产独立承担民事责任。

依照本条例第九条第三款的规定，视为出版单位的报纸编辑部、期刊编辑部不具有法人资格，其民事责任由其主办单位承担。

第十七条　出版单位变更名称、主办单位或者其主管机关、业务范围、资本结构，合并或者分立，设立分支机构，出版新的报纸、期刊，或者报纸、期刊变更名称的，应当依照本条例第十二条、第十三条的规定办理审批手续。出版单位属于事业单位法人的，还应当持批准文件到事业单位登记管理机关办理相应的登记手续；属于企业法人的，还应当持批准文件到工商行政管理部门办理相应的登记手续。

　　出版单位除前款所列变更事项外的其他事项的变更，应当经主办单位及其主管机关审查同意，向所在地省、自治区、直辖市人民政府出版行政主管部门申请变更登记，并报国务院出版行政主管部门备案。出版单位属于事业单位法人的，还应当持批准文件到事业单位登记管理机关办理变更登记；属于企业法人的，还应当持批准文件到工商行政管理部门办理变更登记。

　　第十八条　出版单位中止出版活动的，应当向所在地省、自治区、直辖市人民政府出版行政主管部门备案并说明理由和期限；出版单位中止出版活动不得超过 180 日。

　　出版单位终止出版活动的，由主办单位提出申请并经主管机关同意后，由主办单位向所在地省、自治区、直辖市人民政府出版行政主管部门办理注销登记，并报国务院出版行政主管部门备案。出版单位属于事业单位法人的，还应当持批准文件到事业单位登记管理机关办理注销登记；属于企业法人的，还应当持批准文件到工商行政管理部门办理注销登记。

　　第十九条　图书出版社、音像出版社和电子出版物出版社自登记之日起满 180 日未从事出版活动的，报社、期刊社自登记之日起满 90 日未出版报纸、期刊的，由原登记的出版行政主管部门注销登记，并报国务院出版行政主管部门备案。

　　因不可抗力或者其他正当理由发生前款所列情形的，出版单位可以向原登记的出版行政主管部门申请延期。

　　第二十条　图书出版社、音像出版社和电子出版物出版社的年度出版计划及涉及国家安全、社会安定等方面的重大选题，应当经所在地省、自治区、直辖市人民政府出版行政主管部门审核后报国务院出版行政主管部门备案；涉及重大选题，未在出版前报备案的出版物，不得出版。具体办法由国务院出版行政主管部门制定。

　　期刊社的重大选题，应当依照前款规定办理备案手续。

第二十一条　出版单位不得向任何单位或者个人出售或者以其他形式转让本单位的名称、书号、刊号或者版号、版面，并不得出租本单位的名称、刊号。

出版单位及其从业人员不得利用出版活动谋取其他不正当利益。

第二十二条　出版单位应当按照国家有关规定向国家图书馆、中国版本图书馆和国务院出版行政主管部门免费送交样本。

第三章　出版物的出版

第二十三条　公民可以依照本条例规定，在出版物上自由表达自己对国家事务、经济和文化事业、社会事务的见解和意愿，自由发表自己从事科学研究、文学艺术创作和其他文化活动的成果。

合法出版物受法律保护，任何组织和个人不得非法干扰、阻止、破坏出版物的出版。

第二十四条　出版单位实行编辑责任制度，保障出版物刊载的内容符合本条例的规定。

第二十五条　任何出版物不得含有下列内容：

（一）反对宪法确定的基本原则的；

（二）危害国家统一、主权和领土完整的；

（三）泄露国家秘密、危害国家安全或者损害国家荣誉和利益的；

（四）煽动民族仇恨、民族歧视，破坏民族团结，或者侵害民族风俗、习惯的；

（五）宣扬邪教、迷信的；

（六）扰乱社会秩序，破坏社会稳定的；

（七）宣扬淫秽、赌博、暴力或者教唆犯罪的；

（八）侮辱或者诽谤他人，侵害他人合法权益的；

（九）危害社会公德或者民族优秀文化传统的；

（十）有法律、行政法规和国家规定禁止的其他内容的。

第二十六条　以未成年人为对象的出版物不得含有诱发未成年人模仿违反社会公德的行为和违法犯罪的行为的内容，不得含有恐怖、残酷等妨害未成年人身心健康的内容。

第二十七条　出版物的内容不真实或者不公正，致使公民、法人或者其他组织的合法权益受到侵害的，其出版单位应当公开更正，消除影响，并依法承担其他民事责任。

报纸、期刊发表的作品内容不真实或者不公正，致使公民、法人或者其他组织的合法权益受到侵害的，当事人有权要求有关出版单位更正或者答辩，有关出版单位应当在其近期出版的报纸、期刊上予以发表；拒绝发表的，当事人可以向人民法院提起诉讼。

第二十八条　出版物必须按照国家的有关规定载明作者、出版者、印刷者或者复制者、发行者的名称、地址，书号、刊号或者版号，在版编目数据，出版日期、刊期以及其他有关事项。

出版物的规格、开本、版式、装帧、校对等必须符合国家标准和规范要求，保证出版物的质量。出版物使用语言文字必须符合国家法律规定和有关标准、规范。

第二十九条　任何单位和个人不得伪造、假冒出版单位名称或者报纸、期刊名称出版出版物。

第三十条　中学小学教科书由国务院教育行政主管部门审定；其出版、发行单位应当具有适应教科书出版、发行业务需要的资金、组织机构和人员等条件，并取得国务院出版行政主管部门批准的教科书出版、发行资质。纳入政府采购范围的中学小学教科书，其发行单位按照《中华人民共和国政府采购法》的有关规定确定。其他任何单位或者个人不得从事中学小学教科书的出版、发行业务。

第四章　　出版物的印刷或者复制和发行

第三十一条　从事出版物印刷或者复制业务的单位，应当向所在地省、自治区、直辖市人民政府出版行政主管部门提出申请，经审核许可，并依照国家有关规定到工商行政管理部门办理相关手续后，方可从事出版物的印刷或者复制。

未经许可并办理相关手续的，不得印刷报纸、期刊、图书，不得复制音像制品、电子出版物。

第三十二条　出版单位不得委托未取得出版物印刷或者复制许可的单位印刷或者复制出版物。

出版单位委托印刷或者复制单位印刷或者复制出版物的，必须提供符合国家规定的印刷或者复制出版物的有关证明，并依法与印刷或者复制单位签订合同。

印刷或者复制单位不得接受非出版单位和个人的委托印刷报纸、期刊、图书或者复制音像制品、电子出版物，不得擅自印刷、发行报纸、期刊、图书或者复制、发行音像制品、电子出版物。

第三十三条　印刷或者复制单位经所在地省、自治区、直辖市人民政府出版行政主管部门批准，可以承接境外出版物的印刷或者复制业务；但是，印刷或者复制的境外出版物必须全部运输出境，不得在境内发行。

境外委托印刷或者复制的出版物的内容，应当经省、自治区、直辖市人民政府出版行政主管部门审核。委托人应当持有著作权人授权书，并向著作权行政管理部门登记。

第三十四条　印刷或者复制单位应当自完成出版物的印刷或者复制之日起 2 年内，留存一份承接的出版物样本备查。

第三十五条　单位从事出版物批发业务的，须经省、自治区、直辖市人民政府出版行政主管部门审核许可，取得《出版物经营许可证》。

单位和个体工商户从事出版物零售业务的，须经县级人民政府出版行政主管部门审核许可，取得《出版物经营许可证》。

第三十六条 通过互联网等信息网络从事出版物发行业务的单位或者个体工商户，应当依照本条例规定取得《出版物经营许可证》。

提供网络交易平台服务的经营者应当对申请通过网络交易平台从事出版物发行业务的单位或者个体工商户的经营主体身份进行审查，验证其《出版物经营许可证》。

第三十七条 从事出版物发行业务的单位和个体工商户变更《出版物经营许可证》登记事项，或者兼并、合并、分立的，应当依照本条例第三十五条的规定办理审批手续。

从事出版物发行业务的单位和个体工商户终止经营活动的，应当向原批准的出版行政主管部门备案。

第三十八条 出版单位可以发行本出版单位出版的出版物，不得发行其他出版单位出版的出版物。

第三十九条 国家允许设立从事图书、报纸、期刊、电子出版物发行业务的中外合资经营企业、中外合作经营企业、外资企业。

第四十条 印刷或者复制单位、发行单位或者个体工商户不得印刷或者复制、发行有下列情形之一的出版物：

（一）含有本条例第二十五条、第二十六条禁止内容的；

（二）非法进口的；

（三）伪造、假冒出版单位名称或者报纸、期刊名称的；

（四）未署出版单位名称的；

（五）中学小学教科书未经依法审定的；

（六）侵犯他人著作权的。

第五章　出版物的进口

第四十一条　出版物进口业务，由依照本条例设立的出版物进口经营单位经营；其他单位和个人不得从事出版物进口业务。

第四十二条　设立出版物进口经营单位，应当具备下列条件：

（一）有出版物进口经营单位的名称、章程；

（二）有符合国务院出版行政主管部门认定的主办单位及其主管机关；

（三）有确定的业务范围；

（四）具有进口出版物内容审查能力；

（五）有与出版物进口业务相适应的资金；

（六）有固定的经营场所；

（七）法律、行政法规和国家规定的其他条件。

第四十三条　设立出版物进口经营单位，应当向国务院出版行政主管部门提出申请，经审查批准，取得国务院出版行政主管部门核发的出版物进口经营许可证后，持证到工商行政管理部门依法领取营业执照。

设立出版物进口经营单位，还应当依照对外贸易法律、行政法规的规定办理相应手续。

第四十四条　出版物进口经营单位变更名称、业务范围、资本结构、主办单位或者其主管机关，合并或者分立，设立分支机构，应当依照本条例第四十二条、第四十三条的规定办理审批手续，并持批准文件到工商行政管理部门办理相应的登记手续。

第四十五条　出版物进口经营单位进口的出版物，不得含有本条例第二十五条、第二十六条禁止的内容。

出版物进口经营单位负责对其进口的出版物进行内容审查。省级以上人民政府出版行政主管部门可以对出版物进口经营单位进口的出版物直接进行内容审查。出版物进口经营单位无法判断其进口的出版物是否含有本条例第二十五条、第二十六条禁止内容的，可以请求省级以上人民政府出版行政主管部门进行内容审查。省级以上人民政府出版行政主管部门应出版物进口经营单位的请求，对其进口的出版物进行内容审查的，可以按照国务院价格主管部门批准的标准收取费用。

国务院出版行政主管部门可以禁止特定出版物的进口。

第四十六条　出版物进口经营单位应当在进口出版物前将拟进口的出版物目录报省级以上人民政府出版行政主管部门备案；省级以上人民政府出版行政主管部门发现有禁止进口的或者暂缓进口的出版物的，应当及时通知出版物进口经营单位并通报海关。对通报禁止进口或者暂缓进口的出版物，出版物进口经营单位不得进口，海关不得放行。

出版物进口备案的具体办法由国务院出版行政主管部门制定。

第四十七条　发行进口出版物的，必须从依法设立的出版物进口经营单位进货。

第四十八条　出版物进口经营单位在境内举办境外出版物展览，必须报经国务院出版行政主管部门批准。未经批准，任何单位和个人不得举办境外出版物展览。

依照前款规定展览的境外出版物需要销售的，应当按照国家有关规定办理相关手续。

第六章　监督与管理

第四十九条　出版行政主管部门应当加强对本行政区域内出版单位出版活动的日常监督管理；出版单位的主办单位及其主管机关对所属出版单位出版活动负有直接管理责任，并应当配合出版行政主管部门督促所属出版单位执行各项管理规定。

出版单位和出版物进口经营单位应当按照国务院出版行政主管部门的规定，将从事出版活动和出版物进口活动的情况向出版行政主管部门提出书面报告。

第五十条　出版行政主管部门履行下列职责：

（一）对出版物的出版、印刷、复制、发行、进口单位进行行业监管，实施准入和退出管理；

（二）对出版活动进行监管，对违反本条例的行为进行查处；

（三）对出版物内容和质量进行监管；

（四）根据国家有关规定对出版从业人员进行管理。

第五十一条　出版行政主管部门根据有关规定和标准，对出版物的内容、编校、印刷或者复制、装帧设计等方面质量实施监督检查。

第五十二条　国务院出版行政主管部门制定出版单位综合评估办法，对出版单位分类实施综合评估。

出版物的出版、印刷或者复制、发行和进口经营单位不再具备行政许可的法定条件的，由出版行政主管部门责令限期改正；逾期仍未改正的，由原发证机关撤销行政许可。

第五十三条　国家对在出版单位从事出版专业技术工作的人员实行职业资格制度；出版专业技术人员通过国家专业技术人员资格考试取得专业技术资格。具体办法由国务院人力资源社会保障主管部门、国务院出版行政主管部门共同制定。

第七章　保障与奖励

第五十四条　国家制定有关政策，保障、促进出版产业和出版事业的发展与繁荣。

第五十五条　国家支持、鼓励下列优秀的、重点的出版物的出版：

（一）对阐述、传播宪法确定的基本原则有重大作用的；

（二）对弘扬社会主义核心价值体系，在人民中进行爱国主义、集体主义、社会主义和民族团结教育以及弘扬社会公德、职业道德、家庭美德有重要意义的；

（三）对弘扬民族优秀文化，促进国际文化交流有重大作用的；

（四）对推进文化创新，及时反映国内外新的科学文化成果有重大贡献的；

（五）对服务农业、农村和农民，促进公共文化服务有重大作用的；

（六）其他具有重要思想价值、科学价值或者文化艺术价值的。

第五十六条　国家对教科书的出版发行，予以保障。

国家扶持少数民族语言文字出版物和盲文出版物的出版发行。

国家对在少数民族地区、边疆地区、经济不发达地区和在农村发行出版物，实行优惠政策。

第五十七条　报纸、期刊交由邮政企业发行的，邮政企业应当保证按照合同约定及时、准确发行。

承运出版物的运输企业，应当对出版物的运输提供方便。

第五十八条　对为发展、繁荣出版产业和出版事业作出重要贡献的单位和个人，按照国家有关规定给予奖励。

第五十九条　对非法干扰、阻止和破坏出版物出版、印刷或者复制、进口、发行的行为，县级以上各级人民政府出版行政主管部门及其他有关部门，应当及时采取措施，予以制止。

第八章　法律责任

第六十条　出版行政主管部门或者其他有关部门的工作人员，利用职务上的便利收受他人财物或者其他好处，批准不符合法定条件的申请人取得许可证、批准文件，或者不履行监督职责，或者发现违法行为不予查处，造成严重后果的，依法给予降级直至开除的处分；构成犯罪的，依照刑法关于受贿罪、滥用职权罪、玩忽职守罪或者其他罪的规定，依法追究刑事责任。

第六十一条　未经批准，擅自设立出版物的出版、印刷或者复制、进口单位，或者擅自从事出版物的出版、印刷或者复制、进口、发行业务，假冒出版单位名称或者伪造、假冒报纸、期刊名称出版出版物的，由出版行政主管部门、工商行政管理部门依照法定职权予以取缔；依照刑法关于非法经营罪的规定，依法追究刑事责任；尚不够刑事处罚的，没收出版物、违法所得和从事违法活动的专用工具、设备，违法经营额 1 万元以上的，并处违法经营额 5 倍以上 10 倍以下的罚款，违法经营额不足 1 万元的，可以处 5 万元以下的罚款；侵犯他人合法权益的，依法承担民事责任。

第六十二条　有下列行为之一，触犯刑律的，依照刑法有关规定，依法追究刑事责任；尚不够刑事处罚的，由出版行政主管部门责令限期停业整顿，没收出版物、违法所得，违法经营额 1 万元以上的，并处违法经营额 5 倍以上 10 倍以下的罚款；违法经营额不足 1 万元的，可以处 5 万元以下的罚款；情节严重的，由原发证机关吊销许可证：

（一）出版、进口含有本条例第二十五条、第二十六条禁止内容的出版物的；

（二）明知或者应知出版物含有本条例第二十五条、第二十六条禁止内容而印刷或者复制、发行的；

（三）明知或者应知他人出版含有本条例第二十五条、第二十六条禁止内容的出版物而向其出售或者以其他形式转让本出版单位的名称、书号、刊号、版号、版面，或者出租本单位的名称、刊号的。

第六十三条　有下列行为之一的，由出版行政主管部门责令停止违法行为，没收出版物、违法所得，违法经营额 1 万元以上的，并处违法经营额 5 倍以上 10 倍以下的罚款；违法经营额不足 1 万元的，可以处 5 万元以下的罚款；情节严重的，责令限期停业整顿或者由原发证机关吊销许可证：

（一）进口、印刷或者复制、发行国务院出版行政主管部门禁止进口的出版物的；

（二）印刷或者复制走私的境外出版物的；

（三）发行进口出版物未从本条例规定的出版物进口经营单位进货的。

第六十四条　走私出版物的，依照刑法关于走私罪的规定，依法追究刑事责任；尚不够刑事处罚的，由海关依照海关法的规定给予行政处罚。

第六十五条　有下列行为之一的，由出版行政主管部门没收出版物、违法所得，违法经营额 1 万元以上的，并处违法经营额 5 倍以上 10 倍以下的罚款；违法经营额不足 1 万元的，可以处 5 万元以下的罚款；情节严重的，责令限期停业整顿或者由原发证机关吊销许可证：

（一）出版单位委托未取得出版物印刷或者复制许可的单位印刷或者复制出版物的；

（二）印刷或者复制单位未取得印刷或者复制许可而印刷或者复制出版物的；

（三）印刷或者复制单位接受非出版单位和个人的委托印刷或者复制出版物的；

（四）印刷或者复制单位未履行法定手续印刷或者复制境外出版物的，印刷或者复制的境外出版物没有全部运输出境的；

（五）印刷或者复制单位、发行单位或者个体工商户印刷或者复制、发行未署出版单位名称的出版物的；

（六）印刷或者复制单位、发行单位或者个体工商户印刷或者复制、发行伪造、假冒出版单位名称或者报纸、期刊名称的出版物的；

（七）出版、印刷、发行单位出版、印刷、发行未经依法审定的中学小学教科书，或者非依照本条例规定确定的单位从事中学小学教科书的出版、发行业务的。

第六十六条　出版单位有下列行为之一的，由出版行政主管部门责令停止违法行为，给予警告，没收违法经营的出版物、违法所得，违法经营额 1 万元以上的，并处违法经营额 5 倍以上10 倍以下的罚款；违法经营额不足 1 万元的，可以处 5 万元以下的罚款；情节严重的，责令限期停业整顿或者由原发证机关吊销许可证：

（一）出售或者以其他形式转让本出版单位的名称、书号、刊号、版号、版面，或者出租本单位的名称、刊号的；

（二）利用出版活动谋取其他不正当利益的。

第六十七条　有下列行为之一的，由出版行政主管部门责令改正，给予警告；情节严重的，责令限期停业整顿或者由原发证机关吊销许可证：

（一）出版单位变更名称、主办单位或者其主管机关、业务范围，合并或者分立，出版新的报纸、期刊，或者报纸、期刊改变名称，以及出版单位变更其他事项，未依照本条例的规定到出版行政主管部门办理审批、变更登记手续的；

（二）出版单位未将其年度出版计划和涉及国家安全、社会安定等方面的重大选题备案的；

（三）出版单位未依照本条例的规定送交出版物的样本的；

（四）印刷或者复制单位未依照本条例的规定留存备查的材料的；

（五）出版进口经营单位未将其进口的出版物目录报送备案

的;

（六）出版单位擅自中止出版活动超过 180 日的;

（七）出版物发行单位、出版物进口经营单位未依照本条例的规定办理变更审批手续的;

（八）出版物质量不符合有关规定和标准的。

第六十八条　未经批准，举办境外出版物展览的，由出版行政主管部门责令停止违法行为，没收出版物、违法所得;情节严重的，责令限期停业整顿或者由原发证机关吊销许可证。

第六十九条　印刷或者复制、批发、零售、出租、散发含有本条例第二十五条、第二十六条禁止内容的出版物或者其他非法出版物的，当事人对非法出版物的来源作出说明、指认，经查证属实的，没收出版物、违法所得，可以减轻或者免除其他行政处罚。

第七十条　单位违反本条例被处以吊销许可证行政处罚的，其法定代表人或者主要负责人自许可证被吊销之日起 10 年内不得担任出版、印刷或者复制、进口、发行单位的法定代表人或者主要负责人。

出版从业人员违反本条例规定，情节严重的，由原发证机关吊销其资格证书。

第七十一条　依照本条例的规定实施罚款的行政处罚，应当依照有关法律、行政法规的规定，实行罚款决定与罚款收缴分离;收缴的罚款必须全部上缴国库。

第九章　附则

第七十二条　行政法规对音像制品和电子出版物的出版、复制、进口、发行另有规定的，适用其规定。

接受境外机构或者个人赠送出版物的管理办法、订户订购境外出版物的管理办法、网络出版审批和管理办法，由国务院出版行政主管部门根据本条例的原则另行制定。

　　第七十三条　本条例自 2002 年 2 月 1 日起施行。1997 年 1 月 2 日国务院发布的《出版管理条例》同时废止。

图书、期刊、音像制品、电子出版物
重大选题备案办法

（国家新闻出版署［2019］35 号　2019 年 10 月 25 日发布）

第一条　为加强和改进出版物重大选题备案工作，根据中央有关精神和《出版管理条例》相关规定，制定本办法。

第二条　列入备案范围内的重大选题，图书、期刊、音像制品、电子出版物出版单位在出版之前，应当依照本办法报国家新闻出版署备案。未经备案批准的，不得出版发行。

第三条　本办法所称重大选题，指涉及国家安全、社会稳定等方面内容选题，具体包括：

（一）有关党和国家重要文件、文献选题。

（二）有关现任、曾任党和国家领导人讲话、著作、文章及其工作和生活情况的选题，有关现任党和国家主要领导人重要讲话学习读物类选题。

（三）涉及中国共产党历史、中华人民共和国历史上重大事件、重大决策过程、重要人物选题。

（四）涉及国防和军队建设及我军各个历史时期重大决策部署、重要战役战斗、重要工作、重要人物选题。

（五）集中介绍党政机构设置和领导干部情况选题。

（六）专门或集中反映、评价"文化大革命"等历史和重要事件、重要人物选题。

（七）专门反映国民党重要人物和其他上层统战对象的选题。

（八）涉及民族宗教问题选题。

（九）涉及中国国界地图选题。

（十）反映香港特别行政区、澳门特别行政区和台湾地区经济、政治、历史、文化、重要社会事务等选题。

（十一）涉及苏联、东欧等社会主义时期重大事件和主要领导人选题。

（十二）涉及外交方面重要工作选题。

有关重大选题范围，国家新闻出版署根据情况适时予以调整并另行公布。

第四条　编辑制作出版反映党和国家领导人生平、业绩、工作和生活经历的重大题材作品，实行统筹规划、归口审批，按照中央和国家有关文件要求办理立项手续。经批准立项的选题，出版前按规定履行重大选题备案程序。

第五条　图书、音像制品和电子出版物重大选题备案中有以下情况的，由相关单位出具选题审核意见报国家新闻出版署，国家新闻出版署根据审核意见直接核批。

（一）中央和国家机关有关部门组织编写的主要涉及本部门工作领域的选题，由本部门出具审核意见。

（二）中央统战部、中央党史和文献研究院、外交部、国家民委等部门所属出版单位出版的只涉及本部门工作领域的选题，由本部门出具审核意见。

（三）解放军和武警部队出版单位出版的只涉及军事军史内容的选题，由中央军委政治工作部出具审核意见。

（四）各地编写的只涉及本地区党史事件、人物和本地区民族问题的选题，不涉及敏感、复杂内容和全局工作的，由所在地省级出版管理部门组织审读把关，出具审核意见。

（五）涉及中国国界地图选题，不涉及其他应备案内容的，由出版单位在报备时出具国务院测绘地理信息行政主管部门的审核意见。

第六条　期刊重大选题备案中有以下情况的，按本条相关要求执行。

（一）期刊首发涉及本办法第三条第二、三、四项内容的文章，经期刊主管主办单位审核同意，报国家新闻出版署备案。转载或摘要刊发已正式出版的图书、期刊以及人民日报、新华社刊发播发的涉及上述内容的文章，经期刊主管单位审核同意后出版。

（二）中央各部门各单位主管的期刊刊发涉及重大选题备案范围的文章，主要反映本领域工作，不涉及敏感、复杂内容的，经本部门审核同意后出版。

（三）中央党史和文献研究院、人民日报社、求是杂志社、新华社主管的期刊，刊发涉及重大选题备案范围的文章，经主管单位审核同意后出版。

（四）解放军和武警部队期刊刊发涉及重大选题备案范围的文章，经所在大单位或中央军委机关部门审核同意后出版。

（五）地方期刊刊发文章涉及本办法第五条第四项内容的文章，由所在地省级出版管理部门组织审读把关，审核同意后出版。

由期刊主管单位或有关部门审核同意出版的，审核意见应存档备查。

第七条　出版单位申报重大选题备案，应当通过所在地省级出版管理部门或主管单位进行。

（一）地方出版单位申报材料经主管主办单位审核同意后报所在地省级出版管理部门，非在京的中央各部门各单位出版单位申报材料经主办单位审核同意后报所在地省级出版管理部门，由所在地省级出版管理部门报国家新闻出版署。

（二）在京的中央各部门各单位出版单位申报材料经主管主办单位审核同意后，由主管单位报国家新闻出版署。

（三）解放军和武警部队出版单位申报材料经中央军委政治工作部审核同意后报国家新闻出版署。

第八条　申报重大选题备案时，应当如实、完整、规范填报并提交如下材料：

（一）省级出版管理部门或主管单位的备案申请报告。报告应当对申报备案的重大选题有明确审核意见。

（二）重大选题备案申报表。应当清楚填写涉及重大选题备案范围，需审核问题，需审核的具体章节、页码和待审核的人物、事件、文献、图片等内容。

（三）书稿、文章、图片或者样片、样盘、样带。书稿应当"齐清定"、经过编辑排版并装订成册，文字符合国家语言文字规范，引文注明出处。

（四）出版物"三审"意见复印件。

（五）备案需要的其他材料。包括有关部门同意立项的材料，送审照片（图片）样稿，相关部门保密审核意见等。

第九条　国家新闻出版署对申报备案的重大选题进行审核，必要时转请有关部门或组织专家协助审核。

第十条　国家新闻出版署自备案受理之日起 20 日内（不含有关部门或专家协助审核时间），对备案申请予以答复或提出意见。

第十一条　国家新闻出版署审核同意的备案批复文件，两年内有效；备案批复文件超出有效期及出版物修订再版的，应当重新履行备案程序。

第十二条　出版单位应当按照出版专业分工安排重大选题出版计划，对不具备相关出版资质和编辑能力的选题，不得报备和出版；应当严格履行出版物内容把关主体责任，坚持优化结构、提高质量，严格执行选题论证、"三审三校"制度，确保政治方向、出版导向、价值取向正确。

第十三条　各地出版管理部门和主管主办单位是落实重大选题备案制度的前置把关部门，应当严格落实属地管理和主管主办责任。主要职责是：负责审核所属出版单位申请备案选题的内容导向质量及出版单位出版资质，对不符合备案条件的不予受理，对思想倾向不好、内容平庸、题材重复、超业务范围等不具备出版要求的选题予以撤销；对由地方出版管理部门和主管单位审核把关的选题，组织相关单位认真做好内容审核和保密审查，提出具体审核意见；对审核部门提出的意见，督促出版单位认真修改并做好复核工作；对应履行重大选题备案程序但未按要求备案的出版单位进行处理、追责问责。

第十四条 出版单位违反本办法，未经备案出版涉及重大选题范围出版物的，由国家新闻出版署或省级出版管理部门责成其主管单位对出版单位的主要负责人员给予行政处分；停止出版、发行该出版物；违反《出版管理条例》和有关规定的，依照有关规定处罚。

第十五条 国家新闻出版署对重大选题备案执行情况开展年度检查和考核评估，视情况予以奖惩。

第十六条 本办法由国家新闻出版署负责解释。

第十七条 本办法自印发之日起施行。《图书、期刊、音像制品、电子出版物重大选题备案办法》（新出图［1997］860号）同时废止。

图书出版管理规定

（2008 年 2 月 21 日新闻出版总署令第 36 号公布，
自 2008 年 5 月 1 日起施行）

第一章　总则

第一条　为了规范图书出版，加强对图书出版的监督管理，促进图书出版的发展和繁荣，根据国务院《出版管理条例》及相关法律法规，制定本规定。

第二条　在中华人民共和国境内从事图书出版，适用本规定。

本规定所称图书，是指书籍、地图、年画、图片、画册，以及含有文字、图画内容的年历、月历、日历，以及由新闻出版总署认定的其他内容载体形式。

第三条　图书出版必须坚持为人民服务、为社会主义服务的方向，坚持马克思列宁主义、毛泽东思想、邓小平理论和"三个代表"重要思想，坚持科学发展观，坚持正确的舆论导向和出版方向，坚持把社会效益放在首位、社会效益和经济效益相统一的原则，传播和积累有益于提高民族素质、推动经济发展、促进社会和谐与进步的科学技术和文化知识，弘扬民族优秀文化，促进国际文化交流，丰富人民群众的精神文化生活。

第四条　新闻出版总署负责全国图书出版的监督管理工作，建立健全监督管理制度，制定并实施全国图书出版总量、结构、布局的规划。

省、自治区、直辖市新闻出版行政部门负责本行政区域内图书出版的监督管理工作。

第五条　图书出版单位依法从事图书的编辑、出版等活动。

图书出版单位合法的出版活动受法律保护，任何组织和个人不得非法干扰、阻止、破坏。

第六条　新闻出版总署对为发展、繁荣我国图书出版事业作出重要贡献的图书出版单位及个人给予奖励，并评选奖励优秀图书。

第七条　图书出版行业的社会团体按照其章程，在新闻出版行政部门的指导下，实行自律管理。

第二章　图书出版单位的设立

第八条　图书由依法设立的图书出版单位出版。设立图书出版单位须经新闻出版总署批准，取得图书出版许可证。

本规定所称图书出版单位，是指依照国家有关法规设立，经新闻出版总署批准并履行登记注册手续的图书出版法人实体。

第九条　设立图书出版单位，应当具备下列条件：

（一）有图书出版单位的名称、章程；

（二）有符合新闻出版总署认定条件的主办单位、主管单位；

（三）有确定的图书出版业务范围；

（四）有 30 万元以上的注册资本；

（五）有适应图书出版需要的组织机构和符合国家规定资格条件的编辑出版专业人员；

（六）有确定的法定代表人或者主要负责人，该法定代表人或者主要负责人必须是在境内长久居住的具有完全行为能力的中国公民；

（七）有与主办单位在同一省级行政区域的固定工作场所；

（八）法律、行政法规规定的其他条件。

设立图书出版单位，除前款所列条件外，还应当符合国家关于图书出版单位总量、结构、布局的规划。

第十条　中央在京单位设立图书出版单位，由主办单位提出申请，经主管单位审核同意后，由主办单位报新闻出版总署审批。

中国人民解放军和中国人民武装警察部队系统设立图书出版单位，由主办单位提出申请，经中国人民解放军总政治部宣传部新闻出版局审核同意后，报新闻出版总署审批。

其他单位设立图书出版单位，经主管单位审核同意后，由主办单位向所在地省、自治区、直辖市新闻出版行政部门提出申请，省、自治区、直辖市新闻出版行政部门审核同意后，报新闻出版总署审批。

第十一条　申请设立图书出版单位，须提交以下材料：

（一）按要求填写的设立图书出版单位申请表；

（二）主管单位、主办单位的有关资质证明材料；

（三）拟任图书出版单位法定代表人或者主要负责人简历、身份证明文件；

（四）编辑出版人员的出版专业职业资格证书；

（五）由依法设立的验资机构出具的注册资本验资证明；

（六）图书出版单位的章程；

（七）工作场所使用证明；

（八）设立图书出版单位的可行性论证报告。

第十二条　新闻出版总署应当自收到设立图书出版单位申请之日起 90 日内，作出批准或者不批准的决定，并直接或者由省、自治区、直辖市新闻出版行政部门书面通知主办单位；不批准的，应当说明理由。

第十三条　申请设立图书出版单位的主办单位应当自收到新闻出版总署批准文件之日起 60 日内办理如下注册登记手续：

（一）持批准文件到所在地省、自治区、直辖市新闻出版行政部门领取图书出版单位登记表，经主管单位审核签章后，报所在地省、自治区、直辖市新闻出版行政部门；

（二）图书出版单位登记表一式五份，图书出版单位、主办单位、主管单位及省、自治区、直辖市新闻出版行政部门各存一份，另一份由省、自治区、直辖市新闻出版行政部门在收到之日起 15 日内，报送新闻出版总署备案；

（三）新闻出版总署对图书出版单位登记表审核后，在 10 日内通过中国标准书号中心分配其出版者号并通知省、自治区、直辖市新闻出版行政部门；

（四）省、自治区、直辖市新闻出版行政部门对图书出版单位登记表审核后，在 10 日内向主办单位发放图书出版许可证；

（五）图书出版单位持图书出版许可证到工商行政管理部门办理登记手续，依法领取营业执照。

第十四条　图书出版单位的主办单位自收到新闻出版总署批准文件之日起 60 日内未办理注册登记手续，批准文件自行失效，登记机关不再受理登记，图书出版单位的主办单位须将有关批准文件缴回新闻出版总署。

图书出版单位自登记之日起满 180 日未从事图书出版的，由原登记的新闻出版行政部门注销登记，收回图书出版许可证，并报新闻出版总署备案。

因不可抗力或者其他正当理由发生前款所列情形的，图书出版单位可以向原登记的新闻出版行政部门申请延期。

第十五条　图书出版单位应当具备法人条件，经核准登记后，取得法人资格，以其全部法人财产独立承担民事责任。

第十六条　图书出版单位变更名称、主办单位或者主管单位、业务范围，合并或者分立，改变资本结构，依照本规定第九条至第十三条的规定办理审批、登记手续。

图书出版单位除前款所列变更事项外的其他事项的变更，应当经其主办单位和主管单位审查同意后，向所在地省、自治区、直辖市新闻出版行政部门申请变更登记，由省、自治区、直辖市新闻出版行政部门报新闻出版总署备案。

第十七条　图书出版单位终止图书出版的，由主办单位提出申请并经主管单位同意后，由主办单位向所在地省、自治区、直辖市新闻出版行政部门办理注销登记，并由省、自治区、直辖市新闻出版行政部门报新闻出版总署备案。

第十八条　组建图书出版集团，参照本规定第十条办理。

第三章　图书的出版

第十九条　任何图书不得含有《出版管理条例》和其他有关法律、法规以及国家规定禁止的内容。

第二十条　图书出版实行编辑责任制度，保障图书内容符合国家法律规定。

第二十一条　出版辞书、地图、中小学教科书等类别的图书，实行资格准入制度，出版单位须按照新闻出版总署批准的业务范围出版。具体办法由新闻出版总署另行规定。

第二十二条　图书出版实行重大选题备案制度。涉及国家安全、社会安定等方面的重大选题，涉及重大革命题材和重大历史题材的选题，应当按照新闻出版总署有关选题备案管理的规定办理备案手续。未经备案的重大选题，不得出版。

第二十三条　图书出版实行年度出版计划备案制度。图书出版单位的年度出版计划，须经省、自治区、直辖市新闻出版行政部门审核后报新闻出版总署备案。

第二十四条　图书出版单位实行选题论证制度、图书稿件三审责任制度、责任编辑制度、责任校对制度、图书重版前审读制度、稿件及图书资料归档制度等管理制度，保障图书出版质量。

第二十五条　图书使用语言文字须符合国家语言文字法律规定。

图书出版质量须符合国家标准、行业标准和新闻出版总署关于图书出版质量的管理规定。

第二十六条 图书使用中国标准书号或者全国统一书号、图书条码以及图书在版编目数据须符合有关标准和规定。

第二十七条 图书出版单位不得向任何单位或者个人出售或者以其他形式转让本单位的名称、中国标准书号或者全国统一书号。

第二十八条 图书出版单位不得以一个中国标准书号或者全国统一书号出版多种图书，不得以中国标准书号或者全国统一书号出版期刊。中国标准书号使用管理办法由新闻出版总署另行规定。

第二十九条 图书出版单位租型出版图书、合作出版图书、出版自费图书须按照新闻出版总署的有关规定执行。

第三十条 图书出版单位与境外出版机构在境内开展合作出版，在合作出版的图书上双方共同署名，须经新闻出版总署批准。

第三十一条 图书出版单位须按照国家有关规定在其出版的图书上载明图书版本记录事项。

第三十二条 图书出版单位应当委托依法设立的出版物印刷单位印刷图书，并按照国家规定使用印刷委托书。

第三十三条 图书出版单位须遵守国家统计规定，依法向新闻出版行政部门报送统计资料。

第三十四条 图书出版单位在图书出版 30 日内，应当按照国家有关规定向国家图书馆、中国版本图书馆、新闻出版总署免费送交样书。

第四章 监督管理

第三十五条 图书出版的监督管理实行属地原则。

省、自治区、直辖市新闻出版行政部门依法对本行政区域内的图书出版进行监督管理，负责本行政区域内图书出版单位的审核登记、年度核验及其出版图书的审读、质量评估等管理工作。

第三十六条 图书出版管理实行审读制度、质量保障管理制度、出版单位分级管理制度、出版单位年度核验制度和出版从业人员职业资格管理制度。

第三十七条 新闻出版总署负责全国图书审读工作。省、自治区、直辖市新闻出版行政部门负责对本行政区域内出版的图书进行审读，并定期向新闻出版总署提交审读报告。

第三十八条 新闻出版行政部门可以根据新闻出版总署《图书质量管理规定》等规定，对图书质量进行检查，并予以奖惩。

第三十九条 新闻出版总署制定图书出版单位等级评估办法，对图书出版单位进行评估，并实行分级管理。

第四十条 图书出版单位实行年度核验制度，年度核验每两年进行一次。

年度核验按照以下程序进行：

（一）图书出版单位提出年度自查报告，填写由新闻出版总署统一印制的图书出版年度核验表，经图书出版单位的主办单位、主管单位审核盖章后，在规定时间内报所在地省、自治区、直辖市新闻出版行政部门；

（二）省、自治区、直辖市新闻出版行政部门在收到图书出版单位自查报告、图书出版年度核验表等年度核验材料30日内予以审核查验、出具审核意见，报送新闻出版总署；

（三）新闻出版总署在收到省、自治区、直辖市新闻出版行政部门报送的图书出版单位年度核验材料和审核意见60日内作出是否予以通过年度核验的批复；

（四）图书出版单位持新闻出版总署予以通过年度核验的批复文件、图书出版许可证副本等相关材料，到所在地省、自治区、直辖市新闻出版行政部门办理登记手续。

第四十一条　图书出版单位有下列情形之一的，暂缓年度核验：

（一）正在限期停业整顿的；

（二）经审核发现有违法情况应予处罚的；

（三）主管单位、主办单位未认真履行管理责任，导致图书出版管理混乱的；

（四）所报年度核验自查报告内容严重失实的；

（五）存在其他违法嫌疑需要进一步核查的。

暂缓年度核验的期限为6个月。在暂缓年度核验期间，图书出版单位除教科书、在印图书可继续出版外，其他图书出版一律停止。缓验期满，按照本规定重新办理年度核验手续。

第四十二条　图书出版单位有下列情形之一的，不予通过年度核验：

（一）出版导向严重违反管理规定并未及时纠正的；

（二）违法行为被查处后拒不改正或者在整改期满后没有明显效果的；

（三）图书出版质量长期达不到规定标准的；

（四）经营恶化已经资不抵债的；

（五）已经不具备本规定第九条规定条件的；

（六）暂缓登记期满，仍未符合年度核验基本条件的；

（七）不按规定参加年度核验，经催告仍未参加的；

（八）存在其他严重违法行为的。

对不予通过年度核验的图书出版单位，由新闻出版总署撤销图书出版许可证，所在地省、自治区、直辖市新闻出版行政部门注销登记。

第四十三条　年度核验结果，新闻出版总署和省、自治区、直辖市新闻出版行政部门可以向社会公布。

第四十四条　图书出版从业人员，应具备国家规定的出版职业资格条件。

第四十五条　图书出版单位的社长、总编辑须符合国家规定的任职资格和条件。

图书出版单位的社长、总编辑须参加新闻出版行政部门组织的岗位培训，取得岗位培训合格证书后才能上岗。

第五章　法律责任

第四十六条　图书出版单位违反本规定的，新闻出版总署或者省、自治区、直辖市新闻出版行政部门可以采取下列行政措施：

（一）下达警示通知书；

（二）通报批评；

（三）责令公开检讨；

（四）责令改正；

（五）核减中国标准书号数量；

（六）责令停止印制、发行图书；

（七）责令收回图书；

（八）责成主办单位、主管单位监督图书出版单位整改。

警示通知书由新闻出版总署制定统一格式，由新闻出版总署或者省、自治区、直辖市新闻出版行政部门下达给违法的图书出版单位，并抄送违法图书出版单位的主办单位及其主管单位。

本条所列行政措施可以并用。

第四十七条　未经批准，擅自设立图书出版单位，或者擅自从事图书出版业务，假冒、伪造图书出版单位名称出版图书的，依照《出版管理条例》第五十五条处罚。

第四十八条　图书出版单位出版含有《出版管理条例》和其他有关法律、法规以及国家规定禁止内容图书的，由新闻出版总署或者省、自治区、直辖市新闻出版行政部门依照《出版管理条例》第五十六条处罚。

第四十九条　图书出版单位违反本规定第二十七条的，由新闻出版总署或者省、自治区、直辖市新闻出版行政部门依照《出版管理条例》第六十条处罚。

第五十条　图书出版单位有下列行为之一的，由新闻出版总署或者省、自治区、直辖市新闻出版行政部门依照《出版管理条例》第六十一条处罚：

（一）变更名称、主办单位或者其主管单位、业务范围、合并或分立、改变资本结构，未依法办理审批手续的；

（二）未按规定将其年度出版计划备案的；

（三）未按规定履行重大选题备案的；

（四）未按规定送交样书的。

第五十一条　图书出版单位有下列行为之一的，由新闻出版总署或者省、自治区、直辖市新闻出版行政部门给予警告，并处3万元以下罚款：

（一）未按规定使用中国标准书号或者全国统一书号、图书条码、图书在版编目数据的；

（二）图书出版单位违反本规定第二十八条的；

（三）图书出版单位擅自在境内与境外出版机构开展合作出版，在合作出版的图书上双方共同署名的；

（四）未按规定载明图书版本记录事项的；

（五）图书出版单位委托非依法设立的出版物印刷单位印刷图书的，或者未按照国家规定使用印刷委托书的。

第五十二条　图书出版单位租型出版图书、合作出版图书、出版自费图书，违反新闻出版总署有关规定的，由新闻出版总署或者省、自治区、直辖市新闻出版行政部门给予警告，并处3万元以下罚款。

第五十三条　图书出版单位出版质量不合格的图书，依据新闻出版总署《图书质量管理规定》处罚。

第五十四条　图书出版单位未依法向新闻出版行政部门报送统计资料的，依据新闻出版总署、国家统计局联合颁布的《新闻出版统计管理办法》处罚。

第五十五条　对图书出版单位作出行政处罚，新闻出版行政部门应告知其主办单位和主管单位，可以通过媒体向社会公布。

对图书出版单位作出行政处罚，新闻出版行政部门可以建议其主办单位或者主管单位对直接责任人和主要负责人予以行政处分或者调离岗位。

第六章　附则

第五十六条　本规定自 2008 年 5 月 1 日起施行。

自本规定施行起，此前新闻出版行政部门对图书出版的其他规定，凡与本规定不一致的，以本规定为准。

图书质量管理规定

（2004 年 12 月 24 日国家新闻出版总署令第 26 号发布，
2005 年 3 月 1 日起施行）

　　第一条　为建立健全图书质量管理机制，规范图书出版秩序，促进图书出版业的繁荣和发展，保护消费者的合法权益，根据《中华人民共和国产品质量法》和国务院《出版管理条例》，制定本规定。

　　第二条　本规定适用于依法设立的图书出版单位出版的图书的质量管理。

　　出版时间超过十年且无再版或者重印的图书，不适用本规定。

　　第三条　图书质量包括内容、编校、设计、印制四项，分为合格、不合格两个等级。

　　内容、编校、设计、印制四项均合格的图书，其质量属合格。内容、编校、设计、印制四项中有一项不合格的图书，其质量属不合格。

　　第四条　符合《出版管理条例》第二十六、二十七条规定的图书，其内容质量属合格。

　　不符合《出版管理条例》第二十六、二十七条规定的图书，其内容质量属不合格。

　　第五条　差错率不超过万分之一的图书，其编校质量属合格。

　　差错率超过万分之一的图书，其编校质量属不合格。

　　图书编校质量差错的判定以国家正式颁布的法律法规、国家标准和相关行业制定的行业标准为依据。图书编校质量差错率的计算按照本规定附件《图书编校质量差错率计算方法》执行。

第六条　图书的整体设计和封面（包括封一、封二、封三、封底、勒口、护封、封套、书脊）、扉页、插图等设计均符合国家有关技术标准和规定，其设计质量属合格。

图书的整体设计和封面（包括封一、封二、封三、封底、勒口、护封、封套、书脊）、扉页、插图等设计中有一项不符合国家有关技术标准和规定的，其设计质量属不合格。

第七条　符合中华人民共和国出版行业标准《印刷产品质量评价和分等导则》（CY/T 2－1999）规定的图书，其印制质量属合格。

不符合中华人民共和国出版行业标准《印刷产品质量评价和分等导则》（CY/T 2－1999）规定的图书，其印制质量属不合格。

第八条　新闻出版总署负责全国图书质量管理工作，依照本规定实施图书质量检查，并向社会及时公布检查结果。

第九条　各省、自治区、直辖市新闻出版行政部门负责本行政区域内的图书质量管理工作，依照本规定实施图书质量检查，并向社会及时公布检查结果。

第十条　图书出版单位的主办单位和主管机关应当履行其主办、主管职能，尽其责任，协助新闻出版行政部门实施图书质量管理，对不合格图书提出处理意见。

第十一条　图书出版单位应当设立图书质量管理机构，制定图书质量管理制度，保证图书质量合格。

第十二条　新闻出版行政部门对图书质量实施的检查包括：图书的正文、封面（包括封一、封二、封三、封底、勒口、护封、封套、书脊）、扉页、版权页、前言（或序）、后记（或跋）、目录、插图及其文字说明等。正文部分的抽查必须内容（或页码）连续且不少于 10 万字，全书字数不足 10 万字的必须检查全书。

第十三条　新闻出版行政部门实施图书质量检查，须将审读记录和检查结果书面通知出版单位。出版单位如有异议，可以在接到通知后 15 日内提出申辩意见，请求复检。对复检结论仍有异议的，可以向上一级新闻出版行政部门请求裁定。

第十四条　对在图书质量检查中被认定为成绩突出的出版单位和个人，新闻出版行政部门给予表扬或者奖励。

第十五条　对图书内容违反《出版管理条例》第二十六、二十七条规定的，根据《出版管理条例》第五十六条实施处罚。

第十六条　对出版编校质量不合格图书的出版单位，由省级以上新闻出版行政部门予以警告，可以根据情节并处 3 万元以下罚款。

第十七条　经检查属编校质量不合格的图书，差错率在万分之一以上万分之五以下的，出版单位必须自检查结果公布之日起 30 天内全部收回，改正重印后可以继续发行；差错率在万分之五以上的，出版单位必须自检查结果公布之日起 30 天内全部收回。

出版单位违反本规定继续发行编校质量不合格图书的，由省级以上新闻出版行政部门按照《中华人民共和国产品质量法》第五十条的规定处理。

第十八条　对于印制质量不合格的图书，出版单位必须及时予以收回、调换。

出版单位违反本规定继续发行印制质量不合格图书的，由省级以上新闻出版行政部门按照《中华人民共和国产品质量法》第五十条的规定处理。

第十九条　一年内造成三种以上图书不合格或者连续两年造成图书不合格的直接责任者，由省、自治区、直辖市新闻出版行政部门注销其出版专业技术人员职业资格，三年之内不得从事出版编辑工作。

　　第二十条　本规定自 2005 年 3 月 1 日起实施。新闻出版署于 1997 年 3 月 3 日公布的《图书质量管理规定》同时停止执行。

出版物汉字使用管理规定

(1992 年 7 月 7 日新闻出版署、国家语言文字工作委员会发布)

第一条 为使报纸、期刊、图书、音像制品等出版物使用汉字规范化，消除用字不规范现象，根据国家有关新闻出版的法律、法规和关于汉字使用的有关规定，根据我国的实际情况，制定本规定。

第二条 本规定适用于经国家新闻出版行政管理机关批准出版发行的报纸、期刊、图书、音像制品等出版物。

第三条 本规定所称的规范汉字，主要是指 1986 年 10 月根据国务院批示由国家语言文字工作委员会重新发表的《简化字总表》所收录的简化字；1988 年 3 月由国家语言文字工作委员会和新闻出版署发布的《现代汉语通用字表》中收录的汉字。

本规定所称不规范汉字，是指在《简化字总表》中被简化的繁体字；1986 年国家宣布废止的《第二次汉字简化方案（草案）》中的简化字；在 1955 年淘汰的异体字（其中 1986 年收入《简化字总表》中的 11 个类推简化字和 1988 年收入《现代汉语通用字表》中的 15 个字不作为淘汰的异体字）；1977 年淘汰的计量单位旧译名用字；社会上出现的自造简体字及 1965 年淘汰的旧字形。

第四条 新闻出版署和国家语言文字工作委员会主管全国出版物汉字使用的规范工作。

各省、自治区、直辖市新闻出版行政管理机关和语言文字工作机关，主管本行政区域内出版物汉字使用的规范工作。

第五条 报纸、期刊、图书、音像制品等出版物的报头

（名）、刊名、封皮（包括封面、封底、书脊等）、包装装饰物、广告宣传品等用字，必须使用规范汉字，禁止使用不规范汉字。

出版物的内文（包括正文、内容提要、目录以及版权记录项目等辅文），必须使用规范汉字，禁止使用不规范汉字。

第六条　向台湾、香港、澳门地区及海外发行的报纸、期刊、图书、音像制品等出版物，可以用简化字的一律用简化字，如需发行繁体字版本的，须报新闻出版署批准。

第七条　下列情形可以不适用第五条、第六条的规定：

（一）整理、出版古代典籍；

（二）书法艺术作品；

（三）古代历史文化学术研究著述和语文工具书中必须使用繁体字、异体字的部分；

（四）经国家有关部门批准，依法影印、拷贝的台湾、香港、澳门地区及海外其他地区出版的中文报刊、图书、音像制品等出版物。

第八条　报纸、期刊、图书、音像制品出版单位在申请创办时，必须向批准机关提交出版社社名、报名、刊名字样，经审定符合规范获得批准后方可使用。

第九条　印刷通用汉字字模的设计、计算机编排系统和文字信息处理系统使用汉字，必须符合国家标准和有关规定。需要使用繁体字的，须经新闻出版署批准。

第十条　新闻出版行政管理机关和语言文字工作机关负责对出版物汉字使用情况进行监督检查。

被检查单位不得拒绝提供检查需用的出版物样本。

第十一条　违反本规定，有下列情形之一的，由省级以上（包括省级）新闻出版行政管理机关根据情节轻重分别处以责令改正、警告、500 元以上 5000 元以下罚款、停业整顿的行政处罚：

（一）违反第五条第一款，报纸报头（名）使用不规范汉字1个字以上（含1个字），日报连续6期以上，周报连续3期以上，半月报连续2期以上的；

（二）违反第五条第一款，期刊刊名及封皮、包装装饰物、千字以内的广告宣传品使用不规范汉字1个字以上（含1个字），半月刊连续2期以上，月刊、双月刊、季刊1期以上的；

（三）违反第五条第二款，在1期（1册、1盒）内，报纸、期刊、图书、音像制品等出版物内文使用不规范汉字占总字数千分之一以上的；

（四）违反第六条规定的。

第十二条　出版单位和印刷单位，对行政处罚决定不服的，可以在接到处罚决定书之日起15日内，依法申请行政复议；对行政复议决定不服的，可以在接到复议决定书之日起15日内向人民法院提起诉讼。

逾期不申请复议也不提起诉讼，又不履行处罚决定的由作出处罚决定的机关申请人民法院强制执行。

第十三条　各省、自治区、直辖市新闻出版行政管理机关和语言文字工作机关，可根据本规定制定实施办法。

第十四条　本规定由新闻出版署和国家语言文字工作委员会负责解释。

第十五条　本规定自1992年8月1日起施行。

本规定生效前，报头（名）、刊名、封皮中已经使用不规范汉字的，要加以纠正。

关于规范图书出版单位辞书出版
业务范围的若干规定

（新闻出版总署 2006 年 3 月 10 日发布　新出图〔2006〕232 号）

为提高辞书出版质量，规范辞书出版秩序，维护读者权益，依据《出版管理条例》，特制定《关于规范图书出版单位辞书出版业务范围的若干规定》，以下简称《规定》。

一、辞书包括语文类辞书、专科类辞书、综合类辞书。专科类辞书根据专业分工原则，继续由相应的专业出版社出版。语文类辞书中少数民族文字与汉语对照辞书由各民族出版社负责出版。本《规定》所调整的辞书出版业务范围是指除专科类辞书、少数民族文字与汉语对照辞书以外的辞书出版业务。

二、自本《规定》实施之日起，出版业务范围中无辞书出版业务，但超范围出版辞书的图书出版单位，一律停止辞书出版、发行业务。已出版辞书经过省、自治区、直辖市新闻出版行政部门和新闻出版总署质量检查为合格的，方可继续发行。正在编辑加工的辞书，一律中止活动，经新闻出版总署批准同意增加辞书出版业务后，方可继续出版、发行。

三、自本《规定》实施之日起，出版业务范围中无辞书出版业务的图书出版单位，申请增加辞书出版业务的，可依照《出版管理条例》第十七条向新闻出版总署提出申请。新闻出版总署自收到申请之日起九十日内，作出批准或不批准的决定，并书面通知主办单位；不批准的，应当说明理由。

四、申请增加辞书出版业务的图书出版单位，必须具备如下条件：

（一）必须具备足够的编辑出版力量，原则上需成立专门的辞书编辑室，辞书编辑室的编辑人员不少于五名，其中具有高级职称的不少于一名；

（二）辞书编辑室的编辑人员，必须通过汉语、英语等相关语言学专业学习，获得本科以上学历或同等学力，参加过新闻出版总署组织的辞书出版业务培训，并通过考核，获得持证上岗资格；

（三）在图书质量方面，五年内无被省、自治区、直辖市新闻出版行政部门和新闻出版总署处罚的记录。

五、申请增加辞书出版业务的图书出版单位，应提交以下申请材料：

（一）申请书；

（二）辞书编辑人员的职业资格证书、学历证明、辞书出版业务培训证明；

（三）省、自治区、直辖市新闻出版行政部门的审核意见。

六、自本《规定》实施之日起，出版业务范围中有辞书出版业务的图书出版单位，由新闻出版总署对其进行辞书质量检查。对辞书质量不合格或所出辞书中存在抄袭、剽窃等侵犯著作权行为的出版单位，可以视其情节轻重，给予暂停其辞书出版业务两年或直接撤消其辞书出版业务的处罚。

七、本《规定》同样适用于由图书出版单位出版的与纸介质辞书配套的电子辞书、光盘辞书等。

八、本《规定》自二〇〇六年五月一日起施行。

关于加强养生保健类出版物管理的通知

（新闻出版总署 2010 年 10 月 20 日发布　新出字〔2010〕453 号）

近年来，随着经济的发展和人民生活水平的提高，养生保健问题日益成为人们关注的热点，出版界出版的一批养生保健类出版物，一定程度满足了读者的需求。但在已出版的这类出版物中，有的编校质量低劣，有的违反科学常识，甚至危害群众健康。为了加强养生保健类出版物的管理，保护人民群众的健康，促进出版物市场健康有序发展，根据《出版管理条例》、《音像制品管理条例》、《图书出版管理规定》、《图书质量管理规定》等相关法规，现就管理要求通知如下：

一、出版养生保健类出版物实行资质准入制度。养生保健类出版物是指涉及运用中西医知识和方法预防疾病以及养生强体的科普和生活类出版物。凡出版养生保健类出版物的出版社必须具备相应的编辑出版力量，设立专业的编辑室，室内编辑人员不少于五名。编辑人员须具有正规医学院校本科以上学历，获得图书编辑专业资格中级以上上岗证书，其中具有高级职称的编辑人员不少于二名。出版单位设立编辑室一个月内须将编辑人员的情况通过主管部门报总署出版管理司备案。不具备上述编辑出版资质或设立编辑室后未履行备案手续的出版单位一律不得出版养生保健类出版物。

二、出版养生保健类出版物要严格执行选题论证制度、稿件"三审"责任制度和"三校一读"制度。负责"三审"的专业编辑必须以对人民、对社会高度负责的态度，把社会效益放在首要位置，加强对作者专业背景的审核，从专业的角度对出版物的科学价值和出版价值进行全面审查，把好知识关、学术关、文字关，确保出版物的内容质量和编校质量。

三、各出版单位主管部门要按照上述要求和规定，对所属出版单位自 2008 年 1 月以来已经出版的养生保健类出版物和正在安排的此类选题进行全面清理，并于 11 月 20 日前将所属出版单位的养生保健类出版物的检查结果报总署出版管理司。

1. 要组织有关方面的专家集中审读已经出版的养生保健类出版物，凡内容质量和编校质量不合格的，一律停止发行，不得重印。对违反科学常识和危害百姓健康的养生保健类出版物，要求相关出版单位切实承担责任，及时采取有效措施，消除不良影响。

2. 要加强养生保健类出版物的选题管理，凡不具有出版资质或设立编辑室后未履行备案手续的出版单位，已经安排的养生保健类选题一律撤销，在制品要停止出版、印制。

四、新闻出版总署出版产品质量监督检测中心定期对养生保健类出版物进行检测，对不合格的养生保健类出版物采取曝光、停售、召回等措施。对不具备出版资质的出版单位擅自出版养生保健类出版物的，总署将依照《出版管理条例》等相关法规，给予警示或停业整顿等行政处罚；构成犯罪的，要依法追究刑事责任。

养生保健类出版物关系广大人民群众的健康，各出版单位必须把人民的利益放在首位，正确处理社会效益和经济效益的关系，努力推出一批面向大众，内容科学、语言通俗易懂，社会效益和经济效益俱佳的医学科普读物，用优秀的养生保健类出版物占领市场，满足大众读者的需求。

关于做好地图上地级三沙市表示
有关工作的通知

（国家测绘地理信息局 2012 年 7 月 31 日发布
国测图发〔2012〕3 号）

国务院于近日批准在海南省设立地级三沙市，管辖西沙群岛、中沙群岛、南沙群岛的岛礁及其海域，三沙市人民政府驻西沙群岛永兴岛。为履行"管理并核准地名在地图上的表示"职能，做好地图公共服务，现就做好地图上地级三沙市表示的有关工作通知如下：

一、三沙市在地图上按地级行政区划单位表示；三沙市人民政府驻地在西沙永兴岛，按地级市符号、注记表示。

二、在表示了地级人民政府驻地的中华人民共和国全图或者其他包含西沙永兴岛的地图上，应当表示三沙市人民政府驻地。

三、在海南省全图上，凡表示了海口市、三亚市，则三沙市也应当同时表示。

四、完整表示三沙市的地图，应当表示西沙群岛、中沙群岛（含黄岩岛）、南沙群岛的岛礁及其海域；西沙群岛、中沙群岛、南沙群岛中以真形表示的岛屿，应当统一按三沙市设色。

五、在表达专题内容的地图上，三沙市应当与其他地级行政单位一样表示相应的专题内容。资料不具备时，可在地图上适当位置标明"三沙市资料暂缺"的字样。

六、在表示地级行政区域界线的地图上，三沙市可不表示地级行政区域界线。

从即日起，地图编制等有关单位应当严格按照本通知要求在地图上表示地级三沙市，各级测绘地理信息主管部门应当加强地图审核和监督管理等有关工作。

关于地名用字的若干规定

（1987 年 3 月 27 日国家语言文字工作委员会、中国地名
委员会、铁道部、交通部、国家海洋局、国家测绘局发布）

根据《国务院批转国家语言文字工作委员会关于废止〈第二
次汉字简化方案（草案）〉和纠正社会用字混乱现象的请示的通
知》，以及国务院于 1986 年 1 月公布的《地名管理条例》这两个
文件的精神，对地名用字作如下规定：

一、各类地名，包括自然地理实体名称、行政区划名称、居
民地名称、各专业部门使用的具有地名意义的台、站、港、场等
名称，均应按国家确定的规范汉字书写，不用自造字、已简化的繁
体字和已淘汰的异体字。地名的汉字字形，以 1965 年文化部和中
国文字改革委员会联合发布的《印刷通用汉字字形表》为准。

二、少数民族语地名和外国地名的汉字译写，应根据中国地
名委员会制订的有关规定译写，做到规范化。

三、用汉语拼音字母拼写我国地名，以国家公布的《汉语拼
音方案》作为统一规范。其中汉语地名和用汉字书写的少数民族
语地名，按 1984 年中国地名委员会、中国文字改革委员会、国
家测绘局联合颁发的《中国地名汉语拼音字母拼写规则（汉语地
名部分）》拼写。蒙古语、维吾尔语、藏语等少数民族语地名的
拼写，原则上按国家测绘局和中国文字改革委员会 1976 年修订
的《少数民族语地名汉语拼音字母音译转写法》拼写。

四、公章、文件、书刊、报纸、标牌等使用地名时，都应以
各级政府审定的标准地名为准。

五、对地名书写和拼写中遇到的问题，应与当地地名机构会
商解决。

法律法规中涉出版相关规定——法律中涉出版相关规定

《中华人民共和国英雄烈士保护法》涉出版相关规定

第十八条　文化、新闻出版、广播电视、电影、网信等部门应当鼓励和支持以英雄烈士事迹为题材、弘扬英雄烈士精神的优秀文学艺术作品、广播电视节目以及出版物的创作生产和宣传推广。

第十九条　广播电台、电视台、报刊出版单位、互联网信息服务提供者，应当通过播放或者刊登英雄烈士题材作品、发布公益广告、开设专栏等方式，广泛宣传英雄烈士事迹和精神。

第二十二条　禁止歪曲、丑化、亵渎、否定英雄烈士事迹和精神。

英雄烈士的姓名、肖像、名誉、荣誉受法律保护。任何组织和个人不得在公共场所、互联网或者利用广播电视、电影、出版物等，以侮辱、诽谤或者其他方式侵害英雄烈士的姓名、肖像、名誉、荣誉。任何组织和个人不得将英雄烈士的姓名、肖像用于或者变相用于商标、商业广告，损害英雄烈士的名誉、荣誉。

公安、文化、新闻出版、广播电视、电影、网信、市场监督管理、负责英雄烈士保护工作的部门发现前款规定行为的，应当依法及时处理。

《中华人民共和国保守国家秘密法》
涉出版相关规定

第二十七条　报刊、图书、音像制品、电子出版物的编辑、出版、印制、发行，广播节目、电视节目、电影的制作和播放，互联网、移动通信网等公共信息网络及其他传媒的信息编辑、发布，应当遵守有关保密规定。

附 1：《中国人民解放军保密条例》（2011 年 5 月 1 日起实施）**涉出版相关规定**

第二十六条　公开出版发行军事报刊、书籍、地图、声像制品，公开展示军事装备、国防科学技术成果，应当遵守有关保密规定，不得泄露军事秘密。拟公开发表的军事学术、国防科学技术论文和反映军队情况的各类稿件，投稿前必须经撰稿人所在单位或者文稿涉及事项的主管单位进行保密审查。

附 2：《新闻出版保密规定》（国家保密局等，国保〔1992〕34 号）**有关规定**

第七条　新闻出版单位和提供信息的单位，对拟公开出版、报道的信息，应当按照有关的保密规定进行自审；对是否涉及国家秘密界限不清的信息，应当送交有关主管部门或其上级机关、单位审定。

第九条　被采访单位、被采访人向新闻出版单位的采编人员提供有关信息时，对其中确因工作需要而又涉及国家秘密的事项，应当事先按照有关规定的程序批准，并向采编人员申明；新闻出版单位及其采编人员对被采访单位、被采访人申明属于国家秘密的事项，不得公开报道、出版。

对涉及国家秘密但确需公开报道、出版的信息，新闻出版单位应当向有关主管部门建议解密或者采取删节、改编、隐去等保密措施，并经有关主管部门审定。

第十条　新闻出版单位采访涉及国家秘密的会议或其他活动，应当经主办单位批准。主办单位应当验明采访人员的工作身份，指明哪些内容不得公开报道、出版，并对拟公开报道、出版的内容进行审定。

第十二条　有关机关、单位应当指定有权代表本机关、单位的审稿机构和审稿人，负责对新闻出版单位送审的稿件是否涉及国家秘密进行审定。对是否涉及国家秘密界限不清的内容，应当报请上级机关、单位审定；涉及其他单位工作中国家秘密的，应当负责征求有关单位的意见。

附3：《关于防止在出版物中泄露国家秘密的通知》（新闻出版署1994年发布）有关规定

二、在出版物中（包括内部发行的出版物）严禁载有下列内容：国家事务重大决策中的秘密事项；国防建设和武装力量活动中的秘密事项；外交和外事活动中的秘密事项以及对外承担保密义务的事项；国民经济和社会发展中的秘密事项；科学技术中的秘密事项；维护国家安全活动和追查刑事犯罪中的秘密事项；其他经国家保密工作部门确定应当保守的国家秘密事项。

三、出版物中凡涉及下列内容的，要严格执行送审报批制度：国家事务的重大决策，党的文献和档案，国防建设和武装力量情况，国家外交政策和对外宣传工作，国民经济和社会发展中的统计资料和数据，尖端科技、科技成果及资料，测绘和地图，国家安全活动和追查刑事犯罪活动，其他各部门各行业中不宜公开的重大事项；以及出版单位把握不准是否属于秘密的问题。

《中华人民共和国民法典》
涉出版相关规定

第一百二十三条 民事主体依法享有知识产权。

知识产权是权利人依法就下列客体享有的专有的权利：

（一）作品；

（二）发明、实用新型、外观设计；

（三）商标；

（四）地理标志；

（五）商业秘密；

（六）集成电路布图设计；

（七）植物新品种；

（八）法律规定的其他客体。

《中华人民共和国公共图书馆法》涉出版相关规定

第二十六条　出版单位应当按照国家有关规定向国家图书馆和所在地省级公共图书馆交存正式出版物。

第五十一条　出版单位未按照国家有关规定交存正式出版物的，由出版行政主管部门依照有关出版管理的法律、行政法规规定给予处罚。

《中华人民共和国档案法》
涉出版相关规定

　　第三十三条　档案馆应当根据自身条件，为国家机关制定法律、法规、政策和开展有关问题研究，提供支持和便利。

　　档案馆应当配备研究人员，加强对档案的研究整理，有计划地组织编辑出版档案材料，在不同范围内发行。

　　档案研究人员研究整理档案，应当遵守档案管理的规定。

　　第三十四条　国家鼓励档案馆开发利用馆藏档案，通过开展专题展览、公益讲座、媒体宣传等活动，进行爱国主义、集体主义、中国特色社会主义教育，传承发展中华优秀传统文化，继承革命文化，发展社会主义先进文化，增强文化自信，弘扬社会主义核心价值观。

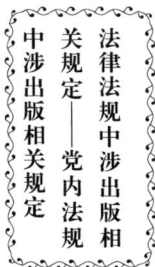

《中国共产党纪律处分条例》
涉出版相关规定

第四十五条　通过网络、广播、电视、报刊、传单、书籍等，或者利用讲座、论坛、报告会、座谈会等方式，公开发表坚持资产阶级自由化立场、反对四项基本原则，反对党的改革开放决策的文章、演说、宣言、声明等的，给予开除党籍处分。

发布、播出、刊登、出版前款所列文章、演说、宣言、声明等或者为上述行为提供方便条件的，对直接责任者和领导责任者，给予严重警告或者撤销党内职务处分；情节严重的，给予留党察看或者开除党籍处分。

第四十六条　通过网络、广播、电视、报刊、传单、书籍等，或者利用讲座、论坛、报告会、座谈会等方式，有下列行为之一，情节较轻的，给予警告或者严重警告处分；情节较重的，给予撤销党内职务或者留党察看处分；情节严重的，给予开除党籍处分：

（一）公开发表违背四项基本原则，违背、歪曲党的改革开放决策，或者其他有严重政治问题的文章、演说、宣言、声明等的；

（二）妄议党中央大政方针，破坏党的集中统一的；

（三）丑化党和国家形象，或者诋毁、诬蔑党和国家领导人、英雄模范，或者歪曲党的历史、中华人民共和国历史、人民军队历史的。

发布、播出、刊登、出版前款所列内容或者为上述行为提供方便条件的，对直接责任者和领导责任者，给予严重警告或者撤销党内职务处分；情节严重的，给予留党察看或者开除党籍处分。

第四十七条　制作、贩卖、传播第四十五条、第四十六条所列内容之一的书刊、音像制品、电子读物、网络音视频资料等，情节较轻的，给予警告或者严重警告处分；情节较重的，给予撤销党内职务或者留党察看处分；情节严重的，给予开除党籍处分。

私自携带、寄递第四十五条、第四十六条所列内容之一的书刊、音像制品、电子读物等入出境，情节较重的，给予警告或者严重警告处分；情节严重的，给予撤销党内职务、留党察看或者开除党籍处分。

《中国共产党党徽党旗条例》
涉出版相关规定

（2021 年 6 月 17 日中共中央政治局常委会会议审议批准
2021 年 6 月 26 日中共中央发布）

第七条　下列情形可以使用党徽图案：

（三）党内重要出版物、宣传品等；

第十四条　不得在党徽党旗上添加任何文字、符号和图案等，不得使用破损、污损、褪色的党徽党旗，不得制作使用任何不符合本条例所附制法说明的党徽党旗。不得倒挂、倒插或者以其他有损党徽党旗尊严的方式升挂、使用党徽党旗。

第十六条　在网络、出版物等使用党徽党旗图案，应当置于显著位置。

网络、出版物等使用的党徽党旗图案标准版本，在共产党员网和中国共产党新闻网发布。

第十七条　党徽党旗知识应当作为党史学习教育、党员教育培训、入党积极分子培训等的重要内容。

各新闻、出版单位应当加强对党徽党旗知识的宣传，报道和使用含有规范党徽党旗图案的消息和图片，维护党的形象。

《宗教事务条例》涉出版相关规定

（国务院令 686 号）

法律法规中涉出版相关规定—行政法规

中涉出版相关规定

第二十八条　宗教活动场所内可以经销宗教用品、宗教艺术品和宗教出版物。

第四十五条　宗教团体、宗教院校和寺观教堂按照国家有关规定可以编印、发送宗教内部资料性出版物。出版公开发行的宗教出版物，按照国家出版管理的规定办理。

涉及宗教内容的出版物，应当符合国家出版管理的规定，并不得含有下列内容：

（一）破坏信教公民与不信教公民和睦相处的；

（二）破坏不同宗教之间和睦以及宗教内部和睦的；

（三）歧视、侮辱信教公民或者不信教公民的；

（四）宣扬宗教极端主义的；

（五）违背宗教的独立自主自办原则的。

第四十六条　超出个人自用、合理数量的宗教类出版物及印刷品进境，或者以其他方式进口宗教类出版物及印刷品，应当按照国家有关规定办理。

第六十八条　涉及宗教内容的出版物或者互联网宗教信息服务有本条例第四十五条第二款禁止内容的，由有关部门对相关责任单位及人员依法给予行政处罚；构成犯罪的，依法追究刑事责任。

《互联网信息服务管理办法》 涉出版相关规定

（国务院令 292 号）

第五条 从事新闻、出版、教育、医疗保健、药品和医疗器械等互联网信息服务，依照法律、行政法规以及国家有关规定须经有关主管部门审核同意的，在申请经营许可或者履行备案手续前，应当依法经有关主管部门审核同意。

第十四条 从事新闻、出版以及电子公告等服务项目的互联网信息服务提供者，应当记录提供的信息内容及其发布时间、互联网地址或者域名；互联网接入服务提供者应当记录上网用户的上网时间、用户帐号、互联网地址或者域名、主叫电话号码等信息。

第十八条 国务院信息产业主管部门和省、自治区、直辖市电信管理机构，依法对互联网信息服务实施监督管理。

新闻、出版、教育、卫生、药品监督管理、工商行政管理和公安、国家安全等有关主管部门，在各自职责范围内依法对互联网信息内容实施监督管理。

第二十四条 互联网信息服务提供者在其业务活动中，违反其他法律、法规的，由新闻、出版、教育、卫生、药品监督管理和工商行政管理等有关主管部门依照有关法律、法规的规定处罚。

《人民币管理条例》涉出版相关规定

（国务院令 280 号，《人民币管理条例》，
国务院 2018 年 3 月 19 日修正）

第二十六条 禁止下列损害人民币的行为：

……

（三）未经中国人民银行批准，在宣传品、出版物或者其他商品上使用人民币图样。

附：

《人民币图样使用管理办法》相关规定

（中国人民银行令［2019］第 2 号）

第三条 本办法所称使用人民币图样是指通过各种形式在宣传品、出版物或者其他商品上使用放大、缩小和同样大小人民币图样的行为。

第九条 使用人民币图样应当遵守下列规定：

（一）单面使用。

（二）不损害人民币形象、不损害国家利益和社会公共利益。

（三）不使公众误认为是人民币。

（四）保证人民币图样中人物头像、国徽的原有比例，不变形、失真、破坏或者被替换。

（五）使用人民币图样，须在图样中部明显位置标注清晰可

辨的"图样"字样。"图样"字样的长度、宽度分别不低于图样长度、宽度的三分之一。

第十五条 出于以下目的在宣传品、出版物上使用中国人民银行网站人民币图样库中公布的人民币图样的行为可以不经审批，但必须遵守本办法第九条的规定，并随时接受中国人民银行及其分支机构的监督检查。

（一）中华人民共和国境内依法设立的图书出版、教学研究、新闻媒体、文博机构等单位出于教学、学术研究、人民币知识普及、公益宣传目的使用人民币图样。

（二）银行业金融机构、人民币印制企业出于人民币宣传目的使用人民币图样。

《地图管理条例》
涉地图编制出版相关规定

（国务院令 664 号）

第二条　在中华人民共和国境内从事向社会公开的地图的编制、审核、出版和互联网地图服务以及监督检查活动，应当遵守本条例。

第三条　地图工作应当遵循维护国家主权、保障地理信息安全、方便群众生活的原则。

地图的编制、审核、出版和互联网地图服务应当遵守有关保密法律、法规的规定。

第六条　国家鼓励编制和出版符合标准和规定的各类地图产品，支持地理信息科学技术创新和产业发展，加快地理信息产业结构调整和优化升级，促进地理信息深层次应用。……

第十六条　出版地图的，由出版单位送审；展示或者登载不属于出版物的地图的，由展示者或者登载者送审；进口不属于出版物的地图或者附着地图图形的产品的，由进口者送审；进口属于出版物的地图，依照《出版管理条例》的有关规定执行；出口不属于出版物的地图或者附着地图图形的产品的，由出口者送审；生产附着地图图形的产品的，由生产者送审。

送审应当提交以下材料：

（一）地图审核申请表；

（二）需要审核的地图样图或者样品；

（三）地图编制单位的测绘资质证书。

进口不属于出版物的地图和附着地图图形的产品的，仅需提交前款第一项、第二项规定的材料。利用涉及国家秘密的测绘成果编制地图的，还应当提交保密技术处理证明。

第二十二条　经审核批准的地图，应当在地图或者附着地图图形的产品的适当位置显著标注审图号。其中，属于出版物的，应当在版权页标注审图号。

第二十四条　任何单位和个人不得出版、展示、登载、销售、进口、出口不符合国家有关标准和规定的地图，不得携带、寄递不符合国家有关标准和规定的地图进出境。

进口、出口地图的，应当向海关提交地图审核批准文件和审图号。

第二十六条　县级以上人民政府出版行政主管部门应当加强对地图出版活动的监督管理，依法对地图出版违法行为进行查处。

第二十七条　出版单位从事地图出版活动的，应当具有国务院出版行政主管部门审核批准的地图出版业务范围，并依照《出版管理条例》的有关规定办理审批手续。

第二十八条　出版单位根据需要，可以在出版物中插附经审核批准的地图。

第二十九条　任何出版单位不得出版未经审定的中小学教学地图。

第三十条　出版单位出版地图，应当按照国家有关规定向国家图书馆、中国版本图书馆和国务院出版行政主管部门免费送交样本。

第三十一条　地图著作权的保护，依照有关著作权法律、法规的规定执行。

第三十三条　互联网地图服务单位向公众提供地理位置定位、地理信息上传标注和地图数据库开发等服务的，应当依法取得相应的测绘资质证书。

互联网地图服务单位从事互联网地图出版活动的，应当经国务院出版行政主管部门依法审核批准。

第三十六条　互联网地图服务单位用于提供服务的地图数据库及其他数据库不得存储、记录含有按照国家有关规定在地图上不得表示的内容。互联网地图服务单位发现其网站传输的地图信息含有不得表示的内容的，应当立即停止传输，保存有关记录，并向县级以上人民政府测绘地理信息行政主管部门、出版行政主管部门、网络安全和信息化主管部门等有关部门报告。

第四十二条　县级以上人民政府及其有关部门应当依法加强对地图编制、出版、展示、登载、生产、销售、进口、出口等活动的监督检查。

第四十三条　县级以上人民政府测绘地理信息行政主管部门、出版行政主管部门和其他有关部门依法进行监督检查时，有权采取下列措施：

（一）进入涉嫌地图违法行为的场所实施现场检查；

（二）查阅、复制有关合同、票据、账簿等资料；

（三）查封、扣押涉嫌违法的地图、附着地图图形的产品以及用于实施地图违法行为的设备、工具、原材料等。

第四十四条　国务院测绘地理信息行政主管部门、国务院出版行政主管部门应当建立健全地图监督管理信息系统，实现信息资源共享，方便公众查询。

第四十五条　县级以上人民政府测绘地理信息行政主管部门应当根据国家有关标准和技术规范，加强地图质量监督管理。

地图编制、出版、展示、登载、生产、销售、进口、出口单位应当建立健全地图质量责任制度，采取有效措施，保证地图质量。

附：

《地图审核管理规定》有关规定

（2019 年 8 月 13 日发文）

第五条 有下列情形之一的，申请人应当依照本规定向有审核权的测绘地理信息主管部门提出地图审核申请：

（一）出版、展示、登载、生产、进口、出口地图或者附着地图图形的产品的；

（二）已审核批准的地图或者附着地图图形的产品，再次出版、展示、登载、生产、进口、出口且地图内容发生变化的；

（三）拟在境外出版、展示、登载的地图或者附着地图图形的产品的。

第九条 属于出版物的地图产品或者附着地图图形的产品，应当根据产品中地图主要表现地，依照本规定第七条、第八条的规定，由相应测绘地理信息主管部门审核。

第十条 申请地图审核，应当提交下列材料：

（一）地图审核申请表；

（二）需要审核的地图最终样图或者样品。用于互联网服务等方面的地图产品，还应当提供地图内容审核软硬件条件；

（三）地图编制单位的测绘资质证书。

有下列情形之一的，可以不提供前款第三项规定的测绘资质证书：

（一）进口不属于出版物的地图和附着地图图形的产品；

（二）直接引用古地图；

（三）使用示意性世界地图、中国地图和地方地图；

（四）利用测绘地理信息主管部门具有审图号的公益性地图

且未对国界、行政区域界线或者范围、重要地理信息数据等进行编辑调整。

第二十六条　审图号由审图机构代号、通过审核的年份、序号等组成。

第二十七条　经审核批准的地图，申请人应当在地图或者附着地图图形的产品的适当位置显著标注审图号。属于出版物的，应当在版权页标注审图号。属于互联网地图服务的，应当在地图页面左下角标注审图号。

第二十八条　互联网地图服务审图号有效期为两年。审图号到期，应当重新送审。

审核通过的互联网地图服务，申请人应当每六个月将新增标注内容及核查核对情况向作出审核批准的自然资源主管部门备案。

法律法规中涉出版相关规定——规范性文件中涉出版相关规定

出版物中严禁刊登天葬内容

《西藏自治区人民政府办公厅转发自治区民政厅关于天葬管理暂行规定的通知》（藏政办发〔2005〕94号）规定：

第四条　天葬受法律保护。任何组织和个人禁止从事下列活动：

……

（四）通过报纸、杂志、图书、广播、影视、网络等媒体刊登、播放、刻录、转载渲染天葬活动有关的文字、图片、报道等。

"白皮书"出版相关规定

《关于不得擅自出版政府白皮书的通知》（新闻出版署，新出图
〔1998〕1069 号）规定：

　　未经国家有关部门批准，任何出版单位不得擅自出版政府白
皮书，也不得擅自以"白皮书"作为图书书名。

涉民族宗教问题出版物
出版管理相关规定

《关于进一步加强对涉及民族宗教问题出版物管理的通知》（新闻出版总署，新出报刊〔2003〕1489号）规定：

二、各新闻出版单位要加强对出版物的审读，切实把是否违反民族宗教政策、危害民族团结、影响社会稳定作为审读工作的重点。对出版物涉及民族宗教问题的审读，要坚持马克思主义的民族观、宗教观，以党和国家有关民族宗教问题的政策、法律为准绳；对涉及少数民族宗教信仰、禁忌、风俗习惯，以及宗教历史、人物、事件等问题，要慎重对待；必要时应及时征求当地民族、宗教事务部门和统战部门的意见。同时，各新闻出版单位的主管、主办单位和各级新闻出版行政管理部门也要加强对涉及民族、宗教出版物的监督和管理。

三、严格执行出版物重大选题备案制度和编辑责任制度。凡涉及民族宗教内容的选题，应按有关规定及时向管理部门备案。涉及民族、宗教内容的出版，新闻出版单位要严格执行编辑责任制度和审核程序，加强内部管理，责任到人，层层把关，认真执行新闻出版工作的有关规章制度，防止因管理松弛、工作疏忽而出现错误。

五、新闻出版单位必须切实增强政治意识、大局意识和责任意识，维护民族团结和社会安定。一旦出版物出现违反民族宗教政策的问题，出版单位必须及时向上级机关和新闻出版总署报告，同时采取有效措施，防止事态扩大，并积极配合统战、民族、宗教等有关部门妥善解决，消除影响。新闻出版单位的有关责任人必须端正态度，正确对待错误，主动承担责任，做出深刻检查，努力挽回影响。

关于淫秽及色情出版物的认定

《关于认定淫秽及色情出版物的暂行规定》（国家新闻出版署，1988 年发布）规定：

第二条 淫秽出版物是指在整体上宣扬淫秽行为，具有下列内容之一，挑动人们的性欲，足以导致普通人腐化堕落，而又没有艺术价值或者科学价值的出版物：

（一）淫亵性地具体描写性行为、性交及其心理感受；

（二）公然宣扬色情淫荡形象；

（三）淫亵性地描述或者传授性技巧；

（四）具体描写乱伦、强奸或者其他性犯罪的手段、过程或者细节，足以诱发犯罪的；

（五）具体描写少年儿童的性行为；

（六）淫亵性地具体描写同性恋的性行为或者其他性变态行为，或者具体描写与性变态有关的暴力、虐待、侮辱行为；

（七）其他令普通人不能容忍的对性行为淫亵性描写。

第三条 色情出版物是指在整体上不是淫秽的，但其中一部分有第二条（一）至（七）项规定的内容，对普通人特别是未成年人的身心健康有毒害，而缺乏艺术价值或者科学价值的出版物。

第四条 夹杂淫秽、色情内容而具有艺术价值的文艺作品；表现人体美的美术作品；有关人体的解剖生理知识、生育知识、疾病防治和其他有关性知识、性道德、性社会学等自然科学和社会科学作品，不属于淫秽出版物、色情出版物的范围。

关于古旧小说出版相关规定

《关于部分古旧小说出版的管理规定》（新闻出版署，新出图〔1993〕612号）规定：

……为便于出版社的主管部门及有关的出版社掌握仍需专题报批的古旧小说书目，经与部分专家研究，现将此类图书开列如下：

《一片情》、《浓情秘史》、《艳史》（又名《隋炀帝艳史》、《风流天子传》）、《素娥篇》、《天下第一绝妙奇书》、《绣屏缘》、《梦红楼梦》、《禅真后史》、《野叟曝言》、《风月鉴》、《如意君传》（又名《阃娱情传》）、《玉娇丽》（又名《玉娇李》）、《浪史》（又名《巧姻缘》、《浪史奇观》、《梅梦缘》）、《绣榻野史》、《闲情别传》、《玉妃媚史》、《昭阳趣史》、《宜春香质》、《弁而钗》、《肉蒲团》（又名《觉名禅》、《耶蒲团》、《野叟奇语》、《钟情录》、《循环报》、《巧姻缘》、《巧奇缘》）、《僧尼孽海》、《灯草和尚》（又名《灯花梦》、《和尚缘》、《奇僧传》）、《株林野史》、《载花船》、《钟情艳史》、《巫山艳史》（又名《意中情》）、《恋情人》（又名《迎风趣史》）、《醉春风》（又名《自作孽》）、《梧桐彰》、《龙阳逸史》、《十二笑》、《春灯迷史》、《闹花丛》、《桃花艳史》、《妖狐艳史》、《双姻缘》（又名《双缘快史》）、《两肉缘》、《绣戈袍全传》（又名《真倭袍》、《果报录》）、《碧玉楼》、《奇缘记》、《欢喜浪史》、《杏花天》、《桃花影》（又名《牡丹奇缘》）、《金瓶梅词话》（《新刻绣像批评金瓶梅》、《皋鹤堂批评第一奇书金瓶梅》及《金瓶梅》的其他版本）、《春灯闹奇迹》、《巫梦缘》、《催晓梦》、《春情野史》、《欢喜缘》、《痴婆子传》。

　　中国古代小说源远流长，许多刻本、抄本流散于民间。除以上所列书目外，可能还有此类古旧小说。现对出版此类图书作如下规定：

　　一、书目所列图书均属有淫秽、色情内容或夹杂淫秽色情内容的图书。出版此类图书，包括其删节本、缩写本、改编本，必须事先专题报我署审批。

　　二、其他未列入上述书目的有较多性描写内容的，不适合青少年阅读的古小说，也需专题报我署审批。对此，出版社的上级主管部门应认真负责审核把关。

　　三、经正式批准出版此类图书的，如需要重印或再版，必须事先专题报我署审批。

　　四、凡违反以上规定的，一律予以行政处罚。

言文字　标准、范规语 **图书编校质量差错判定和计算方法**

（CY/T 266—2023）

1 范围

本文件规定了图书编校质量检查工作中检查字数的计算方法、编校差错的判定和计错方法及编校差错率的计算方法。

本文件适用于图书编校质量的检查，非连续性内部资料性出版物参照使用，电子图书参考使用。

本文件不适用于地图图书和图书中地图图片部分的质量检查。

2 规范性引用文件

下列文件中的内容通过文中的规范性引用而构成本文件必不可少的条款。其中，注日期的引用文件，仅该日期对应的版本适用于本文件；不注日期的引用文件，其最新版本（包括所有的修改单）适用于本文件。

GB 3100　国际单位制及其应用

GB/T 3101　有关量、单位和符号的一般原则

GB/T 3102.1　空间和时间的量和单位

GB/T 3102.2　周期及其有关现象的量和单位

GB/T 3102.3　力学的量和单位

GB/T 3102.4　热学的量和单位

GB/T 3102.5　电学和磁学的量和单位

GB/T 3102.6　光及有关电磁辐射的量和单位

GB/T 3102.7　声学的量和单位

GB/T 3102.8　物理化学和分子物理学的量和单位

GB/T 3102.9　原子物理学和核物理学的量和单位

GB/T 3102.10　　核反应和电离辐射的量和单位
GB/T 3102.11　　物理科学和技术中使用的数学符号
GB/T 3102.12　　特征数
GB/T 3102.13　　固体物理学的量和单位
GB/T 15834　　标点符号用法
GB/T 15835　　出版物上数字用法
GB/T 16159　　汉语拼音正词法基本规则
CY/T 119—2015　　学术出版规范 科学技术名词

3　术语和定义

下列术语和定义适用于本文件。

3.1　图书 book
用文字或图片、符号记录知识于纸张等载体,并具有相当篇幅的非连续性出版物。
［来源:CY/T 50—2008,2.57,有修改］

3.2　编校质量 editing and proofreading quality
文字、图片、符号、格式等方面呈现的编辑和校订满足要求的程度。

3.3　编校差错 editing and proofreading error
文字、图片、符号、格式等方面存在的不符合法律法规、国家标准、相关行业标准,或逻辑性、知识性等的错误。

3.4　编校差错率 editing and proofreading error rate
编校差错数占总字数的比率。
注:编校差错率是评价编校质量是否符合要求的指标,在实际操作中通常以抽查部分的编校差错率代表整体的编校差错率。

4 检查字数计算方法

4.1 通则

4.1.1 图书检查字数的计算,应以检查的版面字数为准,即:检查字数＝每行字数×每面行数×检查面数。

4.1.2 封一、封二、封三、封四、护封、封套、腰封和扉页,除空白面不计外,每面应按正文满版字数的 50％计算;书脊、有文字的勒口,应按正文满版字数计算。

4.1.3 版权页、前言、目录、后记等辅文,每面应按正文满版字数计算。空白面不计。

4.1.4 凡连续编排页码的正文,不论是否排字或排有插图、表格,均应按一面满版字数计算。

4.1.5 插页部分应按实际版面字数计算;不易直接计算的,应折合为正文开本面数,再按正文版面字数计算。

4.1.6 书眉(或中缝)和单排的页码、边码应各算一行(列)计入正文行(列)数,一并计算。

4.1.7 分栏排版的图书,各栏之间的空白也应计入版面字数。

4.1.8 参考文献、索引、附录等字号有变化时,应分别按实际版面字数计算。

4.1.9 用小号字排版的脚注文字,单面满 5 行不足 10 行的,该面应按正文满版字数加 15％算;满 10 行的,该面应按注文满版计算。

4.1.10 用小号字排版的夹注文字,应采用折合行数的方法,比照脚注文字进行计算。

4.1.11 外文图书、少数民族文字图书,图书的外文部分、少数民族文字部分和拼音部分,应以对应字号的汉字字数加30％计算。

4.2 图书辅文部分图片页和以图片为主的图书的字数计算

4.2.1 有文字说明的版面,应按满版字数的 50％计算。

4.2.2 没有文字说明的版面,应按满版字数的 20% 计算。

4.2.3 无法计算版面字数的,可以一个印张 1 万字为基数,参照 4.2.1、4.2.2 计算。

4.3 曲谱类图书的字数计算

4.3.1 文字与曲谱混排图书,应按满版字数计算。

4.3.2 纯曲谱图书,每面曲谱行数在 11 行及以下的,可以一个印张 1.7 万字为基数计算字数;每面曲谱行数超过 11 行的,每多 1～5 行,可按一个印张增加 0.85 万字计算字数。

5 编校差错判定和计错方法

5.1 文字、图片差错

5.1.1 一本图书中,同一错别字重复出现,每面计 1 次,最多计 4 次;阿拉伯数字与汉字数字混用差错,每面计 1 次,最多计 10 次;除错别字和阿拉伯数字与汉字数字混用差错外,其他同一文字、图片差错重复出现,每面计 1 次,最多计 3 次。书眉(或中缝)中同一文字、图片差错重复出现,按一面上差错数加 1 倍计算。

5.1.2 封一、扉页上的文字、图片差错,以对应的计错数加 1 倍计算;相关文字不一致,有一项计 1 个差错。

5.1.3 文字、图片差错类型的判定和计错应符合表 1 的相关要求。

表 1   文字、图片差错类型的判定和计错方法

序号	类型	描述	计错方法
1-1	错字、别字	—	每处计 1 个差错
1-2	多字、漏字	—	每处多、漏 1 个字,计 1 个差错;2～5 个字,计 2 个差错;5 个字以上,计 4 个差错

续表

序号	类型	描述	计错方法
1-10	知识性差错	1.事实性、科学性、概念性差错 2.法律、法规引用差错，文件摘录差错 3.公式、运算、答案差错 4.题目表述有误，且影响做题	每处计 2 个差错
1-11	逻辑性、语法性差错	1.句式杂糅 2.歧义、前后矛盾、不合事理 3.语句不通、表意不明 4.同一单元或同一份试卷中的试题完全重复 5.答案无故缺失	
1-12	图、表的内容与说明文字不符	1.图、表所表达的主要内容与文字叙述内容不一致 2.图注、表注与图表内容不一致	

续表

序号	类型	描述	计错方法
1-13	不当使用已废止的标准或陈旧资料	1.不当使用已废止的法律法规、标准规范 2.使用应该更新而未更新的数据 3.使用旧名称,且没有相关说明	每处计 1 个差错,由于不当使用造成知识性错误的计 2 个差错
1-14	少数民族文字差错	1.拼写、标调差错 2.汉语音译转写错误	以一个字或单词为单位,无论其中几处有错,计 1 个差错
1-15	外文、国际音标差错	1.拼写差错 2.时态、单复数差错 3.音符、重音差错	
1-16	汉语拼音拼写、标调错误	不符合《汉语拼音方案》或 GB/T 16159 的规定	以一个对应的汉字或词组为单位,计 1 个差错
1-17	阿拉伯数字、罗马数字差错	年代、日期、时间、数值、比例差错	无论几位数,都计 1 个差错
1-18	阿拉伯数字与汉字数字混用	不符合 GB/T 15835 的规定	每处计 0.1 个差错

续表

序号	类型	描述	计错方法
1-19	字母形式误用，相似字母、符号混用差错	1.不同文种字形相似的字母混用 2.字母与相似符号混用 3.字母大小写、正斜体、黑白体误用	每处计 0.5 个差错
1-20	非常用字母词首次出现，未加注中文译名	1.非学术类图书中首次使用工具书未收录的字母词，未加注中文译名 2.学术类图书不符合 CY/T 119—2015 中 4.4 的规定	

注:差错描述为判断差错类型提供参考,包括但不限于表 1 给出的描述。

5.2　符号差错

5.2.1　一本图书中,同一标点符号差错重复出现,最多计 10 次;注码、序号标注差错全书超过 3 处,计 1 个差错;同一单位符号、科学符号、曲谱符号等符号差错重复出现,每面计 1 次,最多计 3 次。

5.2.2　符号差错类型的判定和计错应符合表 2 的相关要求。

表 2　符号差错类型的判定和计错方法

序号	类型	描述	计错方法
2-1	标点符号差错	1.标点符号用法不符合GB/T 15834 的规定 2.标点符号多用、漏用 3.小数点与间隔号互错,冒号与比号互错	每处计 0.1 个差错
2-2	注码、序号标注差错	注码、图序、表序、公式序标注差错	每处计 0.5 个差错
2-3	单位符号、科学符号等符号差错	法定计量单位符号、科学技术各学科中科学符号的用法不符合 GB 3100、GB/T 3101、GB/T 3102(所有部分)的要求或相关行业标准	
2-4	曲谱符号差错	1.速度、力度、表情符号差错 2.演奏、演唱技术与方法的符号差错 3.反复号、声部分并、歌词分并符号差错 4.音高差错 5.时值差错 6.休止差错	

注:差错描述为判断差错类型提供参考,包括但不限于表 2 给出的描述。

5.3　格式差错

5.3.1　一本图书中,同一格式差错重复出现,最多计 10 次。

5.3.2　格式差错类型的判定和计错应符合表 3 的相关要求。

表 3　格式差错类型的判定和计错方法

序号	类型	描述	计错方法
3-1	空行、空格错误	1.影响文意的不合版式要求的另页、另面、另段、另行、接排、空行,需要空行、空格而未空 2.汉语拼音分连写错误,多空格或未空格	每处计 0.1 个差错
3-2	转行错误	1.阿拉伯数字、汉语拼音、外文缩写断开转行 2.外文单词未按音节转行	
3-3	编写体例差错	1.字体错、字号错、文字颜色错,或字体、字号、颜色同时错 2.参考文献、参考答案编写体例不一致 3.多、漏表线 4.曲谱中的谱表、连谱号、提示性符号的多、漏或错位 5.编委会成员姓名顺序排错	

续表

序号	类型	描述	计错方法
3-4	排版格式差错	1.同一章节几个同级标题的位置、转行格式不统一 2.文字编排格式不一致	每处计 0.1 个差错
3-5	图、表、书眉、符号的位置差错	1.书眉单双页位置互错 2.曲谱符号的位置、顺序、方向错误 3.行首、行末误用标点符号 4.专名号、着重号错位	
		5.图、表位置与文字描述不一致	每处计 1 个差错

注:差错描述为判断差错类型提供参考,包括但不限于表 3 给出的描述。

6　编校差错率计算方法

6.1　编校差错率计算公式:编校差错率＝编校差错数÷总字数。

6.2　编校差错率用万分比表示。

参考文献

[1] CY/T 50—2008 出版术语

[2] 第一届全国人民代表大会 汉语拼音方案

[3] 中华人民共和国新闻出版总署〔2004〕26 号令 图书质量管理规定

[4] 新出政发〔2010〕11 号 关于进一步规范出版物文字使用的通知

[5] 国发〔2013〕23 号 国务院关于公布《通用规范汉字表》的通知

通用规范汉字表·规范字与
繁体字、异体字对照表*

规范字	繁体字	异体字
0006 厂	(廠)	
0008 卜	～ (蔔)	
0012 儿	(兒)	
0014 几	～ (幾)	
0017 了	～ (瞭¹)	
0020 乃		[迺迺²]
0023 干	～ (乾³) (幹)	[乹乾] [榦]
0025 亏	(虧)	
0029 才	～ (纔)	
0034 与	(與)	
0035 万	～ (萬)	
0041 千	～ (韆)	
0044 亿	(億)	
0045 个	(個)	[箇]
0048 么	(麽⁴)	
0050 凡		[凢]
0053 广	(廣)	
0054 亡		[亾]
0055 门	(門)	
0056 丫		[枒椏⁵]
0057 义	(義)	

规范字	繁体字	异体字
0059 尸		[屍]
0065 卫	(衛)	
0069 飞	(飛)	
0070 习	(習)	
0072 马	(馬)	
0073 乡	(鄉)	
0074 丰	～ (豐)	
0076 开	(開)	
0081 无	(無)	
0082 云	～ (雲)	
0083 专	(專)	[耑⁶]
0084 丐		[匃匄]
0085 扎		[紥紮]
0086 艺	(藝)	
0090 厅	(廳)	
0094 区	(區)	
0095 历	(歷) (曆)	[歴歷] [厤]
0099 匹		[疋]
0100 车	(車)	
0101 巨		[鉅⁷]
0114 贝	(貝)	
0115 冈	(岡)	
0118 见	(見)	
0122 气	(氣)	
0125 升		[昇⁸陞⁹]
0126 夭		[殀]

---

* 本表中的"～"代表与规范字字形相同的历史传承字。

规范字		繁体字	异体字
0127	长	(長)	
0131	仆	～	
		(僕)	
0133	仇		[讐讎10]
0134	币	(幣)	
0136	仅	(僅)	
0137	斤		[觔]
0142	从	(從)	
0143	仑	(侖)	[崙崘]
0145	凶		[兇]
0149	仓	(倉)	
0154	风	(風)	
0157	乌	(烏)	
0159	凤	(鳳)	
0165	为	(爲)	
0166	斗	～	
		(鬥)	[鬦鬪鬭]
0167	忆	(憶)	
0168	计	(計)	
0169	订	(訂)	
0171	认	(認)	
0172	冗		[宂]
0173	讥	(譏)	
0177	丑	～	
		(醜)	
0180	队	(隊)	
0181	办	(辦)	
0182	以		[㠯目]
0185	邓	(鄧)	
0186	劝	(勸)	
0187	双	(雙)	

规范字		繁体字	异体字
0188	书	(書)	
0191	刊		[栞]
0195	击	(擊)	
0199	扑	(撲)	
0209	节	(節)	
0211	术	～	
		(術)	
0215	厉	(厲)	
0218	布		[佈]
0221	龙	(龍)	
0223	灭	(滅)	
0224	轧	(軋)	
0225	东	(東)	
0228	占		[佔]
0230	卢	(盧)	
0231	业	(業)	
0232	旧	(舊)	
0233	帅	(帥)	
0234	归	(歸)	
0238	叶	～	
		(葉)	
0242	电	(電)	
0243	号	(號)	
0246	只	(衹)	[祇11秖]
		(隻)	
0251	叽	(嘰)	
0253	叫		[呌]
0254	叩		[敂]
0257	叹	(嘆)	[歎]
0258	冉		[冄]
0268	丘		[坵]

规范字	繁体字	异体字
0272 仙		[僊]
0273 们	(們)	
0274 仪	(儀)	
0281 丛	(叢)	
0286 尔	(爾)	[尒]
0287 乐	(樂)	
0289 匆		[怱悤]
0290 册		[冊]
0291 卯		[夘戼]
0294 处	(處)	
0295 冬	~ (鼕)	
0296 鸟	(鳥)	
0297 务	(務)	
0299 饥	(飢) (饑)	
0303 冯	(馮)	
0305 闪	(閃)	
0306 兰	(蘭)	
0309 汇	(匯) (彙)	[滙]
0310 头	(頭)	
0311 汉	(漢)	
0312 宁	(寧)	[寍甯¹²]
0314 它		[牠]
0315 讨	(討)	
0316 写	(寫)	
0317 让	(讓)	
0318 礼	(禮)	
0319 训	(訓)	
0320 议	(議)	

规范字	繁体字	异体字
0322 讯	(訊)	
0323 记	(記)	
0330 出	~ (齣)	
0331 辽	(遼)	
0332 奶		[妳嬭]
0337 边	(邊)	
0339 发	(發) (髮)	
0340 圣	(聖)	
0341 对	(對)	
0342 台	~ (臺) (颱) (檯)	
0344 纠	(糾)	[糺]
0347 丝	(絲)	
0353 动	(動)	[働]
0354 扛		[摃]
0357 扣		[釦]
0358 考		[攷]
0359 托		[託]
0361 巩	(鞏)	
0363 执	(執)	
0364 扩	(擴)	
0365 扫	(掃)	
0367 场	(場)	[塲]
0368 扬	(揚)	[敭颺¹³]
0373 亚	(亞)	
0376 朴	~ (樸)	

规范字	繁体字	异体字
0377 机	(機)	
0378 权	(權)	
0379 过	(過)	
0382 再		[再再]
0383 协	(協)	
0385 压	(壓)	
0386 厌	(厭)	
0393 页	(頁)	
0395 夸	~	
	(誇)	
0396 夺	(奪)	
0398 达	(達)	
0402 夹	(夾)	[袷[14]袂]
0404 轨	(軌)	
0405 邪		[衺]
0406 尧	(堯)	
0407 划	~	
	(劃)	
0408 迈	(邁)	
0409 毕	(畢)	
0412 贞	(貞)	
0413 师	(師)	
0414 尘	(塵)	
0418 当	(當)	
	(噹)	
0420 吁	~	
	(籲)	
0422 吓	(嚇)	
0423 虫	(蟲)	
0424 曲	~	
	(麯)	[麴[15]]

规范字	繁体字	异体字
0425 团	(團)	
	(糰)	
0427 同		[仝[16]衕]
0428 吊		[弔]
0429 吃		[喫]
0430 因		[囙]
0432 吗	(嗎)	
0434 屿	(嶼)	
0436 岁	(歲)	[崴]
0437 帆		[帆颿]
0438 回	~	
	(迴)	[廻逥]
0439 岂	(豈)	
0440 则	(則)	
0441 刚	(剛)	
0442 网	(網)	
0444 年		[秊]
0445 朱	~	
	(硃)	
0451 迁	(遷)	
0452 乔	(喬)	
0454 伟	(偉)	
0455 传	(傳)	
0461 优	(優)	
0468 伤	(傷)	
0469 价	(價)	
0470 伦	(倫)	
0472 华	(華)	
0474 仿		[倣髣]
0475 伙	~	
	(夥[17])	

规范字		繁体字	异体字
0476	伪	(僞)	
0480	向	~	
		(嚮)	[曏]
0481	似		[佀]
0482	后	~	
		(後)	
0486	会	(會)	
0487	杀	(殺)	
0488	合	~	
		(閤)	
0491	众	(衆)	[眾]
0492	爷	(爺)	
0493	伞	(傘)	[繖繖]
0494	创	(創)	[刱剏]
0497	朵		[朶]
0498	杂	(雜)	[襍]
0503	负	(負)	
0510	壮	(壯)	
0511	冲	~	
		(衝)	
0512	妆	(妝)	[粧]
0513	冰		[冫]
0514	庄	(莊)	
0515	庆	(慶)	
0517	刘	(劉)	
0518	齐	(齊)	
0522	产	(産)	
0523	决		[決]
0527	闭	(閉)	
0528	问	(問)	
0529	闯	(闖)	

规范字		繁体字	异体字
0531	并		[併並竝]
0532	关	(關)	
0534	灯	(燈)	
0537	污		[汙汚]
0542	汤	(湯)	
0544	兴	(興)	
0550	讲	(講)	
0551	讳	(諱)	
0552	军	(軍)	
0553	讶	(訝)	
0554	许	(許)	
0555	讹	(訛)	[譌]
0556	论	(論)	
0557	讼	(訟)	
0558	农	(農)	[蕽]
0559	讽	(諷)	
0560	设	(設)	
0561	访	(訪)	
0562	诀	(訣)	
0563	寻	(尋)	[尋]
0566	尽	(盡)	
		(儘)	
0567	导	(導)	
0568	异		[異]
0570	孙	(孫)	
0571	阵	(陣)	
0572	阳	(陽)	
0574	阶	(階)	[堦]
0575	阴	(陰)	[隂]
0577	奸		[姦]
0579	妇	(婦)	[媍]

规范字	繁体字	异体字
0583 妈	(媽)	
0584 戏	(戲)	[戯]
0586 观	(觀)	
0587 欢	(歡)	[懽讙驩]
0588 买	(買)	
0589 红	(紅)	
0590 驮	(馱)	[馱]
0591 纤	(縴)(纖)	
0592 驯	(馴)	
0593 约	(約)	
0594 级	(級)	
0595 纪	(紀)	
0596 驰	(馳)	
0597 纫	(紉)	
0598 巡		[逤]
0599 寿	(壽)	
0600 弄		[挵衖]
0601 麦	(麥)	
0603 玛	(瑪)	
0605 进	(進)	
0608 远	(遠)	
0609 违	(違)	
0610 韧	(韌)	[靭靱靭]
0611 运	(運)	
0613 抚	(撫)	
0614 坛	(壇)(罎)	[罈墰]
0616 坏	(壞)	
0617 抠	(摳)	
0618 扰	(擾)	

规范字	繁体字	异体字
0619 扼		[搤]
0623 址		[阯]
0624 扯		[撦]
0627 贡	(貢)	
0629 坝	(垻)(壩)	
0632 折	~(摺)	
0635 抡	(掄)	
0637 抢	(搶)	
0639 坎		[埳]
0644 坟	(墳)	
0645 坑		[阬]
0649 护	(護)	
0650 壳	(殼)	
0651 志		[誌]
0652 块	(塊)	
0654 声	(聲)	
0656 报	(報)	
0657 拟	(擬)	[儗]
0658 却		[卻卻]
0660 劫		[刦刼刧]
0662 芜	(蕪)	
0663 苇	(葦)	
0665 花		[苍蕐]
0669 苍	(蒼)	
0671 严	(嚴)	
0672 芦	(蘆)	
0674 劳	(勞)	
0675 克	~(剋[18])	[尅]

规范字		繁体字	异体字
0677	苏	(蘇)	[甦[19]蕛]
		(囌)	
0678	杆		[桿]
0679	杠		[槓]
0682	村		[邨[20]]
0687	极	(極)	
0689	杨	(楊)	
0696	豆		[荳]
0697	两	(兩)	
0699	丽	(麗)	
0700	医	(醫)	
0702	励	(勵)	
0704	还	(還)	
0706	歼	(殲)	
0707	来	(來)	
0708	连	(連)	
0709	轩	(軒)	
0711	卤	(鹵)	
		(滷)	
0712	坚	(堅)	
0717	时	(時)	[旹]
0720	县	(縣)	
0721	里	～	
		(裏)	[裡]
0722	呆		[獃]
0725	呕	(嘔)	
0726	园	(園)	
0727	旷	(曠)	
0728	围	(圍)	
0730	吨	(噸)	
0732	邮	(郵)	

规范字		繁体字	异体字
0734	困	～	
		(睏)	
0737	员	(員)	
0739	听	(聽)	
0740	吟		[唫]
0742	呛	(嗆)	
0743	吻		[脗]
0745	呜	(嗚)	
0751	别	～	
		(彆)	
0753	岖	(嶇)	
0754	岗	(崗)	
0755	帐	(帳)	
0756	财	(財)	
0757	针	(針)	[鍼]
0758	钉	(釘)	
0762	乱	(亂)	
0770	体	(體)	
0780	佣	(傭)	
0782	你		[妳]
0787	皂		[皁]
0789	佛		[佛髴]
0792	彻	(徹)	
0795	余	～	
		(餘)	
0798	谷	～	
		(穀)	
0801	邻	(鄰)	[隣]
0804	肛		[疘]
0807	肠	(腸)	[膓]
0808	龟	(龜)	

规范字	繁体字	异体字
0812 犹	(猶)	
0813 狈	(狽)	
0815 删		[刪]
0816 条	(條)	
0820 岛	(島)	[嶋]
0821 刨		[鉋鑤]
0823 饭	(飯)	
0824 饮	(飲)	[歙]
0825 系	~ (係) (繫)	
0827 冻	(凍)	
0828 状	(狀)	
0829 亩	(畝)	[畂畞畆畆畮]
0830 况		[況]
0831 床		[牀]
0832 库	(庫)	
0834 疗	(療)	
0835 吝		[悋]
0836 应	(應)	
0837 这	(這)	
0839 庐	(廬)	
0842 弃		[棄]
0845 闰	(閏)	
0846 闲	(閑)	[閒]
0847 间	(間)	
0848 闷	(悶)	
0851 灶	(竈)	
0852 灿	(燦)	
0859 沥	(瀝)	
0863 沧	(淪)	

规范字	繁体字	异体字
0864 洵		[洵]
0865 泛		[氾[21]汎]
0866 沧	(滄)	
0868 沟	(溝)	
0869 沪	(滬)	
0870 沈	~ (瀋)	
0873 怀	(懷)	
0874 忧	(憂)	
0882 穷	(窮)	
0883 灾		[災烖菑]
0885 证	(證)	
0886 启	(啓)	[晵啟]
0887 评	(評)	
0888 补	(補)	
0891 祀		[禩]
0892 识	(識)	
0893 诈	(詐)	
0894 诉	(訴)	[愬]
0896 诊	(診)	
0897 词	(詞)	[䛐]
0898 译	(譯)	
0900 灵	(靈)	
0902 层	(層)	
0906 迟	(遲)	
0907 局		[侷跼]
0909 张	(張)	
0911 际	(際)	
0912 陆	(陸)	
0914 陈	(陳)	
0916 附		[坿]

规范字	繁体字	异体字
0917 坠	(墬)	
0919 妙		[玅]
0921 姊		[姉]
0923 妒		[妬]
0926 劲	(勁)	
0928 鸡	(鷄)	[雞]
0929 纬	(緯)	
0930 驱	(驅)	[駈歐]
0931 纯	(純)	
0932 纱	(紗)	
0933 纲	(綱)	
0934 纳	(納)	
0935 驳	(駁)	[駮]
0936 纵	(縱)	
0937 纷	(紛)	
0938 纸	(紙)	[帋]
0939 纹	(紋)	
0940 纺	(紡)	
0941 驴	(驢)	
0942 纽	(紐)	
0944 玩		[翫]
0945 环	(環)	
0948 责	(責)	
0949 现	(現)	
0951 表	~(錶)	
0952 规	(規)	[槼]
0957 拓		[搨]
0958 拢	(攏)	
0961 拣	(揀)	
0963 担	(擔)	

规范字	繁体字	异体字
0964 坤		[堃22]
0967 拐		[枴]
0968 拖		[扡]
0971 顶	(頂)	
0974 拥	(擁)	
0975 抵		[牴觝]
0977 势	(勢)	
0982 拦	(攔)	
0983 幸		[倖]
0985 拧	(擰)	
0991 拨	(撥)	
0992 择	(擇)	
0995 拗		[抝]
1004 苹	(蘋23)	
1010 范	~(範)	
1014 茎	(莖)	
1020 杯		[盃桮]
1021 枢	(樞)	
1022 柜	(櫃)	
1025 板	~(闆)	
1026 松	~(鬆)	
1027 枪	(槍)	[鎗]
1028 枫	(楓)	
1029 构	(構)	[搆]
1031 杰		[傑]
1034 丧	(喪)	
1036 画	(畫)	
1040 枣	(棗)	

规范字		繁体字	异体字
1042	卖	(賣)	
1043	郁	~	
		(鬱)	[欝鬱]
1044	矾	(礬)	
1045	矿	(礦)	[鑛]
1046	码	(碼)	
1047	厕	(廁)	[廁]
1049	奔		[奔逩犇²⁴]
1051	奋	(奮)	
1052	态	(態)	
1053	欧	(歐)	
1054	殴	(毆)	
1055	垄	(壟)	
1057	轰	(轟)	
1058	顷	(頃)	
1059	转	(轉)	
1060	斩	(斬)	
1061	轮	(輪)	
1062	软	(軟)	[輭]
1067	肯		[肎]
1068	齿	(齒)	
1072	虏	(虜)	[虜]
1073	肾	(腎)	
1074	贤	(賢)	
1079	果		[菓]
1080	昆		[崑崐]
1081	国	(國)	
1086	畅	(暢)	
1089	咙	(嚨)	
1096	咒		[呪]
1099	呼		[虖嘑謼]

规范字		繁体字	异体字
1100	鸣	(鳴)	
1101	咏		[詠]
1105	岸		[㟁]
1106	岩		[嵒巌巖]
1108	罗	(羅)	
1109	帜	(幟)	
1111	岭	(嶺)	
1112	凯	(凱)	
1113	败	(敗)	
1114	账	(賬)	
1115	贩	(販)	
1116	贬	(貶)	
1117	购	(購)	
1118	贮	(貯)	
1119	图	(圖)	
1120	钓	(釣)	
1121	制	~	
		(製)	
1124	氛		[雰]
1129	刮	~	
		(颳)	
1130	秆		[稈]
1131	和		[咊龢²⁵]
1137	岳		[嶽]
1141	侠	(俠)	
1142	侥	(僥)	[傲]
1144	侄		[妷姪]
1145	侦	(偵)	[遉]
1147	侧	(側)	
1148	凭	(憑)	[凴]
1149	侨	(僑)	

规范字	繁体字	异体字
1151 货	(貨)	
1156 迫		[廹]
1157 质	(質)	
1158 欣		[訢 26]
1159 征	~(徵 27)	
1160 往		[徃]
1163 径	(徑)	[逕 28]
1165 舍	~(捨)	
1168 命		[肏]
1169 肴		[餚]
1172 采		[採寀]
1173 觅	(覓)	[覔]
1176 贪	(貪)	
1177 念		[唸]
1178 贫	(貧)	
1180 肤	(膚)	
1183 肿	(腫)	
1184 胀	(脹)	
1187 肮	(骯)	
1191 胁	(脅)	[脇]
1192 周		[週]
1193 昏		[昬]
1194 鱼	(魚)	
1195 兔		[兎兔]
1199 狞	(獰)	
1200 备	(備)	[俻]
1201 饰	(飾)	
1202 饱	(飽)	
1203 饲	(飼)	[飤]

规范字	繁体字	异体字
1204 变	(變)	
1206 享		[亯]
1207 庞	(龐)	
1209 夜		[亱]
1210 庙	(廟)	
1213 疟	(瘧)	
1216 剂	(劑)	
1217 卒		[卆]
1220 废	(廢)	[癈]
1221 净		[淨]
1227 闸	(閘)	[牐]
1228 闹	(鬧)	[閙]
1229 郑	(鄭)	
1230 券		[券]
1231 卷	~(捲)	
1232 单	(單)	
1236 炕		[匟]
1238 炉	(爐)	[鑪 29]
1240 浅	(淺)	
1241 法		[灋灋]
1242 泄		[洩]
1245 沾		[霑]
1246 泪		[淚]
1252 注		[註]
1254 泞	(濘)	
1255 泻	(瀉)	
1262 泼	(潑)	
1263 泽	(澤)	
1270 怜	(憐)	
1271 怪		[恠]

规范字	繁体字	异体字
1273 学	(學)	
1274 宝	(寶)	[寳]
1277 宠	(寵)	
1279 审	(審)	
1283 帘	~(簾)	
1285 实	(實)	[寔]
1286 试	(試)	
1288 诗	(詩)	
1291 诚	(誠)	
1292 衬	(襯)	
1294 视	(視)	[眎眡]
1296 话	(話)	[語]
1297 诞	(誕)	
1298 诡	(詭)	
1299 询	(詢)	
1300 该	(該)	
1301 详	(詳)	
1303 肃	(肅)	
1304 录	(録)	
1305 隶	(隸)	[隷隸]
1306 帚		[箒]
1309 届		[屆]
1313 弥	(彌)(瀰)	
1314 弦		[絃]
1320 陕	(陝)	
1322 函		[圅]
1332 驾	(駕)	
1334 参	(參)	[叅葠蓡]
1335 艰	(艱)	

规范字	繁体字	异体字
1336 线	(綫)	[線]30
1337 练	(練)	
1338 组	(組)	
1339 绅	(紳)	
1340 细	(細)	
1341 驶	(駛)	
1342 织	(織)	
1343 驹	(駒)	
1344 终	(終)	
1345 驻	(駐)	
1346 绊	(絆)	
1347 驼	(駝)	[駞]
1348 绍	(紹)	
1349 绎	(繹)	
1350 经	(經)	
1351 贯	(貫)	
1353 贰	(貳)	
1355 春		[旾]
1356 帮	(幫)	[幇幚]
1358 珍		[珎]
1360 珊		[珊]
1365 挂		[罣掛]
1370 项	(項)	
1374 挟	(挾)	
1375 挠	(撓)	
1378 赵	(趙)	
1379 挡	(擋)	[攩]
1383 括		[拪]
1388 垛		[垜]
1390 垫	(墊)	
1392 挤	(擠)	

规范字	繁体字	异体字
1396 挥	(揮)	
1405 荐	(薦)	
1407 带	(帶)	
1408 草		[艸]
1409 茧	(繭)	[蠒]
1414 荡	(蕩)	[盪]
1415 荣	(榮)	
1416 荤	(葷)	
1417 荧	(熒)	
1419 胡	~	[衚]
	(鬍)	
1420 荫	(蔭)	[廕]
1421 荔		[茘]
1423 药	(藥)	
1424 标	(標)	
1425 栈	(棧)	
1429 栋	(棟)	
1431 查		[查]
1432 柏		[栢]
1433 栅		[柵]
1434 柳		[栁桺]
1436 柿		[枾]
1437 栏	(欄)	
1438 柠	(檸)	
1439 树	(樹)	
1443 咸	~	
	(鹹)	
1447 砖	(磚)	[塼甎]
1448 厘		[釐³¹]
1453 砚	(硯)	
1455 面	~	

规范字	繁体字	异体字
	(麵)	[麪]
1458 牵	(牽)	
1459 鸥	(鷗)	
1460 残	(殘)	
1462 轴	(軸)	
1463 轻	(輕)	
1464 鸦	(鴉)	[鵶]
1466 韭		[韮]
1467 背		[揹]
1468 战	(戰)	
1469 点	(點)	
1471 临	(臨)	
1472 览	(覽)	
1473 竖	(豎)	[豎]
1476 尝	(嘗)	[嚐嚐]
1479 是		[昰]
1483 哄		[閧鬨]
1484 哑	(啞)	
1485 显	(顯)	
1486 冒		[冐]
1487 映		[暎]
1495 贵	(貴)	
1498 虾	(蝦)	
1499 蚁	(蟻)	
1501 蚂	(螞)	
1502 虽	(雖)	
1504 咽		[嚥]
1505 骂	(罵)	[傌駡]
1506 勋	(勛)	[勳]
1507 哗	(嘩)	[譁]
1508 咱		[偺喒偺喒]

规范字	繁体字	异体字
1509 响	(響)	
1512 咬		[齩]
1513 咳		[欬]
1516 哟	(喲)	
1518 峡	(峽)	
1519 罚	(罰)	[罸]
1520 贱	(賤)	
1521 贴	(貼)	
1522 贻	(貽)	
1525 钙	(鈣)	
1526 钝	(鈍)	
1527 钞	(鈔)	
1528 钟	(鍾[32]) (鐘)	
1529 钢	(鋼)	
1530 钠	(鈉)	
1531 钥	(鑰)	
1532 钦	(欽)	
1533 钧	(鈞)	
1534 钩	(鈎)	[鉤]
1535 钮	(鈕)	
1540 矩		[榘]
1541 毡	(氈)	[氊]
1542 氢	(氫)	
1545 选	(選)	
1546 适	(適)	
1549 种	~ (種)	
1550 鞦	~ (鞦)	[烌穐]
1553 复	(復)	

规范字	繁体字	异体字
	(複)	
1557 俩	(倆)	
1558 贷	(貸)	
1559 顺	(順)	
1560 修		[脩[33]]
1567 俭	(儉)	
1578 俊		[儁儁]
1585 须	(須) (鬚)	
1586 叙		[敍敘]
1587 剑	(劍)	[劒]
1591 胚		[肧]
1592 胧	(朧)	
1593 胆	(膽)	
1594 胜	(勝)	
1597 脉		[脈衇脈]
1600 狭	(狹)	[陜]
1601 狮	(獅)	
1602 独	(獨)	
1605 狱	(獄)	
1607 贸	(貿)	
1610 饵	(餌)	
1611 饶	(饒)	
1612 蚀	(蝕)	
1613 饺	(餃)	
1614 饼	(餅)	
1615 峦	(巒)	
1616 弯	(彎)	
1617 将	(將)	
1618 奖	(獎)	[奬]
1623 迹		[跡蹟]

规范字		繁体字	异体字
1625	疮	(瘡)	
1626	疯	(瘋)	
1631	亲	(親)	
1635	闺	(閨)	
1636	闻	(聞)	
1637	闽	(閩)	
1638	阀	(閥)	
1639	阁	(閣)	[閤]
1641	养	(養)	
1643	姜	~ (薑)	
1646	类	(類)	
1649	娄	(婁)	
1654	总	(總)	
1655	炼	(煉)	[鍊]
1657	烁	(爍)	
1658	炮		[砲礮]
1660	烂	(爛)	
1661	剃		[薙鬀]
1662	洼	(窪)	
1663	洁	(潔)	[絜³⁴]
1665	洒	(灑)	
1667	浇	(澆)	
1668	浊	(濁)	
1670	测	(測)	
1677	浏	(瀏)	
1678	济	(濟)	
1681	浑	(渾)	
1682	浓	(濃)	
1685	恒		[恆]
1687	恍		[怳]

规范字		繁体字	异体字
1689	恤		[卹邮賉]
1691	恼	(惱)	
1693	举	(舉)	[擧]
1694	觉	(覺)	
1699	宪	(憲)	
1702	窃	(竊)	
1704	诚	(誠)	
1706	诬	(誣)	
1707	语	(語)	
1709	袄	(襖)	
1714	误	(誤)	
1715	诱	(誘)	
1716	诲	(誨)	
1717	说	(説)	
1718	诵	(誦)	
1719	垦	(墾)	
1723	昼	(晝)	
1726	费	(費)	
1728	逊	(遜)	
1731	陨	(隕)	
1733	险	(險)	
1738	姻		[婣]
1739	娇	(嬌)	
1744	贺	(賀)	
1751	垒	(壘)	
1752	绑	(綁)	
1753	绒	(絨)	[毹羢]
1754	结	(結)	
1755	绕	(繞)	[遶]
1756	骄	(驕)	
1757	绘	(繪)	

规范字	繁体字	异体字
1758 给	(給)	
1759 绚	(絢)	
1760 骆	(駱)	
1761 络	(絡)	
1762 绝	(絕)	
1763 绞	(絞)	
1764 骇	(駭)	
1765 统	(統)	
1766 耕		[畊]
1770 艳	(艷)	[豓豔]
1777 蚕	(蠶)	
1778 顽	(頑)	
1779 盏	(盞)	[琖醆]
1781 捞	(撈)	
1787 载	(載)	
1788 赶	(趕)	
1790 盐	(鹽)	
1792 捍		[扞³⁵]
1793 捏		[揑]
1796 捆		[綑]
1798 损	(損)	
1802 哲		[喆³⁶]
1804 捡	(撿)	
1807 挽		[輓]
1808 挚	(摯)	
1809 热	(熱)	
1811 捣	(搗)	[擣搗]
1812 壶	(壺)	
1816 耻		[恥]
1818 耽		[躭]
1819 聂	(聶)	

规范字	繁体字	异体字
1822 莱	(萊)	
1823 莲	(蓮)	
1827 获	(獲)	
	(穫)	
1828 晋		[晉]
1829 恶	(惡)	
	(噁)	
1830 莹	(瑩)	
1831 莺	(鶯)	[鸎]
1837 栖		[棲]
1838 档	(檔)	
1841 桥	(橋)	
1842 桦	(樺)	
1846 桩	(樁)	
1848 核		[覈]
1849 样	(樣)	
1855 栗		[慄]
1856 贾	(賈)	
1859 翅		[翄]
1861 唇		[脣]
1865 砾	(礫)	
1866 础	(礎)	
1874 顾	(顧)	
1875 轿	(轎)	
1876 较	(較)	
1877 顿	(頓)	
1878 毙	(斃)	[獘]
1879 致	∼	
	(緻)	
1881 桌		[槕]
1882 虑	(慮)	

规范字	繁体字	异体字
1883	监	(監)	
1884	紧	(緊)	[緊繄]
1885	党	~ (黨)	
1887	晒	(曬)	
1889	晓	(曉)	
1891	唠	(嘮)	
1892	鸭	(鴨)	
1893	晃		[榥]
1897	晕	(暈)	
1901	蚊		[蟁蟲]
1909	恩		[愳]
1910	鸯	(鴦)	
1918	罢	(罷)	
1919	峭		[陗]
1920	峨		[峩]
1921	峰		[峯]
1922	圆	(圓)	
1924	贼	(賊)	
1925	贿	(賄)	
1926	赂	(賂)	
1927	赃	(臟)	
1928	钱	(錢)	
1929	钳	(鉗)	
1930	钻	(鑽)	[鑚]
1931	钾	(鉀)	
1932	铁	(鐵)	
1933	铃	(鈴)	
1934	铅	(鉛)	[鈆]
1939	牺	(犧)	
1941	乘		[乗椉]

规范字	繁体字	异体字
1942	敌	(敵)	
1945	积	(積)	
1948	称	(稱)	
1949	秘		[祕 37]
1951	笔	(筆)	
1952	笑		[咲]
1953	笋		[筍]
1954	债	(債)	
1955	借	~ (藉 38)	
1959	倾	(傾)	
1965	赁	(賃)	
1966	俯		[俛頫 39]
1968	倦		[勌]
1971	射		[躲]
1972	躬		[躳]
1977	殷		[慇]
1978	舰	(艦)	
1979	舱	(艙)	
1983	拿		[挐舒挐]
1984	耸	(聳)	
1987	爱	(愛)	
1990	颁	(頒)	
1991	颂	(頌)	
1994	脆		[脃]
1996	胸		[胷]
1997	胳		[肐]
1998	脏	(臟) (髒)	
1999	脐	(臍)	
2000	胶	(膠)	

规范字	繁体字	异体字
2001 脑	(腦)	
2002 脓	(膿)	
2004 狸		[貍]
2008 鸵	(鴕)	
2009 留		[畱留畱]
2010 鸳	(鴛)	
2011 皱	(皺)	
2012 饿	(餓)	
2013 馁	(餒)	
2015 凄		[淒悽]
2016 恋	(戀)	
2017 桨	(槳)	
2018 浆	(漿)	
2023 席		[蓆]
2024 准	~ (準)	
2026 症	~ (癥)	
2029 斋	(齋)	[亝]
2034 效		[効傚]
2035 离	(離)	
2039 资	(資)	[貲 40]
2040 凉		[涼]
2043 竞	(競)	
2048 阅	(閱)	
2051 瓶		[缾]
2059 烦	(煩)	
2060 烧	(燒)	
2061 烛	(燭)	
2062 烟		[菸煙]
2064 递	(遞)	

规范字	繁体字	异体字
2065 涛	(濤)	
2066 浙		[淛]
2067 涝	(澇)	
2072 涡	(渦)	
2075 涂	~ (塗)	
2079 涤	(滌)	
2081 润	(潤)	
2082 涧	(澗)	
2086 涨	(漲)	
2087 烫	(燙)	
2088 涩	(澀)	[澁濇]
2089 涌		[湧]
2090 悖		[誖]
2093 悍		[猂]
2095 悯	(憫)	
2098 宽	(寬)	
2099 家	~ (傢)	
2101 宴		[醼讌]
2102 宾	(賓)	
2103 窍	(竅)	
2108 请	(請)	
2110 诸	(諸)	
2111 诺	(諾)	
2112 读	(讀)	
2114 诽	(誹)	
2115 袜	(襪)	[韈韤]
2120 课	(課)	
2121 冥		[冥冥]
2122 谁	(誰)	

规范字	繁体字	异体字
2123 调	(調)	
2124 冤		[寃寃]
2125 谅	(諒)	
2126 谆	(諄)	
2127 谈	(談)	
2128 谊	(誼)	
2130 恳	(懇)	
2132 剧	(劇)	
2144 娘		[孃]
2147 难	(難)	
2148 预	(預)	
2149 桑		[桒]
2150 绢	(絹)	
2151 绣	(綉)	[繡]
2152 验	(驗)	[騐]
2153 继	(繼)	
2154 骏	(駿)	
2155 球		[毬]
2156 琐	(瑣)	[璅]
2158 琉		[瑠瑠]
2159 琅		[瑯]
2167 捷		[捷]
2171 捶		[搥]
2180 掏		[搯]
2186 掷	(擲)	
2189 据	~(據)	[㨿]
2191 掺	(摻)	
2192 职	(職)	
2199 菱		[蔆]
2204 萝	(蘿)	

规范字	繁体字	异体字
2213 萤	(螢)	
2214 营	(營)	
2216 萧	(蕭)	
2217 萨	(薩)	
2221 梦	(夢)	
2222 婪		[惏]
2226 梅		[楳槑]
2227 检	(檢)	
2232 救		[捄]
2236 酞	(醖)	
2238 厢		[廂]
2239 戚		[慼慽]
2241 硕	(碩)	
2245 聋	(聾)	
2246 袭	(襲)	
2250 辅	(輔)	
2251 辆	(輛)	
2252 颅	(顱)	
2262 眯		[瞇]
2264 悬	(懸)	
2265 野		[埜壄]
2276 跃	(躍)	
2277 略		[畧]
2280 蛇		[虵]
2282 累	~(纍)	
2286 啰	(囉)	
2291 啸	(嘯)	
2294 崭	(嶄)	[嶃]
2295 逻	(邏)	
2301 婴	(嬰)	

规范字	繁体字	异体字
2303 铐	(銬)	
2304 铛	(鐺)	
2305 铝	(鋁)	
2306 铜	(銅)	
2307 铭	(銘)	
2308 铲	(鏟)	[剷]
2309 银	(銀)	
2310 矫	(矯)	
2312 秸		[稭]
2313 梨		[棃]
2314 犁		[犂]
2315 秽	(穢)	
2316 移		[迻]
2318 笼	(籠)	
2327 偿	(償)	
2330 偷		[媮]
2335 躯	(軀)	
2336 兜		[兠]
2337 假		[叚 41]
2338 衅	(釁)	
2342 衔	(銜)	[啣衘]
2343 盘	(盤)	
2345 船		[舩]
2349 鸽	(鴿)	
2350 敛	(斂)	[歛]
2352 欲		[慾]
2353 彩		[綵]
2354 领	(領)	
2355 脚		[腳]
2356 脖		[頚]
2359 脸	(臉)	

规范字	繁体字	异体字
2362 够		[夠]
2365 猪		[豬]
2366 猎	(獵)	
2367 猫		[貓]
2372 馅	(餡)	
2373 馆	(館)	[舘]
2374 凑		[湊]
2375 减		[減]
2378 庶		[庻]
2379 麻		[蔴]
2380 庵		[菴]
2382 痒	(癢)	
2393 旋	~ (鏇)	
2394 望		[朢]
2396 阁	(閣)	
2397 阐	(闡)	
2400 盖	(蓋)	
2401 眷		[睠]
2403 粗		[觕麤]
2405 断	(斷)	
2407 兽	(獸)	
2408 焊		[釬銲]
2412 鸿	(鴻)	
2413 淋		[痳]
2417 渐	(漸)	
2422 淆		[殽]
2423 渊	(淵)	
2424 淫		[婬滛]
2425 渔	(漁)	
2427 淳		[湻]

规范字	繁体字	异体字
2431 淀	~ (澱)	
2432 深		[滨]
2436 梁		[樑]
2437 渗	(渗)	
2440 惭	(慚)	[慙]
2442 惧	(懼)	
2445 惊	(驚)	
2447 悴		[顇]
2449 惨	(慘)	
2450 惯	(慣)	
2451 寇		[冦寇]
2455 宿		[宿]
2457 窑		[窰窯]
2459 谋	(謀)	
2460 谍	(諜)	
2461 谎	(謊)	
2462 谐	(諧)	
2464 祷	(禱)	
2465 祸	(禍)	[旤]
2466 谓	(謂)	
2467 谚	(諺)	
2468 谜	(謎)	
2473 弹	(彈)	
2475 堕	(墮)	
2476 随	(隨)	
2480 隐	(隱)	
2482 婶	(嬸)	
2484 颇	(頗)	
2485 颈	(頸)	
2486 绩	(績)	[勣⁴²]

规范字	繁体字	异体字
2487 绪	(緒)	
2488 续	(續)	
2489 骑	(騎)	
2490 绰	(綽)	
2491 绳	(繩)	
2492 维	(維)	
2493 绵	(綿)	[緜]
2494 绷	(綳)	[繃]
2495 绸	(綢)	[紬]
2496 综	(綜)	
2497 绽	(綻)	
2498 绿	(綠)	[菉⁴³]
2499 缀	(綴)	
2501 琴		[琹]
2504 琼	(瓊)	
2508 款		[欵]
2510 塔		[墖]
2515 趁		[趂]
2516 趋	(趨)	
2518 揽	(攬)	
2519 堤		[隄]
2521 博		[愽]
2526 插		[挿]
2527 揪		[揫]
2528 搜		[蒐⁴⁴]
2529 煮		[煑]
2531 搀	(攙)	
2533 搁	(擱)	
2535 搂	(摟)	
2536 搅	(攪)	
2542 期		[朞]

规范字	繁体字	异体字
2544 联	(聯)	
2546 散		[散]
2548 葬		[塟薨]
2554 葱		[蔥]
2555 蒋	(蔣)	
2556 蒂		[蔕]
2558 韩	(韓)	
2563 棱		[稜]
2564 棋		[棊碁]
2576 棕		[椶]
2579 椭	(橢)	
2582 逼		[偪]
2587 厨		[厨廚]
2588 厦		[廈]
2591 确	(確)	
2593 雁		[鴈]
2597 颊	(頰)	
2598 雳	(靂)	
2599 暂	(暫)	[蹔]
2601 翘	(翹)	
2602 辈	(輩)	
2605 凿	(鑿)	
2606 辉	(輝)	[煇]
2609 赏	(賞)	
2612 睐	(睞)	
2614 最		[冣㝡]
2615 晰		[晳]
2618 喷	(噴)	
2627 畴	(疇)	
2628 践	(踐)	
2633 遗	(遺)	

规范字	繁体字	异体字
2634 蛙		[鼃]
2640 鹃	(鵑)	
2641 喂		[餧餵]
2645 啼		[嗁]
2646 喧		[誼]
2649 帽		[㡌]
2650 赋	(賦)	
2651 赌	(賭)	
2652 赎	(贖)	
2653 赐	(賜)	
2654 赔	(賠)	
2656 铸	(鑄)	
2657 铺	(鋪)	[舖]
2658 链	(鏈)	
2659 销	(銷)	
2660 锁	(鎖)	[鏁]
2661 锄	(鋤)	[鉏耡]
2662 锅	(鍋)	
2663 锈	(銹)	[鏽]
2664 锋	(鋒)	
2665 锌	(鋅)	
2666 锐	(銳)	
2674 鹅	(鵝)	[鵞䳇]
2675 剩		[賸]
2682 筑	~ (築)	
2683 策		[筴筞]
2684 筛	(篩)	
2685 筒		[筩]
2686 筏		[栰]
2697 储	(儲)	

规范字	繁体字	异体字
2698 皓		[暠皜]
2703 惩	(懲)	
2704 御	~ (禦)	
2708 逾		[踰]
2710 释	(釋)	
2712 腊	(臘)	[臈]
2717 鲁	(魯)	
2719 猬		[蝟]
2722 惫	(憊)	
2724 馈	(饋)	[餽]
2725 馋	(饞)	
2726 装	(裝)	
2727 蛮	(蠻)	
2729 敦		[敳]
2737 阔	(闊)	[濶]
2742 粪	(糞)	
2748 焰		[燄]
2750 滞	(滯)	
2755 渺		[淼⁴⁵淼]
2756 湿	(濕)	[溼]
2759 溃	(潰)	
2760 溅	(濺)	
2764 湾	(灣)	
2766 游		[遊]
2770 愤	(憤)	
2776 愧		[媿]
2778 慨		[嘅]
2782 寓		[庽]
2783 窜	(竄)	
2784 窝	(窩)	

规范字	繁体字	异体字
2786 窗		[窻窓牕牎窓]
2788 遍		[徧]
2789 雇		[僱]
2791 裤	(褲)	[袴]
2792 裙		[帬裠]
2793 禅	(禪)	
2795 谢	(謝)	
2796 谣	(謠)	
2797 谤	(謗)	
2798 谦	(謙)	
2800 属	(屬)	
2801 屡	(屢)	
2802 强		[強彊]
2804 疏		[疎]
2812 婿		[壻]
2814 缅	(緬)	
2815 缆	(纜)	
2816 缉	(緝)	
2817 缎	(緞)	
2818 缓	(緩)	
2819 缔	(締)	
2820 缕	(縷)	
2821 骗	(騙)	
2822 编	(編)	
2823 骚	(騷)	
2824 缘	(緣)	
2826 鹊	(鵲)	
2828 瑰		[瓌]
2830 魂		[蒐]
2832 摄	(攝)	
2837 鼓		[皷]

规范字	繁体字	异体字
2838 摆	(擺)(襬)	
2839 携		[攜擕攜攜]
2844 摊	(攤)	
2848 勤		[懃]
2849 靴		[鞾]
2851 鹊	(鵲)	
2852 蓝	(藍)	
2854 幕		[幙]
2859 蒙	~(濛)(懞)(矇)	
2861 献	(獻)	
2866 榄	(欖)	
2870 楼	(樓)	
2871 概		[槩]
2872 赖	(賴)	[頼]
2874 酬		[酧詶醻]
2876 碍	(礙)	
2880 碰		[掽踫]
2881 碗		[盌盌椀46]
2882 碌		[磟]
2883 尴	(尷)	
2886 雾	(霧)	
2888 辐	(輻)	
2889 辑	(輯)	
2890 输	(輸)	
2892 频	(頻)	
2893 龄	(齡)	
2894 鉴	(鑒)	[鑒鑑]

规范字	繁体字	异体字
2896 睹		[覩]
2901 睬		[倸]
2906 暖		[暔煖煗]
2909 暗		[晻闇]
2911 照		[炤]
2914 跷	(蹺)	[蹻]
2916 跺		[跥]
2923 蜗	(蝸)	
2925 蜂		[蠭蠭]
2931 置		[寘]
2932 罪		[辠]
2936 错	(錯)	
2937 锚	(錨)	
2938 锡	(錫)	
2939 锣	(鑼)	
2940 锤	(錘)	[鎚]
2941 锥	(錐)	
2942 锦	(錦)	
2943 键	(鍵)	
2944 锯	(鋸)	
2945 锰	(錳)	
2947 辞	(辭)	[辝]
2948 稚		[稺穉]
2950 颓	(頹)	[穨]
2952 筹	(籌)	
2953 签	(簽)(籤)	
2954 简	(簡)	
2956 毁		[燬譭]
2966 愈		[癒瘉]
2968 腻	(膩)	

规范字	繁体字	异体字
2971 腮		[顋]
2974 鹏	(鵬)	
2975 腾	(騰)	
2976 腿		[骽]
2977 鲍	(鮑)	
2978 猿		[猨蝯]
2979 颖	(穎)	[頴]
2980 触	(觸)	
2983 雏	(雛)	
2984 馍	(饃)	[饝]
2985 馏	(餾)	
2986 酱	(醬)	
2987 禀		[稟]
2988 痹		[痺]
2990 痴		[癡]
2992 廉		[亷廉]
2995 韵		[韻]
2997 誊	(謄)	
2998 粮	(糧)	
2999 数	(數)	
3005 满	(滿)	
3009 滤	(濾)	
3010 滥	(濫)	
3012 溪		[谿⁴⁷]
3014 漓	~ (灘)	
3017 溯		[泝遡]
3018 滨	(濱)	
3022 滩	(灘)	
3023 慎		[昚]
3024 誉	(譽)	

规范字	繁体字	异体字
3027 窥	(窺)	[闚]
3029 寝	(寢)	[寑]
3030 谨	(謹)	
3032 裸		[躶臝]
3034 谬	(謬)	
3035 群		[羣]
3037 辟	~ (闢)	
3043 叠		[疊曡疉]
3044 缚	(縛)	
3045 缝	(縫)	
3046 缠	(纏)	
3047 缤	(繽)	
3048 剿		[勦勦]
3051 璃		[瓈璨]
3052 赘	(贅)	
3054 墙	(牆)	[牆]
3070 蔑	~ (衊)	
3074 蔼	(藹)	
3075 熙		[熈熙]
3079 槛	(檻)	
3081 榜		[牓]
3082 榨		[搾]
3084 歌		[謌]
3088 酿	(釀)	
3091 碱		[堿鹻鹼]
3094 愿	(願)	
3096 辖	(轄)	
3097 辗	(輾)	
3100 颗	(顆)	

规范字	繁体字	异体字
3101 瞅		[眲瞅]
3103 嗽		[嗽]
3104 踊	(踴)	
3106 蜡	(蠟)	
3107 蝇	(蠅)	
3109 蝉	(蟬)	
3112 赚	(賺)	
3113 锹	(鍬)	[鍫]
3114 锻	(鍛)	
3115 镀	(鍍)	
3118 稳	(穩)	
3119 熏		[燻]
3122 箩	(籮)	
3123 管		[筦48]
3124 箫	(簫)	
3125 舆	(輿)	
3134 膀		[髈]
3135 鲜	(鮮)	[尟尠鱻]
3138 馒	(饅)	
3145 瘩		[瘩]
3148 辣		[辢]
3152 旗		[旂]
3156 弊		[獘]
3160 潇	(瀟)	
3162 漱		[潄]
3171 寨		[砦]
3172 赛	(賽)	
3174 察		[詧]
3177 谭	(譚)	
3181 谱	(譜)	
3183 嫩		[嫰]

规范字	繁体字	异体字
3186 凳		[櫈]
3187 骡	(騾)	[驘]
3188 缩	(縮)	
3190 撵	(攆)	
3196 撑		[撐]
3201 墩		[墪]
3205 撰		[譔]
3206 聪	(聰)	
3207 鞋		[鞵]
3208 鞍		[鞌]
3210 蕊		[蕋橤蘂]
3212 蕴	(蘊)	
3215 樱	(櫻)	
3221 飘	(飄)	[飅]
3223 醇		[醕]
3231 霉	(黴)	
3232 瞒	(瞞)	
3233 题	(題)	
3236 嘻		[譆]
3243 踩		[跴]
3244 踪		[蹤]
3245 蝶		[蜨]
3248 蝎		[蠍]
3253 嘱	(囑)	
3256 镇	(鎮)	
3257 镐	(鎬)	
3258 镑	(鎊)	
3263 稿		[稾]
3266 篓	(簍)	
3269 僵		[殭]
3272 德		[悳]

规范字	繁体字	异体字
3274	膝		[䣛]
3276	鲤	(鯉)	
3277	鲫	(鯽)	
3280	褒		[裦]
3281	瘪	(癟)	[癴]
3282	瘤		[瘤]
3283	瘫	(癱)	
3285	颜	(顏)	
3287	糊		[粘餬]
3290	潜		[潛]
3294	鲨	(鯊)	
3298	澜	(瀾)	
3299	澄		[澂⁴⁹]
3301	憔		[癄顦]
3304	额	(額)	[頟]
3307	谱	(譜)	
3308	鹤	(鶴)	
3314	缭	(繚)	
3317	操		[捒捊]
3319	燕		[鷰]
3321	薯		[藷]
3327	颠	(顛)	
3330	橱		[櫥]
3334	融		[螎]
3339	辙	(轍)	
3344	蹄		[蹏]
3346	蟆		[蠤]
3349	噪		[譟]
3350	鹦	(鸚)	
3351	赠	(贈)	
3354	镜	(鏡)	

规范字	繁体字	异体字
3355	赞	(贊)	[賛讚]
3357	篮	(籃)	
3358	篡		[簒]
3360	篱	~ (籬)	
3365	雕		[彫琱鵰]
3366	鲸	(鯨)	
3368	瘾	(癮)	
3372	辩	(辯)	
3374	糖		[餹]
3375	糕		[餻]
3377	濒	(瀕)	
3380	懒	(懶)	[嬾]
3386	缰	(繮)	[韁]
3387	缴	(繳)	
3395	檐		[簷]
3398	磷		[粦燐]
3405	瞩	(矚)	
3414	赡	(贍)	
3419	繁		[緐]
3420	徽		[微]
3424	鳄	(鰐)	[鱷]
3426	辫	(辮)	
3427	赢	(贏)	
3428	糟		[蹧]
3429	糠		[粇穅]
3433	臀		[臋]
3436	骤	(驟)	
3439	藤		[籐]
3443	嚣	(嚻)	
3444	镰	(鐮)	[鎌鉫]

规范字	繁体字	异体字		规范字	繁体字	异体字
3445 翻		[繙飜]		3555 讧	(訌)	
3446 鳍	(鰭)			3556 讪	(訕)	
3447 鹰	(鷹)			3557 讫	(訖)	
3452 孽		[孼]		3562 驭	(馭)	
3461 巅	(巔)			3566 玑	(璣)	
3464 蟹		[蠏]		3574 圹	(壙)	
3465 颤	(顫)			3575 扪	(捫)	
3467 癣	(癬)			3584 芗	(薌)	
3470 鳖	(鱉)	[鼈]		3585 亘		[亙]
3473 鬓	(鬢)			3586 库	(庫)	
3476 耀		[燿]		3597 钇	(釔)	
3478 蠕		[蝡]		3603 伛	(傴)	
3483 鳞	(鱗)			3607 伥	(倀)	
3485 糯		[稬穤]		3608 伧	(傖)	
3488 蠹		[蠧]		3610 伫		[佇竚]
3489 霸		[覇]		3617 犷	(獷)	
3492 蹒	(蹣)			3618 犸	(獁)	
3495 赣	(贛)	[贑灨]		3620 凫	(鳧)	
3497 镶	(鑲)			3621 邬	(鄔)	
3499 罐		[鑵]		3622 饧	(餳)	
3509 韦	(韋)			3630 忏	(懺)	
3514 厄		[戹阨]		3631 讴	(謳)	
3522 闩	(閂)			3632 讵	(詎)	
3523 卟	(卟)			3634 讷	(訥)	
3532 札		[剳劄⁵⁰]		3638 阱		[穽]
3534 匝		[帀]		3644 纡	(紆)	
3537 劢	(勱)			3645 纣	(紂)	
3547 卮		[巵]		3646 纥	(紇)	
3550 刍	(芻)			3647 纨	(紈)	
3551 邝	(鄺)			3649 玙	(璵)	
3554 讦	(訐)			3650 抟	(摶)	

规范字	繁体字	异体字
3653 坂		[阪⁵¹岅]
3655 坞	(塢)	[隖]
3658 㧐	(㩳)	
3661 芸	~ (蕓)	
3663 苈	(藶)	
3667 苋	(莧)	
3669 苌	(萇)	
3670 苏	(蘇)	
3676 苎	(苧)	
3686 矶	(磯)	
3687 奁	(奩)	[匲匳籢]
3690 欤	(歟)	
3691 轫	(軔)	[軏]
3696 邺	(鄴)	
3699 呒	(嘸)	
3700 呓	(囈)	
3702 呖	(嚦)	
3704 旸	(暘)	
3707 虬		[虯]
3708 呗	(唄)	
3712 帏	(幃)	
3715 岘	(峴)	
3717 岚	(嵐)	
3719 囵	(圇)	
3721 钊	(釗)	
3722 钋	(釙)	
3723 钉	(釘)	
3738 佥	(僉)	
3748 鸠	(鳩)	
3749 邹	(鄒)	

规范字	繁体字	异体字
3750 饨	(飩)	
3751 饩	(餼)	
3752 饪	(飪)	[餁]
3753 饫	(飫)	
3754 饬	(飭)	
3756 庑	(廡)	
3759 疖	(癤)	
3761 闱	(闈)	
3762 闵	(閔)	
3763 闷	(悶)	
3764 羌		[羗羫]
3765 炀	(煬)	
3766 沣	(灃)	
3769 沤	(漚)	
3777 沨	(渢)	
3781 沩	(潙)	
3783 忾	(愾)	
3784 怄	(慪)	
3786 忤		[牾]
3787 忴	(懁)	
3788 怅	(悵)	
3791 怆	(愴)	
3794 诂	(詁)	
3795 诃	(訶)	
3796 诅	(詛)	
3797 诋	(詆)	
3798 诌	(謅)	
3799 诏	(詔)	
3800 诒	(詒)	
3802 陇	(隴)	
3805 陉	(陘)	

规范字	繁体字	异体字
3807 妩	(嫵)	
3808 妪	(嫗)	
3810 妊		[姙]
3812 妫	(媯)	
3818 刭	(剄)	
3821 纭	(紜)	
3822 纰	(紕)	
3823 纴	(紝)	
3824 纶	(綸)	
3825 纾	(紓)	
3826 玮	(瑋)	
3835 瓯	(甌)	
3841 垆	(壚)	
3848 抵	(攂)	
3852 坳		[坳]
3857 茏	(蘢)	
3868 茑	(蔦)	
3870 茔	(塋)	
3871 荥	(滎)	
3874 枥	(櫪)	
3878 枧	(梘)	
3880 枨	(棖)	
3881 枞	(樅)	
3887 砀	(碭)	
3890 瓯	(甌)	
3892 郏	(郟)	
3893 轭	(軛)	
3895 鸢	(鳶)	
3898 昙	(曇)	
3910 蚬	(蜆)	
3913 鼋	(黿)	

规范字	繁体字	异体字
3918 咛	(嚀)	
3922 咝	(噝)	
3924 岿	(巋)	
3927 帙		[袠裘]
3930 刿	(劌)	
3931 迥		[逈]
3933 剀	(剴)	
3935 峥	(崢)	
3938 罔		[岡]
3939 钍	(釷)	
3940 钎	(釺)	
3941 钏	(釧)	
3942 钒	(釩)	
3943 钕	(釹)	
3944 钗	(釵)	
3947 牦		[犛氂]
3958 侃		[偘]
3960 侩	(儈)	
3963 侪	(儕)	
3966 侬	(儂)	
3971 刽	(劊)	
3973 苁	(蓯)	
3974 籴	(糴)	
3975 瓮		[罋甕]
3976 饻	(餏)	
3978 胨	(腖)	
3983 迩	(邇)	
3991 枭	(梟)	
3992 饯	(餞)	
3993 饴	(飴)	
3997 疬	(癧)	

规范字	繁体字	异体字
3999 疡	(瘍)	
4003 炜	(煒)	
4004 烀	(熰)	
4007 炝	(熗)	
4011 泷	(瀧)	
4012 泸	(瀘)	
4017 泺	(濼)	
4022 泯		[冺]
4024 泾	(涇)	
4031 怊	(懰)	
4034 怿	(懌)	
4038 诓	(誆)	
4039 诔	(誄)	
4040 诖	(詿)	
4041 诘	(詰)	
4043 诙	(詼)	
4045 郓	(鄆)	
4048 袥	(襌)	
4051 诛	(誅)	
4052 诜	(詵)	
4053 诟	(詬)	
4054 诠	(詮)	
4055 诣	(詣)	
4056 诤	(諍)	
4057 诧	(詫)	
4058 诨	(諢)	
4059 诩	(詡)	
4066 姗		[姍]
4070 驽	(駑)	
4071 虱		[蝨]
4074 绀	(紺)	

规范字	繁体字	异体字
4075 绁	(紲)	[絏]
4076 绂	(紱)	
4077 驲	(馹)	
4078 驵	(駔)	
4079 绉	(縐)	
4080 绌	(絀)	
4081 驿	(驛)	
4082 骀	(駘)	
4085 珐		[琺]
4087 珑	(瓏)	
4088 玳		[瑇]
4090 顸	(頇)	
4094 垭	(埡)	
4095 挝	(撾)	
4097 挞	(撻)	
4100 贲	(賁)	
4101 垲	(塏)	
4106 捋	(撝)	
4109 荚	(莢)	
4111 贳	(貰)	
4112 荜	(蓽)	
4118 荞	(蕎)	[荍]
4123 荟	(薈)	
4126 荠	(薺)	
4129 垩	(堊)	
4130 荥	(滎)	
4131 荦	(犖)	
4132 荨	(蕁)	
4133 荩	(藎)	
4134 剋		[尅]
4135 荪	(蓀)	

规范字	繁体字	异体字
4137 荚	(莢)	
4138 荮	(葤)	
4140 栉	(櫛)	
4143 枧	(梘)	
4146 枦	(櫨)	
4153 栀		[梔]
4155 栎	(櫟)	
4160 柽	(檉)	
4163 郦	(酈)	
4165 砗	(硨)	
4168 斫		[斮斱斲]
4170 砜	(碸)	
4175 殇	(殤)	
4178 钴	(鈷)	
4179 轲	(軻)	
4180 轳	(轤)	
4181 轶	(軼)	
4182 轸	(軫)	
4183 蚕	(蠶)	
4185 觇	(覘)	
4189 眍	(瞘)	
4192 眇		[耖]
4201 昵		[暱]
4203 哓	(嘵)	
4204 哔	(嗶)	
4206 毗		[毘]
4212 虮		[蟣]
4215 哕	(噦)	
4216 剐	(剮)	
4217 郧	(鄖)	
4220 咻		[吚]
4222 哙	(噲)	
4225 咩		[哶𠴨]
4226 咤		[吒 52]
4227 哝	(噥)	
4231 峣	(嶢)	
4233 帧	(幀)	
4234 峒		[峝]
4235 峤	(嶠)	
4238 赆	(贐)	
4239 钚	(鈈)	
4240 钛	(鈦)	
4241 钡	(鋇)	
4242 钣	(鈑)	
4243 铃	(鈴)	
4244 钨	(鎢)	
4245 钫	(鈁)	
4246 钯	(鈀)	
4251 秕		[粃]
4255 笃	(篤)	
4256 俦	(儔)	
4257 俨	(儼)	
4259 俪	(儷)	
4267 侯		[矦]
4269 徇		[狥]
4279 胨	(腖)	
4280 胪	(臚)	
4288 胫	(脛)	[踁]
4289 鸧	(鶬)	
4292 狯	(獪)	
4293 飑	(颮)	
4295 狲	(猻)	

规范字	繁体字	异体字
4299 饷	(餉)	[饟]
4300 饸	(餄)	
4301 饹	(餎)	
4303 挛	(攣)	
4304 娈	(孌)	
4308 疬	(癧)	
4311 疯	(瘂)	
4315 飒	(颯)	[颭]
4316 囡	(圉)	
4317 闾	(閭)	
4318 阎	(閻)	
4319 阂	(閡)	
4322 籼		[秈]
4326 炽	(熾)	
4327 炯		[烱]
4330 烃	(烴)	
4335 浃	(浹)	
4339 涎		[次]
4342 浍	(澮)	
4345 浒	(滸)	
4346 浔	(潯)	
4347 浍	(濸)	
4349 恸	(慟)	
4351 恢	(慨)	
4353 恺	(愷)	
4354 恻	(惻)	
4357 恽	(惲)	
4361 衵		[袘]
4368 诮	(誚)	
4370 祢	(禰)	
4371 诰	(誥)	

规范字	繁体字	异体字
4372 诳	(誑)	
4373 鸩	(鴆)	[酖]
4382 娅	(婭)	
4384 娆	(嬈)	
4389 怼	(懟)	
4393 绮	(綺)	
4394 骁	(驍)	
4395 骅	(驊)	
4396 绗	(絎)	
4397 绛	(絳)	
4398 骈	(駢)	
4403 顼	(頊)	
4404 珰	(璫)	
4410 珲	(琿)	
4415 埘	(塒)	
4416 埙	(塤)	[壎]
4417 埚	(堝)	
4423 赟	(贇)	
4426 盍		[盇]
4429 莳	(蒔)	
4430 萬	(萬)	
4435 莅		[涖蒞]
4439 荍	(蓚)	
4445 鸪	(鴣)	
4446 莼	(蓴)	[蒪]
4451 桡	(橈)	
4453 桢	(楨)	
4454 桤	(榿)	
4459 桧	(檜)	
4470 逦	(邐)	
4475 砺	(礪)	

规范字	繁体字	异体字
4476 砧		[碪]
4483 砻	(礱)	
4484 轼	(軾)	
4485 轾	(輊)	
4486 辂	(輅)	
4487 鸫	(鶇)	
4488 趸	(躉)	
4489 龇	(齜)	
4490 鸬	(鸕)	
4493 眬	(矓)	
4494 唛	(嘜)	
4503 鸮	(鴞)	
4511 蚬	(蜆)	
4512 蚝		[蠔]
4514 唢	(嗩)	
4516 唣		[唕]
4520 崂	(嶗)	
4521 崃	(崍)	
4525 觊	(覬)	
4526 赅	(賅)	
4527 钰	(鈺)	
4528 钲	(鉦)	
4529 钴	(鈷)	
4530 钵	(鉢)	[盋缽]
4531 钹	(鈸)	
4532 钺	(鉞)	
4533 钽	(鉭)	
4534 钼	(鉬)	
4535 钿	(鈿)	
4536 铀	(鈾)	
4537 铂	(鉑)	

规范字	繁体字	异体字
4538 铄	(鑠)	
4539 铆	(鉚)	
4540 铈	(鈰)	
4541 铉	(鉉)	
4542 铊	(鉈)	
4543 铋	(鉍)	
4544 铌	(鈮)	
4545 铍	(鈹)	
4546 䥽	(鏺)	
4547 铎	(鐸)	
4548 氩	(氬)	
4557 笕	(筧)	
4568 倏		[倐儵]
4575 隽		[雋]
4579 皋		[臯皐]
4582 衄		[衂䶊]
4583 颀	(頎)	
4584 徕	(徠)	
4592 胭		[臙]
4593 脍	(膾)	
4598 鸱	(鴟)	
4599 玺	(璽)	
4600 鸲	(鴝)	
4601 狷		[獧]
4604 猃	(獫)	
4608 袅	(裊)	[嫋褭嬝]
4609 饽	(餑)	
4611 栾	(欒)	
4612 挛	(攣)	
4615 疴		[痾]
4618 痈	(癰)	

规范字		繁体字	异体字
4619	疱		[皰]
4621	痉	(痙)	
4624	顽	(頑)	
4629	阃	(閫)	
4630	阄	(鬮)	
4631	闾	(閭)	
4632	阆	(閬)	
4636	郸	(鄲)	
4638	烨	(燁)	[爗]
4639	烩	(燴)	
4643	烬	(燼)	
4646	涞	(淶)	
4647	涟	(漣)	
4649	涅		[湼]
4650	涠	(潿)	
4657	浣		[澣]
4658	浚		[濬]
4660	悭	(慳)	
4668	谉	(讅)	
4669	冢		[塚]
4670	诼	(諑)	
4671	祖		[禑]
4673	祯	(禎)	
4674	诿	(諉)	
4675	谀	(諛)	
4676	谂	(諗)	
4677	谄	(諂)	[諮]
4678	谇	(誶)	
4691	娲	(媧)	
4693	娴	(嫻)	[嫺]
4696	婀		[娿]

规范字		繁体字	异体字
4699	绠	(綆)	
4700	骊	(驪)	
4701	绡	(綃)	
4702	骋	(騁)	
4703	绥	(綏)	
4704	绦	(縧)	[條縚]
4705	绨	(綈)	
4706	骎	(駸)	
4708	鸶	(鷥)	
4711	桼	(桼)	
4713	琏	(璉)	
4715	麸	(麩)	[粰𪋿]
4720	掳	(擄)	
4721	捆	(摑)	
4732	鸷	(鷙)	
4737	掸	(撣)	
4740	悫	(慤)	
4744	掼	(摜)	
4767	萦	(縈)	
4771	梿	(槤)	
4773	觋	(覡)	
4779	梘	(梘)	
4780	啬	(嗇)	
4782	匮	(匱)	
4783	敕		[勑勅]
4788	戛		[戞]
4792	硖	(硤)	
4793	硗	(磽)	
4797	鸸	(鴯)	
4800	厩		[廄廏]
4801	龚	(龔)	

规范字	繁体字	异体字
4802 殒	(殞)	
4803 殓	(殮)	
4805 赉	(賚)	
4807 辄	(輒)	[輙]
4808 堑	(塹)	
4810 眦		[眥]
4811 喷	(噴)	
4814 眺		[覜]
4821 勖		[勗]
4826 啭	(囀)	
4829 啮	(嚙)	[齧囓]
4830 跄	(蹌)	
4833 蛎	(蠣)	
4836 蛊	(蠱)	
4840 蛏	(蟶)	
4848 啖		[啗噉]
4855 帻	(幘)	
4858 帼	(幗)	
4862 赇	(賕)	
4863 赈	(賑)	
4864 赊	(賒)	
4865 铑	(銠)	
4866 铒	(鉺)	
4867 铗	(鋏)	
4868 铙	(鐃)	
4869 铟	(銦)	
4870 铠	(鎧)	
4871 铡	(鍘)	
4872 铢	(銖)	
4873 铣	(銑)	
4874 铤	(鋌)	

规范字	繁体字	异体字
4875 铧	(鏵)	
4876 铨	(銓)	
4877 铩	(鎩)	
4878 铪	(鉿)	
4879 铫	(銚)	
4880 铬	(鉻)	
4881 铮	(錚)	
4882 铯	(銫)	
4883 铰	(鉸)	
4884 铱	(銥)	
4885 铳	(銃)	
4886 铵	(銨)	
4887 铷	(銣)	
4890 鸪	(鴣)	
4891 秾	(穠)	
4893 笺	(箋)	[牋椾]
4902 笾	(籩)	
4904 债	(債)	
4909 傻		[傝]
4910 偻	(僂)	
4911 皑	(皚)	
4913 鸺	(鵂)	
4916 舻	(艫)	
4919 龛	(龕)	
4926 猡	(玀)	
4930 猕	(獼)	
4932 馃	(餜)	
4933 馄	(餛)	
4934 鸾	(鸞)	
4945 阄	(鬮)	
4946 阕	(闋)	

规范字	繁体字	异体字
4947 庵	(闇)	
4948 闿	(闓)	
4949 阅	(閱)	
4950 阁	(閣)	
4951 阒	(闃)	
4952 羟	(羥)	
4953 粝	(糲)	
4960 焖	(燜)	
4963 渍	(漬)	
4968 渍	(瀆)	
4971 挲		[挱]
4974 渑	(澠)	
4983 惬	(愜)	[悏]
4991 惇		[憞]
4992 惮	(憚)	
4994 谌	(諶)	
4995 谏	(諫)	
4997 皱	(皺)	
4998 谑	(謔)	
4999 裆	(襠)	
5002 谒	(謁)	
5003 谔	(諤)	
5004 谕	(諭)	
5005 谖	(諼)	
5006 谗	(讒)	
5007 谙	(諳)	
5008 谛	(諦)	
5009 谝	(諞)	
5013 粜	(糶)	
5021 婵	(嬋)	
5025 愳		[愳愳]

规范字	繁体字	异体字
5027 绫	(綾)	
5028 骐	(騏)	
5029 绮	(綺)	
5030 绯	(緋)	
5031 绱	(緔)	
5032 骒	(騍)	
5033 绲	(緄)	
5034 骓	(騅)	
5035 绶	(綬)	
5036 绺	(綹)	
5037 绻	(綣)	
5038 绾	(綰)	
5039 骖	(驂)	
5040 缁	(緇)	
5050 靓	(靚)	
5057 辇	(輦)	
5058 鼋	(黿)	
5064 堙		[陻]
5067 颉	(頡)	
5069 揿	(撳)	[搇]
5073 蛰	(蟄)	
5074 塆	(壪)	
5086 葶		[荸]
5090 葽	(蕒)	
5091 萱		[菮蕿蘐蕙]
5096 楗	(檵)	
5097 棹		[櫂]
5098 椤	(欏)	
5099 棰		[箠]
5100 赍	(賫)	[賷齎]
5102 椁		[槨]

规范字	繁体字	异体字
5106 鹁	(鵓)	
5111 鹏	(鵬)	
5113 殚	(殫)	
5117 辊	(輥)	
5118 辋	(輞)	
5119 椠	(槧)	
5120 辍	(輟)	
5121 辐	(輻)	
5124 睑	(瞼)	
5128 喋		[啑]
5135 跕		[蹀]
5137 踩	(躁)	
5142 蛱	(蛺)	
5143 蛲	(蟯)	
5145 蛳	(螄)	
5147 蛔		[蚘痐蛕蛔]
5149 蛴	(蠐)	
5156 喑		[瘖]
5158 喽	(嘍)	
5163 嵘	(嶸)	
5173 嵝	(嶁)	
5177 赇	(賕)	
5178 铻	(鋙)	
5179 铼	(錸)	
5180 铿	(鏗)	
5181 锃	(鋥)	
5182 锂	(鋰)	
5183 锆	(鋯)	
5184 锇	(鋨)	
5185 锉	(銼)	[剉]
5186 锎	(鐦)	

规范字	繁体字	异体字
5187 锑	(銻)	
5188 锒	(鋃)	
5189 锔	(鋦)	
5190 锕	(錒)	
5196 犊	(犢)	
5199 鹄	(鵠)	
5205 筚	(篳)	
5211 牍	(牘)	
5212 傥	(儻)	
5213 傧	(儐)	
5215 傩	(儺)	
5216 遁		[遯]
5218 媭	(嬃)	
5221 颌	(頜)	
5224 鸽	(鴿)	
5228 腌		[醃]
5235 鱿	(魷)	
5236 鲀	(魨)	
5237 鲂	(魴)	
5238 颍	(潁)	
5242 飓	(颶)	[颿]
5243 觞	(觴)	
5246 颎	(熲)	
5247 飧		[飱]
5248 馇	(餷)	
5249 馊	(餿)	
5250 褒	(襃)	
5251 亸	(嚲)	
5254 痨	(癆)	
5258 痫	(癇)	
5260 赓	(賡)	

规范字	繁体字	异体字
5264 颏	(頦)	
5265 鹛	(鶥)	
5266 阑	(闌)	
5267 阒	(闃)	
5268 阕	(闋)	
5276 鹈	(鵜)	
5296 愦	(憒)	
5301 訾	(謷)	
5303 谟	(謨)	[暮]
5305 裢	(褳)	
5307 裥	(襇)	
5310 谠	(讜)	
5311 幂		[羃]
5312 谡	(謖)	
5313 谥	(諡)	[謚]
5314 谧	(謐)	
5319 骘	(騭)	
5323 疏	(毓)	
5324 翚	(翬)	
5327 骛	(騖)	
5328 缂	(緙)	
5329 缃	(緗)	
5330 缄	(緘)	[械]
5332 缇	(緹)	
5333 缈	(緲)	
5334 缌	(緦)	
5335 缑	(緱)	
5336 缒	(縋)	
5337 缗	(緡)	
5338 飨	(饗)	
5339 耢	(耮)	

规范字	繁体字	异体字
5347 鹜	(鶩)	
5348 韫	(韞)	
5354 摅	(攄)	
5362 摈	(擯)	
5364 毂	(轂)	
5373 蓦	(驀)	
5374 鹕	(鶘)	
5380 蓟	(薊)	
5381 蓑		[簑]
5384 蓠	(蘺)	
5390 銮	(鑾)	
5391 颐	(頤)	
5393 楠		[柟枏]
5396 楫		[檝]
5402 槚	(檟)	
5404 榉	(櫸)	
5405 楦		[楥]
5417 碛	(磧)	
5422 碇		[矴椗]
5423 碜	(磣)	
5424 鹤	(鶴)	
5425 辕	(轅)	
5426 龃	(齟)	
5427 龅	(齙)	
5433 踅	(躄)	
5442 嗫	(囁)	
5453 跶	(躂)	
5454 跸	(蹕)	
5457 跹	(躚)	
5458 跻	(躋)	
5468 嗥		[嘷獋]

规范字	繁体字	异体字
5470 嗳	(噯)	
5482 锗	(鍺)	
5483 锛	(錛)	
5484 锜	(錡)	
5485 锝	(鍀)	
5486 锞	(錁)	
5487 锟	(錕)	
5488 锢	(錮)	
5489 锹	(鍬)	
5490 锩	(錈)	
5491 锭	(錠)	
5492 镏	(鎦)	
5498 稗		[粺]
5503 箈		[箶]
5509 愆		[諐]
5511 觃	(覎)	
5516 颌	(頜)	
5520 腭		[齶]
5522 塍		[堘]
5525 鲅	(鮁)	
5526 鲆	(鮃)	
5527 鲇	(鮎)	
5528 鲈	(鱸)	
5529 稣	(穌)	
5530 鲋	(鮒)	
5531 鲐	(鮐)	
5533 鸽	(鴿)	
5534 飔	(颸)	
5537 馇	(餷)	
5538 鹑	(鶉)	
5541 菲		[茀]

规范字	繁体字	异体字
5546 瘆	(瘮)	
5551 雍		[雝]
5552 阖	(闔)	
5553 阗	(闐)	
5554 阙	(闕)	
5557 粳		[秔秔稉]
5566 滟	(灩)	
5570 滢	(瀅)	
5577 滗	(潷)	
5582 滦	(灤)	
5587 溆	(漵)	
5589 慑	(懾)	[慴]
5591 鲞	(鯗)	
5592 骞	(騫)	
5593 窦	(竇)	
5602 谩	(謾)	
5603 谪	(謫)	[讁]
5607 嫒	(嬡)	
5608 嫔	(嬪)	
5610 缙	(縉)	
5611 缜	(縝)	
5612 缛	(縟)	
5613 辔	(轡)	
5614 骝	(騮)	
5615 缟	(縞)	
5616 缠	(纏)	
5617 缢	(縊)	
5618 缣	(縑)	
5619 骟	(騸)	
5625 觏	(覯)	
5628 韬	(韜)	

规范字	繁体字	异体字
5629 爰	(靉)	
5635 攖	(攖)	
5644 薔	(薔)	
5652 藺	(藺)	
5658 鶘	(鶘)	
5667 槁		[稾]
5668 槟	(檳)	
5669 槠	(櫧)	
5670 榷		[搉榷]
5672 酽	(釅)	
5675 厮		[廝]
5677 碴		[䃴]
5683 殡	(殯)	
5685 霁	(霽)	
5686 辕	(轅)	
5690 龇	(齜)	
5691 龈	(齦)	
5692 睿		[叡]
5693 瞜	(瞜)	
5699 嘎		[嘠]
5700 暧	(曖)	
5702 踌	(躊)	
5707 蝈	(蟈)	
5713 蜋		[蜋]
5717 鹗	(鶚)	
5719 嘤	(嚶)	
5723 罴	(羆)	
5728 赙	(賻)	
5729 罂	(罌)	[甖]
5732 鹘	(鶻)	
5733 锲	(鍥)	

规范字	繁体字	异体字
5734 锴	(鍇)	
5735 锶	(鍶)	
5736 锷	(鍔)	
5737 锸	(鍤)	
5738 锹	(鍬)	
5739 镁	(鎂)	
5740 镂	(鏤)	
5743 篑	(簣)	
5744 箧	(篋)	
5746 箸		[筯]
5747 箬		[篛]
5749 箪	(簞)	
5753 箓	(籙)	
5767 膑	(臏)	
5768 鲑	(鮭)	
5769 鲔	(鮪)	
5770 鲚	(鱭)	
5771 鲛	(鮫)	
5772 鲟	(鱘)	
5773 獐		[麞]
5777 馑	(饉)	
5778 銮	(鑾)	
5783 瘘	(瘻)	
5789 阕	(闋)	
5791 鲞	(鯗)	
5794 粽		[糉]
5795 糁	(糝)	
5797 鹚	(鶿)	[鷀]
5805 漖	(潝)	
5812 潍	(濰)	
5818 谮	(譖)	

规范字	繁体字	异体字
5821 褓		[緥]
5822 褛	(褸)	
5824 谯	(譙)	
5825 谰	(讕)	
5826 谲	(譎)	
5829 鹛	(鶥)	
5831 嫱	(嬙)	
5840 鹜	(鶩)	
5841 骠	(驃)	
5842 缥	(縹)	
5843 缦	(縵)	
5844 缧	(縲)	
5845 缨	(纓)	
5846 骢	(驄)	
5847 缪	(繆)	
5848 缫	(繅)	
5850 耧	(耬)	
5854 璎	(瓔)	
5857 璇		[璿]
5859 髯		[髥]
5861 撷	(擷)	
5864 撸	(擼)	
5867 撺	(攛)	
5869 聩	(聵)	
5870 觐	(覲)	
5871 鞑	(韃)	
5873 鞒	(鞽)	
5881 蕲	(蘄)	
5882 颐	(頤)	
5884 樯	(檣)	[艢]
5892 餍	(饜)	

规范字	繁体字	异体字
5893 魇	(魘)	
5894 餍	(饜)	
5898 辘	(轆)	
5899 龉	(齬)	
5900 龊	(齪)	
5901 觑	(覷)	
5908 颙	(顒)	
5915 踬	(躓)	
5917 踯	(躑)	
5921 蝶	(蠑)	
5928 蝼	(螻)	
5931 颚	(顎)	
5935 噜	(嚕)	
5938 颛	(顓)	
5946 镊	(鑷)	
5947 镉	(鎘)	
5948 镑	(鎊)	
5949 镍	(鎳)	
5950 镏	(鎦)	
5951 镒	(鎰)	
5952 镓	(鎵)	
5953 镔	(鑌)	
5956 簧	(簀)	
5965 鹞	(鷂)	
5966 膘		[臕]
5968 鲠	(鯁)	[骾]
5969 鲡	(鱺)	
5970 鲢	(鰱)	
5971 鲣	(鰹)	
5972 鲥	(鰣)	
5973 鲦	(鰷)	

规范字	繁体字	异体字
5974 鲩	(鯇)	
5977 觯	(觶)	
5978 徽	(黴)	
5979 馔	(饌)	[籑]
5986 斋	(齏)	
5992 糍		[餈]
6010 谳	(讞)	
6011 襁	(襁)	
6014 谵	(譫)	
6016 屦	(屨)	
6019 戮		[剹]
6021 缬	(纈)	
6022 缮	(繕)	
6023 缯	(繒)	
6024 骤	(驟)	
6042 擞	(擻)	
6045 颢	(顥)	
6048 颠	(顛)	
6053 薮	(藪)	
6057 橛		[橜]
6061 橹	(櫓)	[樐樐艣艪]
6062 樽		[罇]
6064 橼	(櫞)	
6073 赝	(贋)	[贗]
6074 飙	(飆)	
6078 霓		[蜺]
6079 錾	(鏨)	
6080 辚	(轔)	
6086 瞰		[矙]
6097 螨	(蟎)	
6111 锗	(鍺)	

规范字	繁体字	异体字
6112 镖	(鏢)	
6113 镗	(鏜)	
6114 镘	(鏝)	
6115 镪	(鏹)	
6116 镛	(鏞)	
6117 镝	(鏑)	
6118 镞	(鏃)	
6119 镠	(鏐)	
6120 氇	(氌)	
6122 憩		[憇]
6123 穑	(穡)	
6131 翱		[翶]
6132 魉	(魎)	
6136 膳		[饍]
6139 鲮	(鯪)	
6140 鲱	(鯡)	
6141 鲲	(鯤)	
6142 鲳	(鯧)	
6143 鲴	(鯝)	
6144 鲵	(鯢)	
6145 鲷	(鯛)	
6146 鲻	(鯔)	
6148 獭	(獺)	
6151 鹛	(鶥)	
6153 赟	(贇)	
6156 癍	(瘢)	
6161 斓	(斕)	
6174 濑	(瀨)	
6191 颡	(顙)	
6192 缱	(繾)	
6193 缲	(繰)	

规范字		繁体字	异体字
6194	缳	(繯)	
6210	藓	(蘚)	
6216	翳		[瞖]
6219	鹱	(鸌)	
6220	龋	(齲)	
6221	龌	(齷)	
6227	蹑	(躡)	
6228	蹒	(蹣)	
6237	羁	(羈)	[覊]
6245	镡	(鐔)	
6246	镢	(鐝)	
6247	镣	(鐐)	
6248	镦	(鐓)	
6249	镧	(鑭)	
6250	镩	(鑹)	
6251	镪	(鏹)	
6252	镫	(鐙)	
6258	簖	(籪)	
6263	鹪	(鷦)	
6273	膻		[羴羶]
6276	鲼	(鱝)	
6277	鲽	(鰈)	
6278	鳀	(鯷)	
6279	鳃	(鰓)	
6280	鳅	(鰍)	[鰌]
6281	鳇	(鰉)	
6282	鳊	(鯿)	
6284	燮		[爕]
6285	鹫	(鷲)	
6292	𬇹	(𬇹)	
6301	襁		[繦]

规范字		繁体字	异体字
6308	鹬	(鷸)	
6311	鳌	(鰲)	[鼇]
6313	鬃		[騌鬉騣]
6315	鞯	(韉)	
6320	藜		[蔾]
6330	颢	(顥)	
6333	蹚		[䠀]
6334	鹭	(鷺)	
6339	鹮	(䴉)	
6342	髅	(髏)	
6344	镬	(鑊)	
6345	镭	(鐳)	
6346	镯	(鐲)	
6349	簪		[簮]
6351	雠	(讎)	[讐]
6353	鳎	(鰨)	
6354	鳏	(鰥)	
6355	鳐	(鰩)	
6356	癞	(癩)	
6368	攒	(攢)	
6379	霭	(靄)	
6383	蹰		[躕]
6387	蹴		[蹵]
6389	蹿	(躥)	
6395	髋	(髖)	
6396	髌	(髕)	
6397	镲	(鑔)	
6399	籁	(籟)	
6403	鳓	(鰳)	
6404	鳔	(鰾)	
6405	鳕	(鱈)	

规范字	繁体字	异体字
6406	鳗	(鰻)	
6407	鱅	(鱅)	
6416	谶	(讖)	
6418	骥	(驥)	
6419	缵	(纘)	
6420	瓒	(瓚)	
6430	鼍	(鼉)	
6432	黩	(黷)	
6434	黪	(黲)	
6435	镳	(鑣)	
6436	镴	(鑞)	
6438	纂		[簒]
6441	臜	(臢)	
6442	鳜	(鱖)	
6443	鳝	(鱔)	[鱓]
6444	鳟	(鱒)	
6445	獾		[貛貛]
6447	骧	(驤)	
6452	鞴	(鞲)	
6454	鳢	(鱧)	
6455	癫	(癲)	
6459	灏	(灝)	
6467	鹳	(鸛)	
6473	镶	(鑲)	
6478	趱	(趲)	
6481	颧	(顴)	
6482	躜	(躦)	
6483	鼹		[鼴]
6485	麟		[麐]
6497	儴	(儴)	
6498	戆	(戇)	

规范字	繁体字	异体字
6509	戋	(戔)	
6520	讦	(訐)	
6521	讱	(訒)	
6536	钆	(釓)	
6538	伲	(儞)	
6546	闩	(閂)	
6547	沥	(瀝)	
6549	诉	(訴)	
6550	讻	(訩)	
6551	讧	(訌)	
6553	纠	(糾)	
6554	纩	(纊)	
6558	场	(場)	
6559	刬	(剗)	
6560	坞	(塢)	
6561	坜	(壢)	
6564	坨	(埨)	
6567	扨	(撦)	
6576	芴	(蔫)	
6582	枊	(榪)	
6585	軚	(軑)	
6586	轨	(軌)	
6591	咼	(喎)	
6594	岖	(嶇)	
6599	贬	(貶)	
6602	伧	(傖)	
6607	飏	(颺)	
6609	阅	(閱)	
6612	沅	(潕)	
6613	沣	(灃)	
6614	沄	(澐)	

规范字		繁体字	异体字
6616	𬇙	(浿)	
6623	𬣙	(諓)	
6624	祃	(禡)	
6625	诇	(詗)	
6627	诎	(詘)	
6628	诐	(詖)	
6629	屃	(屓)	
6630	𫸩	(彄)	
6638	纮	(紘)	
6639	驲	(馹)	
6640	𫘜	(駮)	
6641	纻	(紵)	
6642	𬘘	(紞)	
6643	𫘣	(駃)	
6644	纼	(紖)	
6647	玱	(瑲)	
6660	苧	(薴)	
6664	㭎	(棡)	
6670	𬨎	(軝)	
6671	𬀩	(暐)	
6672	𬀪	(晛)	
6682	岽	(崬)	
6688	𫓹	(釴)	
6689	钐	(釤)	
6690	钔	(鍆)	
6691	钖	(鍚)	
6706	郐	(鄶)	
6713	狝	(獮)	
6714	饳	(飿)	
6726	峃	(嶨)	
6730	𬣡	(詷)	

规范字		繁体字	异体字
6731	𬣳	(詪)	
6732	𬩽	(鄩)	
6733	𫛚	(鳸)	
6737	𬮿	(隑)	
6739	𬯀	(隮)	
6744	𫰛	(娙)	
6745	迳	(逕)	
6747	𬳵	(駓)	
6748	𬳶	(駔)	
6749	𫘪	(駧)	
6750	𬘡	(絧)	
6751	驺	(騶)	
6752	𬳿	(駭)	
6753	绋	(紼)	
6754	绐	(紿)	
6761	𬍛	(瓅)	
6766	韨	(韍)	
6768	垯	(墶)	
6770	垲	(塏)	
6785	荙	(薘)	
6786	荛	(蕘)	
6791	𦰡	(蔄)	
6796	荭	(葒)	
6806	𬸘	(鳾)	
6814	龚	(龔)	
6815	轵	(軹)	
6816	轷	(軤)	
6817	轹	(轢)	
6818	轺	(軺)	
6820	𪾢	(睍)	
6821	昽	(曨)	

规范字	繁体字	异体字
6827	哒	(噠)	
6843	钘	(鈃)	
6844	铁	(鉄)	
6845	钜	(鉅)	
6846	铱	(銥)	
6847	钘	(釿)	
6848	铃	(鎬)	
6849	钪	(鈧)	
6850	钦	(鈇)	
6851	钭	(鈄)	
6854	俫	(倈)	
6861	舣	(艤)	
6864	鸰	(鴒)	
6872	飑	(颮)	
6874	饻	(餏)	
6886	浈	(湞)	
6887	溮	(溮)	
6895	浐	(滻)	
6903	裑	(褲)	
6917	泾	(經)	
6918	骊	(騳)	
6919	绁	(絪)	
6920	骁	(駚)	
6921	绖	(絰)	
6922	綖	(綖)	
6924	猋	(驫)	
6932	勐	(勐)	
6937	珝	(瑋)	
6941	塃	(塃)	
6951	茐	(蒭)	
6953	荶	(薞)	

规范字	繁体字	异体字
6955	荖	(蕔)	
6958	桠	(椏)	
6959	梜	(梜)	
6967	颎	(熲)	
6972	砭	(磰)	
6976	轵	(軏)	
6977	辀	(輈)	
6978	轾	(輊)	
6981	赀	(貲)	
6985	喷	(嘖)	
6989	晔	(曄)	
6991	晖	(暉)	
6995	鄅	(鄅)	
6996	帱	(幬)	
6999	奉	(奮)	
7000	嵚	(嶔)	
7003	赆	(贐)	
7004	铁	(鈇)	
7005	钷	(鉕)	
7006	铲	(鑪)	
7007	钟	(鈡)	
7008	铝	(鉊)	
7009	铒	(鍂)	
7019	僤	(僤)	
7029	鸹	(鴰)	
7034	劍	(劎)	
7039	悚	(悚)	
7053	炜	(燇)	
7059	涢	(溳)	
7070	岩	(礜)	
7074	鸾	(鶱)	

规范字	繁体字	异体字
7079 裰	(襏)	
7093 骏	(駼)	
7094 绤	(綌)	
7095 纻	(紵)	
7096 驿	(驔)	
7097 绗	(絎)	
7099 珊	(璀)	
7114 埠	(墠)	
7117 壶	(壼)	
7119 聍	(聹)	
7121 择	(撢)	
7125 勘	(勱)	
7132 罃	(罃)	
7135 梼	(檮)	
7138 楝	(楝)	
7144 厣	(厴)	
7146 磋	(磋)	
7147 硇	(磑)	
7148 硚	(礄)	
7152 鸷	(鷙)	
7153 龁	(齕)	
7161 顿	(頓)	
7166 蛛	(蝀)	
7168 啴	(嘽)	
7176 铏	(鉶)	
7177 铚	(銈)	
7178 铗	(鈌)	
7179 铕	(銪)	
7180 铋	(鑤)	
7181 铖	(鋮)	
7182 铘	(鋣)	

规范字	繁体字	异体字
7183 铨	(銓)	
7184 锎	(鐦)	
7185 铥	(銩)	
7186 铴	(鐋)	
7194 鸺	(鵂)	
7205 鹟	(鶲)	
7209 貅	(貅)	
7210 胹	(腝)	
7214 鉳	(釲)	
7221 巓	(巚)	
7224 鸹	(鴰)	
7227 阕	(闋)	
7234 润	(瀙)	
7241 鋈	(鋻)	
7249 谭	(諲)	
7250 诚	(諴)	
7252 裈	(褌)	
7254 諟	(諟)	
7255 馊	(餿)	
7256 谞	(諝)	
7260 �	(隡)	
7266 嫚	(孀)	
7273 绮	(綪)	
7274 綝	(綝)	
7275 骓	(騑)	
7276 骒	(騍)	
7277 绹	(綯)	
7278 综	(綜)	
7279 绰	(綽)	
7280 骗	(騗)	
7281 骡	(騄)	

规范字	繁体字	异体字	规范字	繁体字	异体字
7298 縶	(繺)		7385 頍	(頍)	
7299 塿	(塿)		7389 筥	(篔)	
7307 葳	(葳)		7399 颒	(頮)	
7310 黇	(黇)		7401 腘	(膕)	
7326 梽	(檵)		7405 顁	(顁)	
7327 鹓	(鵷)		7406 魮	(魮)	
7334 鹕	(鶘)		7408 鸢	(鳶)	
7336 酦	(醱)		7411 餶	(餶)	
7337 觌	(覿)		7414 厱	(厱)	
7342 詟	(讋)		7421 闉	(闉)	
7343 輓	(輓)		7423 煇	(煇)	
7344 辌	(輬)		7425 澅	(澅)	
7346 斲	(斲)		7427 溇	(漊)	
7347 龀	(齔)		7435 溇	(漊)	
7361 嵞	(嵞)		7441 敄	(敄)	
7365 嵌	(嵌)		7445 裣	(襝)	
7366 翄	(翄)		7454 毨	(毨)	
7367 颉	(頡)		7456 骕	(驌)	
7370 颎	(熲)		7457 騠	(騠)	
7372 腡	(膕)		7458 缊	(縕)	
7373 镂	(鏤)		7459 线	(線)	
7374 锊	(鋝)		7460 驝	(驝)	
7375 钍	(釷)		7465 鹊	(鵲)	
7376 铽	(鋱)		7479 赪	(赬)	
7377 铼	(錸)		7491 蕡	(蕡)	
7378 铞	(銱)		7499 橉	(橯)	
7379 铪	(鉿)		7503 酜	(醆)	
7380 铳	(銃)		7508 碑	(碑)	
7381 锏	(鐧)		7511 辒	(輼)	
7382 铉	(鈜)		7512 辐	(輻)	
7383 锓	(鋟)		7513 輮	(輮)	

规范字		繁体字	异体字
7514	龆	(齠)	
7518	鹍	(鵾)	
7519	嘤	(嚶)	
7526	赗	(賵)	
7528	锖	(錆)	
7529	𫓹	(錤)	
7530	锘	(鍩)	
7531	锳	(鍈)	
7532	锧	(鑕)	
7533	锪	(鍃)	
7534	𬭚	(錞)	
7535	锫	(錇)	
7536	锬	(錟)	
7537	铍	(鈹)	
7540	䅟	(穇)	
7541	𬕂	(篢)	
7543	筼	(篔)	
7548	鹎	(鵯)	
7557	鲉	(鮋)	
7558	鲊	(鮓)	
7559	鲌	(鮊)	
7560	䲟	(鮣)	
7561	𬶋	(鮈)	
7562	𬶍	(鮀)	
7563	𬶏	(鮍)	
7566	飔	(颸)	
7568	𦝼	(膢)	
7569	𫗴	(饁)	
7573	瘅	(癉)	
7575	鹒	(鶊)	
7579	阘	(闒)	

规范字		繁体字	异体字
7580	阗	(闐)	
7587	滠	(灄)	
7602	𫌀	(襀)	
7608	谫	(謭)	
7609	鹲	(鸏)	
7610	𬱟	(頵)	
7617	𬳵	(騵)	
7618	𬳽	(騱)	
7619	缞	(縗)	
7622	𫞩	(璊)	
7625	瑷	(璦)	
7644	蔹	(蘞)	
7649	𬃊	(樍)	
7650	𣗋	(欓)	
7654	鹥	(鷖)	
7656	酾	(釃)	
7661	𥖨	(礷)	
7667	鲝	(鮺)	
7668	䴗	(鶪)	
7671	䴓	(鳾)	
7678	𨱏	(鎝)	
7679	锺	(鍾)	
7680	锼	(鎪)	
7681	锽	(鍠)	
7682	𫔎	(鍭)	
7683	锾	(鍰)	
7684	锿	(鎄)	
7685	镃	(鎡)	
7686	镄	(鐨)	
7687	镅	(鎇)	
7689	鹜	(鶩)	

规范字	繁体字	异体字
7690	篧	(簎)
7699	鲒	(鮚)
7700	鲕	(鮞)
7701	鲫	(鰤)
7702	鲖	(鮦)
7703	鲗	(鰂)
7704	鲘	(鮜)
7705	鲙	(鱠)
7706	鲦	(鮡)
7707	鲍	(鮠)
7708	鲛	(鮫)
7711	飑	(颮)
7712	鸷	(鷙)
7716	瘗	(瘞)
7719	羞	(羹)
7724	潆	(濚)
7735	窭	(窶)
7737	谫	(譾)
7746	缤	(繽)
7748	麹	(麴)
7751	逮	(靆)
7761	鹃	(鵑)
7765	愁	(愁)
7772	蝽	(蝽)
7785	镆	(鏌)
7786	镈	(鎛)
7787	镋	(钂)
7788	镎	(錊)
7789	镏	(鎦)
7790	镕	(鎔)
7795	鹛	(鶥)

规范字	繁体字	异体字
7798	鸰	(鴒)
7799	鲍	(鮵)
7800	鲦	(鰷)
7801	鲲	(鯤)
7802	鲬	(鯒)
7805	鹠	(鶹)
7806	鹡	(鶺)
7807	糇		[餱]
7810	鹞	(鷂)
7811	鹣	(鶼)
7817	潏	(潏)
7824	骞	(騫)
7828	谭	(譞)
7831	骝	(騮)
7841	蘋	(蘋)
7853	獉	(獉)
7854	辙	(轍)
7855	崎	(嶠)
7856	觊	(觊)
7857	嵯	(嵯)
7870	巇	(巇)
7872	镨	(鐠)
7873	镤	(鏷)
7874	镦	(鐓)
7878	钱	(籛)
7885	鲭	(鯖)
7886	鲯	(鯕)
7887	鲰	(鯫)
7888	鲓	(鯝)
7889	鲹	(鰺)
7890	馔	(饘)

规范字	繁体字	异体字
7891	觯	(觶)
7894	鹜	(鶩)
7912	黇	(黇)
7914	鹨	(鷚)
7916	繶	(繶)
7918	璷	(璷)
7935	蟥	(蟥)
7936	嚼	(嚼)
7937	镐	(鐥)
7938	镁	(鏷)
7939	镖	(鏢)
7940	镭	(鐥)
7941	镥	(鑥)
7942	镨	(鐠)
7943	磷	(鏻)
7944	镈	(鎛)
7945	镱	(鐿)
7946	镐	(鑘)
7958	鹖	(鶡)
7960	鲭	(鯖)
7961	鲗	(鰂)
7962	鲴	(鯝)
7963	鲠	(鯁)
7964	鲥	(鰭)
7965	鲲	(鯤)
7966	鲵	(鯢)
7967	鲳	(鯨)
7968	鲒	(鮚)
7972	襕	(襴)
7974	鳖	(鱉)
7979	缡	(繡)

规范字	繁体字	异体字
7980	缥	(繻)
7983	鹝	(鷖)
7987	蔺	(藺)
7991	鹬	(鷸)
7993	鹰	(鷹)
8003	镮	(鐶)
8004	镱	(鐿)
8005	酂	(酇)
8014	騰	(騰)
8015	鲮	(鯪)
8016	鲢	(鰱)
8017	骧	(驤)
8018	鹣	(鶼)
8023	辗	(輾)
8029	鹏	(鵬)
8030	缫	(繰)
8038	鳌	(鰲)
8042	鳏	(鰥)
8043	鳒	(鰜)
8044	鳈	(鰁)
8045	鳎	(鰨)
8049	蘐	(蘐)
8055	颢	(顥)
8062	鳝	(鱔)
8072	骦	(驦)
8073	缬	(纈)
8079	齄	(齇)
8082	鳔	(鰾)
8083	鳜	(鱖)
8084	鳟	(鱒)
8092	鹳	(鸛)

规范字	繁体字	异体字
8096 鰭	（鰭）	

规范字	繁体字	异体字
8100 鱲	（鱲）	

---

¹ 瞭：读 liào 时不简化作"了"，如"瞭望""瞭哨"。

² 迺：可用于姓氏人名、地名。

³ 乾：读 qián 时不简化作"干"，如"乾坤""乾隆"。

⁴ 麽：读 mó 时不简化作"么"，如"幺麽小丑"。

⁵ 椏：可用于姓氏人名、地名和科学技术术语，但须类推简化作"桠"（参见本表序号 6958），如"五桠果科"。

⁶ 耑：可用于姓氏人名，读 duān。读 zhuān 时用"专"。

⁷ 鉅：可用于姓氏人名、地名，但须类推简化作"钜"（参见本表序号 6845）。

⁸ 昇：可用于姓氏人名，如"毕昇"。

⁹ 陞：可用于姓氏人名、地名。

¹⁰ 讎：用于"校讎""讎定""仇讎"等，但须类推简化作"雠"（参见本表序号 6351）。其他意义用"仇"。

¹¹ 祇：用于表示地神，读 qí。读 zhǐ 时用"只"。

¹² 甯：可用于姓氏人名。

¹³ 颺：可用于姓氏人名，但须类推简化作"飏"（参见本表序号 6607）。

¹⁴ 袷：用于"袷袢"，读 qiā。读 jiá 时用"夹"。

¹⁵ 麴：可用于姓氏人名，但须类推简化作"麹"（参见本表序号 7748）。

¹⁶ 仝：可用于姓氏人名。

¹⁷ 夥：作"多"解时不简化作"伙"。

¹⁸ 剋：表示训斥、打人时读 kēi，不简化作"克"。

¹⁹ 甦：可用于姓氏人名。

²⁰ 邘：可用于姓氏人名。

²¹ 氾：可用于姓氏人名，读 fán。读 fàn 时用"泛"。

²² 堑：可用于姓氏人名。

²³ 蘋：用于表示植物名时简化作"蘋"（参见本表序号 7841），不简化作"苹"。

²⁴ 犇：可用于姓氏人名。

²⁵ 龢：可用于姓氏人名。

²⁶ 訢：可用于姓氏人名，但须类推简化作"䜣"（参见本表序号 6549）。

²⁷ 徵：用于表示"宫商角徵羽"五音之一时读 zhǐ，不简化作"征"。

²⁸ 逈：可用于姓氏人名、地名，但须类推简化作"迥"（参见本表序号 6745）。

²⁹ 鑪：用于科学技术术语，指一种人造的放射性元素（符号为 Rf），但须类推简化作"鲈"（参见本表序号 7006）。

³⁰ 線：可用于姓氏人名，但须类推简化作"线"（参见本表序号 7459）。

³¹ 釐：可用于姓氏人名，读 xī。读 lí 时用"厘"。

³² 鍾：用于姓氏人名时可简化作"锺"（参见本表序号 7679）。

³³ 脩：用于表示干肉，如"束脩"。其他意义用"修"。

³⁴ 絜：读 xié 或 jié 时均可用于姓氏人名。

³⁵ 扞：用于表示相互抵触，如"扞格"。其他意义用"捍"。

³⁶ 喆：可用于姓氏人名。

³⁷ 祕：可用于姓氏人名。

³⁸ 藉：读 jí 或用于慰藉、衬垫义时不简化作"借"，如"狼藉（jí）""枕藉（jiè）"。

³⁹ 頫：可用于姓氏人名，但须类推简化作"𫖮"（参见本表序号 7399），如"赵孟𫖮"。

⁴⁰ 貲：可用于姓氏人名和表示计量义，但须类推简化作"赀"（参见

本表序号 6981)。

41 叚:可用于姓氏人名,读 xiá。读 jiǎ 时用"假"。

42 勛:可用于姓氏人名,但须类推简化作"勋"(参见本表序号 6932)。

43 菉:可用于姓氏人名、地名。

44 蒐:用于表示草名和春天打猎。其他意义用"搜"。

45 淼:可用于姓氏人名、地名。

46 椀:用于科学技术术语,如"橡椀"。其他意义用"碗"。

47 谿:可用于姓氏人名。

48 筦:可用于姓氏人名。

49 澂:可用于姓氏人名。

50 剳:用于科学技术术语,如中医学中的"目剳"。其他意义用"札"。

51 阪:可用于地名,如"大阪"。

52 吒:可用于姓氏人名,读 zhā,如"哪吒"。读 zhà 时用"咤"。

汉语拼音字母名称读音对照表

（1982 年 8 月 17 日国家标准局、中国文字改革委员会发布）

汉语拼音字母	字母名称读音		
	汉语拼音	注音字母	国际音标
A	a	ㄚ	[a]
B	bê	ㄅㄝ	[bɛ]
C	cê	ㄘㄝ	[tsʻɛ]
D	dê	ㄉㄝ	[dɛ]
E	e	ㄜ	[ə]
F	êf	ㄝㄈ	[ɛf]
G	gê	ㄍㄝ	[gɛ]
H	ha	ㄏㄚ	[xa]
I	yi	ㄧ	[i]
J	jie	ㄐㄧㄝ	[tɕiɛ]
K	kê	ㄎㄝ	[kʻɛ]
L	êl	ㄝㄌ	[ɛl]
M	êm	ㄝㄇ	[ɛm]
N	nê	ㄋㄝ	[nɛ]
O	o	ㄛ	[o]
P	pê	ㄆㄝ	[pʻɛ]
Q	qiu	ㄑㄧㄡ	[tɕʻiu]

续表

汉语拼音字母	字母名称读音		
	汉语拼音	注音字母	国际音标
R	ar	ㄚㄦ	[ar]
S	ês	ㄝㄙ	[ɛs]
T	tê	ㄊㄝ	[t'ɛ]
U	wu	ㄨ	[u]
V	vê	ㄪㄝ	[vɛ]
W	wa	ㄨㄚ	[wa]
X	xi	ㄒㄧ	[ɕi]
Y	ya	ㄧㄚ	[ja]
Z	zê	ㄗㄝ	[tsɛ]

注：[bɛ][dɛ][gɛ]中的"。"是清音化符号。

[ts'ɛ][k'ɛ][p'ɛ][tɕ'iu][t'ɛ]中的"·"是送气符号，表示"·"前的音是送气音。

第一批异形词整理表

（2001 年 12 月 19 日中华人民共和国教育部、国家语言
文字工作委员会发布，2002 年 3 月 31 日起试行）

1　范围

本规范是推荐性试行规范。根据"积极稳妥、循序渐进、区别
对待、分批整理"的工作方针，选取了普通话书面语中经常使用、公
众的取舍倾向比较明显的 338 组（不含附录中的 44 组）异形词（包
括词和固定短语）作为第一批进行整理，给出了每组异形词的推荐
使用词形。

本规范适用于普通话书面语，包括语文教学、新闻出版、辞书
编纂、信息处理等方面。

2　规范性引用文件

第一批异体字整理表（1955 年 12 月 22 日中华人民共和国文
化部、中国文字改革委员会发布）

汉语拼音方案（1958 年 2 月 11 日中华人民共和国第一届全
国人民代表大会第五次会议批准）

普通话异读词审音表（1985 年 12 月 27 日国家语言文字工作
委员会、国家教育委员会和广播电视部发布）

简化字总表（1986 年 10 月 10 日经国务院批准国家语言文字
工作委员会重新发表）

现代汉语常用字表（1988 年 1 月 26 日国家语言文字工作委
员会、国家教育委员会发布）

现代汉语通用字表（1988 年 3 月 25 日国家语言文字工作委

员会、中华人民共和国新闻出版署发布）

　　GB/T 16159—1996　汉语拼音正词法基本规则

3　术语

3.1　异形词

普通话书面语中并存并用的同音（本规范中指声、韵、调完全相同）、同义（本规范中指理性意义、色彩意义和语法意义完全相同）而书写形式不同的词语。

3.2　异体字

与规定的正体字同音、同义而写法不同的字。本规范中专指被《第一批异体字整理表》淘汰的异体字。

3.3　词形

本规范中指词语的书写形式。

3.4　语料

本规范中指用于词频统计的普通话书面语中的语言资料。

3.5　词频

在一定数量的语料中同一个词语出现的频度，一般用词语的出现次数或覆盖率来表示。本规范中指词语的出现次数。

4　整理异形词的主要原则

现代汉语中异形词的出现有一个历史发展过程，涉及形、音、义等多个方面。整理异形词必须全面考虑、统筹兼顾。既立足于现实，又尊重历史；既充分注意语言的系统性，又承认发展演变中的特殊情况。

4.1　通用性原则

根据科学的词频统计和社会调查，选取公众目前普遍使用的词形作为推荐词形。把通用性原则作为整理异形词的首要原则，这是由语言的约定俗成的社会属性所决定的。据多方考察，90%

以上的常见异形词在使用中词频逐渐出现显著性差异,符合通用性原则的词形绝大多数与理据性等原则是一致的。即使少数词频高的词形与语源或理据不完全一致,但一旦约定俗成,也应尊重社会的选择。如"毕恭毕敬 24—必恭必敬 0"(数字表示词频,下同),从源头来看,"必恭必敬"出现较早,但此成语在流传过程中意义发生了变化,由"必定恭敬"演变为"十分恭敬",理据也有了不同。从目前的使用频率看,"毕恭毕敬"通用性强,故以"毕恭毕敬"为推荐词形。

4.2 理据性原则

某些异形词目前较少使用,或词频无显著性差异,难以依据通用性原则确定取舍,则从词语发展的理据性角度推荐一种较为合理的词形,以便于理解词义和方便使用。如"规诚 1—规戒 2","戒""诫"为同源字,在古代二者皆有"告诫"和"警戒"义,因此两词形皆合语源。但现代汉语中"诫"多表"告诫"义,"戒"多表"警戒"义,"规诫"是以言相劝,"诫"的语素义与词义更为吻合,故以"规诫"为推荐词形。

4.3 系统性原则

词汇内部有较强的系统性,在整理异形词时要考虑同语素系列词用字的一致性。如"侈靡 0—侈糜 0│靡费 3—糜费 3",根据使用频率,难以确定取舍。但同系列的异形词"奢靡 87—奢糜 17",前者占有明显的优势,故整个系列都确定以含"靡"的词形为推荐词形。

以上三个原则只是异形词取舍的三个主要侧重点,具体到每组词还需要综合考虑决定取舍。

另外,目前社会上还流行着一批含有非规范字(即国家早已废止的异体字或已简化的繁体字)的异形词,造成书面语使用中的混乱。这次选择了一些影响较大的列为附录,明确作为非规范词形予以废除。

5　《第一批异形词整理表》说明

　　5.1　本表研制过程中，用《人民日报》1995—2000 年全部作品作语料对异形词进行词频统计和分析，并逐条进行人工干预，尽可能排除电脑统计的误差，部分异形词还用《人民日报》1987—1995 年语料以及 1996—1997 年的 66 种社会科学杂志和158 种自然科学杂志的语料进行了抽样复查。同时参考了《现代汉语词典》《汉语大词典》《辞海》《新华词典》《现代汉语规范字典》等工具书和有关讨论异形词的文章。

　　5.2　每组异形词连接号前为选取的推荐词形。表中需要说明的个别问题，以注释方式附在表后。

　　5.3　本表所收的条目按首字的汉语拼音音序排列，同音的按笔画数由少到多排列。

　　5.4　附录中列出的非规范词形置于一字线后，已淘汰的异体字和已简化的繁体字在左上角用"＊"号标明。

A

按捺—按纳

按语—案语

B

百废俱兴—百废具兴

百叶窗—百页窗

斑白—班白、颁白

斑驳—班驳

孢子—胞子

保镖—保镳

保姆—保母、褓姆

辈分—辈份

本分—本份

笔画—笔划

毕恭毕敬—必恭必敬

编者按—编者案

扁豆—萹豆、稨豆、藊豆

标志—标识

鬓角—鬓脚

秉承—禀承

补丁—补靪、补钉

C

参与—参预

惨淡—惨澹

差池—差迟

掺和—搀和①

掺假—搀假

掺杂—搀杂

铲除—划除

徜徉—倘佯

车厢—车箱

彻底—澈底

沉思—沈思②

称心—趁心

成分—成份

澄澈—澄彻

侈靡—侈糜

筹划—筹画

筹码—筹马

踌躇—踌蹰

出谋划策—出谋画策

喘吁吁—喘嘘嘘

瓷器—磁器

赐予—赐与

粗鲁—粗卤

D

搭档—搭当、搭挡

搭讪—搭赸、答讪

答复—答覆

戴孝—带孝

担心—耽心

担忧—耽忧

耽搁—担搁

淡泊—澹泊

淡然—澹然

倒霉—倒楣

低回—低徊③

凋敝—雕敝、雕弊④

---

① "掺""搀"实行分工:"掺"表混合义,"搀"表搀扶义。

② "沉"本为"沈"的俗体,后来"沉"字成了通用字,与"沈"并存并用,并形成了许多异形词,如"沉没—沈没 | 沉思—沈思 | 深沉—深沈"等。现在"沈"只读 shěn,用于姓氏。地名沈阳的"沈"是"瀋"的简化字。表示"沉没"及其引申义,现在一般写作"沉",读 chén。

③ 《普通话异读词审音表》审定"徊"统读 huái。"低回"一词只读 dīhuí,不读 dīhuái。

④ "凋""雕"古代通用,1955 年《第一批异体字整理表》曾将"凋"作为"雕"的异体字予以淘汰。1988 年《现代汉语通用字表》确认"凋"为规范字,表示"凋谢"及其引申义。

凋零—雕零
凋落—雕落
凋谢—雕谢
跌宕—跌荡
跌跤—跌交
喋血—蹀血
叮咛—丁宁
订单—定单①
订户—定户
订婚—定婚
订货—定货
订阅—定阅
斗拱—枓拱、枓栱
逗留—逗遛
逗趣儿—斗趣儿
独角戏—独脚戏
端午—端五

E

二黄—二簧
二心—贰心

F

发酵—酦酵
发人深省—发人深醒
繁衍—蕃衍
吩咐—分付
分量—份量
分内—份内
分外—份外
分子—份子②
愤愤—忿忿
丰富多彩—丰富多采
风瘫—疯瘫
疯癫—疯颠
锋芒—锋铓
服侍—伏侍、服事
服输—伏输
服罪—伏罪
负隅顽抗—负嵎顽抗
附会—傅会

---

① "订""定"二字中古时本不同音，演变为同音字后，才在"预先、约定"的义项上通用，形成了一批异形词。不过近几十年二字在此共同义项上又发生了细微分化："订"多指事先经过双方商讨的，只是约定，并非确定不变的；"定"侧重在确定，不轻易变动。故有些异形词现已分化为近义词，但本表所列的"订单—定单"等仍为全等异形词，应依据通用性原则予以规范。

② 此词是指属于一定阶级、阶层、集团或具有某种特征的人，如"地主～｜知识～｜先进～"。与分母相对的"分子"、由原子构成的"分子"（读 fēnzǐ）、凑份子送礼的"份子"（读 fènzi），音、义均不同，不可混淆。

复信—覆信

覆辙—复辙

G

干预—干与

告诫—告戒

耿直—梗直、鲠直

恭维—恭惟

勾画—勾划

勾连—勾联

孤苦伶仃—孤苦零丁

辜负—孤负

古董—骨董

股份—股分

骨瘦如柴—骨瘦如豺

关联—关连

光彩—光采

归根结底—归根结柢

规诫—规戒

鬼哭狼嚎—鬼哭狼嗥

过分—过份

H

蛤蟆—虾蟆

含糊—含胡

含蓄—涵蓄

寒碜—寒伧

喝彩—喝采

喝倒彩—喝倒采

轰动—哄动

弘扬—宏扬

红彤彤—红通通

宏论—弘论

宏图—弘图、鸿图

宏愿—弘愿

宏旨—弘旨

洪福—鸿福

狐臭—胡臭

蝴蝶—胡蝶

糊涂—胡涂

琥珀—虎魄

花招—花着

划拳—豁拳、搳拳

恍惚—恍忽

辉映—晖映

溃脓—殨脓

浑水摸鱼—混水摸鱼

伙伴—火伴

J

机灵—机伶

激愤—激忿

计划—计画

纪念—记念

寄予—寄与

夹克—茄克

嘉宾—佳宾

驾驭—驾御

架势—架式

嫁妆—嫁装

简练—简炼

骄奢淫逸—骄奢淫佚

角门—脚门

狡猾—狡滑

脚跟—脚根

叫花子—叫化子

精彩—精采

纠合—鸠合

纠集—鸠集

就座—就坐

角色—脚色

K

克期—刻期

克日—刻日

刻画—刻划

阔佬—阔老

L

褴褛—蓝缕

烂漫—烂缦、烂熳

狼藉—狼籍

榔头—狼头、锒头

累赘—累坠

黧黑—黎黑

连贯—联贯

连接—联接

连绵—联绵①

连缀—联缀

联结—连结

联袂—连袂

联翩—连翩

踉跄—踉蹡

嘹亮—嘹喨

缭乱—撩乱

伶仃—零丁

囹圄—囹圉

溜达—蹓跶

流连—留连

喽啰—喽罗、偻㑩

鲁莽—卤莽

录像—录象、录相

络腮胡子—落腮胡子

落寞—落漠、落莫

M

麻痹—痳痹

麻风—痳风

---

① "联绵字""联绵词"中的"联"不能改写为"连"。

麻疹—痲疹

马蜂—蚂蜂

马虎—马糊

门槛—门坎

靡费—糜费

绵连—绵联

腼腆—觍觍

模仿—摹仿

模糊—模胡

模拟—摹拟

摹写—模写

摩擦—磨擦

摩拳擦掌—磨拳擦掌

磨难—魔难

脉脉—眽眽

谋划—谋画

N

那么—那末

内讧—内哄

凝练—凝炼

牛仔裤—牛崽裤

纽扣—钮扣

P

扒手—掱手

盘根错节—蟠根错节

盘踞—盘据、蟠踞、蟠据

盘曲—蟠曲

盘陀—盘驼

磐石—盘石、蟠石

蹒跚—盘跚

彷徨—旁皇

披星戴月—披星带月

疲沓—疲塌

漂泊—飘泊

漂流—飘流

飘零—漂零

飘摇—飘飖

凭空—平空

Q

牵连　牵联

憔悴—蕉萃

清澈—清彻

情愫—情素

拳拳—惓惓

劝诫—劝戒

R

热乎乎—热呼呼

热乎—热呼

热衷—热中

人才—人材

日食—日蚀

入座—入坐

S

色彩—色采

杀一儆百—杀一警百

鲨鱼—沙鱼

山楂—山查

舢板—舢舨

艄公—梢公

奢靡—奢糜

申雪—伸雪

神采—神彩

湿漉漉—湿渌渌

什锦—十锦

收服—收伏

首座—首坐

书简—书柬

双簧—双镳

思维—思惟

死心塌地—死心踏地

T

踏实—塌实

甜菜—恭菜

铤而走险—挺而走险

透彻—透澈

图像—图象

推诿—推委

W

玩意儿—玩艺儿

魍魉—蝄蜽

诿过—委过

乌七八糟—污七八糟

无动于衷—无动于中

毋宁—无宁

毋庸—无庸

五彩缤纷—五采缤纷

五劳七伤—五痨七伤

X

息肉—瘜肉

稀罕—希罕

稀奇—希奇

稀少—希少

稀世—希世

稀有—希有

翕动—噏动

洗练—洗炼

贤惠—贤慧

香醇—香纯

香菇—香菰

相貌—像貌

潇洒—萧洒

小题大做—小题大作

卸载—卸傤

信口开河—信口开合

惺忪—惺松

秀外慧中—秀外惠中

序文—叙文

序言—叙言

训诫—训戒

Y

压服—压伏

押韵—压韵

鸦片—雅片

扬琴—洋琴

要么—要末

夜宵—夜消

一锤定音——一槌定音

一股脑儿——一古脑儿

衣襟—衣衿

衣着—衣著

义无反顾—义无返顾

淫雨—霪雨

盈余—赢余

影像—影象

余晖—余辉

渔具—鱼具

渔网—鱼网

与会—预会

与闻—预闻

驭手—御手

预备—豫备①

原来—元来

原煤—元煤

原原本本—源源本本、元元本本

缘故—原故

缘由—原由

月食—月蚀

月牙—月芽

芸豆—云豆

Z

杂沓—杂遝

再接再厉—再接再砺

崭新—斩新

辗转—展转

---

① "预""豫"二字,古代在"预先、约定"的意义上通用,故形成了"预备—豫备｜预防—豫防｜预感—豫感｜预期—豫期"等20多组异形词。现在此义项已完全由"预"承担。但考虑到鲁迅等名家习惯用"豫",他们的作品影响深远,故列出一组特作说明。

战栗—颤栗①　　　　　　　　指手画脚—指手划脚

账本—帐本②　　　　　　　　周济—赒济

折中—折衷　　　　　　　　　转悠—转游

这么—这末　　　　　　　　　装潢—装璜

正经八百—正经八摆　　　　　孜孜—孳孳

芝麻—脂麻　　　　　　　　　姿势—姿式

肢解—支解、枝解　　　　　　仔细—子细

直截了当—直捷了当、直接　　自个儿—自各儿

　　了当　　　　　　　　　　佐证—左证

附　录

抵触—*牴触　　　　　　　　氛围—*雰围

抵牾—*牴牾　　　　　　　　构陷—*搆陷

喋血—*啑血　　　　　　　　浩渺—浩*淼

仿佛—彷*佛、*髣*髴　　　　红果儿—红*菓儿

飞扬—飞*飏　　　　　　　　胡同—*衚*衕

---

　　①　"颤"有两读，读 zhàn 时，表示人发抖，与"战"相通；读 chàn 时，主要表示物体轻微振动，也可表示人发抖，如"颤动"既可用于物，也可用于人。什么时候读 zhàn，什么时候读 chàn，很难从意义上把握，统一写作"颤"必然会给读者带来一定困难，故宜根据目前大多数人的习惯读音来规范词形，以利于稳定读音，避免混读。如"颤动、颤抖、颤巍巍、颤音、颤悠、发颤"多读 chàn，写作"颤"；"战栗、打冷战、打战、胆战心惊、冷战、寒战"等词习惯多读 zhàn，写作"战"。

　　②　"账"是"帐"的分化字。古人常把账目记于布帛上悬挂起来以利保存，故称日用的账目为"帐"。后来为了与帷帐分开，另造形声字"账"，表示与钱财有关。"账""帐"并存并用后，形成了几十组异形词。《简化字总表》《现代汉语通用字表》中"账""帐"均收，可见主张分化。二字分工如下："账"用于货币和货物出入的记载、债务等，如"账本、报账、借账、还账"等；"帐"专表用布、纱、绸子等制成的遮蔽物，如"蚊帐、帐篷、青纱帐（比喻用法）"等。

糊口—*餬口　　　　　　　弥蒙—*瀰*濛

蒺藜—蒺*藜　　　　　　　迷蒙—迷*濛

家伙—*傢伙　　　　　　　渺茫—*淼茫

家具—*傢具　　　　　　　飘扬—飘*飏

家什—*傢什　　　　　　　憔悴—*顦*顇

侥幸—*傲*倖、儌*倖　　　轻扬—轻*飏

局促—*侷促、*跼促　　　　水果—水*菓

撅嘴—*噘嘴　　　　　　　趟地—*蹚地

克期—*剋期　　　　　　　趟浑水—*蹚浑水

空蒙—空*濛　　　　　　　趟水—*蹚水

昆仑—*崑*崙　　　　　　　纨绔—纨*袴

劳动—劳*働　　　　　　　丫杈—*桠杈

绿豆—*菉豆　　　　　　　丫枝—*桠枝

马扎—马*劄　　　　　　　殷勤—*慇*懃

蒙眬—*矇眬　　　　　　　札记　*劄记

蒙蒙—*濛*濛　　　　　　　枝丫—枝*桠

弥漫—*瀰漫　　　　　　　跖骨—*蹠骨

汉语拼音正词法基本规则

（GB/T 16159－2012，代替 GB/T 16159－1996，国家质量监督检验检疫总局、国家标准化管理委员会 2012 年 6 月 29 日发布，2012 年 10 月 1 日实施）

1 范围

本标准规定了用《汉语拼音方案》拼写现代汉语的规则。内容包括分词连写规则、人名地名拼写规则、大写规则、标调规则、移行规则、标点符号使用规则等。为了适应特殊的需要，同时规定了一些变通规则。

本标准适用于文化教育、编辑出版、中文信息处理及其他方面的汉语拼音拼写。

2 规范性引用文件

下列文件对于本文件的应用是必不可少的。凡是注日期的引用文件，仅注日期的版本适用于本文件。凡是不注日期的引用文件，其最新版本（包括所有的修改单）适用于本文件。

GB/T 15834　标点符号用法

GB/T 28039　中国人名汉语拼音字母拼写规则

《汉语拼音方案》（1958 年 2 月 11 日第一届全国人民代表大会第五次会议批准）

《中国地名汉语拼音字母拼写规则（汉语地名部分）》（1984 年 12 月 25 日中国地名委员会、中国文字改革委员会、国家测绘局发布）

3 术语和定义

下列术语和定义适用于本文件。

3.1 词 word

语言里最小的、可以独立运用的单位。

3.2 汉语拼音方案 scheme for the Chinese phonetic alphabet

给汉字注音和拼写普通话语音的方案,1958 年 2 月 11 日第一届全国人民代表大会第五次会议批准。方案采用拉丁字母,并用附加符号表示声调,是帮助学习汉字和推广普通话的工具。

3.3 汉语拼音正词法 the Chinese phonetic alphabet orthography

汉语拼音的拼写规范及其书写格式的准则。

4 制定原则

4.1 本标准是在《汉语拼音方案》确定的音节拼写规则的基础上进一步规定的词的拼写规则。

4.2 以词为拼写单位,适当考虑语音、语义等因素,并兼顾词的拼写长度。

4.3 按语法词类分节规定分词连写规则。

5 总则

5.1 拼写普通话基本上以词为书写单位。例如:

rén(人)	pǎo(跑)
hǎo(好)	nǐ(你)
sān(三)	gè(个)
hěn(很)	bǎ(把)
hé(和)	de(的)

ā(啊)

fúróng(芙蓉)

māma(妈妈)

yuèdú(阅读)

zhòngshì(重视)

niánqīng(年轻)

shìwēi(示威)

chuánzhī(船只)

fēicháng(非常)

āiyā(哎呀)

túshūguǎn(图书馆)

pēng(砰)

qiǎokèlì(巧克力)

péngyǒu(朋友)

wǎnhuì(晚会)

dìzhèn(地震)

qiānmíng(签名)

niǔzhuǎn(扭转)

dànshì(但是)

dīngdōng(叮咚)

diànshìjī(电视机)

5.2　表示一个整体概念的双音节和三音节结构,连写。例如:

quánguó(全国)

dǎnxiǎo(胆小)

gōngguān(公关)

àiniǎozhōu(爱鸟周)

èzuòjù(恶作剧)

yīdāoqiē(一刀切)

chīdexiāo(吃得消)

zǒulái(走来)

huánbǎo(环保)

chángyòngcí(常用词)

yǎnzhōngdīng(眼中钉)

pòtiānhuāng(破天荒)

duìbùqǐ(对不起)

5.3　四音节及四音节以上表示一个整体概念的名称,按词或语节(词语内部由语音停顿而划分成的片段)分写,不能按词或语节划分的,全都连写。例如:

wúfèng gāngguǎn(无缝钢管)

huánjìng bǎohù guīhuà(环境保护规划)

jīngtǐguǎn gōnglǜ fàngdàqì(晶体管功率放大器)

Zhōnghuá Rénmín Gònghéguó(中华人民共和国)

Zhōngguó Shèhuì Kēxuéyuàn(中国社会科学院)

yánjiūshēngyuàn（研究生院）

hóngshízìhuì（红十字会）

gāoměngsuānjiǎ（高锰酸钾）

yúxīngcǎosù（鱼腥草素）

gǔshēngwùxuéjiā（古生物学家）

5.4　单音节词重叠，连写；双音节词重叠，分写。例如：

rénrén（人人）　　　　niánnián（年年）

kànkan（看看）　　　　shuōshuo（说说）

dàdà（大大）　　　　　hónghóng de（红红的）

gègè（个个）　　　　　tiáotiáo（条条）

yánjiū yánjiū（研究研究）

shāngliang shāngliang（商量商量）

xuěbái xuěbái（雪白雪白）

tōnghóng tōnghóng（通红通红）

重叠并列即 AABB 式结构，连写。例如：

láiláiwǎngwǎng（来来往往）

shuōshuōxiàoxiào（说说笑笑）

qīngqīngchǔchǔ（清清楚楚）

wānwānqūqū（弯弯曲曲）

fāngfāngmiànmiàn（方方面面）

qiānqiānwànwàn（千千万万）

5.5　单音节前附成分（副、总、非、反、超、老、阿、可、无、半等）或单音节后附成分（子、儿、头、性、者、员、家、手、化、们等）与其他词语，连写。例如：

fùbùzhǎng（副部长）

zǒnggōngchéngshī（总工程师）

fùzǒnggōngchéngshī（副总工程师）

fēiyèwù rényuán（非业务人员）

fēijīnshǔ(非金属)

chāoshēngbō(超声波)

lǎohǔ(老虎)

āyí(阿姨)

kěnì fǎnyìng(可逆反应)

wútiáojiàn(无条件)

bàndǎotǐ(半导体)

zhuōzi(桌子)

jīnr(今儿)

quántou(拳头)

kēxuéxìng(科学性)

shǒugōngyèzhě(手工业者)

chéngwùyuán(乘务员)

yìshùjiā(艺术家)

tuōlājīshǒu(拖拉机手)

xiàndàihuà(现代化)

fǎndàndào dǎodàn(反弹道导弹)

háizimen(孩子们)

5.6　为了便于阅读和理解,某些并列的词、语素之间或某些缩略语当中可用连接号。例如:

bā-jiǔ tiān(八九天)

shíqī-bā suì(十七八岁)

rén-jī duìhuà(人机对话)

zhōng-xiǎoxué(中小学)

lù-hǎi-kōngjūn(陆海空军)

biànzhèng-wéiwù zhǔyì(辩证唯物主义)

Cháng-Sānjiǎo(长三角[长江三角洲])

Hù-Níng-Háng Dìqū(沪宁杭地区)

Zhè-Gàn Xiàn(浙赣线)

Jīng-Zàng Gāosù Gōnglù(京藏高速公路)

6　基本规则

6.1　分词连写规则

6.1.1　名词

6.1.1.1　名词与后面的方位词,分写。例如:

shān shàng(山上)	shù xià(树下)
mén wài(门外)	mén wàimian(门外面)
hé li(河里)	hé lǐmian(河里面)

huǒchē shàngmian(火车上面)

xuéxiào pángbiān(学校旁边)

Yǒngdìng Hé shàng(永定河上)

Huáng Hé yǐnán(黄河以南)

6.1.1.2　名词与后面的方位词已经成词的,连写。例如:

tiānshang(天上)	dìxia(地下)
kōngzhōng(空中)	hǎiwài(海外)

6.1.2　动词

6.1.2.1　动词与后面的动态助词"着""了""过",连写。例如:

kànzhe(看着)

tǎolùn bìng tōngguòle(讨论并通过了)

jìnxíngguo(进行过)

6.1.2.2　句末的"了"兼做语气助词,分写。例如:

Zhè běn shū wǒ kàn le.(这本书我看了。)

6.1.2.3　动词与所带的宾语,分写。例如:

kàn xìn(看信)	chī yú(吃鱼)
kāi wánxiào(开玩笑)	jiāoliú jīngyàn(交流经验)

动宾式合成词中间插入其他成分的,分写。

jūle yī gè gōng(鞠了一个躬)

lǐguo sān cì fā(理过三次发)

6.1.2.4　动词(或形容词)与后面的补语，两者都是单音节的，连写；其余情况，分写。例如：

gǎohuài(搞坏)　　　　　　dǎsǐ(打死)

shútòu(熟透)　　　　　　jiànchéng(建成[楼房])

huàwéi(化为[蒸汽])　　　dàngzuò(当作[笑话])

zǒu jìnlái(走进来)　　　　zhěnglǐ hǎo(整理好)

jiànshè chéng(建设成[公园])

gǎixiě wéi(改写为[剧本])

6.1.3　形容词

6.1.3.1　单音节形容词与用来表示形容词生动形式的前附成分或后附成分，连写。例如：

mēngmēngliàng(蒙蒙亮)

liàngtángtáng(亮堂堂)

hēigulōngdōng(黑咕隆咚)

6.1.3.2　形容词与后面的"些""一些""点ⱼ""一点ⱼ"，分写。例如：

dà xiē(大些)　　　　　　　dà yīxiē(大一些)

kuài diǎnr(快点ⱼ)　　　　　kuài yīdiǎnr(快一点ⱼ)

6.1.4　代词

6.1.4.1　人称代词、疑问代词与其他词语，分写。例如：

Wǒ ài Zhōngguó.(我爱中国。)

Tāmen huílái le.(他们回来了。)

Shéi shuō de?（谁说的?）

Qù nǎlǐ?（去哪里?）

6.1.4.2　指示代词"这""那"，疑问代词"哪"与后面的名词或量词，分写。例如：

zhè rén（这人）

nà cì huìyì（那次会议）

zhè zhī chuán（这只船）

nǎ zhāng bàozhǐ（哪张报纸）

指示代词"这""那"，疑问代词"哪"与后面的"点ㄦ""般""边""时""会ㄦ"，连写。例如：

zhèdiǎnr（这点ㄦ）　　　　　　zhèbān（这般）

zhèbiān（这边）　　　　　　　　nàshí（那时）

nàhuìr（那会ㄦ）

6.1.4.3　"各""每""某""本""该""我""你"等与后面的名词或量词，分写。例如：

gè guó（各国）　　　　　　gè rén（各人）

gè xuékē（各学科）　　　　měi nián（每年）

měi cì（每次）　　　　　　mǒu rén（某人）

mǒu gōngchǎng（某工厂）　　běn shì（本市）

běn bùmén（本部门）　　　　gāi kān（该刊）

gāi gōngsī（该公司）　　　　wǒ xiào（我校）

nǐ dānwèi（你单位）

6.1.5　数词和量词

6.1.5.1　汉字数字用汉语拼音拼写，阿拉伯数字则仍保留阿拉伯数字写法。例如：

èr líng líng bā nián（二〇〇八年）

èr fēn zhī yī（二分之一）

wǔ yòu sì fēn zhī sān（五又四分之三）

sān diǎn yī sì yī liù（三点一四一六）

líng diǎn liù yī bā（零点六一八）

635 fēnjī（635 分机）

6.1.5.2　十一到九十九之间的整数，连写。例如：

shíyī(十一)　　　　　　　　shíwǔ(十五)

sānshísān(三十三)　　　　　jiǔshíjiǔ(九十九)

6.1.5.3　"百""千""万""亿"与前面的个位数,连写;"万""亿"与前面的十位以上的数,分写,当前面的数词为"十"时,也可连写。例如:

shí yì líng qīwàn èrqiān sānbǎi wǔshíliù/

shíyì líng qīwàn èrqiān sānbǎi wǔshíliù

(十亿零七万二千三百五十六)

liùshísān yì qīqiān èrbǎi liùshíbā wàn sìqiān líng jiǔshíwǔ

(六十三亿七千二百六十八万四千零九十五)

6.1.5.4　数词与前面表示序数的"第"中间,加连接号。例如:

dì-yī(第一)

dì-shísān(第十三)

dì-èrshíbā(第二十八)

dì-sānbǎi wǔshíliù(第三百五十六)

数词(限于"一"至"十")与前面表示序数的"初",连写。例如:

chūyī(初一)　　　　　　chūshí(初十)

6.1.5.5　代表月日的数词,中间加连接号。例如:

wǔ-sì(五四)　　　　　　yīèr-jiǔ(一二·九)

6.1.5.6　数词与量词,分写。例如:

liǎng gè rén(两个人)

yī dà wǎn fàn(一大碗饭)

liǎng jiān bàn wūzi(两间半屋子)

kàn liǎng biàn(看两遍)

数词、量词与表示约数的"多""来""几",分写。

yībǎi duō gè(一百多个)

shí lái wàn rén(十来万人)

jǐ jiā rén(几家人)

jǐ tiān gōngfu(几天工夫)

"十几""几十"连写。例如：

shíjǐ gè rén(十几个人)

jǐshí gēn gāngguǎn(几十根钢管)

两个邻近的数字或表位数的单位并列表示约数，中间加连接号。例如：

sān-wǔ tiān(三五天)　　　　qī-bā gè(七八个)

yì-wàn nián(亿万年)　　　　qiān-bǎi cì(千百次)

复合量词内各并列成分连写。例如：

réncì(人次)

qiānwǎxiǎoshí(千瓦小时)

dūngōnglǐ(吨公里)

qiānkèmǐměimiǎo(千克·米/秒)

6.1.6　副词

副词与后面的词语，分写。例如：

hěn hǎo(很好)　　　　　　dōu lái(都来)

gèng měi(更美)　　　　　　zuì dà(最大)

bù lái(不来)　　　　　　　bù hěn hǎo(不很好)

gānggāng zǒu(刚刚走)　　　fēicháng kuài(非常快)

shífēn gǎndòng(十分感动)

6.1.7　介词

介词与后面的其他词语，分写。例如：

zài qiánmiàn zǒu(在前面走)

xiàng dōngbian qù(向东边去)

wèi rénmín fúwù(为人民服务)

cóng zuótiān qǐ(从昨天起)

bèi xuǎnwéi dàibiǎo(被选为代表)

shēng yú 1940 nián(生于 1940 年)

guānyú zhège wèntí（关于这个问题）

cháozhe xiàbian kàn（朝着下边看）

6.1.8　连词

连词与其他词语，分写。例如：

gōngrén hé nóngmín（工人和农民）

tóngyì bìng yōnghù（同意并拥护）

guāngróng ér jiānjù（光荣而艰巨）

bùdàn kuài érqiě hǎo（不但快而且好）

Nǐ lái háishi bù lái?（你来还是不来?）

Rúguǒ xià dàyǔ, bǐsài jiù tuīchí.（如果下大雨，比赛就推迟。）

6.1.9　助词

6.1.9.1　结构助词"的""地""得""之""所"等与其他词语，分写。其中，"的""地""得"前面的词是单音节的，也可连写。例如：

dàdì de nǚ'ér（大地的女儿）

Zhè shì wǒ de shū./Zhè shì wǒde shū.（这是我的书。）

Wǒmen guòzhe xìngfú de shēnghuó.（我们过着幸福的生活。）

Shāngdiàn li bǎimǎnle chī de、chuān de, yòng de./ Shāngdiàn li bǎimǎnle chīde、chuānde、yòngde.（商店里摆满了吃的、穿的、用的。）

mài qīngcài luóbo de（卖青菜萝卜的）

Tā zài dàjiē shang mànman de zǒu.（他在大街上慢慢地走。）

Tǎnbái de gàosù nǐ ba.（坦白地告诉你吧。）

Tā yī bù yī gè jiǎoyìnr de gōngzuòzhe.（他一步一个脚印儿地工作着。）

dǎsǎo de gānjìng（打扫得干净）

xiě de bù hǎo/xiěde bù hǎo（写得不好）

hóng de hěn/hóngde hěn（红得很）

lěng de fādǒu/lěngde fādǒu（冷得发抖）

shàonián zhī jiā（少年之家）

zuì fādá de guójiā zhī yī（最发达的国家之一）

jù wǒ suǒ zhī（据我所知）

bèi yīngxióng de shìjì suǒ gǎndòng（被英雄的事迹所感动）

6.1.9.2　语气助词与其他词语，分写。例如：

Nǐ zhīdào ma?（你知道吗?）

Zěnme hái bù lái a?（怎么还不来啊?）

Kuài qù ba!（快去吧!）

Tā yīdìng huì lái de.（他一定会来的。）

Huǒchē dào le.（火车到了。）

Tā xīnli míngbai, zhǐshì bù shuō bàle.（他心里明白，只是不说罢了。）

6.1.9.3　动态助词

动态助词主要有"着""了""过"。见 6.1.2.1 的规定。

6.1.10　叹词

叹词通常独立于句法结构之外，与其他词语分写。例如：

À! Zhēn měi!（啊! 真美!）

Ńg, nǐ shuō shénme?（嗯，你说什么?）

Hng, zǒuzhe qiáo ba!（哼，走着瞧吧!）

Tīng míngbai le ma? Wèi!（听明白了吗? 喂!）

Āiyā, wǒ zěnme bù zhīdào ne!（哎呀，我怎么 不知道呢!）

6.1.11　拟声词

拟声词与其他词语，分写。例如：

"hōnglōng" yī shēng（"轰隆"一声）

chánchán liúshuǐ（潺潺流水）

mó dāo huòhuò（磨刀霍霍）

jījīzhāzhā jiào gè bù tíng（叽叽喳喳叫个不停）

Dà gōngjī wōwō tí.（大公鸡喔喔啼。）

"Dū——", qìdí xiǎng le.（"嘟——"，汽笛响了。）

Xiǎoxī huāhuā de liútǎng.（小溪哗哗地流淌。）

6.1.12 成语和其他熟语

6.1.12.1 成语通常作为一个语言单位使用，以四字文言语句为主。结构上可以分为两个双音节的，中间加连接号。例如：

fēngpíng-làngjìng（风平浪静）

àizēng-fēnmíng（爱憎分明）

shuǐdào-qúchéng（水到渠成）

yángyáng-dàguān（洋洋大观）

píngfēn-qiūsè（平分秋色）

guāngmíng-lěiluò（光明磊落）

diānsān-dǎosì（颠三倒四）

结构上不能分为两个双音节的，全部连写。例如：

céngchūbùqióng（层出不穷）

bùyìlèhū（不亦乐乎）

zǒng'éryánzhī（总而言之）

àimònéngzhù（爱莫能助）

yīyīdàishuǐ（一衣带水）

6.1.12.2 非四字成语和其他熟语内部按词分写。例如：

bēi hēiguō（背黑锅）

yī bíkǒng chū qìr（一鼻孔出气儿）

bā gānzi dǎ bù zháo（八竿子打不着）

zhǐ xǔ zhōuguān fàng huǒ, bù xǔ bǎixìng diǎn dēng（只许州官放火，不许百姓点灯）

xiǎocōng bàn dòufu——yìqīng-èrbái（小葱拌豆腐——一清二白）

6.2 人名地名拼写规则

6.2.1 人名拼写

6.2.1.1 汉语人名中的姓和名分写,姓在前,名在后。复姓连写。双姓中间加连接号。姓和名的首字母分别大写,双姓两个字首字母都大写。笔名、别名等,按姓名写法处理。例如:

Lǐ Huá(李华)   Méi Lánfāng(梅兰芳)

Dōngfāng Shuò(东方朔)   Wáng Mázi(王麻子)

Zhūgě Kǒngmíng(诸葛孔明)   Wáng Jiànguó(王建国)

Zhāng-Wáng Shūfāng(张王淑芳)

Lǔ Xùn(鲁迅)   Zhāng Sān(张三)

6.2.1.2 人名与职务、称呼等,分写;职务、称呼等首字母小写。例如:

Wáng bùzhǎng(王部长)   Tián zhǔrèn(田主任)

Wú kuàijì(吴会计)   Lǐ xiānsheng(李先生)

Zhào tóngzhì(赵同志)   Liú lǎoshī(刘老师)

Dīng xiōng(丁兄)   Zhāng mā(张妈)

Zhāng jūn(张君)   Wú lǎo(吴老)

Wáng shì(王氏)   Sūn mǒu(孙某)

Guóqiáng tóngzhì(国强同志)

Huìfāng āyí(慧芳阿姨)

6.2.1.3 "老""小""大""阿"等与后面的姓、名、排行,分写,分写部分的首字母分别大写。例如:

Xiǎo Liú(小刘)   Lǎo Qián(老钱)

Lǎo Zhāngtour(老张头ㄦ)   Dà Lǐ(大李)

Ā Sān(阿三)

6.2.1.4 已经专名化的称呼,连写,开头大写。例如:

Kǒngzǐ(孔子)   Xīshī(西施)

Bāogōng(包公)   Mèngchángjūn(孟尝君)

6.2.2　地名拼写

6.2.2.1　汉语地名中的专名和通名,分写,每一分写部分的首字母大写。例如:

Běijīng Shì(北京市)　　　　Héběi Shěng(河北省)

Yālù Jiāng(鸭绿江)　　　　Tài Shān(泰山)

Dòngtíng Hú(洞庭湖)　　　　Táiwān Hǎixiá(台湾海峡)

6.2.2.2　专名与通名的附加成分,如是单音节的,与其相关部分连写。例如:

Xīliáo Hé(西辽河)

Jǐngshān Hòujiē(景山后街)

Dōngsì Shítiáo(东四十条)

Cháoyángménnèi Nánxiǎojiē(朝阳门内南小街)

6.2.2.3　已专名化的地名不再区分专名和通名,各音节连写。例如:

Hēilóngjiāng(黑龙江[省])

Wángcūn(王村[镇])

Jiǔxiānqiáo(酒仙桥[医院])

不需区分专名和通名的地名,各音节连写。例如:

Zhōukǒudiàn(周口店)

Sāntányìnyuè(三潭印月)

6.2.3　非汉语人名、地名的汉字名称,用汉语拼音拼写。例如:

Wūlánfū(乌兰夫,Ulanhu)

Jièchuān Lóngzhījiè(芥川龙之介,Akutagawa Ryunosuke)

Āpèi Āwàngjìnměi(阿沛·阿旺晋美,Ngapoi Ngawang jigme)

Mǎkèsī(马克思,Marx)

Wūlǔmùqí(乌鲁木齐,Ürümqi)

Lúndūn(伦敦,London)

Dōngjīng(东京,Tokyo)

6.2.4　人名、地名拼写的详细规则,遵循 GB/T 28039《中国人名汉语拼音字母拼写规则》《中国地名汉语拼音字母拼写规则(汉语地名部分)》。

6.3　大写规则

6.3.1　句子开头的字母大写,例如:

Chūntiān lái le.(春天来了。)

Wǒ ài wǒ de jiāxiāng。(我爱我的家乡。)

诗歌每行开头的字母大写。例如:

　　《Yǒude Rén》(《有的人》)

　　Zāng Kèjiā(臧克家)

Yǒude rén huózhe,(有的人活着,)

Tā yǐjīng sǐ le;(他已经死了;)

Yǒude rén sǐ le,(有的人死了,)

Tā hái huózhe。(他还活着。)

6.3.2　专有名词的首字母大写。例如:

Běijīng(北京)　　　　　　Chángchéng(长城)

Qīngmíng(清明)　　　　　Jǐngpōzú(景颇族)

Fēilǜbīn(菲律宾)

由几个词组成的专有名词,每个词的首字母大写。例如:

Guójì Shūdiàn(国际书店)

Hépíng Bīnguǎn(和平宾馆)

Guāngmíng Rìbào(光明日报)

Guójiā Yǔyán Wénzì Gōngzuò Wěiyuánhuì(国家语言文字工作委员会)

在某些场合,专有名词的所有字母可全部大写。例如:

XIÀNDÀI HÀNYǓ CÍDIǍN(现代汉语词典)

BĚIJĪNG(北京)

LǏ HUÁ(李华)

DŌNGFĀNG SHUÒ(东方朔)

6.3.3　专有名词成分与普通名词成分连写在一起,是专有名词或视为专有名词的,首字母大写。例如:

Míngshǐ(明史)	Hànyǔ(汉语)
Yuèyǔ(粤语)	Guǎngdōnghuà(广东话)
Fójiào(佛教)	Tángcháo(唐朝)

专有名词成分与普通名词成分连写在一起,是一般语词或视为一般语词的,首字母小写。例如:

guǎnggān(广柑)	jīngjù(京剧)
ējiāo(阿胶)	zhōngshānfú(中山服)
chuānxiōng(川芎)	zàngqīngguǒ(藏青果)
zhāoqín-mùchǔ(朝秦暮楚)	qiánlǘzhījì(黔驴之技)

6.4　缩写规则

6.4.1　连写的拼写单位(多音节词或连写的表示一个整体概念的结构),缩写时取每个汉字拼音的首字母,大写并连写。例如:

Běijīng(缩写:BJ)(北京)

ruǎnwò(缩写:RW)(软卧)

6.4.2　分写的拼写单位(按词或语节分写的表示一个整体概念的结构),缩写时以词或语节为单位取首字母,大写并连写。例如:

guójiā biāozhǔn(缩写:GB)(国家标准)

hànyǔ shuǐpíng kǎoshì(缩写:HSK)(汉语水平考试)

pǔtōnghuà shuǐpíng cèshì(缩写:PSC)(普通话水平测试)

6.4.3　为了给汉语拼音的缩写形式做出标记,可在每个大写字母后面加小圆点,例如:

Běijīng(北京)也可缩写:B.J.

guójiā biāozhǔn(国家标准)也可缩写:G.B.

6.4.4　汉语人名的缩写,姓全写,首字母大写或每个字母大写;名取每个汉字拼音的首字母,大写,后面加小圆点。例如:

Lǐ Huá(缩写:Lǐ H.或 LǏ H.)(李华)

Wáng Jiànguó(缩写:Wáng J.G.或 WÁNG J.G.)(王建国)

Dōngfāng Shuò(缩写:Dōngfāng S.或 DŌNGFĀNG S.)(东方朔)

Zhūgě Kǒngmíng(缩写:Zhūgě K.M.或 ZHŪGĚ K.M.)(诸葛孔明)

6.5　标调规则

6.5.1　声调符号标在一个音节的主要元音(韵腹)上。韵母iu,ui,声调符号标在后面的字母上面。在 i 上标声调符号,应省去 i 上的小点。例如:

āyí(阿姨)	cèlüè(策略)
dàibiǎo(代表)	guāguǒ(瓜果)
huáishù(槐树)	kǎolǜ(考虑)
liúshuǐ(流水)	xīnxiān(新鲜)

轻声音节不标声调,例如:

zhuāngjia(庄稼)	qīngchu(清楚)
kàndeqǐ(看得起)	

6.5.2　"一""不"一般标原调,不标变调。例如:

yī jià(一架)	yī tiān(一天)
yī tóu(一头)	yī wǎn(一碗)
bù qù(不去)	bù duì(不对)
bùzhìyú(不至于)	

在语言教学等方面,可根据需要按变调标写。例如:

yī tiān(一天)可标为 yì tiān,bù duì(不对)可标为 bú duì。

6.5.3　ABB、AABB 形式的词语,BB 一般标原调,不标变调。例如:

lǜyóuyóu(绿油油)

chéndiàndiàn(沉甸甸)

hēidòngdòng(黑洞洞)

piàopiàoliàngliàng(漂漂亮亮)

有些词语的 BB 在语言实际中只读变调,则标变调。例如:

hóngtōngtōng(红彤彤)

xiāngpēnpēn(香喷喷)

huángdēngdēng(黄澄澄)

6.5.4　在某些场合,专有名词的拼写,也可不标声调。例如:

Li Hua(缩写:Li H.或 LI H.)(李华)

Beijing(北京)

RENMIN RIBAO(人民日报)

WANGFUJING DAJIE(王府井大街)

6.5.5　除了《汉语拼音方案》规定的符号标调法以外,在技术处理上,也可采用数字、字母等标明声调,如采用阿拉伯数字 1、2、3、4、0 分别表示汉语四声和轻声。

6.6　移行规则

6.6.1　移行要按音节分开,在没有写完的地方加连接号。音节内部不可拆分。例如:

guāngmíng(光明)移作"……guāng-

míng(光明)

不能移作"……gu-

āngmíng"(光明)。

缩写词(如 GB,HSK,汉语人名的缩写部分)不可移行。

Wáng J.G.(王建国)移作"……Wáng

J.G."(王建国)

不能移作"……Wáng J.-

G."(王建国)。

6.6.2　音节前有隔音符号，移行时，去掉隔音符号，加连接号。例如：

Xī'ān（西安）移作"……Xī-
ān"（西安）

不能移作"……Xī'-
ān"（西安）。

6.6.3　在有连接号处移行时，末尾保留连接号，下行开头补加连接号。例如：

chēshuǐ-mǎlóng（车水马龙）移作"……chēshuǐ-
-mǎlóng"（车水马龙）

6.7　标点符号使用规则

汉语拼音拼写时，句号使用小圆点"."，连接号用半字线"-"，省略号也可使用 3 个小圆点"…"，顿号也可用逗号","代替，其他标点符号遵循 GB/T 15834 的规定。

7　变通规则

7.1　根据识字需要（如小学低年级和幼儿汉语识字读物），可按字注音。

7.2　辞书注音需要显示成语及其他词语内部结构时，可按词或语素分写。例如：

chīrén shuō mèng（痴人说梦）

wèi yǔ chóumóu（未雨绸缪）

shǒu kǒu rú píng（守口如瓶）

Hēng-Hā èr jiàng（哼哈二将）

Xī Liáo Hé（西辽河）

Nán-Běi Cháo（南北朝）

7.3　辞书注音为了提示轻声音节，音节前可标中圆点。例如：

zhuāng·jia（庄稼）　　　　　　qīng·chu（清楚）

kàn·deqǐ（看得起）

如是轻重两读，音节上仍标声调。例如

hóu·lóng（喉咙）　　　　　　zhī·dào（知道）

tǔ·xīngqì（土腥气）

7.4　在中文信息处理方面，表示一个整体概念的多音节结构，可全部连写。例如：

guómínshēngchǎnzǒngzhí（国民生产总值）

jìsuànjītǐcéngchéngxiàngyí（计算机体层成像仪）

shìjièfēiwùzhìwénhuàyíchǎn（世界非物质文化遗产）

附加说明：

本标准由教育部语言文字信息管理司提出并归口。

本标准主要起草单位：中国社会科学院语言研究所、教育部语言文字应用研究所。

本标准主要起草人：董琨、李志江、金惠淑、史定国、王楠、杜翔。

中文书刊名称汉语拼音拼写法

（GB 3259—92，国家技术监督局 1992 年 2 月 1 日
批准，1992 年 11 月 1 日起实施）

1　主题内容与适用范围

本标准规定了用汉语拼音拼写我国出版的中文书刊名称的
方法。

本标准适用于我国正式出版的中文书刊名称的汉语拼音的拼
写，也适用于文献资料的信息处理。

国内出版的中文书刊应依照本标准的规定，在封面，或扉
页，或封底，或版权页上加注汉语拼音书名、刊名。

2　术语

汉语拼音正词法：用《汉语拼音方案》拼写现代汉语的规
则。《汉语拼音方案》确定了音节的拼写规则。汉语拼音正词法
是在《汉语拼音方案》的基础上进一步规定词的拼写方法。

3　拼写原则

以词为拼写单位，并适当考虑语音、词义等因素，同时考虑
词形长短适度。

4　拼写参考文献

4.1　《汉语拼音正词法基本规则》（国家教育委员会、国家
语言文字工作委员会 1988 年 7 月联合公布）。

4.2　《现代汉语词典》、《汉语拼音词汇》、《汉英词典》。

5 拼写规则

5.1 中文书刊名称拼写基本上以词为书写单位。每个词第一个字母要大写。因设计需要，也可以全用大写。

子夜 Ziye　　　　　　　　　珍珠 Zhenzhu

长城恋 Changcheng Lian　　　新工具 Xin Gongju

中国青年 Zhongguo Qingnian 人民日报 Renmin Ribao

幼儿小天地 You'er Xiao Tiandi

行政法概论 Xingzhengfa Gailun

人口经济学 Renkou Jingjixue

散文创作艺术 Sanwen Chuangzuo Yishu

5.2 结合紧密的双音节和三音节的结构（不论词或词组）连写。

海囚 Haiqiu　　　军魂 Junhun　　　地火 Dihuo

红楼梦 Hongloumeng　　　爆破工 Baopogong

资本论 Zibenlun

5.3 四音节以上的表示一个整体概念的名称按词（或语节）分开写，不能按词或语节划分的，全部连写。

线性代数 Xianxing Daishu

汽油发电机 Qiyou Fadianji

中华人民共和国森林法

Zhonghua Renmin Gongheguo Senlinfa

高压架空送电线路机械设计

Gaoya Jiakong Songdian Xianlu Jixie Sheji

微积分学 Weijifenxue　　　极限环论 Jixianhuanlun

非平衡态统计力学 Feipinghengtai Tongji Lixue

5.4 名词与单音节前加成分和单音节后加成分，连写。

超声波 Chaoshengbo　　　现代化 Xiandaihua

5.5　虚词与其他语词分写，小写。因设计需要，也可以大写。

水的世界　Shui de Shijie　　　　大地之歌　Dadi zhi Ge
功和能　Gong he Neng　　　　　红与黑　Hong yu Hei

5.6　并列结构、缩略语等可以用短横。

秦汉史　Qin-Han Shi　　　　英汉词典　Ying-Han Cidian
袖珍真草隶篆四体百家姓
Xiuzhen Zhen-cao-li-zhuan Si Ti Baijiaxing
北京大学和五四运动　Beijing Daxue he Wu-si Yundong
环保通讯　Huan-bao Tongxun
中共党史讲义　Zhong-Gong Dangshi Jiangyi

5.7　汉语人名按姓和名分写，姓和名的开头字母大写。笔名、别名等，按姓名写法处理。

茅盾全集　Mao Dun Quanji
巴金研究专集　Ba Jin Yanjiu Zhuanji
沈从文文集　Shen Congwen Wenji
盖叫天表演艺术　Gai Jiaotian Biaoyan Yishu
已经专名化的称呼，连写，开头大写。
庄子译注　Zhuangzi Yizhu　　　小包公　Xiao Baogong

5.8　汉语地名专名和通名分写，每一分写部分的第一个字母大写。

江苏省地图　Jiangsu Sheng Ditu
九华山　Jiuhua Shan
话说长江　Huashuo Chang Jiang

5.9　某些地名可用中国地名委员会认可的特殊拼法。

陕西日报　Shaanxi Ribao

5.10　书刊名称中的中国少数民族和外国的人名、地名可以按原文的拉丁字母拼法拼写，也可以按汉字注音拼写。

成吉思汗的故事　Chengjisihan de Gushi

怀念班禅大师　Huainian Banchan Dashi

铁托选集　Tietuo Xuanji　居里夫人传　Juli Furen Zhuan

威廉·李卜克内西传　Weilian Libukeneixi Zhuan

在伊犁　Zai Yili　　　拉萨游记　Lasa Youji

巴黎圣母院　Bali Shengmuyuan

维也纳的旋律　Weiyena de Xuanlü

5.11　数词十一到九十九之间的整数，连写。

十三女性　Shisan Nüxing

财政工作三十五年　Caizheng Gongzuo Sanshiwu Nian

六十年目睹怪现状　Liushi Nian Mudu Guai Xianzhuang

黄自元楷书九十二法　Huang Ziyuan Kaishu Jiushi'er Fa

5.12　"百""千""亿"与前面的个位数，连写；"万""亿"与前面的十位以上的数，分写。

美国二百年大事记　Meiguo Erbai Nian Dashiji

一千零一夜　Yiqian Ling Yi Ye

十万个为什么　Shi Wan Ge Weishenme

5.13　表示序数的"第"与后面的数词中间，加短横。

第二国际史　Di-er Guoji Shi

第三次浪潮　Di-san Ci Langchao

5.14　数词和量词分写。

一条鱼　Yi Tiao Yu　　　两个小伙子　Liang Ge Xiaohuozi

5.15　阿拉伯数字和外文字母照写。

赠给 18 岁诗人　Zenggei 18 Sui Shiren

1979—1980 中篇小说选集

1979—1980 Zhongpian Xiaoshuo Xuanji

BASIC 语言　BASIC Yuyan

IBM-PC（0520）微型机系统介绍

IBM-PC（0520）Weixingji Xitong Jieshao

5.16　中文书刊的汉语拼音名称一律横写。

附加说明：

本标准由全国文献工作标准化技术委员会提出。

本标准由全国文献工作标准化技术委员会第二分委员会负责起草。

本标准主要起草人乔风、金惠淑、姜树森。

中国人名汉语拼音字母拼写规则

(GB/T 28039—2011，2011 年 10 月 31 日发布，
2012 年 2 月 1 日实施)

1 范围

本标准规定了使用汉语拼音字母拼写中国人名的规则，包括汉语人名的拼写规则和少数民族语人名的拼写规则。为了满足应用需要，同时给出了一些特殊场合的变通处理办法。

本标准适用于文化教育、编辑出版、中文信息处理及其他方面的中国人名汉语拼音字母拼写。

2 规范性引用文件

下列文件对于本文件的应用是必不可少的。凡是注日期的引用文件，仅注日期的版本适用于本文件。凡是不注日期的引用文件，其最新版本（包括所有的修改单）适用于本文件。

《少数民族语地名汉语拼音字母音译转写法》（1976 年 6 月国家测绘总局、中国文字改革委员会修订）

3 术语和定义

下列术语和定义适用于本文件。

3.1 单姓 mano-character surname

汉语中只有一个字的姓，如张、王、刘、李。

3.2 复姓 multi-character surname

汉语中不止一个字（一般由两个汉字构成）的姓，如欧阳、

司马。

　　3.3　双姓　hyphenated name

　　汉语中由两个姓（单姓或复姓）并列而成的姓氏组合，如郑李、欧阳陈、周东方等。

4　总则

　　4.1　中国人名包括汉语姓名和少数民族语姓名。汉语姓名按照普通话拼写，少数民族语姓名按照民族语读音拼写。

　　4.2　本标准中的人名主要指正式姓名，即符合一般习惯用法的姓名。

　　4.3　根据需要，仿姓名的笔名、别名、法名、艺名等，按照正式姓名写法处理。

　　4.4　个别变通处理办法只适用于限定的特殊场合。

5　拼写规则

　　5.1　汉语人名拼写规则

　　5.1.1　正式的汉语人名由姓和名两个部分组成。姓和名分写，姓在前，名在后，姓名之间用空格分开。复姓连写。姓和名的开头字母大写。例如：

Wáng Fāng	王芳	Yáng Wèimín	杨为民
Mǎ Běnzhāi	马本斋	Luó Chángpéi	罗常培
Ōuyáng Wén	欧阳文	Sīmǎ Xiàngnán	司马相南
Lǚ Lüè	吕略	Zhào Píng'ān	赵平安

　　5.1.2　由双姓组合（并列姓氏）作为姓氏部分，双姓中间加连接号，每个姓氏开头字母大写。例如：

Liú-Yáng Fān	刘杨帆
Zhèng-Lǐ Shūfāng	郑李淑芳
Dōngfāng-Yuè Fēng	东方岳峰

Xiàng-Sītú Wénliáng　　项司徒文良

5.1.3　笔名、字（或号）、艺名、法名、代称、技名、帝王名号等，按正式人名写法拼写。例如：

Lǔ Xùn　　　　　　鲁迅（笔名）

Cáo Xuěqín　　　　曹雪芹（"雪芹"为号）

Gài Jiàotiān　　　　盖叫天（艺名）

Lǔ Zhìshēn　　　　鲁智深（"智深"为法名）

Dù Gōngbù　　　　杜工部（代称）

Wáng Tiěrén　　　　王铁人（代称）

Lài Tāngyuán　　　赖汤圆（技名）

Qín Shǐhuáng　　　秦始皇（帝王名号）

5.1.4　国际体育比赛等场合，人名可以缩写。汉语人名的缩写，姓全写，首字母大写或每个字母大写，名取每个汉字拼音的首字母，大写，后面加小圆点，声调符号可以省略。例如：

Lǐ Xiǎolóng 缩写为：Li X. L. 或 LI X. L. 李小龙

Róng Guótuán 缩写为：Rong G. T. 或 RONG G. T. 容国团

Zhūgě Zhìchéng 缩写为：Zhuge Z. C. 或 ZHUGE Z. C. 诸葛志成

Chén-Yán Ruòshuǐ 缩写为：Chen-Yan R. S. 或 CHEN-YAN R. S. 陈言若水

5.1.5　中文信息处理中的人名索引，可以把姓的字母都大写，声调符号可以省略。例如：

Zhāng Yǐng 拼写为：ZHANG Ying 张颖

Wáng Jiànguó 拼写为：WANG Jianguo 王建国

Shàngguān Xiǎoyuè 拼写为：SHANGGUAN Xiaoyue 上官晓月

Chén-Fāng Yùméi 拼写为：CHEN-FANG Yumei 陈方玉梅

5.1.6　公民护照上的人名，可以把姓和名的所有字母全部大写，双姓之间可以不加连接号，声调符号、隔音符号可以省略。例如：

Liú Chàng 拼写为：LIU CHANG 刘畅

Zhōu Jiànjūn 拼写为：ZHOU JIANJUN 周建军

Zhào-Lǐ Shūgāng 拼写为：ZHAOLI SHUGANG 赵李书刚

Wú Xīng'ēn 拼写为：WU XING'EN 吴兴恩

5.1.7　三音节以内不能分出姓和名的汉语人名，包括历史上已经专名化的称呼，以及笔名、艺名、法名、神名、帝王年号等，连写，开头字母大写。例如：

Kǒngzǐ	孔子（专称）
Bāogōng	包公（专称）
Xīshī	西施（专称）
Mèngchángjūn	孟尝君（专称）
Bīngxīn	冰心（笔名）
Liúshāhé	流沙河（笔名）
Hóngxiànnǚ	红线女（艺名）
Jiànzhēn	鉴真（法名）
Nézha	哪吒（神仙名）
Qiánlóng	乾隆（帝王年号）

5.1.8　四音节以上不能分出姓和名的人名，如代称、雅号、神仙名等，按语义结构或语音节律分写，各分开部分开头字母大写。例如：

Dōngguō Xiānsheng	东郭先生（代称）
Liǔquán Jūshì	柳泉居士（雅号 蒲松龄）
Jiànhú Nǚxiá	鉴湖女侠（雅号 秋瑾）
Tàibái Jīnxīng	太白金星（神仙名）

5.2　少数民族语人名拼写规则

5.2.1　少数民族语姓名，按照民族语用汉语拼音字母音译转写，分连次序依民族习惯。音译转写法可以参照《少数民族语地名汉语拼音字母音译转写法》执行。

5.2.2 在一定的场合，可以在少数民族语人名音译转写原文后备注音译汉字及汉字的拼音；也可以先用或仅用音译汉字及汉字的拼音。例如：

Ulanhu（乌兰夫，Wūlánfū）

Ngapoi Ngawang Jigme（阿沛·阿旺晋美，Āpèi Āwàngjìnměi）

Seypidin（赛福鼎，Sàifúdǐng）

6 特殊问题的变通处理办法

6.1 出版物中常见的著名历史人物，港、澳、台人士，海外华侨及外籍华人、华裔的姓名，以及科技领域各科（动植物、微生物、古生物等）学名命名中的中国人名，原来有惯用的拉丁字母拼写法，必要时可以附注在括弧中或注释中。

6.2 根据技术处理的特殊需要，必要的场合（如公民护照、对外文件和书刊等），大写字母 Ü 可以用 YU 代替。例如：

Lǚ Hépíng　　拼写为：LYU HEPING　　吕和平

附加说明：

本标准按照 GB/T 1.1—2009 给出的规则起草。

本标准由教育部语言文字信息管理司提出并归口。

本标准主要起草单位：教育部语言文字应用研究所。

本标准主要起草人：厉兵、史定国、苏培成、李乐毅、万锦堃。

中国地名汉语拼音字母拼写规则

（汉语地名部分）

（1984 年 12 月 25 日中国地名委员会、
中国文字改革委员会、国家测绘局发布）

分写和连写

1. 由专名和通名构成的地名，原则上专名与通名分写。

   太行/山（注）　　松花/江　汾/河　太/湖　舟山/群岛　台湾/海峡　青藏/高原　密云/水库　大/运河　永丰/渠　西藏/自治区　江苏/省　襄樊/市　通/县　西峰/镇　虹口/区　友谊/乡　京津/公路　南京/路　滨江/道　横/街　长安/街　大/马路　梧桐/巷　门框/胡同

2. 专名或通名中的修饰、限定成分，单音节的与其相关部分连写，双音节和多音节的与其相关部分分写。

   西辽/河　潮白/新河　新通扬/运河　北雁荡/山　老秃顶子/山　小金门/岛　景山/后街　造币/左路　清波门/直街　后赵家楼/胡同　朝阳门内/大街　南/小街　小/南街　南横/东街　修文/西小巷　东直门外/南后街　广安门/北滨河/路　广渠/南水关/胡同

3. 自然村镇名称不区分专名和通名，各音节连写。

   王村　江镇　漷县　周口店　文家市　油坊桥　铁匠营　大虎山　太平沟　三岔河　龙王集　龚家棚　众埠街　南王家

荡　　东桑家堡子

4. 通名已专名化的，按专名处理。

渤海/湾　　黑龙江/省　　景德镇/市　　解放路/南小街　　包头/胡
同/东巷

5. 以人名命名的地名，人名中的姓和名连写。

左权/县　　张之洞/路　　欧阳海/水库

数词的书写

6. 地名中的数词一般用拼音书写。

五指山	Wǔzhǐ Shān
九龙江	Jiǔlóng Jiāng
三门峡	Sānmén Xiá
二道沟	Èrdào Gōu
第二松花江	Dì'èr Sōnghuā Jiāng
第六屯	Dìliùtún
三眼井胡同	Sānyǎnjǐng Hútong
八角场东街	Bājiǎochǎng Dōngjiē
三八路	Sānbā Lù
五一广场	Wǔyī Guǎngchǎng

7. 地名中的代码和街巷名称中的序数词用阿拉伯数字书写。

1203 高地	1203 Gāodì
1718 峰	1718 Fēng
二马路	2 Mǎlù
经五路	Jīng 5 Lù
三环路	3 Huánlù
大川淀一巷	Dàchuāndiàn 1 Xiàng
东四十二条	Dōngsì 12 Tiáo
第九弄	Dì-9 Lòng

语音的依据

8. 汉语地名按普通话语音拼写。地名中的多音字和方言字根据普通话审音委员会审定的读音拼写。

  十里堡（北京）   Shílǐpù

  大黄堡（天津）   Dàhuángbǎo

  吴堡（陕西）   Wúbǔ

9. 地名拼写按普通话语音标调。特殊情况可不标调。

大小写、隔音、儿化音的书写和移行

10. 地名中的第一个字母大写，分段书写的，每段第一个字母大写，其余字母小写。特殊情况可全部大写。

  李庄   Lǐzhuāng

  珠江   Zhū Jiāng

  天宁寺西里一巷   Tiānníngsì Xīlǐ 1 Xiàng

11. 凡以 a、o、e 开头的非第一音节，在 a、o、e 前用隔音符号"'"隔开。

  西安　Xī'ān　　建瓯　Jiàn'ōu　　天峨　Tiān'é

12. 地名汉字书写中有"儿"字的儿化音用"r"表示，没有"儿"字的不予表示。

  盆儿胡同　　　Pénr Hútong

13. 移行以音节为单位，上行末尾加短横。

  海南岛　　　　　　　　Hǎi-

  nán Dǎo

起地名作用的建筑物、游览地、纪念地和
企事业单位等名称的书写

14. 能够区分专、通名的，专名与通名分写。修饰、限定单音节

通名的成分与其通名连写。

解放/桥　挹江/门　黄鹤/楼　少林/寺　大雁/塔　中山/陵
兰州/站　星海/公园　武汉/长江/大桥　上海/交通/大学
金陵/饭店　鲁迅/博物馆　红星/拖拉机厂　月亮山/种羊场
北京/工人/体育馆　二七/烈士/纪念碑　武威/地区/气象局

15. 不易区分专、通名的一般连写。

一线天　水珠帘　百花深处　三潭印月　铜壶滴漏

16. 企事业单位名称中的代码和序数词用阿拉伯数字书写。

501 矿区	501 Kuàngqū
前进四厂	Qiánjìn 4 chǎng

17. 含有行政区域名称的企事业单位等名称，行政区域名称的专
名与通名分写。

浙江/省/测绘局　费/县/汽车站　郑州/市/玻璃厂　北京/
市/宣武/区/育才/学校

18. 起地名作用的建筑物、游览地、纪念地和企事业单位等名称
的其他拼写要求，参照本规则相应条款。

附　　则

19. 各业务部门根据本部门业务的特殊要求，地名的拼写形式在
不违背本规则基本原则的基础上，可作适当的变通处理。

注："/"表示分写。如：太行/山，表示用汉语拼音拼写时，拼
作 Tàiháng Shān

英语常用人名译写表

英　语	译　名	英　语	译　名
Abraham	亚伯拉罕	Elizabeth	伊丽莎白
Albert	艾伯特	Erwin	欧文
Alexander	亚历山大	Fayette	费耶特
Alexandria	亚历山德里亚	Francis	弗朗西斯
Anna	安娜	Franklin	富兰克林
Anne	安妮	George	乔治
Annetta	安妮塔	Grant	格兰特
Annette	安妮特	Hamilton	哈密尔顿
Anton	安东	Harris	哈里斯
Augusta	奥古斯塔	Hastings	黑斯廷斯
Bishop	毕晓普	Hazle	黑泽尔
Boston	波士顿	Helena	海伦娜
Bowman	鲍曼	Henderson	亨德森
Broughton	布劳顿	Henry	亨利
Brown	布朗	Howard	霍华德
Charles	查尔斯	Irvine	欧文
Christian	克里斯琴	Irwin	欧文
Davis	戴维斯	Isabella	伊莎贝拉
Dickens	狄更斯	Jack	杰克
Donna	唐娜	Jackson	杰克逊
Douglas	道格拉斯	James	詹姆斯
Dupont	杜邦	Janet	珍妮特
Edinburg	爱丁堡	Jansen	詹森
Edison	爱迪生	Jasper	贾斯珀
Edward	爱德华	Jefferson	杰斐逊

续表

英　语	译　名	英　语	译　名
Jenner	詹纳	Polk	波克
John	约翰	Powell	鲍威尔
Johnson	约翰逊	Powers	鲍尔斯
Jones	琼斯	Quincy	昆西
Katherine	凯瑟琳	Richard	理查德
Katrine	卡特琳	Richardson	理查森
Lafayette	拉斐特	Richmond	里士满
Lawrence	劳伦斯	Roberts	罗伯茨
Lewis	刘易斯	Robinson	鲁滨逊
Lincoln	林肯	Roosevelt	罗斯福
Louis	路易斯	Rosalia	罗萨莉娅
Louisa	路易莎	Russell	拉塞尔
Louise	路易丝	Smith	史密斯
Madison	麦迪逊	Somerset	萨默塞特
Martin	马丁	Taft	塔夫脱
Mary	玛丽	Taylor	泰勒
McDonald	麦克唐纳	Thomas	托马斯
Michel	米歇尔	Thompson	汤普森
Monroe	门罗	Thomson	汤姆森
Morgan	摩根	Tom	汤姆
Nelson	纳尔逊	Toms	汤姆斯
Newton	牛顿	Victoria	维多利亚
Nicolas	尼古拉斯	Washington	华盛顿
Nina	尼娜	William	威廉
Nottingham	诺丁汉	Williams	威廉斯
Orange	奥兰治	Wilson	威尔逊
Owen	欧文	Yale	耶鲁
Paul	保罗	Yates	耶茨
Peter	彼得		

关于印发全国科学技术名词审定委员会
审定发布的首批科技新词的通知

(1997 年 7 月 18 日全国科学技术名词审定委员会发布)

各省、自治区、直辖市新闻出版局,各有关新闻单位及署直属单位:

现将全国科学技术名词审定委员会（原全国自然科学名词审定委员会——编者注）审定的，于 1997 年 7 月 18 日发布的首批信息科学技术部分名词（Internet 及其相关的名词），印发给你们，希望你们根据《关于使用全国自然科学名词审定委员会公布的科技名词的通知》〔（90）科发出字 0698 号〕精神，积极作好宣传，并在出版物中带头正确使用。

全国科学技术名词审定委员会推荐名（一）

信息科学技术　　部分名词

(Internet 及其相关的名词)

发布时间：1997 年 7 月

编　码	中文推荐名	英 文 名	现 有 名	注　　释
97.X.1	互联网	internet, internetwork, interconnection network	互联网,互连网,网际网,网间网	又称互连网。泛指由多个计算机网络相互连接而成的一个网络,它是在功能和逻辑上组成的一个大型网络

续表

编　码	中文推荐名	英文名	现有名	注　释
97. X. 2	因特网	internet	国际互联网，互联网，全球互连网，英特网，交互网，国际电脑网络，国际计算机互联网	专指全球最大的、开放的、由众多网络相互连接而成的计算机网络。它是由美国阿帕网（ARPAnet）发展而成。主要采用 TCP/IP 协议
97. X. 3	万维网	WWW（world wide web），Web	环球信息网，环球网，万维网，全球浏览系统	基于超文本的，方便用户在因特网（Internet）上搜索和浏览信息的信息服务系统
97. X. 4	超文本	hypertext	超文本	一种全局性的信息结构，它将文档中的不同部分通过关键字建立链接，使信息得以用交互方式搜索。它是超级文本的简称
97. X. 5	超媒体	hypermedia	超媒体	超媒体是超文本（hypertext）和多媒体在信息浏览环境下的结合。它是超级媒体的简称
97. X. 6	主页	home page	主页，网页，起始页	通过万维网（Web）进行信息查询时的起始信息页

续表

编　码	中文推荐名	英　文　名	现　有　名	注　　释
97.X.7	域名	DN（domain name）	域名，域名系统，域名服务器，域名地址	为连到因特网（Internet）上的计算机所指定的名字
97.X.8	广域信息服务系统	WAIS（wide area information server）	广域信息服务系统，广域信息服务器	一种易于检索并可获取远程数据文档的动态超文本系统
97.X.9	传输控制协议	TCP（transmission control protocol）	传输控制协议，传送控制协议，运输控制协议	TCP/IP 网络体系结构传输层的一种协议，用以提供可靠的数据传输。《计算机科学技术名词》（1994 年已公布）12.199
97.X.10	远程登录	Telnet	远程登录，虚拟终端协议	指因特网（Internet）的远程登录服务，它允许一个用户登录到一个远程计算机系统中，就好像用户端直接与远程计算机相连一样
97.X.11	文件传送协议	FTP	文件传输协议，文件传送协议	计算机网络上主机之间传送文件的一种服务协议
97.X.12	电子函件	E-mail	电子信箱，电子邮件，电子信函，电子函件	用户或用户组之间通过计算机网络收发信息的服务

续表

编　码	中文推荐名	英文名	现有名	注　释
97.X.13	浏览器	browser	浏览器	万维网（Web）服务的客户端浏览程序，可向万维网（Web）服务器发送各种请求，并对从服务器发来的由HTML语文宣言的超文本信息和各种媒体数据格式进行解释、显示和播放
97.X.14	阿奇［工具］	Archie	文档搜索系统，网络文件查询系统，Archie［工具］，阿尔其工具	Internet上的一种用来查找其标题满足特定条件的所有文档的自动搜索服务的工具
97.X.15	因特网服务提供者	ISP	互联网服务提供者，互联网服务机构	向用户提供因特网（Internet）服务的机构
97.X.16	名录服务	directory service	目录服务，名址服务	因特网（Internet）上根据用户的某些信息反查找另一些信息的一种公共查询服务
97.X.17	防火墙	fire wall	火墙，防火墙	用于将因特网（Internet）的子网与因特网（Internet）的其余部分相隔离，以达到网络和信息安全效果的软件或硬件设施

全国科学技术名词审定委员会推荐名（二）

（1998 年 4 月 28 日审定，1998 年 7 月 8 日发布）

信息科学技术　部分名词

［因特网（Internet）有关名词］

编　码	中文推荐名	英 文 名	现 有 名	注　　释
98.X.1	内联网	intranet	内联网，内部网，企业内部互连网，企业内部网，企业网，［企业］内部因特网，内［因］特网/台湾名：企业网络	又称"内连网"。使用因特网技术建立的可支持企事业内部业务处理和信息交流的综合网络信息系统，通常采用一定的安全措施与企事业外部的因特网用户相隔离，对内部用户在信息使用的权限上也有严格的规定
98.X.2	外联网	extranet	外联网，［企业］外部因特网，外［因］特网/台湾名：企业间网络	又称"外连网"。使用因特网技术建立的可支持企事业之间进行业务往来和信息交流的综合网络信息系统
98.X.3	网际协议	internet protocol,IP	网际协议，互联网协议，IP协议/台湾名：网际网路协定	TCP/IP 网络体系结构中网际层的协议。用以提供无连接的数据报服务

续表

编码	中文推荐名	英文名	现有名	注释
98.X.4	地址解析协议	address resolution protocol, ARP	地址转换协议,地址分辨协议,地址分解协议,地址解析协议/台湾名:位置解析协定	在TCP/IP网络环境下,用来把IP地址转换成相应的物理地址的一种协议
98.X.5	逆地址解析协议	reverse address resolution protocol, ARP	反向地址转换协议,逆地址转换协议/台湾名:位置解析协定	在TCP/IP网络环境,用来把物理地址转换成相应的IP地址的一种协议
98.X.6	匿名 FTP 服务器	anonymous FTP server, anonymous file transfer protocol server	匿名 FTP 服务器,不具名 FTP 服务器,无名 FTP 服务器/台湾名:匿名 FTP 伺服器	因特网上的一种文件传送协议(FTP)服务器。它具有一个称为"匿名(anonymity)"的特殊注册账户,用户用这个名字去登录,用自己的电子函件地址作为口令去进行访问,便可获得网上公开发布的文件
98.X.7	小应用程序	applet	小应用程序,应用小程序,小程序/台湾名:小应用程式	用于专门完成简单任务的一种规模较小的应用程序
98.X.8	自治系统	autonomous system	自治系统,自主系统/台湾名:自律系统	在大型的 TCP/IP 网络中,由一个权威机构管理的,具有共同路由选择策略的一组网络和网关

续表

编码	中文推荐名	英文名	现有名	注　释
98.X.9	公告板服务	bulletin board service, BBS	布告栏服务, 公告牌服务, 公告板服务/ 台湾名:电子 布告栏服务	因特网的一种信息 服务,它为用户提 供一个公用环境, 以便寄存函件,读 取通告,参与讨论 和交流信息
98.X.10	客户—服务 器计算	client/ser- ver computing	客户—服务器 计算, 客户 机—服务器计 算/台湾名:主 从计算	在计算机系统中, 把处理任务分配给 客户进程和服务器 进程,由客户进程 请求服务,而服务 器进程则提供某些 特定服务,以充分 利用资源的一种计 算模式
98.X.11	点分十进制 记法	dotted decimal notation	点分十进制表 示法,点十进 制表示法,点 分十进制记 法/台湾名:点 分十进制记法	因特网上表示IP地 址的方法。每个IP 地址都由4个小于 256的十进制数字 组成,数字之间用实 圆点隔开,如: 128.143.7.226
98.X.12	IP地址	IP address	IP地址,因特 网地址/台湾 名:IP位置	因特网上计算机的 地址,它是一个32 位二进制数码。由 于位数多的二进制 数码很难读出来, 一般IP地址都用 点分十进制的形式 来 表 示, 如: 128.143.7.226

续表

编码	中文推荐名	英文名	现有名	注　释
98.X.13	超文本传送协议	hypertext transfer protocol，HTP	超级文本传输协议，超文本传送协议/台湾名：超文件传送协定	用于万维网（WWW）的通信协议。在可靠的底层连接的基础上，通过该协议可以在应用层传输纯文本、超文本以及各种格式的多媒体信息，还可以转发其他因特网应用层协议的消息，是因特网协议族中应用非常广泛的应用层协议之一
98.X.14	函件分发器	mail exploder	函件暴发器，邮件爆破器，邮件分发器/台湾名：邮件散发器	又称"邮件分发器"。电子函件系统的一个部件，它把收到的每个函件信息的一个拷贝发送给函件发送地址表的每个地址
98.X.15	发函清单	mailing list	函件发送清单，邮件清单，邮件列表/台湾名：邮递列表	又称"邮件发送清单"。包含许多接收者地址的一个电子函件列表文件。因特网上通常简称清单，主要用来进行信息发布
98.X.16	多播	multicast	组播［通信］，多路传送，多路广播，多［点同］播/台湾名：多播	网络中使用的一种传输方式，它允许把所发信息传送给所有可能目的地中的一个经过选择的子集

续表

编　码	中文推荐名	英文名	现有名	注　　释
98.X.17	单播	unicast	单播,单路传送/台湾名:单播	网络中使用的一种传输方式,它只允许把所发消息传送给单个目的地
98.X.18	网络信息中心	network information center,NIC	网络信息中心/台湾名:网路资讯中心	为用户提供网络信息资源服务的网络技术管理机构。主要职责是对网上资源进行管理和协调,例如:域名管理、应用软件管理、提供技术支持和培训,以及多样化信息服务的开展等
98.X.19	网络运行中心	network operation center,NOC	网络运行中心,网络操作中心/台湾名:网路营运中心	管理网络运行的机构。它负责网络的运行、操作、故障处理和维护等,以保证网络的正常运行
98.X.20	点对点协议	point-to-point protocol,DDP	点对点协议,点到点连接协议/台湾名:点对点协定	在点对点的串行线路上,为发送 IP 数据而使用的以帧为单元,具有差错控制、动态获取 IP 地址及用户鉴别等功能的协议

续表

编 码	中文推荐名	英文名	现有名	注 释
98.X.21	［可］扩缩性	scalability	可缩放性,可伸缩性,可扩展性,［可］扩缩性/台湾名:可缩放性	指网络中计算机资源在规模上可随需求或技术的变化而扩大或缩小的能力,而这种规模的扩大或缩小是以保持网络体系结构不变为前提的
98.X.22	java语言	Java [language]	Java语言,佳娃语言,爪哇语言/台湾名:Java语言	一种广泛使用的网络编程语言。它简单,面向对象,不依赖于机器的结构,具有可移植性、稳健性、安全性,并且提供了并发的机制,因而它能最大限度地利用网络
98.X.23	下载	downloading	［向］下装［入］,下载,下传/台湾名:下载	把程序或数据由一台远方的计算机传送过来并装入到与之连接的,如工作站、个人计算机等设备的存储器中去的过程。在因特网上特指从其公告板服务中获取信息并装入到个人计算机中的过程

续表

编　码	中文推荐名	英 文 名	现 有 名	注　　释
98. X. 24	网民	netzen. net citizen	网民/台湾名：网路公民，网民	指因特网的用户。如果把因特网作为一个虚拟的"社会"，那么它的用户就相当于这个虚拟社会的"公民"。使用这个词意在强调责任的参与
98. X. 25	小服务程序	servlet	小服务程序/台湾名：小伺服程式	java语言中作为服务器开放体系组成部分的软件构成
98. X. 26	多播主干网	multicast backbone, MBONE	组播骨干网，多播主干网/台湾名：多播基干	一种实验性的高速虚拟主干网络，它可以同时对多个因特网工作站传送（多播）声音和图像信息

关于部分计量单位名称统一用字的通知

（1977 年 7 月 20 日中国文字改革委员会、
国家标准计量局发布）

　　1959 年，国务院发布关于《统一我国计量制度的命令》，确定以米制（即公制）为基本计量制度，是我国计量制度统一的重大措施。自从命令发布以来，"公分""公厘"等既表示长度概念，又表示重量概念的混乱状况，在语言中澄清了；表示长度的"粍、糎……"，重量的"瓩、瓱……"，容量的"竓、竰……"，这些特造的汉字也淘汰了。在公制中，目前只遗留一个"瓩"字仍在使用。

　　现在，我国生产和科研等领域，英制计量制度基本上淘汰了，可是提到外国事物时，英制计量单位名称在语言、文字中还不能不使用。但是，当前按几种命名原则翻译的英制计量单位名称同时并用，言文不一致。例如，在书面上，"盎斯""温司""英两""啢"并用；在语言上，"啢"有 liǎng，yīngliǎng 两种读法。这些混乱状况主要是由特造计量单位名称用字引起的。

　　计量单位名称必须个性明确，不得混同。否则名异实同（例如海里、海浬、浬）或名同实异（例如，说 lǐ，包含里、哩、浬三义），人们就难以理解，甚至引起误解，造成差错事故。

　　一个计量单位名称，人们口头说的都是双音，书面却只印一个字，如果读单音（例如，把表示"英里"的"哩"读作 lǐ），那就违反言文一致的原则，人为地造成口头语言同书面语言脱节。

　　把本来由两个字构成的词，勉强写成一个字，虽然少占一个字篇幅，少写几笔，但特造新字，增加人们记认负担和印刷、打字等大量设备，得不偿失。不考虑精简字数，只求减少笔画，为简化而简化，这样简化汉字的做法并不可取。

这些不合理的计量单位名称用字，在语言文字中造成的混乱状况，是同我国日益发展的社会主义经济建设和文化建设不相适应的。长期以来，不少单位和个人通过各种形式指出这一问题，希望有关单位加以改变。我们认为，群众的批评是正确的，要求是合理的。为了澄清计量单位用语的混乱现象，清除特造计量单位名称用字的人为障碍，实现计量单位名称统一化，特将部分计量单位名称用字统一起来（见附表）。从收到本文之日起，所有出版物、打印文件、设计图表、商品包装，以及广播等，均应采用附表选定的译名，淘汰其他旧译名。库存的包装材料，不必更改，用完为止，于重印时改正。对外文件，外销商品已在外国注册的商标，可不更改。

在实施过程中，有什么问题，请及时告诉我们。

请将本《通知》转发各有关单位，并在刊物上登载。

附表

部分计量单位名称统一用字表

类别	外 文 名 称	译名〔淘汰的译名〕	备　注
长度	nautical mile	海里〔浬、海浬〕	
	mile	英里〔哩〕	
	fathom	英寻〔咮、浔〕	
	foot	英尺〔呎〕	
	inch	英寸〔吋〕	

续表

类别	外文名称	译名［淘汰的译名］	备　注
面积	acre	英亩［啢、畝］	
容量	litre bushel gallon	升［公升、竔］ 蒲式耳［嘝］ 加仑［呏、嗧］	
重量	hundredweight stone ounce grain	英担［哻］ 英石［嚪］ 盎司［唡、英两、温司］ 格令［喱、英厘、克冷］	1 英担＝112 磅 1 英石＝14 磅
各科	kilowatt torr phon sone mel denier tex	千瓦［瓩］ 托［乇］ 方［昉］ 宋［嵘］ 美［镁］ 旦［紞］ 特［纮］	功率单位 压力单位 响度级单位 响度单位 音调单位 纤度单位 纤度单位

中国各民族名称的
罗马字母拼写法和代码

(GB 3304—91，国家技术监督局 1991 年 8 月 30 日批准，
1992 年 4 月 1 日起实施，代替 GB 3304—82)

1 主题内容与适用范围

本标准规定了我国各民族名称的罗马字母拼写法及其字母代码和数字代码。

本标准适用于文献工作、拼音电报、国际通讯、出版、新闻报导、信息处理和交换等方面。

2 编制原则和结构

2.1 中国各民族名称采用经国家认定的民族名称。

2.2 阿拉伯数字代码顺序，根据我国目前各方面使用比较广泛的编排习惯排列。

2.3 中国各民族名称字母代码用两个罗马字母，均大写。

2.4 本标准有 3 个表，表 1 的第一栏按汉字笔数排列；表 2 的第一栏按罗马字母顺序排列；表 3 的第一栏按数字代码顺序排列。

3 管理

3.1 凡中国各民族名称的变更、数量的增减，均由国家民族事务委员会予以审定，于当年通知国家技术监督局。

3.2 本标准由全国文献工作标准化技术委员会管理，如有变动，由国家技术监督局印成附页发行全国，使用本标准的部门

和单位，可以将附页插入标准文本需变动之处。

4　代码表

中国各民族名称的罗马字母拼写法及其字母代码和数字代码列表如下：

表 1

民族名称	罗马字母拼写法	字母代码	数字代码
土家族	Tujia	TJ	15
土　族	Tu	TU	30
门巴族	Monba	MB	54
水　族	Sui	SU	25
毛南族	Maonan	MN	36
乌孜别克族	Uzbek	UZ	43
布依族	Buyei	BY	09
布朗族	Blang	BL	34
东乡族	Dongxiang	DX	26
仡佬族	Gelao	GL	37
仫佬族	Mulao	ML	32
白　族	Bai	BA	14
汉　族	Han	HA	01
达斡尔族	Daur	DU	31
回　族	Hui	HU	03
佤　族	Va	VA	21
壮　族	Zhuang	ZH	08
羌　族	Qiang	QI	33
阿昌族	Achang	AC	39
纳西族	Naxi	NX	27
拉祜族	Lahu	LH	24
苗　族	Miao	MH	06
侗　族	Dong	DO	12

续表 1

民族名称	罗马字母拼写法	字母代码	数字代码
京　族	Gin	GI	49
柯尔克孜族	Kirgiz	KG	29
哈尼族	Hani	HN	16
哈萨克族	Kazak	KZ	17
保安族	Bonan	BN	47
俄罗斯族	Russ	RS	44
独龙族	Derung	DR	51
怒　族	Nu	NU	42
珞巴族	Lhoba	LB	55
高山族	Gaoshan	GS	23
基诺族	Jino	JN	56
鄂伦春族	Oroqen	OR	52
鄂温克族	Ewenki	EW	45
维吾尔族	Uygur	UG	05
塔吉克族	Tajik	TA	41
塔塔尔族	Tatar	TT	50
朝鲜族①	Chosen	CS	10
景颇族	Jingpo	JP	28
傣　族	Dai	DA	18
傈僳族	Lisu	LS	20
畲　族	She	SH	22
普米族	Pumi	PM	40
裕固族	Yugur	YG	48
蒙古族	Mongol	MG	02
锡伯族	Xibe	XB	38
满　族	Man	MA	11
瑶　族	Yao	YA	13

----

①　朝鲜族的罗马字母拼写法，对外使用时为 Korean。

续表 1

民族名称	罗马字母拼写法	字母代码	数字代码
赫哲族	Hezhen	HZ	53
撒拉族	Salar	SL	35
德昂族	Deang	DE	46
黎　族	Li	LI	19
藏　族①	Zang	ZA	04
彝　族	Yi	YI	07

表 2

罗马字母拼写法	字母代码	民族名称	数字代码
Achang	AC	阿昌族	39
Bai	BA	白　族	14
Blang	BL	布朗族	34
Bonan	BN	保安族	47
Buyei	BY	布依族	09
Chosen	CS	朝鲜族	10
Dai	DA	傣　族	18
Daur	DU	达斡尔族	31
Deang	DE	德昂族	46
Derung	DR	独龙族	51
Dong	DO	侗　族	12
Dongxiang	DX	东乡族	26
Ewenki	EW	鄂温克族	45
Gaoshan	GS	高山族	23
Gelao	GL	仡佬族	37
Gin	GI	京　族	49
Han	HA	汉　族	01
Hani	HN	哈尼族	16

---

① 藏族的罗马字母拼写法，对外使用时为 Tibetan。

续表 2

罗马字母拼写法	字母代码	民族名称	数字代码
Hezhen	HZ	赫哲族	53
Hui	HU	回 族	03
Jingpo	JP	景颇族	28
Jino	JN	基诺族	56
Kazak	KZ	哈萨克族	17
Kirgiz	KG	柯尔克孜族	29
Lahu	LH	拉祜族	24
Lhoba	LB	珞巴族	55
Li	LI	黎 族	19
Lisu	LS	傈僳族	20
Man	MA	满 族	11
Maonan	MN	毛南族	36
Miao	MI	苗 族	06
Monba	MB	门巴族	54
Mongol	MG	蒙古族	02
Mulao	ML	仫佬族	32
Naxi	NX	纳西族	27
Nu	NU	怒 族	42
Oroqen	OR	鄂伦春族	52
Pumi	PM	普米族	40
Qiang	QI	羌 族	33
Russ	RS	俄罗斯族	44
Salar	SL	撒拉族	35
She	SH	畲 族	22
Sui	SU	水 族	25
Tajik	TA	塔吉克族	41
Tatar	TT	塔塔尔族	50
Tu	TU	土 族	30
Tujia	TJ	土家族	15

续表 2

罗马字母拼写法	字母代码	民族名称	数字代码
Uygur	UG	维吾尔族	05
Uzbek	UZ	乌孜别克族	43
Va	VA	佤　族	21
Xibe	XB	锡伯族	38
Yao	YA	瑶　族	13
Yi	YI	彝　族	07
Yugur	YG	裕固族	48
Zang	ZA	藏　　族	04
Zhuang	ZH	壮　族	08

表 3

数字代码	民族名称	罗马字母拼写法	字母代码
01	汉　族	Han	HA
02	蒙古族	Mongol	MG
03	回　族	Hui	HU
04	藏　族	zang	ZA
05	维吾尔族	Uygur	UG
06	苗　族	Miao	MI
07	彝　族	Yi	YI
08	壮　族	Zhuang	ZH
09	布依族	Buyei	BY
10	朝鲜族	Chosen	CS
11	满　族	Man	MA
12	侗　族	Dong	DO
13	瑶　族	Yao	YA
14	白　族	Bai	BA
15	土家族	Tujia	TJ
16	哈尼族	Hani	HN
17	哈萨克族	Kazak	KZ

续表3

数字代码	民族名称	罗马字母拼写法	字母代码
18	傣　族	Dai	DA
19	黎　族	Li	LI
20	傈僳族	Lisu	LS
21	佤　族	Va	VA
22	畲　族	She	SH
23	高山族	Gaoshan	GS
24	拉祜族	Lahu	LH
25	水　族	Sui	SU
26	东乡族	Dongxiang	DX
27	纳西族	Naxi	NX
28	景颇族	Jingpo	JP
29	柯尔克孜族	Kirgiz	KG
30	土　族	Tu	TU
31	达斡尔族	Daur	DU
32	仫佬族	Mulao	ML
33	羌　族	Qiang	QI
34	布朗族	Blang	BL
35	撒拉族	Salar	SL
36	毛南族	Maonan	MN
37	仡佬族	Gelao	GL
38	锡伯族	Xibe	XB
39	阿昌族	Achang	AC
40	普米族	Pumi	PM
41	塔吉克族	Tajik	TA
42	怒　族	Nu	NU
43	乌孜别克族	Uzbek	UZ
44	俄罗斯族	Russ	RS
45	鄂温克族	Ewenki	EW
46	德昂族	Deang	DE

续表 3

数字代码	民族名称	罗马字母拼写法	字母代码
47	保安族	Bonan	BN
48	裕固族	Yugur	YG
49	京　族	Gin	GI
50	塔塔尔族	Tatar	TT
51	独龙族	Derung	DR
52	鄂伦春族	Oroqen	OR
53	赫哲族	Hezhen	HZ
54	门巴族	Monba	MB
55	珞巴族	Lhoba	LB
56	基诺族	Jino	JN

附加说明：

本标准由全国文献工作标准化技术委员会提出。

本标准由中国社会科学院民族研究所负责修订。

出版物上数字用法

（GB/T 15835—2011，代替 GB/T 15835—1995，国家质量监督检验检疫总局、国家标准化管理委员会 2011 年 7 月 29 日发布，2011 年 11 月 1 日实施）

1　范围

本标准规定了出版物上汉字数字和阿拉伯数字的用法。

本标准适用于各类出版物（文艺类出版物和重排古籍除外）。政府和企事业单位公文，以及教育、媒体和公共服务领域的数字用法，也可参照本标准执行。

2　规范性引用文件

下列文件对于本文件的应用是必不可少的。凡是注日期的引用文件，仅注日期的版本适用于本文件。凡是不注日期的引用文件，其最新版本（包括所有的修改单）适用于本文件。

GB/T 7408—2005 数据元和交换格式　信息交换　日期和时间表示法

3　术语和定义

下列术语和定义适用于本文件。

3.1　计量　measuring
将数字用于加、减、乘、除等数学运算。

3.2　编号　numbering
将数字用于为事物命名或排序，但不用于数学运算。

3.3 概数 approximate number

用于模糊计量的数字。

4 数字形式的选用

4.1 选用阿拉伯数字

4.1.1 用于计量的数字

在使用数字进行计量的场合，为达到醒目、易于辨识的效果，应采用阿拉伯数字。

示例 1：－125.03　34.05％　63％～68％　1∶500
97/108

当数值伴随有计量单位时，如：长度、容积、面积、体积、质量、温度、经纬度、音量、频率等等，特别是当计量单位以字母表达时，应采用阿拉伯数字。

示例 2：523.56 km（523.56 千米）　346.87 L（346.87 升）
5.34 m^2（5.34 平方米）

567 mm^3（567 立方毫米）　605 g（605 克）　100～150 kg
（100～150 千克）

34～39 ℃（34～39 摄氏度）　北纬 40°（40 度）　120 dB
（120 分贝）

4.1.2 用于编号的数字

在使用数字进行编号的场合，为达到醒目、易于辨识的效果，应采用阿拉伯数字。

示例：电话号码：98888

邮政编码：100871

通信地址：北京市海淀区复兴路 11 号

电子邮件地址：x186@186.net

网页地址：http：//127.0.0.1

　　汽车号牌：京 A00001

　　公交车号：302 路公交车

　　道路编号：101 国道

　　公文编号：国办发〔1987〕9 号

　　图书编号：ISBN 978-7-80184-224-4

　　刊物编号：CN11-1399

　　章节编号：4.1.2

　　产品型号：PH-3000型计算机

　　产品序列号：C84XB-JYVFD-P7HC4-6XKRJ-

7M6XH

　　单位注册号：02050214

　　行政许可登记编号：0684D10004-828

　4.1.3　已定型的含阿拉伯数字的词语

　　现代社会生活中出现的事物、现象、事件，其名称的书写形式中包含阿拉伯数字，已经广泛使用而稳定下来，应采用阿拉伯数字。

　　示例：3G 手机　MP3 播放器　G8 峰会　维生素 B_{12}　97 号汽油　"5·27"事件　"12·5"枪击案

　4.2　选用汉字数字

　4.2.1　非公历纪年

　　干支纪年、农历月日、历史朝代纪年及其他传统上采用汉字形式的非公历纪年等等，应采用汉字数字。

　　示例：丙寅年十月十五日　庚辰年八月五日　腊月二十三　正月初五　八月十五中秋　秦文公四十四年　太平天国庚申十年九月二十四日　清咸丰十年九月二十日　藏历阳木龙年八月二十六日　日本庆应三年

　4.2.2　概数

数字连用表示的概数、含"几"的概数，应采用汉字数字。

示例：三四个月　一二十个　四十五六岁　五六万套　五六十年前　几千　二十几　一百几十　几万分之一

4.2.3　已定型的含汉字数字的词语

汉语中长期使用已经稳定下来的包含汉字数字形式的词语，应采用汉字数字。

示例：万一　一律　一旦　三叶虫　四书五经　星期五　四氧化三铁　八国联军　七上八下　一心一意　不管三七二十一　一方面　二百五　半斤八两　五省一市　五讲四美　相差十万八千里　八九不离十　白发三千丈　不二法门　二八年华　五四运动　"一·二八"事变　"一二·九"运动

4.3　选用阿拉伯数字与汉字数字均可

如果表达计量或编号所需要用到的数字个数不多，选择汉字数字还是阿拉伯数字在书写的简洁性和辨识的清晰性两方面没有明显差异时，两种形式均可使用。

示例1：17号楼（十七号楼）　3倍（三倍）　第5个工作日（第五个工作日）　100多件（一百多件）　20余次（二十余次）　约300人（约三百人）　40天左右（四十天左右）　50上下（五十上下）　50多人（五十多人）　第25页（第二十五页）　第8天（第八天）　第4季度（第四季度）　第45页（第四十五页）　共235位同学（共二百三十五位同学）　0.5（零点五）　76岁（七十六岁）　120周年（一百二十周年）　1/3（三分之一）　公元前8世纪（公元前八世纪）　20世纪80年代（二十世纪八十年代）　公元253年（公元二五三年）　1997年7月1日（一九九七年七月一日）　下午4点40分（下午四点四十分）　4个月（四个月）　12天（十二天）

如果要突出简洁醒目的表达效果，应使用阿拉伯数字；如果要突出庄重典雅的表达效果，应使用汉字数字。

示例2：北京时间 2008 年 5 月 12 日 14 时 28 分

十一届全国人大一次会议（不写为"11 届全国人大
1 次会议"）

六方会谈（不写为"6 方会谈"）

在同一场合出现的数字，应遵循"同类别同形式"原则来选择数字的书写形式。如果两数字的表达功能类别相同（比如都是表达年月日时间的数字），或者两数字在上下文中所处的层级相同（比如文章目录中同级标题的编号），应选用相同的形式。反之，如果两数字的表达功能不同，或所处层级不同，可以选用不同的形式。

示例3：2008 年 8 月 8 日　　二〇〇八年八月八日（不写为"二〇〇八年 8 月 8 日"）

第一章　　第二章……第十二章（不写为"第一章 第二章……第 12 章"）

第二章的下一级标题可以用阿拉伯数字编号：2.1，2.2，……

应避免相邻的两个阿拉伯数字造成歧义的情况。

示例4：高三 3 个班　　高三三个班（不写为"高 33 个班"）

高三 2 班　　高三（2）班（不写为"高 32 班"）

有法律效力的文件、公告文件或财务文件中可同时采用汉字数字和阿拉伯数字。

示例5：2008 年 4 月保险账户结算日利率为万分之一点五七五零（0.015750%）

35.5 元（35 元 5 角　　三十五元五角　　叁拾伍圆伍角）

5　数字形式的使用

5.1　阿拉伯数字的使用

5.1.1　多位数

为便于阅读，四位以上的整数或小数，可采用以下两种方式分节：

——第一种方式：千分撇

整数部分每三位一组，以","分节。小数部分不分节。四位以内的整数可以不分节。

示例1：624,000　92,300,000　19,351,235.235767　1256

——第二种方式：千分空

从小数点起，向左和向右每三位数字一组，组间空四分之一个汉字，即二分之一个阿拉伯数字的位置。四位以内的整数可以不加千分空。

示例2：55 235 367.346 23　　98 235 358.238 368

注：各科学技术领域的多位数分节方式参照 GB 3101—1993 的规定执行。

5.1.2　纯小数

纯小数必须写出小数点前定位的"0"，小数点是齐阿拉伯数字底线的实心点"."。

示例：0.46 不写为 .46 或 0。46

5.1.3　数值范围

在表示数值的范围时，可采用波浪式连接号"～"或一字线连接号"—"。前后两个数值的附加符号或计量单位相同时，在不造成歧义的情况下，前一个数值的附加符号或计量单位可省略。如果省略数值的附加符号或计量单位会造成歧义，则不应省略。

示例：—36～—8℃　400—429 页　100—150kg　12 500～20 000 元　9 亿～16 亿（不写为 9—16 亿）　13 万元～17 万元（不写为 13～17 万元）　15％～30％（不写为 15～30％）　4.3×10⁶～5.7×10⁶（不写为 4.3～5.7×10⁶）

5.1.4　年月日

年月日的表达顺序应按照口语中年月日的自然顺序书写。

示例1：2008 年 8 月 8 日　1997 年 7 月 1 日

"年""月"可按照 GB/T 7408—2005 的 5.2.1.1 中的扩展格式，用"-"替代，但年月日不完整时不能替代。

示例2：2008-8-8　1997-7-1　8 月 8 日（不写为8-8）　2008 年 8 月（不写为 2008-8）

四位数字表示的年份不用简写为两位数字。

示例3："1990 年"不写为"90 年"

月和日是一位数时，可在数字前补"0"。

示例4：2008-08-08　1997-07-01

5.1.5　时分秒

计时方式即可采用 12 小时制，也可采用 24 小时制。

示例1：11 时 40 分（上午 11 时 40 分）　21 时 12 分 36 秒（晚上 9 时 12 分 36 秒）

时分秒的顺序应按照口语中时、分、秒的自然顺序书写。

示例2：15 时 40 分　14 时 12 分 36 秒

"时""分"也可按照 GB/T 7408—2005 的 5.3.1.1 和 5.3.1.2 中的扩展格式，用"："替代。

示例3：15：40　14：12：36

5.1.6　含有月日的专名

含有月日的专名采用阿拉伯数字表示时，应采用间隔号"·"将月、日分开，并在数字前后加引号。

示例："3·15"消费者权益日

5.1.7　书写格式

5.1.7.1　字体

出版物中的阿拉伯数字，一般应使用正体二分字身，即占半个汉字位置。

示例：234　57.236

5.1.7.2　换行

一个用阿拉伯数字书写的数值应在同一行中，避免被断开。

5.1.7.3　竖排文本中的数字方向

竖排文字中的阿拉伯数字按顺时针方向转 90 度。旋转后要保证同一个词语单位的文字方向相同。

示例：

示例一

雪花牌 BCD188 型家用电冰箱容量是一百八十八升，功率为一百二十五瓦，市场售价两千零五十元，返修率仅为百分之零点一五。

示例二

海军 J12 号打捞救生船在太平洋上航行了十三天，于一九九〇年八月六日零时三十分返回基地。

5.2　汉字数字的使用

5.2.1　概数

两个数字连用表示概数时，两数之间不用顿号"、"隔开。

示例：二三米　　一两个小时　　三五天　　一二十个

四十五六岁

5.2.2　年份

年份简写后的数字可以理解为概数时，一般不简写。

示例："一九七八年"不写为"七八年"

5.2.3　含有月日的专名

含有月日的专名采用汉字数字表示时，如果涉及一月、十一月、十二月，应用间隔号"·"将表示月日的数字隔开，涉及其他月份时，不用间隔号。

示例："一·二八"事变　"一二·九"运动　五一国际劳动节

5.2.4　大写汉字数字

——大写汉字数字的书写形式

零、壹、贰、叁、肆、伍、陆、柒、捌、玖、拾、佰、仟、万、亿

——大写汉字数字的适用场合

法律文书和财务票据上，应采用大写汉字数字形式记数。

示例：3,504（叁仟伍佰零肆圆）　39,148（叁万玖仟壹佰肆拾捌圆）

5.2.5　"零"和"〇"

阿拉伯数字"0"有"零"和"〇"两种汉字书写形式。一个数字用作计量时，其中"0"的汉字书写形式为"零"，用作编号时，"0"的汉字书写形式为"〇"。

示例："3052（个）"的汉字数字形式为"三千零五十二"（不写为"三千〇五十二"）

"95.06"的汉字数字形式为"九十五点零六"（不写为"九十五点〇六"）

"公元2012（年）"的汉字数字形式为"二〇一二"（不写

为"二零一二"）

5.3 阿拉伯数字与汉字数字同时使用

如果一个数值很大，数值中的"万""亿"单位可以采用汉字数字，其余部分采用阿拉伯数字。

示例 1：我国 1982 年人口普查人数为 10 亿零 817 万 5 288 人。

除上面情况之外的一般数值，不能同时采用阿拉伯数字与汉字数字。

示例 2：108 可以写作"一百零八"，但不应写作"1 百零 8""一百 08"

4 000 可以写作"四千"，但不能写作"4 千"

附加说明：

本标准由教育部语言文字信息管理司提出并归口。

本标准主要起草单位：北京大学。

本标准主要起草人：詹卫东、覃士娟、曾石铭。

标点符号用法

（GB/T 15834—2011，代替 GB/T 15834—1995，国家质量监督检验检疫总局、国家标准化管理委员会 2011 年 12 月 30 日发布，2012 年 6 月 1 日实施）

1　范围

本标准规定了现代汉语标点符号的用法。

本标准适用于汉语的书面语（包括汉语和外语混合排版时的汉语部分）。

2　术语和定义

下列术语和定义适用于本文件。

2.1　标点符号　punctuation

辅助文字记录语言的符号，是书面语的有机组成部分，用来表示语句的停顿、语气以及标示某些成分（主要是词语）的特定性质和作用。

注：数学符号、货币符号、校勘符号、辞书符号、注音符号等特殊领域的专门符号不属于标点符号。

2.2　句子　sentence

前后都有较大停顿、带有一定的语气和语调、表达相对完整意义的语言单位。

2.3　复句　complex sentence

由两个或多个在意义上有密切关系的分句组成的语言单位，包括简单复句（内部只有一层语义关系）和多重复句（内部包含多层语义关系）。

2.4　分句　clause

复句内两个或多个前后有停顿、表达相对完整意义、不带有句末语气和语调、有的前面可添加关联词语的语言单位。

2.5　语段　expression

指语言片段，是对各种语言单位（如词、短语、句子、复句等）不做特别区分时的统称。

3　标点符号的种类

3.1　点号

点号的作用是点断，主要表示停顿和语气。分为句末点号和句内点号。

3.1.1　句末点号

用于句末的点号，表示句末停顿和句子的语气。包括句号、问号、叹号。

3.1.2　句内点号

用于句内的点号，表示句内各种不同性质的停顿。包括逗号、顿号、分号、冒号。

3.2　标号

标号的作用是标明，主要标示某些成分（主要是词语）的特定性质和作用。包括引号、括号、破折号、省略号、着重号、连接号、间隔号、书名号、专名号、分隔号。

4　标点符号的定义、形式和用法

4.1　句号

4.1.1　定义

句末点号的一种，主要表示句子的陈述语气。

4.1.2　形式

句号的形式是"。"。

4.1.3　基本用法

4.1.3.1　用于句子末尾，表示陈述语气。使用句号主要根据语段前后有较大停顿、带有陈述语气和语调，并不取决于句子的长短。

示例1：北京是中华人民共和国的首都。

示例2：（甲：咱们走着去吧？）乙：好。

4.1.3.2　有时也可表示较缓和的祈使语气和感叹语气。

示例1：请您稍等一下。

示例2：我不由地感到，这些普通劳动者也同样是很值得尊敬的。

4.2　问号

4.2.1　定义

句末点号的一种，主要表示句子的疑问语气。

4.2.2　形式

问号的形式是"？"。

4.2.3　基本用法

4.2.3.1　用于句子末尾，表示疑问语气（包括反问、设问等疑问类型）。使用问号主要根据语段前后有较大停顿、带有疑问语气和语调，并不取决于句子的长短。

示例1：你怎么还不回家去呢？

示例2：难道这些普通的战士不值得歌颂吗？

示例3：（一个外国人，不远万里来到中国，帮助中国的抗日战争。）这是什么精神？这是国际主义的精神。

4.2.3.2　选择问句中，通常只在最后一个选项的末尾用问号，各个选项之间一般用逗号隔开。当选项较短且选项之间几乎没有停顿时，选项之间可不用逗号。当选项较多或较长，或有意突出每个选项的独立性时，也可每个选项之后都用问号。

示例1：诗中记述的这场战争究竟是真实的历史描述，还是诗人的虚构？

示例 2：这是巧合还是有意安排？

示例 3：要一个什么样的结尾：现实主义的？传统的？大团圆的？荒诞的？民族形式的？有象征意义的？

示例 4：（他看着我的作品称赞了我。）但到底是称赞我什么：是有几处画得好？还是什么都敢画？抑或只是一种对于失败者的无可奈何的安慰？我不得而知。

示例 5：这一切都是由客观的条件造成的？还是由行为的惯性造成的？

4.2.3.3　在多个问句连用或表达疑问语气加重时，可叠用问号。通常应先单用，再叠用，最多叠用三个问号。在没有异常强烈的情感表达需要时不宜叠用问号。

示例：这就是你的做法吗？你这个总经理是怎么当的？？你怎么竟敢这样欺骗消费者？？？

4.2.3.4　问号也有标号的用法，即用于句内，表示存疑或不详。

示例 1：马致远（1250？—1321），大都人，元代戏曲家、散曲家。

示例 2：钟嵘（？—518），颍川长社人，南朝梁代文学批评家。

示例 3：出现这样的文字错误，说明作者（编者？校者？）很不认真。

4.3　叹号

4.3.1　定义

句末点号的一种，主要表示句子的感叹语气。

4.3.2　形式

叹号的形式是"！"。

4.3.3　基本用法

4.3.3.1　用于句子末尾，主要表示感叹语气，有时也可表示强烈的祈使语气、反问语气等。使用叹号主要根据语段前后有较大停顿、带有感叹语气和语调或带有强烈的祈使、反问语气和语调，并不取决于句子的长短。

示例 1：才一年不见，这孩子都长这么高啦！

示例 2：你给我住嘴！

示例 3：谁知道他今天是怎么搞的！

4.3.3.2　用于拟声词后，表示声音短促或突然。

示例 1：咔嚓！一道闪电划破了夜空。

示例 2：咚！咚咚！突然传来一阵急促的敲门声。

4.3.3.3　表示声音巨大或声音不断加大时，可叠用叹号；表达强烈语气时，也可叠用叹号，最多叠用三个叹号。在没有异常强烈的情感表达需要时不宜叠用叹号。

示例 1：轰！！在这天崩地塌的声音中，女娲猛然醒来。

示例 2：我要揭露！我要控诉！！我要以死抗争！！！

4.3.3.4　当句子包含疑问、感叹两种语气且都比较强烈时（如带有强烈感情的反问句和带有惊愕语气的疑问句），可在问号后再加叹号（问号、叹号各一）。

示例 1：这么点困难就能把我们吓倒吗？！

示例 2：他连这些最起码的常识都不懂，还敢说自己是高科技人材？！

4.4　逗号

4.4.1　定义

句内点号的一种，表示句子或语段内部的一般性停顿。

4.4.2　形式

逗号的形式是"，"。

4.4.3　基本用法

4.4.3.1　复句内各分句之间的停顿，除了有时用分号（见

4.6.3.1)，一般都用逗号。

示例1：不是人们的意识决定人们的存在，而是人们的社会存在决定人们的意识。

示例2：学历史使人更明智，学文学使人更聪慧，学数学使人更精细，学考古使人更深沉。

示例3：要是不相信我们的理论能反映现实，要是不相信我们的世界有内在和谐，那就不可能有科学。

4.4.3.2　用于下列各种语法位置：

a)　较长的主语之后。

示例1：苏州园林建筑各种门窗的精美设计和雕镂功夫，都令人叹为观止。

b)　句首的状语之后。

示例2：在苍茫的大海上，狂风卷集着乌云。

c)　较长的宾语之前。

示例3：有的考古工作者认为，南方古猿生存于上新世至更新世的初期和中期。

d)　带句内语气词的主语（或其他成分）之后，或带句内语气词的并列成分之间。

示例4：他呢，倒是很乐意地、全神贯注地干起来了。

示例5：（那是个没有月亮的夜晚。）可是整个村子——白房顶啦，白树木啦，雪堆啦，全看得见。

e)　较长的主语中间、谓语中间或宾语中间。

示例6：母亲沉痛的诉说，以及亲眼见到的事实，都启发了我幼年时期追求真理的思想。

示例7：那姑娘头戴一顶草帽，身穿一条绿色的裙子，腰间还系着一根橙色的腰带。

示例8：必须懂得，对于文化传统，既不能不分青红皂白统统抛弃，也不能不管精华糟粕全盘继承。

f)　　前置的谓语之后或后置的状语、定语之前。

示例9：真美啊，这条蜿蜒的林间小路。

示例10：她吃力地站了起来，慢慢地。

示例11：我只是一个人，孤孤单单的。

4.4.3.3　用于下列各种停顿处：

a)　　复指成分或插说成分前后。

示例1：老张，就是原来的办公室主任，上星期已经调走了。

示例2：车，不用说，当然是头等。

b)　　语气缓和的感叹语、称谓语或呼唤语之后。

示例3：哎哟，这儿，快给我揉揉。

示例4：大娘，您到哪儿去啊？

示例5：喂，你是哪个单位的？

c)　　某些序次语（"第"字头、"其"字头及"首先"类序次语）之后。

示例6：为什么许多人都有长不大的感觉呢？原因有三：第一，父母总认为自己比孩子成熟；第二，父母总要以自己的标准来衡量孩子；第三，父母出于爱心而总不想让孩子在成长的过程中走弯路。

示例7：《玄秘塔碑》所以成为书法的范本，不外乎以下几方面的因素：其一，具有楷书点画、构体的典范性；其二，承上启下，成为唐楷的极致；其三，字如其人，爱人及字，柳公权高尚的书品、人品为后人所崇仰。

示例8：下面从三个方面讲讲语言的污染问题：首先，是特殊语言环境中的语言污染问题；其次，是滥用缩略语引起的语言污染问题；再次，是空话和废话引起的语言污染问题。

4.5　顿号

4.5.1　定义

句内点号的一种，表示语段中并列词语之间或某些序次语之后的停顿。

4.5.2　形式

顿号的形式是"、"。

4.5.3　基本用法

4.5.3.1　用于并列词语之间。

示例1：这里有自由、民主、平等、开放的风气和氛围。

示例2：造型科学、技艺精湛、气韵生动，是盛唐石雕的特色。

4.5.3.2　用于需要停顿的重复词语之间。

示例：他几次三番、几次三番地辩解着。

4.5.3.3　用于某些序次语（不带括号的汉字数字或"天干地支"类序次语）之后。

示例1：我准备讲两个问题：一、逻辑学是什么？二、怎样学好逻辑学？

示例2：风格的具体内容主要有以下四点：甲、题材；乙、用字；丙、表达；丁、色彩。

4.5.3.4　相邻或相近两数字连用表示概数通常不用顿号。若相邻两数字连用为缩略形式，宜用顿号。

示例1：飞机在6 000米高空水平飞行时，只能看到两侧八九公里和前方一二十公里范围内的地面。

示例2：这种凶猛的动物常常三五成群地外出觅食和活动。

示例3：农业是国民经济的基础，也是二、三产业的基础。

4.5.3.5　标有引号的并列成分之间、标有书名号的并列成分之间通常不用顿号。若有其他成分插在并列的引号之间或并列的书名号之间（如引语或书名号之后还有括注），宜用顿号。

示例1："日""月"构成"明"字。

示例2：店里挂着"顾客就是上帝""质量就是生命"等横幅。

示例 3：《红楼梦》《三国演义》《西游记》《水浒传》，是我国长篇小说的四大名著。

示例 4：李白的"白发三千丈"（《秋浦歌》）、"朝如青丝暮成雪"（《将进酒》）都是脍炙人口的诗句。

示例 5：办公室里订有《人民日报》（海外版）、《光明日报》和《时代周刊》等报刊。

4.6　分号

4.6.1　定义

句内点号的一种，表示复句内部并列关系分句之间的停顿，以及非并列关系的多重复句中第一层分句之间的停顿。

4.6.2　形式

分号的形式是";"。

4.6.3　基本用法

4.6.3.1　表示复句内部并列关系的分句（尤其当分句内部还有逗号时）之间的停顿。

示例 1：语言文字的学习，就理解方面说，是得到一种知识；就运用方面说，是养成一种习惯。

示例 2：内容有分量，尽管文章短小，也是有分量的；内容没有分量，即使写得再长也没有用。

4.6.3.2　表示非并列关系的多重复句中第一层分句（主要是选择、转折等关系）之间的停顿。

示例 1：人还没看见，已经先听见歌声了；或者人已经转过山头望不见了，歌声还余音袅袅。

示例 2：尽管人民革命的力量在开始时总是弱小的，所以总是受压的；但是由于革命的力量代表历史发展的方向，因此本质上又是不可战胜的。

示例 3：不管一个人如何伟大，也总是生活在一定的环境和条件下；因此，个人的见解总难免带有某种局限性。

示例 4：昨天夜里下了一场雨，以为可以凉快些；谁知没有凉快下来，反而更热了。

4.6.3.3　用于分项列举的各项之间。

示例：特聘教授的岗位职责为：一、讲授本学科的主干基础课程；二、主持本学科的重大科研项目；三、领导本学科的学术队伍建设；四、带领本学科赶超或保持世界先进水平。

4.7　冒号

4.7.1　定义

句内点号的一种，表示语段中提示下文或总结上文的停顿。

4.7.2　形式

冒号的形式是"："。

4.7.3　基本用法

4.7.3.1　用于总说性或提示性词语（如"说""例如""证明"等）之后，表示提示下文。

示例 1：北京紫禁城有四座城门：午门、神武门、东华门和西华门。

示例 2：她高兴地说："咱们去好好庆祝一下吧！"

示例 3：小王笑着点了点头："我就是这么想的。"

示例 4：这一事实证明：人能创造环境，环境同样也能创造人。

4.7.3.2　表示总结上文。

示例：张华上了大学，李萍进了技校，我当了工人：我们都有美好的前途。

4.7.3.3　用在需要说明的词语之后，表示注释和说明。

示例 1：（本市将举办首届大型书市。）主办单位：市文化局；承办单位：市图书进出口公司；时间：8 月 15 日—20 日；地点：市体育馆观众休息厅。

示例 2：（做阅读理解题有两个办法。）办法之一：先读题干，再读原文，带着问题有针对性地读课文。办法之二：直接读原文，读完再做题，减少先入为主的干扰。

4.7.3.4　用于书信、讲话稿中称谓语或称呼语之后。

示例1：广平先生：……

示例2：同志们、朋友们：……

4.7.3.5　一个句子内部一般不应套用冒号。在列举式或条文式表述中，如不得不套用冒号时，宜另起段落来显示各个层次。

示例：第十条　遗产按照下列顺序继承：

第一顺序：配偶、子女、父母。

第二顺序：兄弟姐妹、祖父母、外祖父母。

4.8　引号

4.8.1　定义

标号的一种，标示语段中直接引用的内容或需要特别指出的成分。

4.8.2　形式

引号的形式有双引号""""和单引号"''"两种。左侧的为前引号，右侧的为后引号。

4.8.3　基本用法

4.8.3.1　标示语段中直接引用的内容。

示例：李白诗中就有"白发三千丈"这样极尽夸张的语句。

4.8.3.2　标示需要着重论述或强调的内容。

示例：这里所谓的"文"，并不是指文字，而是指文采。

4.8.3.3　标示语段中具有特殊含义而需要特别指出的成分，如别称、简称、反语等。

示例1：电视被称作"第九艺术"。

示例2：人类学上常把古人化石统称为尼安德特人，简称"尼人"。

示例3：有几个"慈祥"的老板把捡来的菜叶用盐浸浸就算作工友的菜肴。

4.8.3.4 当引号中还需要使用引号时，外面一层用双引号，里面一层用单引号。

示例：他问："老师，'七月流火'是什么意思?"

4.8.3.5 独立成段的引文如果只有一段，段首和段尾都用引号；不止一段时，每段开头仅用前引号，只在最后一段末尾用后引号。

示例：我曾在报纸上看到有人这样谈幸福：

"幸福是知道自己喜欢什么和不喜欢什么。……

"幸福是知道自己擅长什么和不擅长什么。……

"幸福是在正确的时间做了正确的选择。……"

4.8.3.6 在书写带月、日的事件、节日或其他特定意义的短语（含简称）时，通常只标引其中的月和日；需要突出和强调该事件或节日本身时，也可连同事件或节日一起标引。

示例1："5·12"汶川大地震

示例2："五四"以来的话剧，是我国戏剧中的新形式。

示例3：纪念"五四运动"90周年

4.9 括号

4.9.1 定义

标号的一种，标示语段中的注释内容、补充说明或其他特定意义的语句。

4.9.2 形式

括号的主要形式是圆括号"（ ）"，其他形式还有方括号"［ ］"、六角括号"〔 〕"和方头括号"【 】"等。

4.9.3 基本用法

4.9.3.1 标示下列各种情况，均用圆括号：

a) 标示注释内容或补充说明。

示例1：我校拥有特级教师（含已退休的）17人。

示例2：我们不但善于破坏一个旧世界，我们还将善于建设一个新世界！（热烈鼓掌）

b)　标示订正或补加的文字。

示例3：信纸上用稚嫩的字体写着："阿夷（姨），你好!"。

示例4：该建筑公司负责的建设工程全部达到优良工程（的标准）。

c)　标示序次语。

示例5：语言有三个要素：（1）声音；（2）结构；（3）意义。

示例6：思想有三个条件：（一）事理；（二）心理；（三）伦理。

d)　标示引语的出处。

示例7：他说得好："未画之前，不立一格；既画之后，不留一格。"（《板桥集·题画》）

e)　标示汉语拼音注音。

示例8："的（de）"这个字在现代汉语中最常用。

4.9.3.2　标示作者国籍或所属朝代时，可用方括号或六角括号。

示例1：［英］赫胥黎《进化论与伦理学》

示例2：〔唐〕杜甫著

4.9.3.3　报刊标示电讯、报道的开头，可用方头括号。

示例：【新华社南京消息】

4.9.3.4　标示公文发文字号中的发文年份时，可用六角括号。

示例：国发〔2011〕3号文件

4.9.3.5　标示被注释的词语时，可用六角括号或方头括号。

示例1：〔奇观〕奇伟的景象。

示例 2：【爱因斯坦】物理学家。生于德国，1933 年因受纳粹政权迫害，移居美国。

4.9.3.6　除科技书刊中的数学、逻辑公式外，所有括号（特别是同一形式的括号）应尽量避免套用。必须套用括号时，宜采用不同的括号形式配合使用。

示例：〔茸（róng）毛〕很细很细的毛。

4.10　破折号

4.10.1　定义

标号的一种，标示语段中某些成分的注释、补充说明或语音、意义的变化。

4.10.2　形式

破折号的形式是"──"。

4.10.3　基本用法

4.10.3.1　标示注释内容或补充说明（也可用括号，见 4.9.3.1；二者的区别另见 B.1.7）。

示例 1：一个矮小而结实的日本中年人──内山老板走了过来。

示例 2：我一直坚持读书，想借此唤起弟妹对生活的希望──无论环境多么困难。

4.10.3.2　标示插入语（也可用逗号，见 4.4.3.3）。

示例：这简直就是──说得不客气点──无耻的勾当！

4.10.3.3　标示总结上文或提示下文（也可用冒号，见 4.7.3.1、4.7.3.2）。

示例 1：坚强，纯洁，严于律己，客观公正──这一切都难得地集中在一个人身上。

示例 2：画家开始娓娓道来──
　　　　数年前的一个寒冬，……

4.10.3.4　标示话题的转换。

示例："好香的干菜，——听到风声了吗?"赵七爷低声说道。

4.10.3.5　标示声音的延长。

示例："嘎——"传过来一声水禽被惊动的鸣叫。

4.10.3.6　标示话语的中断或间隔。

示例1:"班长他牺——"小马话没说完就大哭起来。

示例2:"亲爱的妈妈，你不知道我多爱您。——还有你，我的孩子!"

4.10.3.7　标示引出对话。

示例:——你长大后想成为科学家吗?

　　　　——当然想了!

4.10.3.8　标示事项列举分承。

示例:根据研究对象的不同，环境物理学分为以下五个分支学科:

　　　　——环境声学;

　　　　——环境光学;

　　　　——环境热学;

　　　　——环境电磁学;

　　　　——环境空气动力学。

4.10.3.9　用于副标题之前。

示例:飞向太平洋

　　　　——我国新型号运载火箭发射目击记

4.10.3.10　用于引文、注文后，标示作者、出处或注释者。

示例1:先天下之忧而忧，后天下之乐而乐。

　　　　——范仲淹

示例2:乐浪海中有倭人，分为百余国。

　　　　——《汉书》

示例3:很多人写好信后把信笺折成方胜形，我看大可不

必。(方胜，指古代妇女戴的方形首饰，用彩绸等制作，由两个斜方部分叠合而成。——编者注)

4.11　省略号

4.11.1　定义

标号的一种，标示语段中某些内容的省略及意义的断续等。

4.11.2　形式

省略号的形式是"……"。

4.11.3　基本用法

4.11.3.1　标示引文的省略。

示例：我们齐声朗诵起来："……俱往矣，数风流人物，还看今朝。"

4.11.3.2　标示列举或重复词语的省略。

示例1：对政治的敏感，对生活的敏感，对性格的敏感，……这都是作家必须要有的素质。

示例2：他气得连声说："好，好……算我没说。"

4.11.3.3　标示语意未尽。

示例1：在人迹罕至的深山密林里，假如突然看见一缕炊烟，……

示例2：你这样干，未免太……！

4.11.3.4　标示说话时断断续续。

示例：她磕磕巴巴地说："可是……太太……我不知道……你一定是认错了。"

4.11.3.5　标示对话中的沉默不语。

示例："还没结婚吧？"

　　"……"他飞红了脸，更加忸怩起来。

4.11.3.6　标示特定的成分虚缺。

示例：只要……就……

4.11.3.7　在标示诗行、段落的省略时，可连用两个省略号

（即相当于十二连点）。

　　示例1：从隔壁房间传来缓缓而抑扬顿挫的吟咏声——

　　　　　　床前明月光，疑是地上霜。

　　　　　　············

　　示例2：该刊根据工作质量、上稿数量、参与程度等方面的表现，评选出了高校十佳记者站。还根据发稿数量、提供新闻线索情况以及对刊物的关注度等，评选出了十佳通讯员。

　　　　　　············

4.12　着重号

4.12.1　定义

标号的一种，标示语段中某些重要的或需要指明的文字。

4.12.2　形式

　　着重号的形式是"."标注在相应文字的下方。

4.12.3　基本用法

4.12.3.1　标示语段中重要的文字。

示例1：诗人需要表现，而不是证明。

示例2：下面对本文的理解，不正确的一项是：……

4.12.3.2　标示语段中需要指明的文字。

示例：下边加点的字，除了在词中的读法外，还有哪些读法？

　　　　　　着急　　子弹　　强调

4.13　连接号

4.13.1　定义

标号的一种，标示某些相关联成分之间的连接。

4.13.2　形式

连接号的形式有短横线"-"、一字线"—"和浪纹线"～"三种。

4.13.3　基本用法

4.13.3.1　标示下列种情况，均用短横线。

a)　　化合物的名称或表格、插图的编号。

示例1：3-戊酮为无色液体，对眼及皮肤有强烈刺激性。

示例2：参见下页表2-8、表2-9。

b)　　连接号码，包括门牌号码、电话号码，以及用阿拉伯数字表示年月日等。

示例3：安宁里东路26号院3-2-11室

示例4：联系电话：010-88842603

示例5：2011-02-15

c)　　在复合名词中起连接作用。

示例6：吐鲁番-哈密盆地

d)　　某些产品的名称和型号。

示例7：WZ-10直升机具有复杂天气和夜间作战的能力。

e)　　汉语拼音、外来语内部的分合。

示例8：shuōshuō-xiàoxiào（说说笑笑）

示例9：盎格鲁-撒克逊人

示例10：让-雅克·卢梭（"让-雅克"为双名）

示例11：皮埃尔·孟戴斯-弗朗斯（"孟戴斯-弗朗斯"为复姓）

4.13.3.2　标示下列各种情况，一般用一字线，有时也可用浪纹线：

a)　　标示相关项目（如时间、地域等）的起止。

示例1：沈括（1031—1095），宋朝人。

示例2：2011年2月3日—10日

示例3：北京—上海特别旅客快车

b)　　标示数值范围（由阿拉伯数字或汉字数字构成）的起止。

示例4：25～30g

示例 5：第五～八课

4.14　间隔号

4.14.1　定义

标号的一种，标示某些相关联成分之间的分界。

4.14.2　形式

间隔号的形式是"·"。

4.14.3　基本用法

4.14.3.1　标示外国人名或少数民族人名内部的分界。

示例 1：克里丝蒂娜·罗塞蒂

示例 2：阿依古丽·买买提

4.14.3.2　标示书名与篇（章、卷）名之间的分界。

示例：《淮南子·本经训》

4.14.3.3　标示词牌、曲牌、诗体名等和题名之间的分界。

示例 1：《沁园春·雪》

示例 2：《天净沙·秋思》

示例 3：《七律·冬云》

4.14.3.4　用在构成标题或栏目名称的并列词语之间。

示例：《天·地·人》

4.14.3.5　以月、日为标志的事件或节日，用汉字数字表示时，只在一、十一和十二月后用间隔号；当直接用阿拉伯数字表示时，月、日之间均用间隔号（半角字符）。

示例 1："九一八"事变　　"五四"运动

示例 2："一·二八"事变　　"一二·九"运动

示例 3："3·15"消费者权益日　　"9·11"恐怖袭击事件

4.15　书名号

4.15.1　定义

标号的一种，标示语段中出现的各种作品的名称。

4.15.2　形式

书名号的形式有双书名号"《　》"和单书名号"〈　〉"两种。

4.15.3　基本用法

4.15.3.1　标示书名、卷名、篇名、刊物名、报纸名、文件名等。

示例1：《红楼梦》（书名）

示例2：《史记·项羽本纪》（卷名）

示例3：《论雷峰塔的倒掉》（篇名）

示例4：《每周关注》（刊物名）

示例5：《人民日报》（报纸名）

示例6：《全国农村工作会议纪要》（文件名）

4.15.3.2　标示电影、电视、音乐、诗歌、雕塑等各类用文字、声音、图像等表现的作品的名称。

示例1：《渔光曲》（电影名）

示例2：《追梦录》（电视剧名）

示例3：《勿忘我》（歌曲名）

示例4：《沁园春·雪》（诗词名）

示例5：《东方欲晓》（雕塑名）

示例6：《光与影》（电视节目名）

示例7：《社会广角镜》（栏目名）

示例8：《庄子研究文献数据库》（光盘名）

示例9：《植物生理学系列挂图》（图片名）

4.15.3.3　标示全中文或中文在名称中占主导地位的软件名。

示例：科研人员正在研制《电脑卫士》杀毒软件。

4.15.3.4　标示作品名的简称。

示例：我读了《念青唐古拉山脉纪行》一文（以下简称《念》），收获很大。

4.15.3.5　当书名号中还需要书名号时，里面一层用单书名号，外面一层用双书名号。

示例：《教育部关于提请审议〈高等教育自学考试试行办法〉的报告》

4.16　专名号

4.16.1　定义

标号的一种，标示古籍和某些文史类著作中出现的特定类专有名词。

4.16.2　形式

专名号的形式是一条直线，标注在相应文字的下方。

4.16.3　基本用法

4.16.3.1　标示古籍、古籍引文或某些文史类著作中出现的专有名词，主要包括人名、地名、国名、民族名、朝代名、年号、宗教名、官署名、组织名等。

示例1：孙坚人马被刘表率军围得水泄不通。（人名）

示例2：于是聚集冀、青、幽、并四州兵马七十多万准备决一死战。（地名）

示例3：当时乌孙及西域各国都向汉派遣了使节。（国名、朝代名）

示例4：从咸宁二年到太康十年，匈奴、鲜卑、乌桓等族人徙居塞内。（年号、民族名）

4.16.3.2　现代汉语文本中的上述专有名词，以及古籍和现代文本中的单位名、官职名、事件名、会议名、书名等不应使用专名号。必须使用标号标示时，宜使用其他相应标号（如引号、书名号等）。

4.17　分隔号

4.17.1　定义

标号的一种，标示诗行、节拍及某些相关文字的分隔。

4.17.2 形式

分隔号的形式是"/"。

4.17.3 基本用法

4.17.3.1 诗歌接排时分隔诗行（也可使用逗号和分号，见 4.4.3.1/4.6.3.1）。

示例：春眠不觉晓/处处闻啼鸟/夜来风雨声/花落知多少。

4.17.3.2 标示诗文中的音节节拍。

示例：横眉/冷对/千夫指，俯首/甘为/孺子牛。

4.17.3.3 分隔供选择或可转换的两项，表示"或"。

示例：动词短语中除了作为主体成分的述语动词之外，还包括述语动词所带的宾语和/或补语。

4.17.3.4 分隔组成一对的两项，表示"和"。

示例1：13/14 次特别快车

示例2：羽毛球女双决赛中国组合杜婧/于洋两局完胜韩国名将李孝贞/李敬元。

4.17.3.5 分隔层级或类别。

示例：我国的行政区划分为：省（直辖市、自治区）/省辖市（地级市）/县（县级市、区、自治州）/乡（镇）/村（居委会）。

5 标点符号的位置和书写形式

5.1 横排文稿标点符号的位置和书写形式

5.1.1 句号、逗号、顿号、分号、冒号均置于相应文字之后，占一个字位置，居左下，不出现在一行之首。

5.1.2 问号、叹号均置于相应文字之后，占一个字位置，居左，不出现在一行之首。两个问号（或叹号）叠用时，占一个字位置；三个问号（或叹号）叠用时，占两个字位置；问号和叹号连用时，占一个字位置。

5.1.3　引号、括号、书名号中的两部分标在相应项目的两端，各占一个字位置。其中前一半不出现在一行之末，后一半不出现在一行之首。

5.1.4　破折号标在相应项目之间，占两个字位置，上下居中，不能中间断开分处上行之末和下行之首。

5.1.5　省略号占两个字位置，两个省略号连用时占四个字位置并须单独占一行。省略号不能中间断开分处上行之末和下行之首。

5.1.6　连接号中的短横线比汉字"一"略短，占半个字位置；一字线比汉字"一"略长，占一个字位置；浪纹线占一个字位置。连接号上下居中，不出现在一行之首。

5.1.7　间隔号标在需要隔开的项目之间，占半个字位置，上下居中，不出现在一行之首。

5.1.8　着重号和专名号标在相应文字的下边。

5.1.9　分隔号占半个字位置，不出现在一行之首或一行之末。

5.1.10　标点符号排在一行末尾时，若为全角字符则应占半角字符的宽度（即半个字位置），以使视觉效果更美观。

5.1.11　在实际编辑出版工作中，为排版美观、方便阅读等需要，或为避免某一小节最后一个汉字转行或出现在另外一页开头等情况（浪费版面及视觉效果差），可适当压缩标点符号所占用的空间。

5.2　竖排文稿标点符号的位置和书写形式

5.2.1　句号、问号、叹号、逗号、顿号、分号和冒号均置于相应文字之下偏右。

5.2.2　破折号、省略号、连接号、间隔号和分隔号置于相应文字之下居中，上下方向排列。

5.2.3　引号改用双引号"﹁""﹂"和单引号"﹁""﹂"，

括号改用"︵""︶"，标在相应项目的上下。

　　5.2.4　竖排文稿中使用浪线式书名号"﹏"，标在相应文字的左侧。

　　5.2.5　着重号标在相应文字的右侧，专名号标在相应文字的左侧。

　　5.2.6　横排文稿中关于某些标点不能居行首或行末的要求，同样适用于竖排文稿。

附录 A

（规范性附录）

标点符号用法的补充规则

A.1　句号用法补充规则

　　图或表的短语式说明文字，中间可用逗号，但末尾不用句号。即使有时说明文字较长，前面的语段已出现句号，最后结尾处仍不用句号。

　　示例 1：行进中的学生方队

　　示例 2：经过治理，本市市容市貌焕然一新。这是某区街道一景

A.2　问号用法补充规则

　　使用问号应以句子表示疑问语气为依据，而并不根据句子中包含有疑问词。当含有疑问词的语段充当某种句子成分，而句子并不表示疑问语气时，句末不用问号。

　　示例 1：他们的行为举止、审美趣味，甚至读什么书，坐什么车，都在媒体掌握之中。

示例 2：谁也不见，什么也不吃，哪儿也不去。

示例 3：我也不知道他究竟躲到什么地方去了。

A.3 逗号用法补充规则

用顿号表示较长、较多或较复杂的并列成分之间的停顿时，最后一个成分前可用"以及（及）"进行连接，"以及（及）"之前应用逗号。

示例：压力过大、工作时间过长、作息不规律，以及忽视营养均衡等，均会导致健康状况的下降。

A.4 顿号用法补充规则

A.4.1 表示含有顺序关系的并列各项间的停顿，用顿号，不用逗号。下例解释"对于"一词用法，"人""事物""行为"之间有顺序关系（即人和人、人和事物、人和行为、事物和事物、事物和行为、行为和行为等六种对待关系），各项之间应用顿号。

示例： 〔对于〕表示人，事物，行为之间的相互对待关系。（误）

〔对于〕表示人、事物、行为之间的相互对待关系。（正）

A.4.2 用阿拉伯数字表示年月日的简写形式时，用短横线连接号，不用顿号。

示例：2010、03、02（误）

2010-03-02（正）

A.5 分号用法补充规则

分项列举的各项有一项或多项已包含句号时，各项的末尾不能再用分号。

示例：本市先后建立起三大农业生产体系：一是建立甘蔗生产服务体系。成立糖业服务公司，主要给农民提供机耕等服务；二是建立蚕桑生产服务体系。……；三是建立热作服务体系。……。（误）

　　　　本市先后建立起三大农业生产体系：一是建立甘蔗生产服务体系。成立糖业服务公司，主要给农民提供机耕等服务。二是建立蚕桑生产服务体系。……。三是建立热作服务体系。……。（正）

A.6　冒号用法补充规则

A.6.1　冒号用在提示性话语之后引起下文。表面上类似但实际不是提示性话语的，其后用逗号。

示例1：郦道元《水经注》记载："沼西际山枕水，有唐叔虞祠。"（提示性话语）

示例2：据《苏州府志》载，苏州城内大小园林约有150多座，可算名副其实的园林之城。（非提示性话语）

A.6.2　冒号提示范围无论大小（一句话、几句话甚至几段话），都应与提示性话语保持一致（即在该范围的末尾要用句号点断）。应避免冒号涵盖范围过窄或过宽。

示例：艾滋病有三个传播途径：血液传播，性传播和母婴传播，日常接触是不会传播艾滋病的。（误）

　　　　艾滋病有三个传播途径：血液传播，性传播和母婴传播。日常接触是不会传播艾滋病的。（正）

A.6.3　冒号应用在有停顿处，无停顿处不应用冒号。

示例1：他头也不抬，冷冷地问："你叫什么名字？"（有停顿）

示例2：这事你得拿主意，光说"不知道"怎么行？（无停顿）

A.7　引号用法补充规则

"丛刊""文库""系列""书系"等作为系列著作的选题名，宜用引号标引。当"丛刊"等为选题名的一部分时，放在引号之内，反之则放在引号之外。

示例 1："汉译世界学术名著丛书"

示例 2："中国哲学典籍文库"

示例 3："20 世纪心理学通览"丛书

A.8　括号用法补充规则

括号可分为句内括号和句外括号。句内括号用于注释句子里的某些词语，即本身就是句子的一部分，应紧跟在被注释的词语之后。句外括号则用于注释句子、句群或段落，即本身结构独立，不属于前面的句子、句群或段落，应位于所注释语段的句末点号之后。

示例：标点符号是辅助文字记录语言的符号，是书面语的有机组成部分，用来表示语句的停顿、语气以及标示某些成分（主要是词语）的特定性质和作用。（数学符号、货币符号、校勘符号等特殊领域的专门符号不属于标点符号。）

A.9　省略号用法补充规则

A.9.1　不能用多于两个省略号（多于 12 点）连在一起表示省略。省略号须与多点连续的连珠号相区别（后者主要是用于表示目录中标题和页码对应和连接的专门符号）。

A.9.2　省略号和"等""等等""什么的"等词语不能同时使用。在需要读出来的地方用"等""等等""什么的"等词语，不用省略号。

示例：含有铁质的食物有猪肝、大豆、油菜、菠菜……等。（误）

含有铁质的食物有猪肝、大豆、油菜、菠菜等。（正）

A.10　着重号用法补充规则

不应使用文字下加直线或波浪线等形式表示着重。文字下加直线为专名号形式（4.16）；文字下加浪纹线是特殊书名号（A.13.6）。着重号的形式统一为相应项目下加小圆点。

示例：下面对本文的理解，<u>不正确</u>的一项是（误）

下面对本文的理解，不正确的一项是（正）

A.11　连接号用法补充规则

浪纹线连接号用于标示数值范围时，在不引起歧义的情况下，前一数值附加符号或计量单位可省略。

示例：5公斤～100公斤（正）

5～100公斤（正）

A.12　间隔号用法补充规则

当并列短语构成的标题中已用间隔号隔开时，不应再用"和"类连词。

示例：《水星·火星和金星》（误）

《水星·火星·金星》（正）

A.13　书名号用法补充规则

A.13.1　不能视为作品的课程、课题、奖品奖状、商标、证照、组织机构、会议、活动等名称，不应用书名号。下面均为书名号误用的示例：

示例1：下学期本中心将开设《现代企业财务管理》《市场营销》两门课程。

示例2：明天将召开《关于"两保两挂"的多视觉理论思

考》课题立项会。

示例 3：本市将向 70 岁以上（含 70 岁）老年人颁发《敬老证》。

示例 4：本校共获得《最佳印象》《自我审美》《卡拉 OK》等六个奖杯。

示例 5：《闪光》牌电池经久耐用。

示例 6：《文史杂志社》编辑力量比较雄厚。

示例 7：本市将召开《全国食用天然色素应用研讨会》。

示例 8：本报将于今年暑假举行《墨宝杯》书法大赛。

A.13.2　有的名称应根据指称意义的不同确定是否用书名号。如文艺晚会指一项活动时，不用书名号；而特指一种节目名称时，可用书名号。再如展览作为一种文化传播的组织形式时，不用书名号；特定情况下将某项展览作为一种创作的作品时，可用书名号。

示例 1：2008 年重阳联欢晚会受到观众的称赞和好评。

示例 2：本台将重播《2008 年重阳联欢晚会》。

示例 3："雪域明珠——中国西藏文化展"今天隆重开幕。

示例 4：《大地飞歌艺术展》是一部大型现代艺术作品。

A.13.3　书名后面表示该作品所属类别的普通名词不标在书名号内。

示例：《我们》杂志

A.13.4　书名有时带有括注。如果括注是书名、篇名等的一部分，应放在书名号之内，反之则应放在书名号之外。

示例 1：《琵琶行（并序）》

示例 2：《中华人民共和国民事诉讼法（试行）》

示例 3：《新政治协商会议筹备会组织条例（草案）》

示例 4：《百科知识》（彩图本）

示例 5：《人民日报》（海外版）

A.13.5 书名、篇名末尾如有叹号或问号，应放在书名号之内。

示例1：《日记何罪！》

示例2：《如何做到同工又同酬？》

A.13.6 在古籍或某些文史类著作中，为与专名号配合，书名号也可改用浪线式"﹏"，标注在书名下方。这可以看作是特殊的专名号或特殊的书名号。

A.14 分隔号用法补充规则

分隔号又称正斜线号，须与反斜线号"＼"相区别（后者主要是用于编写计算机程序的专门符号）。使用分隔号时，紧贴着分隔号的前后通常不用点号。

附录 B

（资料性附录）
标点符号若干用法的说明

B.1 易混标点符号用法比较

B.1.1 逗号、顿号表示并列词语之间停顿

逗号和顿号都表示停顿，但逗号表示的停顿长，顿号表示的停顿短。并列词语之间的停顿一般用顿号，但当并列词语较长或其后有语气词时，为了表示稍长一点的停顿，也可用逗号。

示例1：我喜欢吃的水果有苹果、桃子、香蕉和菠萝。

示例2：我们需要了解全局和局部的统一，必然和偶然的统一，本质和现象的统一。

示例3：看游记最难弄清位置和方向，前啊，后啊，左啊，

右啊，看了半天，还是不明白。

B.1.2　逗号、顿号在表列举省略的"等""等等"之类词语前的使用

并列成分之间用顿号，末尾的并列成分之后用"等""等等"之类词语时，"等"类词前不用顿号或其他点号；并列成分之间用逗号，末尾的并列成分之后用"等"类词时，"等"类词前应用逗号。

示例1：现代生物学、物理学、化学、数学等基础科学的发展，带动了医学科学的进步。

示例2：写文章前要想好，文章主题是什么，用哪些材料，哪些详写，哪些略写，等等。

B.1.3　逗号、分号表示分句间停顿的区别

当复句的表述不复杂、层次不多，相连的分句语气比较紧凑、分句内部也没有使用逗号表示停顿时，分句间的停顿多用逗号。当用逗号不易分清多重复句内部的层次（如分句内部已有逗号），而用句号又可能割裂前后关系的地方，应用分号表示停顿。

示例1：她拿起钥匙，开了箱上的锁，又开了首饰盒上的锁，往老地方放钱。

示例2：纵比，即以一事物的各个发展阶段作比；横比，则以此事物与彼事物相比。

B.1.4　顿号、逗号、分号在标示层次关系时的区别

句内点号中，顿号表示的停顿最短、层次最低，通常只能表示并列词语之间的停顿；分号表示的停顿最长、层次最高，可以用来表示复句的第一层分句之间的停顿；逗号介于两者之间，既可表示并列词语之间的停顿，也可表示复句中分句之间的停顿。若分句内部已用逗号，分句之间就应用分号（见B.1.3示例2）。用分号隔开的几个并列分句不能由逗号统领或总结。

示例1：有的学会烤烟，自己做挺讲究的纸烟和雪茄；有的

学会蔬菜加工，做的番茄酱能吃到冬天；有的学会蔬菜腌渍、窖藏，使秋菜接上春菜。

示例 2：动物吃植物的方式多种多样，有的是把整个植物吃掉，如原生动物；有的是把植物的大部分吃掉，如鼠类；有的是吃掉植物的要害部位，如鸟类吃掉植物的嫩芽。（误）。

　　　　动物吃植物的方式多种多样：有的是把整个植物吃掉，如原生动物；有的是把植物的大部分吃掉，如鼠类；有的是吃掉植物的要害部位，如鸟类吃掉植物的嫩芽。（正）。

B.1.5　冒号、逗号用于"说""道"之类词语后的区别

位于引文之前的"说""道"后用冒号。位于引文之后的"说""道"分两种情况：处于句末时，其后用句号；"说""道"后还有其他成分时，其后用逗号。插在话语中间的"说""道"类词语后只能用逗号表示停顿。

示例 1：他说："晚上就来家里吃饭吧。"

示例 2："我真的很期待。"他说。

示例 3："我有件事忘了说……"他说，表情有点为难。

示例 4："现在请皇上脱下衣服，"两个骗子说，"好让我们为您换上新衣。"

B.1.6　不同点号表示停顿长短的排序

各种点号都表示说话时的停顿。句号、问号、叹号都表示句子完结，停顿最长。分号用于复句的分句之间，停顿长度介于句末点号和逗号之间，而短于冒号。逗号表示一句话中间的停顿，又短于分号。顿号用于并列词语之间，停顿最短。通常情况下，各种点号表示的停顿由长到短为：句号＝问号＝叹号＞冒号（指涵盖范围为一句话的冒号）＞分号＞逗号＞顿号。

B.1.7　破折号与括号表示注释或补充说明时的区别

破折号用于表示比较重要的解释说明，这种补充是正文的一部分，可与前后文连读；而括号表示比较一般的解释说明，只是

注释而非正文，可不与前后文连读。

示例 1：在今年——农历虎年，必须取得比去年更大的成绩。

示例 2：哈雷在牛顿思想的启发下，终于认出了他所关注的彗星（该星后人称为哈雷彗星）。

B.1.8 书名号、引号在"题为……""以……为题"格式中的使用

"题为……""以……为题"中的"题"，如果是诗文、图书、报告或其他作品可作为篇名、书名看待时，可用书名号；如果是写作、科研、辩论、谈话的主题，非特定作品的标题，应用引号。即"题为……""以……为题"中的"题"应根据其类别分别按书名号和引号的用法处理。

示例 1：有篇题为《柳宗元的诗》的文章，全文才 2 000 字，引文不实却达 11 处之多。

示例 2：今天一个以"地球·人口·资源·环境"为题的大型宣传活动在此间举行。

示例 3：《我的老师》写于 1956 年 9 月，是作者应《教师报》之约而写的。

示例 4："我的老师"这类题目，同学们也许都写过。

B.2 两个标点符号连用的说明

B.2.1 行文中表示引用的引号内外的标点用法

当引文完整且独立使用，或虽不独立使用但带有问号或叹号时，引号内句末点号应保留。除此之外，引号内不用句末点号。当引文处于句子停顿处（包括句子末尾）且引号内未使用点号时，引号外应使用点号；当引文位于非停顿处或者引号内已使用句末点号时，引号外不用点号。

示例 1："沉舟侧畔千帆过，病树前头万木春。"他最喜欢这两句诗。

示例2：书价上涨令许多读者难以接受，有些人甚至发出"还买得起书吗?"的疑问。

示例3：他以"条件还不成熟，准备还不充分"为由，否决了我们的提议。

示例4：你这样"明日复明日"地要拖到什么时候?

示例5：司马迁为了完成《史记》的写作，使之"藏之名山"，忍受了人间最大的侮辱。

示例6：在施工中要始终坚持"把质量当生命"。

示例7："言之无文，行而不远"这句话，说明了文采的重要。

示例8：俗话说："墙头一根草，风吹两边倒。"用这句话来形容此辈再恰当不过。

B.2.2　行文中括号内外的标点用法

括号内行文末尾需要时可用问号、叹号和省略号。除此之外，句内括号行文末尾通常不用标点符号。句外括号行文末尾是否用句号由括号内的语段结构决定：若语段较长、内容复杂，应用句号。句内括号外是否用点号取决于括号所处位置：若句内括号处于句子停顿处，应用点号。句外括号外通常不用点号。

示例1：如果不采取（但应如何采取呢?）十分具体的控制措施，事态将进一步扩大。

示例2：3分钟过去了（仅仅才3分钟!），从眼前穿梭而过的出租车竟达32辆!

示例3：她介绍时用了一连串比喻（有的状如树枝，有的貌似星海……），非常形象。

示例4：科技协作合同（包括科研、试制、成果推广等）根据上级主管部门或有关部门的计划签订。

示例5：应把夏朝看作原始公社向奴隶制国家过渡时期。（龙山文化遗址里，也有俯身葬。俯身者很可能就是奴隶。）

示例6：问：你对你不喜欢的上司是什么态度?

答：感情上疏远，组织上服从。（掌声，笑声）

示例 7：古汉语（特别是上古汉语），对于我来说，有着常人无法想象的吸引力。

示例 8：由于这种推断尚未经过实践的考验，我们只能把它作为假设（或假说）提出来。

示例 9：人际交往过程就是使用语词传达意义的过程。（严格说，这里的"语词"应为语词指号。）

B.2.3　破折号前后的标点用法

破折号之前通常不用点号；但根据句子结构和行文需要，有时也可分别使用句内点号或句末点号。破折号之后通常不会紧跟着使用其他点号；但当破折号表示语音的停顿或延长时，根据语气表达的需要，其后可紧接问号或叹号。

示例 1：小妹说："我现在工作得挺好，老板对我不错，工资也挺高。——我能抽支烟吗？"（表示话题的转折）

示例 2：我不是自然主义者，我主张文学高于现实，能够稍稍居高临下地去看现实，因为文学的任务不仅在于反映现实。光描写现存的事物还不够，还必须记住我们所希望的和可能产生的事物。必须使现象典型化。应该把微小而有代表性的事物写成重大的和典型的事物。——这就是文学的任务。（表示对前几句话的总结）

示例 3："是他——？"石一川简直不敢相信自己的耳朵。

示例 4："我终于考上大学啦！我终于考上啦——！"金石开兴奋得快要晕过去了。

B.2.4　省略号前后的标点用法

省略号之前通常不用点号。以下两种情况例外：省略号前的句子表示强烈语气、句末使用问号或叹号时；省略号前不用点号就无法标示停顿或表明结构关系时。省略号之后通常也不用点号，但当句末表达强烈的语气或感情时，可在省略号后用问号或叹号；当省略号后还有别的话、省略的文字和后面的话不连续且有停顿时，应在省略号后用点号；当表示特定格式的成分虚缺时，省略号后可用点号。

示例1：想起这些，我就觉得一辈子都对不起你。你对梁家的好，我感激不尽！……

示例2：他进来了，……一身军装，一张朴实的脸，站在我们面前显得很高大，很年轻。

示例3：这，这是……？

示例4：动物界的规矩比人类还多，野骆驼、野猪、黄羊……，直至塔里木兔、跳鼠，都是各行其路，决不混淆。

示例5：大火被渐渐扑灭，但一片片油污又旋即出现在遇难船旁……。清污船迅速赶来，并施放围栏以控制油污。

示例6：如果……，那么……。

B.3　序次语之后的标点用法

B.3.1　"第""其"字头序次语，或"首先""其次""最后"等做序次语时，后用逗号（见4.4.3.3）。

B.3.2　不带括号的汉字数字或"天干地支"做序次语时，后用顿号（见4.5.3.2）。

B.3.3　不带括号的阿拉伯数字、拉丁字母或罗马数字做序次语时，后面用下脚点（该符号属于外文的标点符号）。

示例1：总之，语言的社会功能有三点：1. 传递信息，交流思想；2. 确定关系，调节关系；3. 组织生活，组织生产。

示例2：本课一共讲解三个要点：A. 生理停顿；B. 逻辑停顿；C. 语法停顿。

B.3.4　加括号的序次语后面不用任何点号。

示例1：受教育者应履行以下义务：（一）遵守法律、法规；（二）努力学习，完成规定的学习任务；（三）遵守所在学校或其他教育机构的制度。

示例 2：科学家很重视下面几种才能：（1）想象力；（2）直觉的理解力；（3）数学能力。

B. 3. 5　阿拉伯数字与下脚点结合表示章节关系的序次语末尾不用任何点号。

示例：3　停顿

　　　3.1　生理停顿

　　　3.2　逻辑停顿

B. 3. 6　用于章节、条款的序次语后宜用空格表示停顿。

示例：第一课　春天来了

B. 3. 7　序次简单、叙述性较强的序次语后不用标点符号。

示例：语言的社会功能共有三点：一是传递信息；二是确定关系；三是组织生活。

B. 3. 8　同类数字形式的序次语，带括号的通常位于不带括号的下一层。通常第一层是带有顿号的汉字数字；第二层是带括号的汉字数字；第三层是带下脚点的阿拉伯数字；第四层是带括号的阿拉伯数字；再往下可以是带圈的阿拉伯数字或小写拉丁字母。一般可根据文章特点选择从某一层序次语开始行文，选定之后应顺着序次语的层次向下行文，但使用层次较低的序次语之后不宜反过来再使用层次更高的序次语。

示例：一、……

　　　（一）……

　　　1. ……

　　　（1）……

　　　①/a. ……

B. 4　文章标题的标点用法

文章标题的末尾通常不用标点符号，但有时根据需要可用问号、叹号或省略号。

　　示例1：看看电脑会有多聪明，让它下盘围棋吧

　　示例2：猛龙过江：本店特色名菜

　　示例3：严防"电脑黄毒"危害少年

　　示例4：回家的感觉真好

　　　　　　　　　——访大赛归来的本市运动员

　　示例5：里海是湖，还是海？

　　示例6：人体也是污染源！

　　示例7：和平协议签署之后……

附加说明：

本标准由教育部语言文字信息管理司提出并归口。

本标准主要起草单位：北京大学。

本标准主要起草人：沈阳、刘妍、于泳波、翁珊珊。

标准、规范—量和单位

关于在我国统一实行
法定计量单位的命令

（1984 年 2 月 27 日国务院发布）

1959 年国务院发布《关于统一计量制度的命令》，确定米制为我国的基本计量制度以来，全国推广米制、改革市制、限制英制和废除旧杂制的工作，取得了显著成绩。为贯彻对外实行开放政策，对内搞活经济的方针，适应我国国民经济、文化教育事业的发展，以及推进科学技术进步和扩大国际经济、文化交流的需要，国务院决定在采用先进的国际单位制的基础上，进一步统一我国的计量单位。经 1984 年 1 月 20 日国务院第 21 次常务会议讨论，通过了国家计量局《关于在我国统一实行法定计量单位的请示报告》、《全面推行我国法定计量单位的意见》（附一）和《中华人民共和国法定计量单位》（附二）。现发布命令如下：

一、我国的计量单位一律采用《中华人民共和国法定计量单位》。

二、我国目前在人民生活中采用的市制计量单位，可以延续使用到 1990 年，1990 年年底以前要完成向国家法定计量单位的过渡。农田土地面积计量单位的改革，要在调查研究的基础上制订改革方案，另行公布。

三、计量单位的改革是一项涉及各行各业和广大人民群众的事，各地区、各部门务必充分重视，制定积极稳妥的实施计划，保证顺利完成。

四、本命令责成国家计量局负责贯彻执行。

本命令自公布之日起生效。过去颁布的有关规定，与本命令有抵触的，以本命令为准。

附一

全面推行我国法定计量单位的意见

（1984 年 3 月 9 日）

　　我国的法定计量单位，是以国际单位制的单位为基础，根据我国的情况，适当增加了一些其他单位构成的。

　　国际单位制是在米制基础上发展起来的，被称为米制的现代化形式。由于它比较先进、实用、简单、科学，并适用于文化教育、经济建设和科学技术的各个领域，因此，自 1960 年第 11 届国际计量大会通过以来，已被世界各国以及国际性组织广泛采用。我国在 1977 年颁发的《中华人民共和国计量管理条例（试行）》中，已明确规定要逐步采用。

　　根据党的十二大提出的关于我国经济建设的目标和五届人大五次会议通过的第六个五年计划要点，为推进技术进步，发展国民经济，结合当前使用计量单位的实际情况，吸收世界各国采用国际单位制的经验，在充分准备和广泛宣传的基础上，积极慎重，有计划、有步骤地改革计量单位制，全面地过渡到我国的法定计量单位，是非常必要的。为此，特提出如下规划意见：

　　（一）目标

　　全国于 80 年代末，基本完成向法定计量单位的过渡，分两个阶段进行：

　　从 1984 年到 1987 年年底四年期间，国民经济各主要部门，特别是工业交通、文化教育、宣传出版、科学技术和政府部门，应大体完成其过渡，一般只准使用法定的计量单位。

　　1990 年年底以前，全国各行业应全面完成向法定计量单位的过渡。自 1991 年 1 月起，除个别特殊领域外，不允许再使用非法定计量单位。

（二）要求

为了达到上述目标，对各部门、各地区提出以下要求：

1. 政府机关、人民团体、军队以及各企业、事业单位的公文、统计报表，从1986年起必须使用国家规定的法定计量单位。

2. 教育部门"七五"期间要在所有新编教材中普遍使用法定计量单位，必要时可对非法定计量单位予以介绍。

3. 报纸、刊物、图书、广播、电视，从1986年起均要按规定使用法定计量单位；国际新闻使用非我国法定计量单位者，应以法定单位注明发表。

所有再版出版物重新排版时，都要按法定计量单位进行统一修订。古籍、文学书籍不在此列。

4. 科学研究与工程技术部门，应率先使用法定计量单位，从1986年起，凡新制订、修订的各级技术标准（包括国家标准、专业标准及企业标准）、计量检定规程，新撰写的研究报告、学术论文以及技术情报资料等均应使用法定计量单位。允许在法定计量单位之后，将旧单位写在括弧内。

5. 仪器仪表和检测设备的改制。

（1）新设计制造的仪器设备及其图纸、使用说明书、操作规程、产品铭牌，从1986年起，一律使用法定计量单位。

（2）仪器仪表老产品，允许有一个生产过渡时间，但需尽早改为法定计量单位。自1987年起不得再生产非法定计量单位的仪器仪表。

（3）使用中的仪器设备，能通过检修，加以调整或改装的，尽量调整、改装，使其符合法定计量单位的要求；不能调整改装的，在设备更新时解决。在更新之前，使用该设备进行检测所得的结果，应换算为法定计量单位提供使用。

6. 作为计量基准器和计量标准器的仪器设备，是量值传递的依据，在 1985 年年底以前，应全部满足新、旧两种计量单位检定的要求，所需经费要纳入地区和部门的技术改造计划，并认真落实。

7. 市场贸易也必须逐步使用法定计量单位。允许市制单位使用到 1990 年年底。

出口商品所用计量单位，可根据合同使用，不受本规定限制。合同中无计量单位规定者，按法定计量单位使用。

8. 农田土地面积单位"亩"的改革，关系到我国土地资源的利用，农业计划的制订，单位面积产量的计算，农作物的征购和科学种田等诸方面，是涉及到几亿农民的大事，应在广泛调查研究的基础上，在适当时候，进行统一改革。

9. 英制单位必须限制使用。

10. 个别科学技术领域中，如有特殊需要，可使用某些非法定计量单位，但必须与有关国际组织规定的名称、符号相一致。

11. 自 1986 年起新印制的各种票证改用法定计量单位。

（三）措施

1. 在各部门和各省、市、自治区计量机构中应配备专职人员负责本部门、本地区的改制工作。

2. 各地区、各部门要制订本地区、本部门推行法定计量单位的实施计划，国家计量局负责督促检查并给予技术上的协助。

3. 广泛举办推行法定计量单位的专业学习班和普及讲座；编辑出版技术资料、教学挂图、换算手册和有关刊物；会同报刊、广播、电视部门，开展宣传活动，普及有关法定计量单位方面的知识。

4. 组织制订计量仪器设备改制的技术方案。

5. 一般不准进口非法定计量单位的仪器设备。如有特殊需要，须经省、市、自治区以上的政府计量部门批准。

附二

中华人民共和国法定计量单位

我国的法定计量单位（以下简称法定单位）包括：

（1）国际单位制的基本单位（见表1）；

（2）国际单位制的辅助单位（见表2）；

（3）国际单位制中具有专门名称的导出单位（见表3）；

（4）国家选定的非国际单位制单位（见表4）；

（5）由以上单位构成的组合形式的单位；

（6）由词头和以上单位所构成的十进倍数和分数单位（词头见表5）。

法定单位的定义、使用方法等，由国家计量局另行规定。

表1　国际单位制的基本单位

量 的 名 称	单 位 名 称	单 位 符 号
长　　度	米	m
质　　量	千克（公斤）	kg
时　　间	秒	s
电　　流	安［培］	A
热力学温度	开［尔文］	K
物质的量	摩［尔］	mol
发光强度	坎［德拉］	cd

表2　国际单位制的辅助单位

量 的 名 称	单 位 名 称	单 位 符 号
平 面 角	弧　　度	rad
立 体 角	球面度	sr

表 3   国际单位制中具有专门名称的导出单位

量 的 名 称	单位名称	单位符号	其他表示式例
频 率	赫［兹］	Hz	s^{-1}
力；重力	牛［顿］	N	$kg \cdot m/s^2$
压力，压强；应力	帕［斯卡］	Pa	N/m^2
能量；功；热	焦［耳］	J	$N \cdot m$
功率；辐射通量	瓦［特］	W	J/s
电荷量	库［仑］	C	$A \cdot s$
电位；电压；电动势	伏［特］	V	W/A
电 容	法［拉］	F	C/V
电 阻	欧［姆］	Ω	V/A
电 导	西［门子］	S	A/V
磁通量	韦［伯］	Wb	$V \cdot s$
磁通量密度，磁感应强度	特［斯拉］	T	Wb/m^2
电 感	亨［利］	H	Wb/A
摄氏温度	摄氏度	℃	
光通量	流［明］	lm	$cd \cdot sr$
光照度	勒［克斯］	lx	lm/m^2
放射性活度	贝可［勒尔］	Bq	s^{-1}
吸收剂量	戈［瑞］	Gy	J/kg
剂量当量	希［沃特］	Sv	J/kg

表 4   国家选定的非国际单位制单位

量的名称	单位名称	单位符号	换算关系和说明
时 间	分	min	1 min＝60 s
	［小］时	h	1 h＝60 min＝3 600 s
	天（日）	d	1 d＝24 h＝86 400 s
平面角	［角］秒	(″)	$1'' = (\pi/648\ 000)$ rad （π 为圆周率）
	［角］分	(′)	$1' = 60'' = (\pi/10\ 800)$ rad
	度	(°)	$1° = 60' = (\pi/180)$ rad
旋转速度	转每分	r/min	1 r/min＝ (1/60) s^{-1}

续表

量的名称	单位名称	单位符号	换算关系和说明
长　度	海　里	n mile	1 n mile$=1$ 852 m （只用于航程）
速　度	节	kn	1 kn$=1$ n mile/h 　　　$=$（1 $852/3$ 600）m/s （只用于航行）
质　量	吨 原子质量单位	t u	1 t$=10^3$ kg 1 u≈ 1.660 565 5×10^{-27} kg
体　积	升	L，（l）	1 L$=1$ dm$^3=10^{-3}$ m^3
能	电子伏	eV	1 eV≈ 1.602 189 2×10^{-19} J
级　差	分贝	dB	
线密度	特［克斯］	tex	1 tex$=1$ g/km

表 5　用于构成十进倍数和分数单位的词头

所表示的因数	词头名称	词头符号
10^{18}	艾［可萨］	E
10^{15}	拍［它］	P
10^{12}	太［拉］	T
10^9	吉［咖］	G
10^6	兆	M
10^3	千	k
10^2	百	h
10^1	十	da
10^{-1}	分	d
10^{-2}	厘	c
10^{-3}	毫	m
10^{-6}	微	μ
10^{-9}	纳［诺］	n
10^{-12}	皮［可］	p
10^{-15}	飞［母托］	f
10^{-18}	阿［托］	a

注：1. 周、月、年（年的符号为 a）为一般常用时间单位。

2. 〔　〕内的字，是在不致混淆的情况下，可以省略的字。

3. （　）内的字为前者的同义语。

4. 角度单位度分秒的符号不处于数字后时，用括弧。

5. 升的符号中，小写字母 l 为备用符号。

6. r 为"转"的符号。

7. 人民生活和贸易中，质量习惯称为重量。

8. 公里为千米的俗称，符号为 km。

9. 10^4 称为万，10^8 称为亿，10^{12} 称为万亿，这类数词的使用不受词头名称的影响，但不应与词头混淆。

国际单位制及其应用

(GB 3100—93,代替 GB 3100—86,国家技术监督局
1993 年 12 月 27 日批准,1994 年 7 月 1 日起实施)

引言

本标准等效采用国际标准 ISO 1000:1992《SI 单位及其倍数单位和一些其他单位的应用推荐》,参照采用国际计量局《国际单位制(SI)》(1991 年第 6 版)。

本标准是目前已制定的有关量和单位的一系列国家标准之一,这一系列标准是:

GB 3100　　国际单位制及其应用;

GB 3101　　有关量、单位和符号的一般原则;

GB 3102.1　　空间和时间的量和单位;

GB 3102.2　　周期及其有关现象的量和单位;

GB 3102.3　　力学的量和单位;

GB 3102.4　　热学的量和单位;

GB 3102.5　　电学和磁学的量和单位;

GB 3102.6　　光及有关电磁辐射的量和单位;

GB 3102.7　　声学的量和单位;

GB 3102.8　　物理化学和分子物理学的量和单位;

GB 3102.9　　原子物理学和核物理学的量和单位;

GB 3102.10　　核反应和电离辐射的量和单位;

GB 3102.11　　物理科学和技术中使用的数学符号;

GB 3102.12　　特征数;

GB 3102.13　　固体物理学的量和单位。

国际单位制是我国法定计量单位的基础，一切属于国际单位制的单位都是我国的法定计量单位。

除特别说明的以外，本标准给出的计量单位均为我国法定计量单位。

1　主题内容与适用范围

本标准列出了国际单位制（SI）的构成体系，规定了可以与国际单位制并用的单位以及计量单位的使用规则。

本标准适用于国民经济、科学技术、文化教育等一切领域中使用计量单位的场合。

2　国际单位制的构成

2.1　国际单位制（Le Système International d′Unités）及其国际简称 SI 是在 1960 年第 11 届国际计量大会上通过的。

2.2　国际单位制的构成

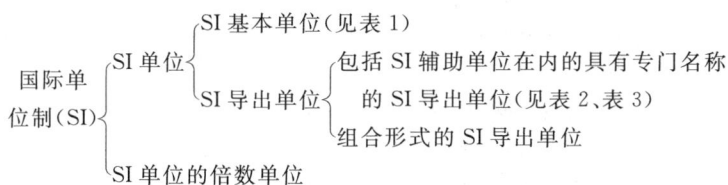

2.3　SI 单位是国际单位制中由基本单位和导出单位构成一贯单位制的那些单位。除质量外，均不带 SI 词头（质量的 SI 单位为千克）。关于一贯单位制的详细说明见 GB 3101《有关量、单位和符号的一般原则》。

2.4　国际单位制的单位包括 SI 单位以及 SI 单位的倍数单位。

2.5　SI 单位的倍数单位包括 SI 单位的十进倍数和分数单位。

3 SI单位

3.1 SI基本单位

国际单位制以表1中的七个基本单位为基础,其定义见附录B(参考件)。

表 1 SI基本单位

量的名称	单位名称	单位符号
长度	米	m
质量	千克(公斤)	kg
时间	秒	s
电流	安[培]	A
热力学温度	开[尔文]	K
物质的量	摩[尔]	mol
发光强度	坎[德拉]	cd

注:

1 圆括号中的名称,是它前面的名称的同义词,下同。

2 无方括号的量的名称与单位名称均为全称。方括号中的字,在不致引起混淆、误解的情况下,可以省略。去掉方括号中的字即为其名称的简称。下同。

3 本标准所称的符号,除特殊指明外,均指我国法定计量单位中所规定的符号以及国际符号,下同。

4 人民生活和贸易中,质量习惯称为重量。

3.2 SI导出单位

导出单位是用基本单位以代数形式表示的单位。这种单位符号中的乘和除采用数学符号。例如速度的 SI 单位为米每秒(m/s)。属于这种形式的单位称为组合单位。

某些 SI 导出单位具有国际计量大会通过的专门名称和符号,见表2和表3。使用这些专门名称并用它们表示其他导出单位,往往更为方便、准确。如热和能量的单位通常用焦耳(J)代替牛顿米（N·m），电阻率的单位通常用欧姆米（Ω·m）代替伏特米每安培（V·m/A）。

　　SI 单位弧度和球面度称为 SI 辅助单位，它们是具有专门名称和符号的量纲一的量的导出单位。在许多实际情况中，用专门名称弧度（rad）和球面度（sr）分别代替数字 1 是方便的。例如角速度的 SI 单位可写成弧度每秒（rad/s）。

表 2　包括SI辅助单位在内的具有专门名称的SI导出单位

量的名称	SI 导出单位		
	名　称	符　号	用 SI 基本单位和 SI 导出单位表示
［平面］角	弧度	rad	$1 \text{ rad}=1 \text{ m/m}=1$
立体角	球面度	sr	$1 \text{ sr}=1 \text{ m}^2/\text{m}^2=1$
频率	赫［兹］	Hz	$1 \text{ Hz}=1 \text{ s}^{-1}$
力	牛［顿］	N	$1 \text{ N}=1 \text{ kg}\cdot\text{m/s}^2$
压力，压强，应力	帕［斯卡］	Pa	$1 \text{ Pa}=1 \text{ N/m}^2$
能［量］，功，热量	焦［耳］	J	$1 \text{ J}=1 \text{ N}\cdot\text{m}$
功率，辐［射能］通量	瓦［特］	W	$1 \text{ W}=1 \text{ J/s}$
电荷［量］	库［仑］	C	$1 \text{ C}=1 \text{ A}\cdot\text{s}$
电压,电动势,电位,(电势)	伏［特］	V	$1 \text{ V}=1 \text{ W/A}$
电容	法［拉］	F	$1 \text{ F}=1 \text{ C/V}$
电阻	欧［姆］	Ω	$1 \text{ Ω}=1 \text{ V/A}$
电导	西［门子］	S	$1 \text{ S}=1 \text{ Ω}^{-1}$
磁通［量］	韦［伯］	Wb	$1 \text{ Wb}=1 \text{ V}\cdot\text{s}$
磁通［量］密度,磁感应强度	特［斯拉］	T	$1 \text{ T}=1 \text{ Wb/m}^2$
电感	亨［利］	H	$1 \text{ H}=1 \text{ Wb/A}$
摄氏温度	摄氏度	℃	$1 \text{ ℃}=1 \text{ K}$
光通量	流［明］	lm	$1 \text{ lm}=1 \text{ cd}\cdot\text{sr}$
［光］照度	勒［克斯］	lx	$1 \text{ lx}=1 \text{ lm/m}^2$

表 3　由于人类健康安全防护上的需要而确定的具有专门名称的SI导出单位

量的名称	SI 导出单位		
	名　称	符　号	用 SI 基本单位和 SI 导出单位表示
［放射性］活度	贝可［勒尔］	Bq	$1 \text{ Bq} = 1 \text{ s}^{-1}$
吸收剂量 比授［予］能 比释动能	戈［瑞］	Gy	$1 \text{ Gy} = 1 \text{ J/kg}$
剂量当量	希［沃特］	Sv	$1 \text{ Sv} = 1 \text{ J/kg}$

用 SI 基本单位和具有专门名称的 SI 导出单位或（和）SI 辅助单位以代数形式表示的单位称为组合形式的 SI 导出单位。

3.3　SI 单位的倍数单位

表 4 给出了 SI 词头的名称、简称及符号（词头的简称为词头的中文符号）。词头用于构成倍数单位（十进倍数单位与分数单位），但不得单独使用。

词头符号与所紧接的单位符号[①]应作为一个整体对待，它们共同组成一个新单位（十进倍数或分数单位），并具有相同的幂次，而且还可以和其他单位构成组合单位。

例 1：$1 \text{ cm}^3 = (10^{-2} \text{ m})^3 = 10^{-6} \text{ m}^3$

例 2：$1 \text{ } \mu\text{s}^{-1} = (10^{-6} \text{ s})^{-1} = 10^6 \text{ s}^{-1}$

例 3：$1 \text{ mm}^2/\text{s} = (10^{-3} \text{ m})^2/\text{s} = 10^{-6} \text{ m}^2/\text{s}$

例 4：10^{-3} tex 可写为 mtex

不得使用重叠词头，如只能写 nm，而不能写 mμm。

注：由于历史原因，质量的 SI 单位名称"千克"中，已包含 SI 词头

---

① 这里的单位符号一词仅指 SI 基本单位和 SI 导出单位，而不是组合单位整体。

"千"，所以质量的十进倍数单位由词头加在"克"前构成。如用毫克（mg）而不得用微千克（μkg）。

表 4　SI词头

因　　数	词　头　名　称		符　　号
	英　文	中　文	
10^{24}	yotta	尧〔它〕	Y
10^{21}	zetta	泽〔它〕	Z
10^{18}	exa	艾〔可萨〕	E
10^{15}	peta	拍〔它〕	P
10^{12}	tera	太〔拉〕	T
10^{9}	giga	吉〔咖〕	G
10^{6}	mega	兆	M
10^{3}	kilo	千	k
10^{2}	hecto	百	h
10^{1}	deca	十	da
10^{-1}	deci	分	d
10^{-2}	centi	厘	c
10^{-3}	milli	毫	m
10^{-6}	micro	微	μ
10^{-9}	nano	纳〔诺〕	n
10^{-12}	pico	皮〔可〕	p
10^{-15}	femto	飞〔母托〕	f
10^{-18}	atto	阿〔托〕	a
10^{-21}	zepto	仄〔普托〕	z
10^{-24}	yocto	幺〔科托〕	y

4　SI单位及其倍数单位的应用

4.1　SI单位的倍数单位根据使用方便的原则选取。通过适当的选择，可使数值处于实用范围内。

4.2　倍数单位的选取，一般应使量的数值处于 0.1～1 000 之间。

例 1：1.2×10^4 N 可写成 12 kN

例 2：0.003 94 m 可写成 3.94 mm

例 3：1 401 Pa 可写成 1.401 kPa

例 4：3.1×10^{-8} s 可写成 31 ns

在某些情况下，习惯使用的单位可以不受上述限制。

如大部分机械制图使用的单位用毫米，导线截面积单位用平方毫米，领土面积用平方千米。

在同一量的数值表中，或叙述同一量的文章里，为对照方便，使用相同的单位时，数值范围不受限制。

词头 h（百）、da（十）、d（分）、c（厘）一般用于某些长度、面积和体积单位。

4.3　组合单位的倍数单位一般只用一个词头，并尽量用于组合单位中的第一个单位。

通过相乘构成的组合单位的词头通常加在第一个单位之前。

例如：力矩的单位 kN·m，不宜写成 N·km。

通过相除构成的组合单位，或通过乘和除构成的组合单位，其词头一般都应加在分子的第一个单位之前，分母中一般不用词头，但质量单位 kg 在分母中时例外。

例 1：摩尔热力学能的单位 kJ/mol，不宜写成 J/mmol。

例 2：质量能单位可以是 kJ/kg。

当组合单位分母是长度、面积和体积单位时，分母中可以选用某些词头构成倍数单位。

例如：体积质量的单位可以选用 g/cm^3。

一般不在组合单位的分子分母中同时采用词头。

4.4　在计算中，为了方便，建议所有量均用 SI 单位表示，将词头用 10 的幂代替。

4.5　有些国际单位制以外的单位，可以按习惯用 SI 词头构成倍数单位，如 MeV，mCi，mL 等，但它们不属于国际单位制。见附录 A（补充件）[①] 第 6 栏。

摄氏温度单位摄氏度，角度单位度、分、秒与时间单位日、时、分等不得用 SI 词头构成倍数单位。

5　单位名称

5.1　表 1 至表 3 规定了单位的名称及其简称。它们用于口述，也可用于叙述性文字中。

5.2　组合单位的名称与其符号表示的顺序一致，符号中的乘号没有对应的名称，除号的对应名称为"每"字，无论分母中有几个单位，"每"字只出现一次。

例如：质量热容的单位符号为 J/（kg·K），其名称为"焦耳每千克开尔文"，而不是"每千克开尔文焦耳"或"焦耳每千克每开尔文"。

5.3　乘方形式的单位名称，其顺序应为指数名称在前，单位名称在后，指数名称由相应的数字加"次方"二字构成。

例如：截面二次矩的单位符号为 m^4，其名称为"四次方米"。

5.4　当长度的二次和三次幂分别表示面积和体积时，则相应的指数名称分别为"平方"和"立方"，其他情况均应分别为"二次方"和"三次方"。

例如：体积的单位符号为 m^3，其名称为"立方米"，而截面系数的单位符号虽同是 m^3，但其名称为"三次方米"。

5.5　书写组合单位的名称时，不加乘或（和）除的符号或（和）其他符号。

例如：电阻率单位符号为 Ω·m，其名称为"欧姆米"，而不是"欧姆·米""欧姆—米""［欧姆］［米］"等。

---

① 　限于篇幅，本标准附录 A（补充件）和附录 B（参考件）本书略。

6　单位符号

6.1　单位符号和单位的中文符号的使用规则

6.1.1　单位和词头的符号用于公式、数据表、曲线图、刻度盘和产品铭牌等需要明了的地方，也用于叙述性文字中。

6.1.2　本标准各表中所给出的单位名称的简称可用做该单位的中文符号（简称"中文符号"）。中文符号只在小学、初中教科书和普通书刊中在有必要时使用。

6.1.3　单位符号没有复数形式，符号上不得附加任何其他标记或符号（参阅 GB 3101 的 3.2.1）。

6.1.4　摄氏度的符号℃可以作为中文符号使用。

6.1.5　不应在组合单位中同时使用单位符号和中文符号。例如：速度单位不得写作 km/小时。

6.2　单位符号和中文符号的书写规则

6.2.1　单位符号一律用正体字母，除来源于人名的单位符号第一字母要大写外，其余均为小写字母（升的符号 L 例外）。

例:米(m)；　　　秒(s)；　　　　坎［德拉］(cd)；

　　安［培］(A)；　帕［斯卡］(Pa)；　韦［伯］(Wb)等。

6.2.2　当组合单位是由两个或两个以上的单位相乘而构成时，其组合单位的写法可采用下列形式之一：

N・m；N m

注：第二种形式，也可以在单位符号之间不留空隙。但应注意，当单位符号同时又是词头符号时，应尽量将它置于右侧，以免引起混淆。如 mN 表示毫牛顿而非指米牛顿。

当用单位相除的方法构成组合单位时，其符号可采用下列形式之一：

$$\mathrm{m/s;\ m \cdot s^{-1};\ \frac{m}{s}}$$

除加括号避免混淆外，单位符号中的斜线（/）不得超过一条。在复杂的情况下，也可以使用负指数。

6.2.3　由两个或两个以上单位相乘所构成的组合单位，其中文符号形式为两个单位符号之间加居中圆点，例如：牛·米。

单位相除构成的组合单位，其中文符号可采用下列形式之一：

米/秒；米·秒$^{-1}$；$\dfrac{米}{秒}$

6.2.4　单位符号应写在全部数值之后，并与数值间留适当的空隙。

6.2.5　SI 词头符号一律用正体字母，SI 词头符号与单位符号之间，不得留空隙。

6.2.6　单位名称和单位符号都必须作为一个整体使用，不得拆开。如摄氏度的单位符号为℃。20 摄氏度不得写成或读成摄氏 20 度或 20 度，也不得写成 20°C，只能写成 20 ℃。

7　可与国际单位制单位并用的我国法定计量单位

7.1　由于实用上的广泛性和重要性，可与国际单位制单位并用的我国法定计量单位列于表 5 中。

表 5　可与国际单位制单位并用的我国法定计量单位

量的名称	单位名称	单位符号	与 SI 单位的关系
时间	分	min	1 min＝60 s
	［小］时	h	1 h＝60 min＝3 600 s
	日，（天）	d	1 d＝24 h＝86 400 s
［平面］角	度	°	$1°＝(\pi/180)$ rad
	［角］分	′	$1′＝(1/60)°＝(\pi/10\ 800)$ rad
	［角］秒	″	$1″＝(1/60)′＝(\pi/648\ 000)$ rad

续表

量的名称	单位名称	单位符号	与 SI 单位的关系
体积	升	L，（l）	$1\text{ L}=1\text{ dm}^3=10^{-3}\text{ m}^3$
质量	吨 原子质量单位	t u	$1\text{ t}=10^3\text{ kg}$ $1\text{ u}\approx1.660\,540\times10^{-27}\text{ kg}$
旋转速度	转每分	r/min	$1\text{ r/min}=(1/60)\text{ s}^{-1}$
长度	海里	n mile	$1\text{ n mile}=1\,852\text{ m}$ （只用于航行）
速度	节	kn	$1\text{ kn}=1\text{ n mile/h}$ $=(1\,852/3\,600)\text{ m/s}$ （只用于航行）
能	电子伏	eV	$1\text{ eV}\approx1.602\,177\times10^{-19}\text{ J}$
级差	分贝	dB	
线密度	特［克斯］	tex	$1\text{ tex}=10^{-6}\text{ kg/m}$
面积	公顷	hm^2	$1\text{ hm}^2=10^4\text{ m}^2$

注：

1　平面角单位度、分、秒的符号，在组合单位中应采用（°）、（′）、（″）的形式。例如，不用°/s 而用（°）/s。

2　升的符号中，小写字母 l 为备用符号。

3　公顷的国际通用符号为 ha。

7.2　根据习惯，在某些情况下，表 5 中的单位可以与国际单位制的单位构成组合单位。例如，kg/h，km/h。见附录 A（补充件）第 5 与第 6 栏。

7.3　根据《全面推行我国法定计量单位的意见》中"个别科学技术领域中，如有特殊需要，可使用某些非法定计量单位，但也必须与有关国际组织规定的名称、符号相一致"的原则，ISO 1000 及 ISO 31 所提出的暂时可使用的其他单位列于 GB 3102 和本标准附录 A（补充件）。

有关量、单位和符号的一般原则

(GB 3101—93，代替 GB 3101—86，国家技术监督局
1993 年 12 月 27 日批准，1994 年 7 月 1 日实施)

引言

本标准等效采用国际标准 ISO 31-0：1992《量和单位　第零部分：一般原则》。

本标准是目前已经制定的有关量和单位的一系列国家标准之一，这一系列国家标准是：

GB 3100　国际单位制及其应用；

GB 3101　有关量、单位和符号的一般原则；

GB 3102.1　空间和时间的量和单位；

GB 3102.2　周期及其有关现象的量和单位；

GB 3102.3　力学的量和单位；

GB 3102.4　热学的量和单位；

GB 3102.5　电学和磁学的量和单位；

GB 3102.6　光及有关电磁辐射的量和单位；

GB 3102.7　声学的量和单位；

GB 3102.8　物理化学和分子物理学的量和单位；

GB 3102.9　原子物理学和核物理学的量和单位；

GB 3102.10　核反应和电离辐射的量和单位；

GB 3102.11　物理科学和技术中使用的数学符号；

GB 3102.12　特征数；

GB 3102.13　固体物理学的量和单位。

上述国家标准贯彻了《中华人民共和国计量法》、《中华人民

共和国标准化法》、国务院于 1984 年 2 月 27 日公布的《关于在我国统一实行法定计量单位的命令》和《中华人民共和国法定计量单位》。

1　主题内容与适用范围

本标准规定了各科学技术领域使用的量、单位和符号的一般原则。其中包括物理量、方程式、量和单位、一贯单位制，特别是国际单位制的原则说明。

本标准适用于各科学技术领域。

2　量和单位

2.1　物理量、单位和数值

在 GB 3101 和 GB 3102.1～3102.13 中只处理用于定量地描述物理现象的物理量。物理量可分为很多类，凡可以相互比较的量都称为同一类量，例如：长度、直径、距离、高度和波长等就是同一类量。在同一类量中，如选出某一特定的量作为一个称之为单位的参考量，则这一类量中的任何其他量，都可用这个单位与一个数的乘积表示，而这个数就称为该量的数值。

例：钠的一条谱线的波长为：

$$\lambda = 5.896 \times 10^{-7} \text{m}$$

λ 为物理量波长的符号，m 为长度单位米的符号，而 5.896×10^{-7} 则是以米作单位时，这一波长的数值。

按量和单位的正规表达方式，这一关系可以写成

$$A = \{A\} \cdot [A]$$

式中，A 为某一物理量的符号，$[A]$ 为某一单位的符号，而 $\{A\}$ 则是以单位 $[A]$ 表示量 A 的数值。对于矢量和张量，其分量亦可按上述方式表示。

如将某一量用另一单位表示，而此单位等于原来单位的 k

倍，则新的数值等于原来数值的 $1/k$ 倍。因此作为数值和单位的乘积的物理量，与单位的选择无关。

例：把波长的单位由 m 改成 nm，为原单位 m 的 10^{-9} 倍，使量的数值为用 m 表示时的量的数值的 10^9 倍，于是，

$$\lambda = 5.896 \times 10^{-7} \text{ m} = 5.896 \times 10^{-7} \times 10^9 \text{ nm} = 589.6 \text{ nm}$$

关于数值表示法的说明：

为了区别量本身和用特定单位表示的量的数值，尤其是在图表中用特定单位表示的量的数值，可用下列两种方式之一表示：

a. 用量与单位的比值，例如：$\lambda / \text{nm} = 589.6$；

b. 把量的符号加上花括号，并用单位的符号作为下标，例如：$\{\lambda\}_{\text{nm}} = 589.6$。

但是，第一种方式较好。

2.2 量和方程

2.2.1 量的数学运算

两个或两个以上的物理量，只要都属于可相比较的同一类量，就可以相加或相减。

一物理量可按代数法则与另外的物理量相乘或相除。A 和 B 两个量的乘积和商应满足下列关系：

$$AB = \{A\}\{B\} \cdot [A][B]$$

$$\frac{A}{B} = \frac{\{A\}}{\{B\}} \cdot \frac{[A]}{[B]}$$

因此，乘积 $\{A\}\{B\}$ 为量 AB 的数值 $\{AB\}$，而乘积 $[A][B]$ 为量 AB 的单位 $[AB]$。同样，商 $\{A\}/\{B\}$ 为量 A/B 的数值 $\{A/B\}$，而商 $[A]/[B]$ 为量 A/B 的单位 $[A/B]$。

例：作匀速运动的质点的速度 v 为：

$$v = l/t$$

式中，l 为在时间间隔 t 内所经过的距离。

因此，若质点在时间间隔 $t = 2$ s 内所经过的距离 $l = 6$ m，

则速度 v 等于：

$$v = \frac{l}{t} = \frac{6 \text{ m}}{2 \text{ s}} = 3 \frac{\text{m}}{\text{s}}$$

指数、对数和三角函数等函数中的变量，都是数、数值或量的量纲一的组合（参阅 2.2.6）。

例：$\exp(W/kT)$，$\ln(p/\text{kPa})$，$\sin\alpha$，$\sin(\omega t)$

注：两个同一类量的比和该比的函数，如该比的对数，都是不同的量。

2.2.2　量方程式和数值方程式

在科学技术中所用的方程式有两类：一类是量方程式，其中用物理量符号代表量值（即数值×单位）；另一类是数值方程式。数值方程式与所选用的单位有关，而量方程式的优点是与所选用的单位无关。因此，通常都优先采用量方程式。

例：在 2.2.1 条中已给出的一个简单的量方程式：

$$v = l/t$$

如分别用千米每小时、米和秒作为速度、长度和时间的单位，则可导出下列数值方程式：

$$\{v\}_{\text{km/h}} = 3.6\{l\}_{\text{m}}/\{t\}_{\text{s}}$$

在此方程中所出现的数字"3.6"是由所选择的特定单位造成的。如作另外的选择，则此数字即随之改变。如在此方程式中删去表明单位符号的下标，则得：

$$\{v\} = 3.6\{l\}/\{t\}$$

这是一个不再与所选用的单位无关的方程式，所以不宜使用。如果要采用数值方程式，则在文中必须指明单位。

2.2.3　经验常量或常数

根据经验得出的关系常采用某些物理量的数值方程式表示，它与具体物理量的单位有关。这种数值间的经验关系式也可以转换为包含一个或多个经验常量的量方程式，这种量方程式的优点是方程式的形式与单位的选择无关。但是，与采用其他物理量的情况一样，方程式中的经验常量的数值与所用的单位有关。

例：在某观测点有几个单摆，每个单摆的长度 l 和周期 T 的测量结果可以表示为一个量方程式：

$$T = C \cdot l^{1/2}$$

式中，经验常量 C 为：

$$C = 2.006 \ \text{s/m}^{1/2}$$

理论表明：$C = 2\pi g^{-1/2}$，式中 g 为当地自由落体加速度。

2.2.4　量方程式中的数字因数

量方程式有时包含数字因数，这些数字因数与方程式中量的定义有关。

例 1：质量为 m，速度为 v 的质点的动能 E_k 为：

$$E_k = \frac{1}{2} m v^2$$

例 2：半径为 r 的球体在电容率为 ε 的介质中的电容 C 为：

$$C = 4\pi \varepsilon r$$

2.2.5　量制和量的方程式；基本量和导出量

物理量是通过描述自然规律的方程式或定义新量的方程式而相互联系的。为制定单位制和引入量纲的概念，通常把某些量作为互相独立的，即把它们当作基本量，而其他量则根据这些基本量来定义，或用方程式来表示。后者称为导出量。

用多少或用哪些量作为基本量，只是一个选择问题。

在 GB 3101 和 GB 3102.1～3102.13 中所包括的全部物理量，都是以七个基本量即长度、质量、时间、电流、热力学温度、物质的量和发光强度为基础的。

2.2.6　量的量纲

任一量 Q 可以用其他量以方程式的形式表示，这一表达形式可以是若干项的和，而每一项又可表示为所选定的一组基本量 A，B，C，…的乘方之积，有时还乘以数字因数 ζ，即：

$$\zeta\, A^{\alpha}B^{\beta}C^{\gamma}\cdots$$

而各项的基本量组的指数（α，β，γ，$\cdots$）则相同。

于是，量 Q 的量纲可以表示为量纲积

$$\dim Q = A^{\alpha}B^{\beta}C^{\gamma}\cdots$$

式中，A，B，C，$\cdots$表示基本量 A，B，C，$\cdots$ 的量纲，而 α，β，γ，$\cdots$则称为量纲指数。

所有量纲指数都等于零的量，往往称为无量纲量。其量纲积或量纲为 $A^{0}B^{0}C^{0}\cdots=1$。这种量纲一的量表示为数。

例：若以 L，M 和 T 分别表示三个基本量长度、质量和时间的量纲，则功的量纲可表示为 $\dim W = L^{2}MT^{-2}$，其量纲指数为 2，1 与 -2。

在以七个基本量：长度、质量、时间、电流、热力学温度、物质的量和发光强度为基础的量制中，其基本量的量纲可分别用 L，M，T，I，Θ，N 和 J 表示，而量 Q 的量纲则一般为：

$$\dim Q = L^{\alpha}M^{\beta}T^{\gamma}I^{\delta}\Theta^{\varepsilon}N^{\zeta}J^{\eta}$$

例：　　量　　　　　　　　　量纲

　　　速度　　　　　　　　LT^{-1}

　　　角速度　　　　　　　T^{-1}

　　　力　　　　　　　　　LMT^{-2}

　　　能　　　　　　　　　$L^{2}MT^{-2}$

　　　熵　　　　　　　　　$L^{2}MT^{-2}\Theta^{-1}$

　　　电位　　　　　　　　$L^{2}MT^{-3}I^{-1}$

　　　介电常数，（电容率）　$L^{-3}M^{-1}T^{4}I^{2}$

　　　磁通量　　　　　　　$L^{2}MT^{-2}I^{-1}$

　　　照度　　　　　　　　$L^{-2}J$

　　　摩尔熵　　　　　　　$L^{2}MT^{-2}\Theta^{-1}N^{-1}$

　　　法拉第常数　　　　　TIN^{-1}

　　　相对密度　　　　　　1

在 GB 3101 和 GB 3102.1～3102.13 中，各物理量的量纲均未明确指出。

2.3　单位

2.3.1　一贯单位制

单位可以任意选择，但是，如果对每一个量都独立地选择一个单位，则将导致在数值方程中出现附加的数字因数。

不过可以选择一种单位制，使包含数字因数的数值方程式同相应的量方程式有完全相同的形式，这样在实用中比较方便。对有关量制及其方程式而言，按此原则构成的单位制称为一贯单位制，简称为一贯制。在一贯制的单位方程中，数字因数只能是1。SI 就是这种单位制。

对于特定的量制和方程系，获得一贯单位制，应首先为基本量定义基本单位，然后根据基本单位通过代数表示式为每一个导出量定义相应的导出单位。该代数表示式，由量的量纲积（见2.2.6）以基本单位的符号替换基本量纲的符号得到。特别是，量纲一的量得到单位 1。在这样的一贯单位制中，用基本单位表示的导出单位的式中不会出现非 1 的数字因数。

量	方　程　式	量　　纲	导出单位符号
速度	$v = \mathrm{d}l/\mathrm{d}t$	LT^{-1}	$\mathrm{m/s}$
力	$F = m\,\mathrm{d}^2 l/\mathrm{d}t^2$	MLT^{-2}	$\mathrm{kg \cdot m/s^2}$
动能	$E_k = \dfrac{1}{2}mv^2$	ML^2T^{-2}	$\mathrm{kg \cdot m^2/s^2}$
势能	$E_p = mgh$	ML^2T^{-2}	$\mathrm{kg \cdot m^2/s^2}$
能	$E = \dfrac{1}{2}mv^2 + mgh$	ML^2T^{-2}	$\mathrm{kg \cdot m^2/s^2}$
相对密度	$d = \dfrac{\rho}{\rho_0}$	1	1

2.3.2　SI 单位及其十进倍数和分数单位

国际单位制（Système International d′Unités）这一名称和它的国际简称 SI，是 1960 年第 11 届国际计量大会通过的。

这一单位制中包括：

——基本单位

——包括辅助单位在内的导出单位

它们一起构成一贯制的 SI 单位。

有关国际单位制的全面介绍，见 GB 3100。

2.3.2.1　基本单位

表 1 列出了 7 个基本单位。

表 1　SI基本单位

量的名称	单位名称	单位符号
长度	米	m
质量	千克（公斤）	kg
时间	秒	s
电流	安［培］	A
热力学温度	开［尔文］	K
物质的量	摩［尔］	mol
发光强度	坎［德拉］	cd

2.3.2.2　包括辅助单位在内的导出单位

按照下列方式进行符号替换，可从量纲积得到用基本单位表示的一贯制导出单位：

$$L \rightarrow m$$

$$M \rightarrow kg$$

$$T \rightarrow s$$

$$I \rightarrow A$$

$$\Theta \rightarrow K$$

N→mol

J→cd

1960 年，国际计量大会将弧度和球面度两个 SI 单位划为"辅助单位"。

量	单位名称	单位符号
平面角	弧度	rad
立体角	球面度	sr

1980 年，国际计量委员会决定，将国际单位制的辅助单位归类为无量纲导出单位。平面角和立体角的一贯制单位是数字 1。在许多情况下，用专门单位弧度（rad）和球面度（sr）则比较合适。

例如：

量	用七个基本单位（以及辅助单位）表示的 SI 单位符号
速度	m/s
角速度	rad/s 或 s^{-1}
力	$kg \cdot m/s^2$
能	$kg \cdot m^2/s^2$
熵	$kg \cdot m^2/(s^2 \cdot K)$
电位	$kg \cdot m^2/(s^3 \cdot A)$
介电常数，（电容率）	$A^2 \cdot s^4/(kg \cdot m^3)$
磁通量	$kg \cdot m^2/(s^2 \cdot A)$
照度	$cd \cdot sr/m^2$
摩尔熵	$kg \cdot m^2/(s^2 \cdot K \cdot mol)$
法拉第常数	$A \cdot s/mol$
相对密度	1

有些导出单位有专门名称和符号，其中经国际计量大会通过的列于表 2 和表 3 中。

表 2　包括**SI辅助单位**在内的具有专门名称的 SI 导出单位

量 的 名 称	SI 导出单位		
	名　称	符　号	用 SI 基本单位和 SI 导出单位表示
［平面］角	弧度	rad	$1\ \mathrm{rad}=1\ \mathrm{m/m}=1$
立体角	球面度	sr	$1\ \mathrm{sr}=1\ \mathrm{m^2/m^2}=1$
频率	赫［兹］	Hz	$1\ \mathrm{Hz}=1\ \mathrm{s^{-1}}$
力	牛［顿］	N	$1\ \mathrm{N}=1\ \mathrm{kg\cdot m/s^2}$
压力，压强，应力	帕［斯卡］	Pa	$1\ \mathrm{Pa}=1\ \mathrm{N/m^2}$
能［量］，功，热量	焦［耳］	J	$1\ \mathrm{J}=1\ \mathrm{N\cdot m}$
功率，辐［射能］通量	瓦［特］	W	$1\ \mathrm{W}=1\ \mathrm{J/s}$
电荷［量］	库［仑］	C	$1\ \mathrm{C}=1\ \mathrm{A\cdot s}$
电压,电动势,电位,(电势)	伏［特］	V	$1\ \mathrm{V}=1\ \mathrm{W/A}$
电容	法［拉］	F	$1\ \mathrm{F}=1\ \mathrm{C/V}$
电阻	欧［姆］	Ω	$1\ \Omega=1\ \mathrm{V/A}$
电导	西［门子］	S	$1\ \mathrm{S}=1\ \Omega^{-1}$
磁通［量］	韦［伯］	Wb	$1\ \mathrm{Wb}=1\ \mathrm{V\cdot s}$
磁通［量］密度,磁感应强度	特［斯拉］	T	$1\ \mathrm{T}=1\ \mathrm{Wb/m^2}$
电感	亨［利］	H	$1\ \mathrm{H}=1\ \mathrm{Wb/A}$
摄氏温度	摄氏度[1]	℃	$1\ ℃=1\ \mathrm{K}$
光通量	流［明］	lm	$1\ \mathrm{lm}=1\ \mathrm{cd\cdot sr}$
［光］照度	勒［克斯］	lx	$1\ \mathrm{lx}=1\ \mathrm{lm/m^2}$

　　[1]摄氏度是用来表示摄氏温度值时单位开尔文的专门名称（参阅 GB 3102.4 中 4-1.a 和 4-2.a）

表 3　由于人类健康安全防护上的需要而确定的具有专门名称的**SI导出单位**

量 的 名 称	SI 导 出 单 位		
	名　称	符　号	用 SI 基本单位和 SI 导出单位表示
［放射性］活度	贝可［勒尔］	Bq	$1\ \text{Bq}=1\ \text{s}^{-1}$
吸收剂量 比授［予］能 比释动能	戈［瑞］	Gy	$1\ \text{Gy}=1\ \text{J/kg}$
剂量当量	希［沃特］	Sv	$1\ \text{Sv}=1\ \text{J/kg}$

在组合形式的单位中，用专门名称和符号往往是有益的。

例 1：利用导出单位焦耳（$1\ \text{J}=1\ \text{m}^2 \cdot \text{kg} \cdot \text{s}^{-2}$）可以写出下列量的单位

　　　量　　　　　SI 单位符号

摩尔熵　　　　$\text{J} \cdot \text{K}^{-1} \cdot \text{mol}^{-1}$

例 2：利用导出单位伏特（$1\ \text{V}=1\ \text{m}^2 \cdot \text{kg} \cdot \text{s}^{-3} \cdot \text{A}^{-1}$）可以写出下列量的单位

　　　量　　　　　　SI 单位符号

介电常数，（电容率）　$\text{s} \cdot \text{A} \cdot \text{m}^{-1} \cdot \text{V}^{-1}$

2.3.2.3　SI 词头

为了避免过大或过小的数值，在 SI 的单位中，还包括 SI 单位的十进倍数和分数单位，它们是利用表 4 的词头（SI 词头）加在 SI 单位之前构成的。

表 4　**SI词头**

因　　数	词　头　名　称		符　　号
	英　文	中　文	
10^{24}	yotta	尧〔它〕	Y
10^{21}	zetta	泽〔它〕	Z
10^{18}	exa	艾〔可萨〕	E
10^{15}	peta	拍〔它〕	P
10^{12}	tera	太〔拉〕	T
10^{9}	giga	吉〔咖〕	G
10^{6}	mega	兆	M
10^{3}	kilo	千	k
10^{2}	hecto	百	h
10^{1}	deca	十	da
10^{-1}	deci	分	d
10^{-2}	centi	厘	c
10^{-3}	milli	毫	m
10^{-6}	micro	微	μ
10^{-9}	nano	纳〔诺〕	n
10^{-12}	pico	皮〔可〕	p
10^{-15}	femto	飞〔母托〕	f
10^{-18}	atto	阿〔托〕	a
10^{-21}	zepto	仄〔普托〕	z
10^{-24}	yocto	幺〔科托〕	y

词头的使用见 3.2.4 条。

2.3.3　单位一

任何量纲一的量的 SI 一贯单位都是一，符号是 1。在表示量值时，它们一般并不明确写出。

例：折射率 $n=1.53\times1=1.53$

对于某些量，单位 1 是否用专门名称，取决于具体情况。

例：平面角 $\alpha=0.5$ rad$=0.5$

立体角 $\Omega=2.3$ sr$=2.3$

场量级差 $L_F=12$ Np$=12$

单位一不能用符号 1 与词头结合，以构成其十进倍数或分数单位，而是用 10 的幂表示。

有时，用百分符号％代替数字 0.01。

例：反射系数 $r=0.8=80\%$

注：

1　在某些地方，用符号‰（每千）代替数字 0.001，应避免用这一符号。

2　由于百分和千分是纯数字，质量百分或体积百分的说法在原则上是无意义的。也不能在单位符号上加其他信息，如％（m/m）或％（V/V）。正确的表示方法是：质量分数为 0.67 或质量分数为 67％；体积分数为 0.75 或体积分数为 75％。质量分数和体积分数也可以这样表示，例如 5 μg/g 和 4.2 ml/m^3。

不能使用 ppm，pphm 和 ppb 这类缩写。

2.3.4　其他单位制和杂类单位

力学中的 CGS 制单位是一贯制的，其三个基本量为长度、质量和时间，相应的基本单位为：

厘米

克

秒

实际上，这一单位制由于增加了开尔文、摩尔和坎德拉作为基本量热力学温度、物质的量和发光强度的基本单位而扩大了。

根据量制与方程式的选择，电学和磁学的单位在 CGS 制中按几种方式来规定。详细资料见 GB 3102.5 附录 A。

CGS 制导出单位的专门名称和符号，如达因（dyn）、尔格（erg）、泊（P）、斯托克斯（St）、高斯（Gs）、奥斯特（Oe）和麦克斯韦（Mx）等，都不得与 SI 并用。

在 GB 3102.1～3102.13 中,CGS 制导出单位的专门名称在附录中给出。这些附录是参考件,它们不是标准技术内容的补充。

当然,还有一些国家选定的非 SI 的法定计量单位。其中,分、小时和电子伏是国际计量大会允许与 SI 并用的单位。表 5 列出了这些单位。

表 5　可与国际单位制单位并用的我国法定计量单位

量 的 名 称	单 位 名 称	单 位 符 号	与 SI 单位的关系
时间	分	min	1 min＝60 s
	［小］时	h	1 h＝60 min＝3 600 s
	日,（天）	d	1 d＝24 h＝86 400 s
［平面］角	度	°	1°＝（π/180）rad
	［角］分	′	1′＝（1/60）°＝（π/10 800）rad
	［角］秒	″	1″＝（1/60）′＝（π/648 000）rad
体积	升	L,（l）	$1 \text{ L}=1 \text{ dm}^3=10^{-3} \text{ m}^3$
质量	吨	t	$1 \text{ t}=10^3 \text{ kg}$
	原子质量单位	u	$1 \text{ u}\approx1.660\ 540\times10^{-27} \text{ kg}$
旋转速度	转每分	r/min	$1 \text{ r/min}=（1/60）\text{ s}^{-1}$
长度	海里	n mile	1 n mile＝1 852 m（只用于航行）
速度	节	kn	1 kn＝1 n mile/h＝（1 852/3 600）m/s（只用于航行）
能	电子伏	eV	$1 \text{ eV}\approx1.602\ 177\times10^{-19} \text{ J}$
级差	分贝	dB	
线密度	特［克斯］	tex	$1 \text{ tex}=10^{-6} \text{ kg/m}$

续表

量 的 名 称	单 位 名 称	单 位 符 号	与 SI 单位的关系
面积	公顷	hm^2	$1\ hm^2 = 10^4\ m^2$

注：

1　平面角单位度、分、秒的符号,在组合单位中应采用(°)、(′)、(″)的形式。

　　例如,不用°/s 而用(°)/s。

2　升的符号中, 小写字母 l 为备用符号。

3　公顷的国际通用符号为 ha。

3　关于符号和数字印刷方面的规定

3.1　量的符号

3.1.1　符号

量的符号通常是单个拉丁或希腊字母,有时带有下标或其他的说明性标记。无论正文的其他字体如何,量的符号都必须用斜体印刷,符号后不附加圆点（正常语法句子结尾标点符号除外）。

注：

1　量的符号见 GB 3102.1～3102.10、GB 3102.12 和 GB 3102.13。

2　矢量和其他非标量的符号在 GB 3102.11 中给出。

3　有时用由两个字母构成的符号表示量的量纲一的组合（如雷诺数 Re）。如果这种由两个字母所构成的符号在乘积中作为因数出现,则它与其余符号之间应留一空隙。

3.1.2　下标印刷方面的规则

如在某些情况下,不同的量有相同的符号或是对一个量有不同的应用或要表示不同的值,可采用下标予以区分。

根据下列原则印刷下标：

表示物理量符号的下标用斜体印刷。

其他下标用正体印刷。

例：

	正体下标	斜体下标

C_g（g：气体）　　　　C_p（p：压力）

g_n（n：标准）　　　　$\sum_n a_n \theta_n$（n：连续数）

μ_r（r：相对）　　　　$\sum_x a_x b_x$（x：连续数）

E_k（k：动的）　　　　g_{ik}（i，k：连续数）

X_e（e：电的）　　　　p_x（x：x 轴）

$T_{1/2}$（1/2：一半）　　　　I_λ（λ：波长）

注：

1　用作下标的数应当用正体印刷，表示数的字母符号一般都应当用斜体印刷。

2　关于下标的应用，可参阅 GB 3102.6 和 GB 3102.10 的特殊说明。

3.1.3　量的符号组合；量的基本运算

如果量的符号组合为乘积，其组合可用下列形式之一表示：

ab，$a\,b$，$a \cdot b$，$a \times b$

注：

1　在某些领域，例如在矢量分析中，$a \cdot b$ 与 $a \times b$ 有区别。

2　关于数的相乘见 3.3.3 条。

如果一个量被另一个量除，可用下列形式之一表示：

$\dfrac{a}{b}$，a/b 或写作 a 和 b^{-1} 之积，如 $a \cdot b^{-1}$

此方法可以推广于分子或分母或两者本身都是乘积或商的情况。但在这样的组合中，除加括号以避免混淆外，在同一行内表示除的斜线（/）之后不得有乘号和除号。

例：

$$\frac{ab}{c} = ab/c = abc^{-1}$$

$$\frac{a/b}{c} = (a/b)/c = ab^{-1}c^{-1}，但不得写成 a/b/c；$$

$$然而\frac{a/b}{c/d}=\frac{ad}{bc}$$

$\dfrac{a}{bc}=a/(b\cdot c)=a/bc$，但不得写成 $a/b\cdot c$

在分子和分母包含相加或相减的情况下，如果已经用圆括号（或方括号、或花括号），则也可以用斜线。

例：

$$(a+b)/(c+d)意为\frac{a+b}{c+d}；括号是必需的。$$

$a+b/c+d$ 意为 $a+\dfrac{b}{c}+d$；但为了避免发生误解，可写成 $a+(b/c)+d$

括号也可以用于消除由于在数学运算中使用某些标志和符号而造成的混淆。

3.2　单位的名称和符号

3.2.1　单位的符号

本标准只推荐使用 GB 3100 中所规定的符号。

在某些必须使用中文符号的情况下，可按 GB 3100 的规定构成中文符号。

单位的中文名称构成原则见 GB 3100。

在印刷中，无论其他部分的字体如何，单位符号都应当用正体印刷。在复数时，单位符号的字体不变。除正常语法句子结尾的标点符号外，单位符号后不得附加圆点。单位符号应当置于量的整个数值之后，并在其间留一空隙。

在单位符号上附加表示量的特性和测量过程信息的标志是不正确的（参阅 GB 3100 的 6.1.3）。

例：

应是 $U_{max}=500\ V$（不是 $U=500\ V_{max}$）

单位符号一般用小写字母印刷。如果单位名称来源于人名，则其第一个字母用大写字母印刷。

例：

　　　　m（米）

　　　　s（秒）

　　　　A（安培）

　　　　Wb（韦伯）

3.2.2　单位的符号组合

当组合单位由两个或两个以上的单位相乘而构成时，应当以下列形式之一表示：

　　　　N・m，　　　　　　　　N m

注：第二种形式也可以写成中间不留空隙，但如果单位之一的符号也是词头的一种符号时，就必须特别注意。例如 mN 表示毫牛顿，而不是米牛顿。

当组合单位由一个单位除以另一个单位构成时，应当以下列形式之一表示：

$$\frac{m}{s}, \ m/s, \ m \cdot s^{-1} \text{。}$$

除加括号以避免混淆外，在同一行内的斜线（/）之后不得有乘号或除号。在复杂情况下应当用负数幂或括号。

3.2.3　SI 词头的印刷和使用

词头的符号应当用正体印刷，它与单位符号之间不留间隙。

不许用重叠词头。

词头符号与紧接的单个单位符号构成一个新的（十进倍数或分数）单位符号，它可以取正数或负数幂，也可以与其他单位符号组合，构成组合单位符号，参阅 3.2.2。

例：

$$1 \ cm^3 = (10^{-2} m)^3 = 10^{-6} \ m^3$$

$$1 \ \mu s^{-1} = (10^{-6} s)^{-1} = 10^6 \ s^{-1}$$

$$1 \ kA/m = (10^3 A)/m = 10^3 \ A/m$$

注：由于历史原因，质量的基本单位名称千克中含有词头"千"。质量
　　的十进倍数和分数单位由词头加在"克"字之前构成，例如毫克
　　（mg），而非微千克（μkg）。

SI 词头的使用规则以及中文词头符号的使用规则见 GB
3100。

3.3　数

3.3.1　数的印刷

数一般应当用正体印刷。

为使多位数字便于阅读，可将数字分成组，从小数点起，向
左和向右每三位分成一组，组间留一空隙，但不得用逗号、圆点
或其他方式。

数的具体书写与印刷应符合 GB/T 1.1—1993《标准化工作
导则　第 1 单元：标准的起草与表述规则　第 1 部分：标准编写
的基本规定》。

3.3.2　小数记号

小数记号是位于底线上的圆点。在用外文书写的文件中，小
数记号可用逗号。

如果数的量级小于 1，则小数记号前面应当加零。

注：按 ISO 理事会的决议，ISO 文件中的小数记号是逗号，但承认圆
点也可作为小数点使用。

当整理版面需要调整字间间隙时，数值的应有间隙不得改变。

3.3.3　数的相乘

数字相乘的记号是"×"或居中圆点。

注：
1　在用外文书写的文件中，如果用居中圆点作为相乘的记号，则用逗
　　号作为小数记号。
2　在我国数字间的相乘用"×"。

3.4　量的表示法

表示量值时，单位符号应当置于数值之后，数值与单位符号

间留一空隙。据此，必须指出，在表示摄氏温度时，摄氏度的符号℃的前面应留空隙。唯一例外为平面角的单位度、分和秒，数值和单位符号之间不留空隙。

如果所表示的量为量的和或差，则应当加圆括号将数值组合，置共同的单位符号于全部数值之后或写成各个量的和或差。

例：

$$l = 12 \text{ m} - 7 \text{ m} = （12 - 7）\text{ m} = 5 \text{ m}$$

$$t = 28.4 \text{ ℃} \pm 0.2 \text{ ℃} = （28.4 \pm 0.2）\text{ ℃}（不得写成 28.4 \pm 0.2 \text{ ℃}）$$

$$\lambda = 220 \times （1 \pm 0.02）\text{ W/（m · K）}$$

3.5　化学元素和核素的符号

化学元素符号应当用罗马（正）体书写，符号后不得附加圆点（句子结尾的正常标点除外）。

例：

$$\text{H} \qquad \text{He} \qquad \text{C} \qquad \text{Ca}$$

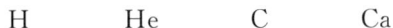

化学元素符号的完整表格列于 GB 3102.8 的附录 Λ（补充件）和 GB 3102.9 的附录 A（补充件）中。

说明核素或分子的附加下标或上标，应当具有下列意义和位置：

核素的核子数（质量数）表示在左上标位置，例如：

$$^{14}\text{N}$$

分子中核素的原子数表示在右下标位置，例如：

$$^{14}\text{N}_2$$

质子数（原子序数）可在左下标位置指明，例如：

$$_{64}\text{Gd}$$

如有必要，离子态或激发态可在右上标位置指明。

例：

离子态

$$\text{Na}^+$$

$$PO_4^{3-} \text{ 或 } (PO_4)^{3-}$$

电子激发态

$$He^*, NO^*$$

核激发态

$$^{110}Ag^*, ^{110}Ag^m$$

3.6　数学记号和符号

物理科学和技术中使用的数学记号和符号见 GB 3102.11。

3.7　希腊字母（正体与斜体）（见本书第 20 页，此略）

数值修约规则与极限数值的表示和判定

（GB/T 8170—2008，代替 GB/T 1250—1989，GB/T 8170—1987，
2008 年 7 月 16 日发布，2009 年 1 月 1 日实施）

1　范围

本标准规定了对数值进行修约的规则、数值极限数值的表示和判定方法，有关用语及其符号，以及将测定值或其计算值与标准规定的极限数值作比较的方法。

本标准适用于科学技术与生产活动中测试和计算得出的各种数值。当所得数值需要修约时，应按本标准给出的规则进行。

本标准适用于各种标准或其他技术规范的编写和对测试结果的判定。

2　术语和定义

下列术语和定义适用于本标准。

2.1　数值修约　rounding off for numerical values

通过省略原数值的最后若干位数字，调整所保留的末位数字，使最后所得到的值最接近原数值的过程。

注：经数值修约后的数值称为（原数值的）修约值。

2.2　修约间隔　rounding interval

修约值的最小数值单位。

注：修约间隔的数值一经确定，修约值即为该数值的整数倍。

例 1：如指定修约间隔为 0.1，修约值应在 0.1 的整数倍中选取，相当于将数值修约到一位小数。

例 2：如指定修约间隔为 100，修约值应在 100 的整数倍中

选取，相当于将数值修约到"百"数位。

2.3　极限数值　limiting values

标准（或技术规范）中规定考核的以数量形式给出且符合该标准（或技术规范）要求的指标数值范围的界限值。

3　数值修约规则

3.1　确定修约间隔

a）指定修约间隔为 10^{-n}（n 为正整数），或指明将数值修约到 n 位小数；

b）指定修约间隔为 1，或指明将数值修约到"个"数位；

c）指定修约间隔为 10^n（n 为正整数），或指明将数值修约到 10^n 数位，或指明将数值修约到"十""百""千"……数位。

3.2　进舍规则

3.2.1　拟舍弃数字的最左一位数字小于 5，则舍去，保留其余各位数字不变。

例：将 12.149 8 修约到个数位，得 12；将 12.149 8 修约到一位小数，得 12.1。

3.2.2　拟舍弃数字的最左一位数字大于 5，则进一，即保留数字的末位数字加 1。

例：将 1 268 修约到"百"数位，得 13×10^2（特定场合可写为 1 300）。

注：本标准示例中，"特定场合"系指修约间隔明确时。

3.2.3　拟舍弃数字的最左一位数字是 5，且其后有非 0 数字时进一，即保留数字的末位数字加 1。

例：将 10.500 2 修约到个数位，得 11。

3.2.4　拟舍弃数字的最左一位数字为 5，且其后无数字或皆为 0 时，若所保留的末位数字为奇数（1，3，5，7，9）则进一，即保留数字的末位数字加 1；若所保留的末位数字为偶数

（0，2，4，6，8），则舍去。

例1：修约间隔为0.1（或10^{-1}）

拟修约数值	修约值
1.050	10×10^{-1}（特定场合可写成为1.0）
0.35	4×10^{-1}（特定场合可写成为0.4）

例2：修约间隔为1 000（或10^3）

拟修约数值	修约值
2 500	2×10^3（特定场合可写成为2 000）
3 500	4×10^3（特定场合可写成为4 000）

3.2.5　负数修约时，先将它的绝对值按3.2.1～3.2.4的规定进行修约，然后在所得值前面加上负号。

例1：将下列数字修约到"十"数位：

拟修约数值	修约值
－355	-36×10（特定场合可写为－360）
－325	-32×10（特定场合可写为－320）

例2：将下列数字修约到三位小数，即修约间隔为10^{-3}：

拟修约数值	修约值
－0.036 5	-36×10^{-3}（特定场合可写为－0.036）

3.3　不允许连续修约

3.3.1　拟修约数字应在确定修约间隔或指定修约数位后一次修约获得结果，不得多次按3.2规则连续修约。

例1：修约97.46，修约间隔为1。

正确的做法：97.46→97；

不正确的做法：97.46→97.5→98。

例2：修约15.454 6，修约间隔为1。

正确的做法：15.454 6→15；

不正确的做法：15.454 6→15.455→15.46→15.5→16。

3.3.2　在具体实施中，有时测试与计算部门先将获得数值按指定的修约数位多一位或几位报出，而后由其他部门判定。为避免产生连续修约的错误，应按下述步骤进行。

3.3.2.1　报出数值最右的非零数字为 5 时，应在数值右上角加"＋"或加"－"或不加符号，分别表明已进行过舍、进或未舍未进。

例：16.50^+ 表示实际值大于 16.50，经修约舍弃为 16.50；16.50^- 表示实际值小于 16.50，经修约进一为 16.50。

3.3.2.2　如对报出值需进行修约，当拟舍弃数字的最左一位数字为 5，且其后无数字或皆为零时，数值右上角有"＋"者进一，有"－"者舍去，其他仍按 3.2 的规定进行。

例 1：将下列数字修约到个数位（报出值多留一位至一位小数）。

实测值	报出值	修约值
15.454 6	15.5^-	15
－15.454 6	-15.5^-	－15
16.520 3	16.5^+	17
－16.520 3	-16.5^+	－17
17.500 0	17.5	18

3.4　0.5 单位修约与 0.2 单位修约

在对数值进行修约时，若有必要，也可采用 0.5 单位修约或 0.2 单位修约。

3.4.1　0.5 单位修约（半个单位修约）

0.5 单位修约是指按指定修约间隔对拟修约的数值 0.5 单位进行的修约。

0.5 单位修约方法如下：将拟修约数值 X 乘以 2，按指定修约间隔对 $2X$ 依 3.2 的规定修约，所得数值（$2X$ 修约值）再除以 2。

例：将下列数字修约到"个"数位的 0.5 单位修约。

拟修约数值 X	$2X$	$2X$ 修约值	X 修约值
60.25	120.50	120	60.0
60.38	120.76	121	60.5
60.28	120.56	121	60.5
-60.75	-121.50	-122	-61.0

3.4.2　0.2 单位修约

0.2 单位修约是指按指定修约间隔对拟修约的数值 0.2 单位进行的修约。

0.2 单位修约方法如下：将拟修约数值 X 乘以 5，按指定修约间隔对 $5X$ 依 3.2 的规定修约，所得数值（$5X$ 修约值）再除以 5。

例：将下列数字修约到"百"数位的 0.2 单位修约

拟修约数值 X	$5X$	$5X$ 修约值	X 修约值
830	4 150	4 200	840
842	4 210	4 200	840
832	4 160	4 200	840
-930	$-4\ 650$	$-4\ 600$	-920

4　极限数值的表示和判定

4.1　书写极限数值的一般原则

4.1.1　标准（或其他技术规范）中规定考核的以数量形式给出的指标或参数等，应当规定极限数值。极限数值表示符合该标准要求的数值范围的界限值，它通过给出最小极限值和（或）最大极限值，或给出基本数值与极限偏差值等方式表达。

4.1.2　标准中极限数值的表示形式及书写位数应适当，其有效数字应全部写出。书写位数表示的精确程度，应能保证产品或其他标准化对象应有的性能和质量。

4.2　表示极限数值的用语

4.2.1　基本用语

4.2.1.1　表达极限数值的基本用语及符号见表1。

表1　表达极限数值的基本用语及符号

基本用语	符号	特定情形下的基本用语			注
大于 A	$>A$		多于 A	高于 A	测定值或计算值恰好为 A 值时不符合要求
小于 A	$<A$		少于 A	低于 A	测定值或计算值恰好为 A 值时不符合要求
大于或等于 A	$\geqslant A$	不小于 A	不少于 A	不低于 A	测定值或计算值恰好为 A 值时符合要求
小于或等于 A	$\leqslant A$	不大于 A	不多于 A	不高于 A	测定值或计算值恰好为 A 值时符合要求

注1：A 为极限数值。

注2：允许采用以下习惯用语表达极限数值：

a)"超过 A"，指数值大于 A（$>A$）；

b)"不足 A"，指数值小于 A（$<A$）；

c)"A 及以上"或"至少 A"，指数值大于或等于 A（$\geqslant A$）；

d)"A 及以下"或"至多 A"，指数值小于或等于 A（$\leqslant A$）。

例1：钢中磷的残量 $<0.035\%$，$A=0.035\%$。

例2：钢丝绳抗拉强度 $\geqslant 22\times10^2$（MPa），$A=22\times10^2$（MPa）。

4.2.1.2　基本用语可以组合使用，表示极限值范围。

对特定的考核指标 X，允许采用下列用语和符号（见表2）。同一标准中一般只应使用一种符号表示方式。

表 2　对特定的考核指标 X，允许采用的表达极限数值的组合用语及符号

组合基本用语	组合允许用语	符号		
		表示方式 I	表示方式 II	表示方式 III
大于或等于 A 且小于或等于 B	从 A 到 B	$A \leqslant X \leqslant B$	$A \leqslant \cdot \leqslant B$	$A \sim B$
大于 A 且小于或等于 B	超过 A 到 B	$A < X \leqslant B$	$A < \cdot \leqslant B$	$> A \sim B$
大于或等于 A 且小于 B	至少 A 不足 B	$A \leqslant X < B$	$A \leqslant \cdot < B$	$A \sim < B$
大于 A 且小于 B	超过 A 不足 B	$A < X < B$	$A < \cdot < B$	

4.2.2　带有极限偏差值的数值

4.2.2.1　基本数值 A 带有绝对极限上偏差值 $+b_1$ 和绝对极限下偏差值 $-b_2$，指从 $A - b_2$ 到 $A + b_1$ 符合要求，记为 $A_{-b_2}^{+b_1}$。

注：当 $b_1 = b_2 = b$ 时，$A_{-b_2}^{+b_1}$ 可简记为 $A \pm b$。

例：80_{-1}^{+2} mm，指从 79 mm 到 82 mm 符合要求。

4.2.2.2　基本数值 A 带有相对极限上偏差值 $+b_1\%$ 和相对极限下偏差值 $-b_2\%$，指实测值或其计算值 R 对于 A 的相对偏差值 $[(R - A)/A]$ 从 $-b_2\%$ 到 $+b_1\%$ 符合要求，记为 $A_{-b_2}^{+b_1}\%$。

注：当 $b_1 = b_2 = b$ 时，$A_{-b_2}^{+b_1}\%$ 可记为 $A(1 \pm b\%)$。

例：510 Ω（$1 \pm 5\%$），指实测值或其计算值 R（Ω）对于 510 Ω 的相对偏差值 $[(R - 510)/510]$ 从 -5% 到 $+5\%$ 符合要求。

4.2.2.3　对基本数值 A，若极限上偏差值 $+b_1$ 和（或）极限下偏差值 $-b_2$ 使得 $A + b_1$ 和（或）$A - b_2$ 不符合要求，则应附加括号，写成 $A_{-b_2}^{+b_1}$（不含 b_1 和 b_2）或 $A_{-b_2}^{+b_1}$（不含 b_1）、$A_{-b_2}^{+b_1}$（不含 b_2）。

例 1：80_{-1}^{+2}（不含 2）mm，指从 79 mm 到接近但不足 82 mm 符合要求。

例 2：510 Ω（$1 \pm 5\%$）（不含 5%），指实测值或其计算值 R

（Ω）对于 510 Ω 的相对偏差值 ［（R－510）/510］从－5％到接近但不足＋5％符合要求。

4.3 测定值或其计算值与标准规定的极限数值作比较的方法

4.3.1 总则

4.3.1.1 在判定测定值或其计算值是否符合标准要求时，应将测试所得的测定值或其计算值与标准规定的极限数值作比较，比较的方法可采用：

a）全数值比较法；

b）修约值比较法。

4.3.1.2 当标准或有关文件中，若对极限数值（包括带有极限偏差值的数值）无特殊规定时，均应使用全数值比较法。如规定采用修约值比较法，应在标准中加以说明。

4.3.1.3 若标准或有关文件规定了使用其中一种比较方法时，一经确定，不得改动。

4.3.2 全数值比较法

将测试所得的测定值或计算值不经修约处理（或虽经修约处理，但应标明它是经舍、进或未进未舍而得），用该数值与规定的极限数值作比较，只要超出极限数值规定的范围（不论超出程度大小），都判定为不符合要求。示例见表3。

4.3.3 修约值比较法

4.3.3.1 将测定值或其计算值进行修约，修约数位应与规定的极限数值数位一致。

当测试或计算精度允许时，应先将获得的数值按指定的修约数位多一位或几位报出，然后按3.2的程序修约至规定的数位。

4.3.3.2 将修约后的数值与规定的极限数值进行比较，只要超出极限数值规定的范围（不论超出程度大小），都判定为不符合要求。示例见表3。

表3　全数值比较法和修约值比较法的示例与比较

项 目	极限数值	测定值或其计算值	按全数值比较是否符合要求	修约值	按修约值比较是否符合要求
中碳钢抗拉强度/MPa	≥14×100	1 349	不符合	13×100	不符合
		1 351	不符合	14×100	符合
		1 400	符合	14×100	符合
		1 402	符合	14×100	符合
NaOH的质量分数/%	≥97.0	97.01	符合	97.0	符合
		97.00	符合	97.0	符合
		96.96	不符合	97.0	符合
		96.94	不符合	96.9	不符合
中碳钢的硅的质量分数/%	≤0.5	0.452	符合	0.5	符合
		0.500	符合	0.5	符合
		0.549	不符合	0.5	符合
		0.551	不符合	0.6	不符合
中碳钢的锰的质量分数/%	1.2～1.6	1.151	不符合	1.2	符合
		1.200	符合	1.2	符合
		1.649	不符合	1.6	符合
		1.651	不符合	1.7	不符合
盘条直径/mm	10.0±0.1	9.89	不符合	9.9	符合
		9.85	不符合	9.8	不符合
		10.10	符合	10.1	符合
		10.16	不符合	10.2	不符合
盘条直径/mm	10.0±0.1（不含0.1）	9.94	符合	9.9	不符合
		9.96	符合	10.0	符合
		10.06	符合	10.1	不符合
		10.05	符合	10.0	符合

续表3

项目	极限数值	测定值或其计算值	按全数值比较是否符合要求	修约值	按修约值比较是否符合要求
盘条直径/mm	10.0±0.1（不含＋0.1）	9.94	符合	9.9	符合
		9.86	不符合	9.9	符合
		10.06	符合	10.1	不符合
		10.05	符合	10.0	符合
盘条直径/mm	10.0±0.1（不含－0.1）	9.94	符合	9.9	不符合
		9.86	不符合	9.9	不符合
		10.06	符合	10.1	符合
		10.05	符合	10.0	符合

注：表中的例并不表明这类极限数值都应采用全数值比较法或修约值比较法。

4.3.4　两种判定方法的比较

对测定值或其计算值与规定的极限数值在不同情形用全数值比较法和修约值比较法的比较结果的示例见表3。对同样的极限数值，若它本身符合要求，则全数值比较法比修约值比较法相对较严格。

附加说明：

本标准由中国标准化研究院提出。

本标准由全国统计方法应用标准化技术委员会归口。

本标准起草单位：中国标准化研究院、中国科学院数学与系统科学研究院、广州市产品质量监督检验所、无锡市产品质量监督检验所、福州春伦茶业有限公司。

本标准起草人：陈玉忠、于振凡、冯士雍、邓穗兴、丁文兴、党华、陈华英、傅天龙。

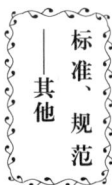

标准、规范
——其他

图书书名页

（GB/T 12450—2001，eqv ISO 1086：1991，
代替 GB/T 12450—1990）

1　范围

本标准规定了图书书名页上的文字信息及其编排格式。

本标准适用于印刷出版的图书。

2　引用标准

下列标准所包含的条文，通过在本标准中引用而构成为本标准的条文。本标准出版时，所示版本均为有效。所有标准都会被修订，使用本标准的各方应探讨使用下列标准最新版本的可能性。

GB/T 788—1999 图书杂志开本及其幅面尺寸

GB/T 12451—2001 图书在版编目数据

3　定义

本标准采用下列定义。

3.1　书名页　title leaves

图书正文之前载有完整书名信息的书页，包括主书名页和附书名页。

3.2　主书名页　title leaf

载有本册图书书名、作者、出版者、版权说明、图书在版编目数据、版本记录等内容的书页。包括扉页和版本记录页。

3.3　附书名页　half-title leaf

载有多卷书、丛书、翻译书等有关书名信息的书页，位于主书名页之前。

3.4　作者　author

对图书知识内容或艺术内容的创作、编纂、翻译等负直接责任的个人或组织。

3.5　出版者　publisher

对图书的编辑、出版和发行负责的机构或组织。

3.6　图书在版编目数据　CIP data

在图书出版过程中编制，并印制在图书上的书目数据。

4　主书名页

4.1　扉页

提供图书的书名、作者、出版者。

位于主书名页的正面，即单数页码面。

4.1.1　书名

书名包括正书名、并列书名及其他书名信息。

正书名的编排必须醒目。

4.1.2　作者

作者名称采用全称。

翻译书应包括原作者的译名。

多作者时，在扉页列载主要作者，全部作者可在主书名页后加页列载。

4.1.3　出版者

出版者名称采用全称，并标出其所在地（名称已表明所在地者可不另标）。

4.2　版本记录页

提供图书的版权说明、图书在版编目数据和版本记录。

位于主书名页的背面，即双数页码面。

4.2.1　版权说明

经作者或版权所有者授权出版的作品，可标注版权符号ⓒ，并注明版权所有者的姓名及首次出版年份。

排印在版本记录页的上部位置。

4.2.2　图书在版编目数据

图书在版编目数据的选取及编排格式执行 GB/T 12451 的有关规定。

排印在版本记录页的中部位置。

4.2.3　版本记录

提供图书在版编目数据未包含的出版责任人记录、出版发行者说明、载体形态记录、印刷发行记录。

排印在版本记录页的下部位置。

4.2.3.1　出版责任人记录

责任编辑、装帧设计、责任校对和其他有关责任人。

4.2.3.2　出版发行者说明

出版者、排版印刷和装订者、发行者名称均采用全称。

出版者名下注明详细地址及邮政编码，也可加注电话号码、电子信箱或因特网网址。

4.2.3.3　载体形态记录

参照 GB/T 788 列载图书成品幅面尺寸。

列载印张数、字数。

列载附件的类型和数量，如"附光盘 1 张"。

4.2.3.4　印刷发行记录

列载第 1 版、本版、本次印刷的时间。

列载印数。

列载定价。

5　附书名页

5.1　附书名页列载丛书、多卷书、翻译书、多语种书、会议录等的信息。

5.1.1　丛书

列载丛书名、丛书主编。

5.1.2　多卷书

列载多卷书的总书名、总卷数、主编或主要作者。

5.1.3　翻译书

列载翻译书的原作书名、作者、出版者的原文，出版地、出版年及原版次，原版权说明，原作的 ISBN。

5.1.4　多语种书

列载多语种书的第二种语种及其他语种的书名、作者、出版者。

5.1.5　会议录

列载会议名称、届次、日期、地点、组织者。

5.2　附书名页的信息一般列载于双数页码面，与扉页相对。必要时，可以使用附书名页单数页码面，或增加附书名页。

5.3　不设附书名页时，附书名页的书名信息需列载于扉页上。

图书在版编目数据

（GB/T　12451—2023）

1　范围

本文件规定了图书在版编目数据的内容、描述规则、数据格式及印刷内容。

本文件适用于为有中国标准书号的图书在出版过程中编制书目数据。

2　规范性引用文件

下列文件中的内容通过文中的规范性引用而构成本文件必不可少的条款。其中，注日期的引用文件，仅该日期对应的版本适用于本文件；不注日期的引用文件，其最新版本（包括所有的修改单）适用于本文件。

GB/T 3792　信息与文献　资源描述
GB/T 5795　中国标准书号
GB/T 12406　表示货币的代码
GB/T 32153　文献分类标引规则

3　术语和定义

下列术语和定义适用于本文件。

3.1　图书　book

用文字或图画、符号记录知识于一定形式载体之上具有相当篇幅的非连续性出版物。

注：包括文字资料、装订成册的图形资料（含地图）、乐谱或其他内容载体形式等。

3.2　图书在版编目　cataloguing in publication；CIP

在图书出版过程中编制书目数据的工作。

3.3　图书在版编目数据　CIP data

在图书出版过程中编制而成的书目数据。

3.4　书名　title

表达图书内容及其特征，使其个别化的一个词/字符或一组词/字符。

3.5　正书名　proper title

图书的主要书名，即在书名和责任说明项上出现的图书的书名形式。

3.6　交替书名　alternative title

同一图书的书名页上印有两个或两个以上交替使用的不同书名。

注：是同书异名的一种表现形式，属正书名的一种。交替书名之间，常以"又名""原名""亦名"等字样连接。

3.7　并列书名　parallel title

在书名页上用两种或两种以上文字相互对照时，与正书名不同的其他语言或文字并且表现为等同于正书名的书名。

3.8　合订书名　bound title

一种图书由几种著作合订而成,没有一个总书名,而是在书名页上出现两个或两个以上的书名。

注:合订书名的内容各自独立,但性质相近,他们之间的关系是并列的,没有主次之分。

3.9　其他书名信息　other title information

书名前后、上下出现的对图书的内容范围、编辑方式、体裁、读者对象及用途等的说明文字。

注1:其他书名信息是对正书名的解释、限定或补充,或者是对图书或包含在图书中的作品的特征、内容等的说明,或者是对图书产生的动机、原因的说明。

注2:其他书名信息也可以与其他书名相连并从属于这些书名(如:并列书名、包括在所描述图书中的个别作品的书名、丛书或分丛书名)。

3.10　分册(辑)书名 dependent title

一种图书包括若干分册(辑)时,这些分册(辑)的名称即为分册(辑)书名。

3.11　分册(辑)号　dependent title designation

独自或与分册(辑)书名一起区分具有一个主要图书书名的两种或更多相关图书的编号。

3.12　丛书　series

在一个总书名下,汇集多种单本图书成为一套,并以编号或不编号方式出版的图书。

3.13　**丛书名**　series title

丛书的名称。

3.14　**分丛书**　subseries

作为丛书的一部分的丛书。

3.15　**分丛书名**　subseries title

一套丛书包括有若干套隶属于它的"分丛书"时，这些"分丛书"的名称即为该套丛书的分丛书名。

注：分丛书可能有从属于丛书名的书名，也可能没有。分丛书可能有编号，也可能没有。

3.16　**责任说明**　statement of responsibility

对图书所包含的知识内容或艺术内容的创作或实现负有责任或作出贡献的个人、团体及其责任方式的表述。

注：责任说明可能与书名（如：正书名、并列正书名、图书中包含的个别作品的书名、丛书/分丛书说明中的书名）一同出现，也可能与版本说明一同出现。

3.17　**第一责任说明**　first statement of responsibility

一种图书具有几种不同著作方式的责任者时，是对著作方式列居首位的责任者及其责任方式的表述。

3.18　**其他责任说明**　other statement of responsibility

除第一责任说明以外的，以另外的方式对著作内容进行再创作、再整理和加工的责任者及其责任方式的表述。

3.19　**丛书责任说明**　series statement of responsibility

丛书的主编者、编辑者及其责任方式的表述。

3.20　丛书编号　series number

丛书具有的表示次第的文字及编号。

3.21　分类号　classification number

标引图书内容的学科属性或其他特征,并用以检索图书的分类代码。

注:图书在版编目数据以《中国图书馆分类法》作为标引依据。

3.22　标引词　indexing term

揭示图书主题并按主题作为检索标识的语词。

注:一般包括主题词和自由词。

3.23　描述项　area

图书在版编目数据描述的一个主要部分,由特定类别或一组类别的数据组成。

注:包括书名和责任说明项、版本项、出版项、载体形态项、丛书项、附注项、标准书号和获得方式项等。

3.24　规定标识符　prescribed punctuation

本文件规定的、在元素或描述项前置或外括的起标识作用的符号。

3.25　元素　element

揭示图书在版编目数据的一个词、短语或一组字符。是描述项的组成部分。

4 图书在版编目数据内容

4.1 描述数据
4.1.1 书名和责任说明项
书名和责任说明项包括以下内容。

    a) 书名信息：

        1) 正书名；

        2) 交替书名；

        3) 并列书名；

        4) 其他书名信息；

        5) 分册(辑)书名。

    b) 责任说明：

        1) 第一责任说明；

        2) 其他责任说明。

4.1.2 版本项
版本项包括以下内容：

    a) 版本说明；

    b) 附加版本说明。

4.1.3 出版项
出版项包括以下内容：

    a) 出版地；

    b) 出版者；

    c) 出版日期；

    d) 合作出版地；

    e) 合作出版者；

    f) 重印日期。

4.1.4 载体形态项
载体形态项包括以下内容：

　　a)　物理单元的数量；

　　b)　其他形态细节；

　　c)　尺寸；

　　d)　附件。

4.1.5　丛书项

丛书项包括以下内容：

　　a)　丛书名；

　　b)　丛书其他书名信息；

　　c)　丛书责任说明；

　　d)　丛书编号；

　　e)　分丛书名；

　　f)　分丛书编号。

4.1.6　附注项

附注项包括以下内容：

　　a)　对描述数据各项的附加说明；

　　b)　内容提要。

4.1.7　标准书号和获得方式项

标准书号和获得方式项包括以下内容：

　　a)　标准书号按照 GB/T 5795 执行；

　　b)　获得方式说明由价格构成，价格使用阿拉伯数字描述，货币代码按照 GB/T 12406 的规定描述。

4.2　检索数据

本文件提供图书内容的主题检索点和分类检索点。包括：

　　a)　标引词；

　　b)　分类号。

5　图书在版编目数据的描述项目与规定标识符

5.1　图书在版编目数据的规定标识符

根据 GB/T 3792 的规定，为识别各描述项目及其单元，对本文件的各描述项目和描述单元应前置或外括规定的标识符。具体规定如下。

　　a)　.-- 用于除"书名和责任说明项"以外的各描述项目之前，但另起段落描述的项目开头应省略。

　　b)　= 用于并列书名之前。

　　c)　: 用于书名和责任说明项及丛书项的其他书名信息之前，出版项的出版者、合作出版者之前，载体形态项的其他形态细节之前，标准书号和获得方式项的价格之前。

　　d)　/ 用于书名和责任说明项的第一责任说明、丛书项的与丛书相关的责任说明之前。

　　e)　; 用于其他责任说明、合作出版地、丛书或分丛书编号等描述单元之前；同一责任说明的合订书名各部作品书名之间；尺寸之前。

　　f)　, 用于有分册(辑)标识时的分册(辑)书名、具有相同责任方式的第二个及其后面的责任说明、附加版本说明、出版年之前。

　　g)　. 用于正书名之后的每一个分册(辑)号、没有分册(辑)号时的分册(辑)书名、分丛书标识和没有分丛书标识的分丛书名、出版月之前；不同责任说明的合订书名各部作品书名之间。

　　h)　() 用于丛书项、中国古代责任说明的朝代、外国责任说明的国别及英文姓名原文的前后、重印日期、标准书号和获取方式项的限定信息。

　　i)　+ 用于附件之前。

5.2 图书在版编目数据的规定标识符使用说明

5.2.1 本文件规定的描述用标识符应在西文状态下录入或计算机按西文状态字符输出(描述内容中的标点符号和标识符除外,如中文文字中起语法作用的标点符号,应采用中文标点符号)。

5.2.2 除了第一个描述项外,描述的每一项都要前置下圆点、空格、两个单横杠、空格(.--),除非该描述项通过分段与前一描述项明确地分隔开来,这时下圆点、空格、两个单横杠、空格可换成在前一项末尾加一个下圆点(.)。

5.2.3 每一个元素应有一个前置标识符或者用括号括起。如果一个描述项的第一个元素不在描述中出现,那么实际出现的第一个元素前的标识符被替换为下圆点、空格、两个单横杠、空格(.--)。

5.2.4 除了逗号(,)和下圆点(.)后面只有一个空格,其他标识符前后应各有一个空格。

5.2.5 圆括号(())被视为一个单一的标识符,在开括号前应用一个空格,在闭括号后也应有一个空格。如果括号前或后的标识符以空格结束或开始,那么只用一个空格。如果结束的括号后有作为标识符的逗号或下圆点,或者有图书上发现的其他标点符号,那么括号后不用空格。

5.2.6 如果一个描述项重复,那么每一个重复的描述项要前置下圆点、空格、两个单横杠、空格(.--),5.2.3 中所述情况除外。

5.2.7 如果一个元素需重复,每一个重复的元素应前置适用于该元素的标识符。

  示例:数智换商:财富 4.0:基于共生哲学的商业与财富、组织与管理的逻辑变革及模式创新

5.2.8 如果一个并列书名用英文记录,那么英文信息要前置空格、等号、空格(＝)。

5.2.9 规定标识符的使用见表 1。

表 1　图书在版编目数据描述项目与规定标识符一览

描述项	规定标识符	元素
第 1 项 书名和责任说明项	= : / ; ; .	7.1.2.2 正书名 7.1.2.3 并列书名 7.1.2.4 其他书名信息 7.1.2.5 责任说明 　第一责任说明 　其他责任说明 　同著者的合订书名 　不同著者的合订书名
第 2 项　版本项	.—— ,	7.1.3.2 版本说明 7.1.3.3 附加版本说明
第 3 项　出版项	.—— ; ; : , . ( )	7.1.4.2 出版地 　出版地 　合作出版地 7.1.4.3 出版者 　出版者 　合作出版者 7.1.4.4 出版日期 　出版年 　出版月 7.1.4.5 重印日期
第 4 项 载体形态项	.—— : ; =	7.1.5.2 物理单元的数量 7.1.5.3 其他形态细节 7.1.5.4 尺寸 7.1.5.5 附件
第 5 项　丛书项	( ) . : / ;	7.1.6.2 丛书名 　分丛书名 7.1.6.3 丛书或分丛书的其他书名信息 7.1.6.4 与丛书相关的责任说明 7.1.6.5 丛书或分丛书编号

续表

描述项	规定标识符	元素
第 6 项　附注项	.－－	7.1.7 附注项
第 7 项 标准书号 和获得方式项	.－－ ： （　）	7.1.8.2 标准书号 7.1.8.3 限定信息和获得方式

6　图书在版编目数据描述用文字

6.1　书名和责任说明项、版本项、出版项、丛书项、附注项应按中文行文规范描述。

6.2　版次、出版日期、数量、尺寸、定价等数字一律用阿拉伯数字描述。

7　图书在版编目数据描述及标引规则

7.1　描述数据描述规则

7.1.1　描述项选取规则

　　数据中各描述项内容的选取参照 GB/T 3792 相应规定执行。

7.1.2　书名和责任说明项

7.1.2.1　规定标识符模式

　　书名和责任说明项包括以下内容：

　　a)　正书名；

　　b)　正书名：其他书名信息；

　　c)　正书名＝并列正书名；

　　d)　正书名/责任说明；

　　e)　正书名＝并列正书名：其他书名信息；

　　f)　正书名：其他书名信息＝并列正书名：并列其他书名信

息；

    g)   正书名＝并列正书名/责任说明；

    h)   正书名:其他书名信息:其他书名信息/责任说明；

    i)   正书名:其他书名信息＝并列正书名:并列其他书名信息/责任说明；

    j)   正书名/责任说明;其他责任说明;其他责任说明；

    k)   书名/责任说明.书名/责任说明；

    l)   书名;书名/责任说明；

    m)   书名:其他书名信息;书名:其他书名信息/责任说明；

    n)   正书名.分册(辑)书名；

    o)   正书名.分册(辑)号；

    p)   正书名.分册(辑)号,分册(辑)书名；

    q)   正书名.分册(辑)书名＝并列正书名.并列分册(辑)书名；

    r)   正书名.分册(辑)书名/责任说明。

7.1.2.2　正书名

7.1.2.2.1　正书名的描述

正书名应描述于本项之首。

7.1.2.2.2　正书名的形式

7.1.2.2.2.1　正书名可仅仅由表示作品类型或者表示其知识或艺术内容的一个或多个通用术语组成。

    示例1:帛书书法

    示例2:画册

7.1.2.2.2.2　如果图书上除了个人或团体名称以外没有书名信息,正书名可由个人或团体名称组成。

    示例1:齐白石

    示例2:中国国家版本馆

7.1.2.2.2.3　正书名可包含图书的缩略语、缩略词或标识语。

    示例:制造执行系统(MES)的功能与实践

    注:MES 是 manufacturing execution system(制造执行系统)的首字母缩写。

7.1.2.2.2.4　正书名可包含数字、字母或符号。

示例:2021 年《故事会》合订本

7.1.2.2.2.5　交替书名之间,常以"又名""原名""亦名"等字样连接,连接词前后用逗号(,)标识。

示例:红楼梦,又名,石头记

7.1.2.2.2.6　当责任者、出版者或其他元素(例如:版本)在语法上是正书名的组成部分时,应照录。

示例 1:中国电力科学研究院配电研究所所志

示例 2:解析几何(第五版)同步辅导及习题全解

7.1.2.2.2.7　正书名可由书名、分册(辑)号/分册(辑)书名组成。

示例 1:杰弗里·英格拉姆·泰勒科学论文集.第 2 卷,气象学、海洋学和湍流

示例 2:范扬书画作品集·花鸟卷

7.1.2.2.2.8　对于无总书名的由两个或更多的作品组成的图书,则按图书上版式或顺序描述各个作品的书名。

示例:人口论;赋税论

7.1.2.3　并列书名

7.1.2.3.1　并列书名的描述

当图书书名页上出现了英文书名时,若有必要,英文书名可作为并列书名描述。

正文语种为英文的图书处理方式同中文图书。

7.1.2.3.2　并列书名的形式

并列书名可以和正书名一样有各种形式。

图书在版编目数据中的并列书名只描述英文形式。

示例:随机矩阵论＝Topics in Random Theory

7.1.2.4　其他书名信息

7.1.2.4.1　其他书名信息的组成

其他书名信息由与正书名、并列书名或图书所包含的各个作品书名前后出现并且从属于这些书名的词、短语或字符组成。

示例 1:中国金融体系变革:金融自由和货币主权之辨

示例 2:平阳百年百事:1921—2021

7.1.2.4.2　其他书名信息可包含责任说明等其他元素

当责任说明、出版者名称或与其他元素(例如版本说明)的说明在语法上是其他书名信息的组成部分时,其他书名信息应包含

这些内容。

　　　示例 1：云山归耕：孙少白诗书画集

　　　示例 2：法论：西南政法大学研究生学报

7.1.2.5　责任说明

7.1.2.5.1　责任说明的组成

　　责任说明由对所描述图书中所包含的作品的知识内容或艺术内容的创作或实现负有责任或作出贡献的任何个人或团体的识别和/或职能相关的一个或多个名称、短语或字符串组成。

7.1.2.5.2　第一责任说明和其他责任说明

　　一般只需要描述负主要责任的个人和/或团体的责任说明。若有必要，也可描述其他责任说明。

7.1.2.5.3　责任说明的形式

7.1.2.5.3.1　责任说明可由个人名称或团体名称以及表示其职能的责任方式组成。

　　　示例 1：发展学生数学核心素养的教学与评价研究/喻平著

　　　示例 2：慈善数字化在重庆的实践/重庆"互联网＋慈善"发展研究基地编著

　　　示例 3：新中国行政管理体制 60 年研讨会论文集/魏礼群主编；韩康副主编

　　　示例 4：咪依噜风情谷：楚雄彝族自治州南华县小岔河村/李天永执行主编

　　　示例 5：双循环格局：中国经济新布局/本书编写组编著

　　　示例 6：布谷鸟/本社编写组编

　　　示例 7：清代山东《尚书》文献八种/钟云瑞点校

7.1.2.5.3.2　责任说明可由表示个人或团体作用的一个或多个名词、名词短语以及名称组成。

　　　示例 1：上海外国语大学 2021 年报考指南/上海外国语大学招生办公室编

　　　示例 2：罗丹艺术论/(法)奥古斯都 • 罗丹口述；(法)保罗 • 葛赛尔记录；傅雷译

7.1.2.5.3.3　责任说明可包含关于其他元素(例如：原版书名、关于翻译作品版本的信息)的细节说明，如果这样的细节说明在语法上是责任说明的组成部分。

　　　示例：钢筋制品智能化加工技术/《钢筋制品智能化加工技术(第二版)》编委会编

7.1.2.5.3.4 如果出现在图书上的团体是图书的主办者,而且清楚地说明了(或者能用适当的附加词或短语表示出)主办者和图书之间的关系,责任说明可包含该主办团体的名称。

> 示例:风力发电/龙源电力集团股份有限公司主办

7.1.2.5.3.5 与图书的知识内容或艺术内容无关的责任说明不作为责任说明描述。诸如格言、题献、资助或获奖的说明等。

7.1.2.5.4 一个或多个责任说明

7.1.2.5.4.1 图书上有多个个人或团体名称,但是在语法上表示一个责任说明,行使同样的职能,按单一责任方式描述。

> 示例1:出土文献综合研究集刊/西南大学出土文献综合研究中心,西南大学汉语言文献研究所主办
>
> 示例2:国际商务英语谈判实训/梁婷婷,周新云,谢莉主编
>
> 示例3:车厢内外:20世纪80年代至90年代的成都公共交通/石杰,任杏媛编著

7.1.2.5.4.2 图书上有多个个人或团体名称,在语法上表示有多个说明或行使不同的职能,按多个责任方式描述。

> 示例:王冕学画/胡勃绘画;(清)吴敬梓著;萧祖石改编

7.1.2.5.4.3 第一责任说明和其他责任说明之间的差别只是顺序的差别。这并不意味着第一责任说明与作品的主要责任相关。

> 示例:上海本帮菜/周彤著;高春明编

7.1.2.5.4.4 如果在同一个责任说明中有多个个人或团体名称,由图书在版编目数据制作单位确定需要描述的个人或团体名称的数目,省略部分用"等"表示。

> 示例1:历史、艺术与台湾人文论丛/王见川等著
>
> 示例2:辛亥革命武昌起义报刊资料选编/国家图书馆等编

7.1.2.5.5 合订书名

7.1.2.5.5.1 如果图书没有总书名,而且各个作品的责任说明都相同,应将责任说明描述在所有书名、并列书名和其他书名信息之后。

> 示例:志雅堂杂钞;云烟过眼录;澄怀录/(宋)周密撰;邓子勉点校

7.1.2.5.5.2 如果各个作品具有不同的责任说明,应将每一责任说明分别描述在与其相关的书名、并列书名和其他书名信息之后。

> 示例:枫窗小牍/(宋)袁褧撰;袁颐续;尚成校点.清波杂志/(宋)周辉撰;

秦克校点

7.1.3　版本项

7.1.3.1　规定标识符模式

版本项包括以下内容：

a).－－ 版本说明；

b).－－ 版本说明,附加版本说明。

7.1.3.2　版本说明

版本说明通常由一个"版"字或其他相关术语与一个数字构成,或者是一个表示区别于其他版本的术语。

示例1:.－－3 版

示例2:.－－新 1 版

示例3:.－－修订版

示例4:.－－修订本

7.1.3.3　附加版本说明

如果图书的版本或印次是属于一个更大的版本,或者如果图书在内容上与其所属的版本的其他印次有显著不同,这时应对这一版本的图书做一个新的描述记录,在版本项描述附加版本信息。

示例1:.－－2 版,增订本

示例2:.－－3 版,修订本

7.1.4　出版项

7.1.4.1　规定标识符模式

出版项包括以下内容：

a)　.－－ 出版地:出版者,出版日期；

b)　.－－ 出版地:出版者;出版地:出版者,出版日期；

c)　.－－ 出版地:出版者;出版地:出版者;出版地:出版者；

d)　.－－ 出版地:出版者;出版者;出版地:出版者。

7.1.4.2　出版地

7.1.4.2.1　图书的出版者所在地。

示例1:.－－北京:人民出版社

示例2:.－－南京:南京大学出版社

7.1.4.2.2　如果描述时给出多个出版者,每个出版地放在其对应的出版者之前,除非后续出版者地点与第一个出版者地点相同。

示例 1:.--北京:北京出版社;上海:上海书店出版社

示例 2:.--北京:中国社会科学出版社;中国标准出版社

示例 3:.--昆明:云南大学出版社;武汉:武汉大学出版社;保定:河北大学出版社

示例 4:.--兰州:甘肃文化出版社;甘肃少年儿童出版社;南京:江苏凤凰文艺出版社

示例 5:.--上海:上海人民出版社;镇江:江苏大学出版社;上海:上海译文出版社

7.1.4.3 出版者

完成图书正式出版的出版单位。

注:出版者应具有正式的出版者号。

示例:.--重庆:重庆出版社

7.1.4.4 出版日期

图书出版、发行的日期。出版日期描述于相关出版者之后。如果该日期适用于两个或所有出版者,则描述于最后的出版者之后。

示例 1:南京:南京大学出版社,2021.11

示例 2:北京:经济管理出版社;上海:上海人民出版社,2021.3

7.1.4.5 重印日期

图书的重印日期。

示例 1:,2000.5(2018.6 重印)

示例 2:,2022.1(2022.2 重印)

7.1.5 载体形态项

7.1.5.1 规定标识符模式

.--页码:图;尺寸＋附件

7.1.5.2 物理单元的数量

图书物理单元的数量及其单位,如图书的页码或卷册数。

示例:.--734 页

7.1.5.3 其他形态细节

图书的其他形态细节,如图、地图、肖像、摹真等。

示例 1::图

示例 2::图,摹真

示例 3::彩图,肖像

7.1.5.4 尺寸

图书成书的高及宽。

示例 1：;26 cm × 15 cm

示例 2：;14 cm × 25 cm

7.1.5.5 附件

与图书主体一并出版的附件。属于文献的一部分，形态上分离于文献的主体部分，并与文献主体部分结合使用。

示例 1：＋附图 1 张

示例 2：＋附 1 册

示例 3：＋光盘 1 张

7.1.6 丛书项

7.1.6.1 规定标识符模式

丛书项包括以下内容：

a) .--（丛书名）；

b) .--（丛书名；丛书编号）；

c) .--（第一丛书的丛书名）（第二丛书的丛书名）；

d) .--（丛书名/与丛书相关的责任说明；丛书编号）；

e) .--（丛书名：丛书其他书名信息/与丛书相关的责任说明；丛书编号）；

f) .--（丛书名；丛书编号,分丛书名）；

g) .--（丛书名.分丛书名；分丛书编号）。

7.1.6.2 丛书名或分丛书名

7.1.6.2.1 丛书名或分丛书名参照 7.1.2.2 相关条款描述。

示例 1：.--（智能科学与技术丛书）

示例 2：.--（中国绘画艺术.齐白石系列）

示例 3：.--（社会科学论丛；第 10 辑）

示例 4：.--（21 世纪法学系列教材）

7.1.6.2.2 当丛书名或分丛书名中包含的编号是正书名组成部分时，将编号作为正书名的一部分描述。

示例：.--（新·全球文明史译丛）

7.1.6.2.3 丛书由丛书名和分丛书名组成，首先描述丛书名，然后描述丛书编号或分丛书名。

示例 1:.--（中国乡村概况丛书.河南卷）

示例 2:.--（北京文化书系.红色文化丛书）

示例 3:.--（中国边疆研究文库.二编,西北边疆卷）

示例 4:.--（精神文明建设思想文库/杨茂林主编.第二辑,北京卷;1)

7.1.6.3　丛书或分丛书的其他书名信息

7.1.6.3.1　丛书或分丛书的其他书名信息如认为对识别该丛书有必要时,应予以描述。每个其他书名信息冠以空格、冒号、空格":"标识。

示例 1:.--（幸福德育:滋养金色童年）

示例 2:.--（一百个中国孩子的梦:精华拼音版）

注:若正书由丛书名和分丛书名组成,与分丛书名相关的其他书名信息可以描述在分丛书名后。

示例 3:.--（悦读坊.唯美童话:彩绘版）

示例 4:.--（高等院校互联网＋新形态教材.经管系列:二维码版）

7.1.6.3.2　与丛书或分丛书相关的版本说明,应描述为其他书名信息。

示例:.--（"十二五"职业教育国家规划教材:修订版）

7.1.6.4　与丛书相关的责任说明

只描述对丛书名负有责任的中国籍个人名称责任者,并在责任者后面冠以"主编"或"总主编"这两种责任方式之一。

由图书描述机构确定需要描述的个人名称的数目。

示例:.--（文化人散文随笔丛书/顾骧主编）

7.1.6.5　丛书或分丛书编号

丛书或分丛书编号应按其出现在图书上的形式描述。可使用标准的缩略语。用阿拉伯数字替代其他数字或用文字表示的数字。如果图书的编号同时包含罗马数字和阿拉伯数字,则按其出现形式描述。

示例 1:.--（吴冠中文丛;7)

示例 2:.--（吐鲁番学研究丛书;甲种）

7.1.7　附注项

7.1.7.1　规定标识符模式

附注项包括以下内容:

a)　.-- 附注;

b) .-- 附注 .-- 附注。

7.1.7.2 附注

说明图书发行方式的文字、出版项目、出版工程、重点课题、翻译作品的原英文书名、内容提要等应描述在附注项。主要包括：

——翻译图书的原英文书名；

——影印图书的影印依据；

——新 1 版图书的原出版者；

——改编作品的改编依据；

——图书的发行方式等；

——内容提要或文摘。

示例 1:.--The Catcher in the Rye

示例 2:.--据民国二十八年(1939)新安书局铅印本影印 .

示例 3:.-- "十二五" 国家重点出版物出版规划项目

示例 4:.--国家出版基金项目.--国家骨干高职院校项目建设成果

示例 5:.--内部发行

示例 6:.--本书从包装设计的创新装饰工艺着手,介绍多种常见的快消品行业包装装饰工艺。书中涵盖各类工艺的历史演进、生产流程、设备细节,以及工艺生产过程中对常见问题和疑难杂症的判断和解决。

7.1.8 标准书号和获得方式项

7.1.8.1 规定标识符模式

标准书号和获得方式项包括以下内容：

a) .--ISBN:价格；

b) .--ISBN(限定信息):价格。

7.1.8.2 标准书号

标准书号按照 GB/T 5795 执行。

示例：.--ISBN 978-7-5147-1029-8

7.1.8.3 限定信息和获得方式

限定信息是对 ISBN 范围的说明,通常是图书的装订方式(平装不用说明),或者是 ISBN 与整个一套图书或特定卷册的关系的说明。

获得方式说明由价格构成,价格使用阿拉伯数字描述,货币代码按照 GB/T 12406 的规定描述。

示例 1:.-- ISBN　978－7－5147－1029－8:CNY10.00
示例 2:.-- ISBN　978－7－209－11978－8(精装):CNY56.00

7.2　检索数据标引规则

7.2.1　标引词的标引

7.2.1.1　标引词原则上参照 GB/T 3860 的有关规定执行。

7.2.1.2　标引词以《中国分类主题词表》最新版为主要选词来源。无法准确揭示图书主题时可根据情况使用自由词标引。

7.2.2　分类号的标引

7.2.2.1　分类号的标引按照 GB/T 32153 的规定执行。

7.2.2.2　分类号以《中国图书馆分类法》最新版为标引依据。

7.2.2.3　应根据图书内容的学科属性或其他特征标引至专指性类目。

7.2.2.4　对于多主题图书必要时应标引附加分类号。

7.2.2.5　分类号数量不超过 3 个。

8　图书在版编目数据的印刷内容及格式

8.1　图书在版编目数据印刷内容由 5 个部分组成,依次为:图书在版编目数据标题、描述数据、检索数据、其他注记、数据制作单位名称及核字号(见附录 A)。具体规定如下。

　　a)　第一部分是图书在版编目数据标题,即标明"图书在版编目(CIP)数据"的标准加粗字样,其中"图书在版编目"一词的英文缩写"CIP"应该用大写拉丁字母,并加中文圆括号。

　　b)　第二部分是描述数据。描述数据的书名和责任说明项、版本项、出版项、丛书项、标准书号和获得方式项等五项连续描述。

　　c)　第三部分是检索数据。检索数据即分类号,分类号前置罗马数字 I、西文句点、空格(␣),每个分类号之间用中文";"分隔,分类号不超过三个。印刷内容不体现标引词。

　　d)　第四部分是其他注记,内容依据图书在版编目工作需要而定。

　　e)　第五部分是数据制作单位名称及核字号。载明中国国家版本馆为数据制作单位，核字号为数字和英文大写字母相结合的10位混合型字符，其中前4位为图书在版编目数据制作年份，后6位至少包括一个英文大写字母，两部分合为一体，不能分开。

8.2　本文件仅对图书在版编目数据标题项，即"图书在版编目（CIP）数据"有加粗要求并与其他各描述项的字体、字号一致，其他各描述项的字体、字号不作特别要求。

8.3　印刷格式。每部分第一个字符与图书在版编目数据标题的第一个字对齐，回行突出两个汉字空格。

　　图书在版编目（CIP）数据

　　正书名＝并列书名：其他书名信息/第一责任说明；其他责任说明.——版本说明，附加版本说明.——出版地：出版者，出版日期.——（丛书名/与丛书相关的责任说明；丛书编号）.——中国标准书号（ISBN）（装订方式）：价格

　　Ⅰ.分类号1；分类号2

　　其他注记

　　数据制作单位名称及核字号

图书和其他出版物的书脊规则

(GB 11668—89,国家技术监督局 1989 年 10 月 12 日
批准,1990 年 6 月 1 日起实施)

本标准参照采用国际标准 ISO 6357—1985《书和其他出版物
的书脊名称》。

1　主题内容和适用范围

本标准规定了书脊的定义、内容和设计规则。

本标准适用于一般图书、系列出版物、多卷出版物、期刊报告、
文件(如盒装文件和盒式磁带)以及拟上架的类似出版物。不适用
于外文版图书及线装书。

2　定义

2.1　书脊

连接书的封面和封四,以缝、钉、粘或其他方法装订而成的转
折部位,包括护封的相应位置。

2.1.1　书脊名称

印在书脊上的内容。

2.1.2　纵排书脊名称

从上向下排字的书脊名称(见图 1)。

2.1.3　横排书脊名称

当书直立时,横向排字的书脊名称(见图 2)。

2.2　边缘名称

出版物封四上沿书脊边缘纵排的书脊名称(见图 3)。

3　书脊名称和边缘名称的设计和使用

3.1　书脊名称的设计和使用

3.1.1　内容和设计规则

3.1.1.1　书脊厚度大于或等于 5 mm 的图书及其他出版物，应设计书脊。

图书和其他出版物及其护封的书脊名称应与其封面、书名页上的名称一致（出版者名称用图案者除外），不应有文字和措词的变化。

3.1.1.2　一般图书书脊上应设计主书名和出版者名称（或图案标志），如果版面允许，还应加上著者或译者姓名，也可加上副书名和其他内容。

3.1.1.3　系列出版物的书脊名称，应包括本册的名称和出版者名称，如果版面允许，也可加上总书名和册号。

3.1.1.4　多卷出版物的书脊名称，应包括多卷出版物的总名称、分卷号和出版者名称，但不列分卷名称。

3.1.1.5　期刊及其合订本的书脊名称，应包括期刊名称、卷号、期号和出版年份。

书脊名称一般应采用纵排，横排也可采用。

注：书脊名称中含有外文或汉语拼音时，按外文习惯排印。

3.1.2　书脊名称的清晰度

书脊名称的排印应醒目、清晰、整齐，使人易读，并便于迅速查找。

3.2　边缘名称的设计和使用

若出版物太薄，厚度小于 5 mm 或其他原因不能印上书脊名称时，可在紧挨书脊边缘不大于 15 mm 处，印刷边缘名称。其内容除出版者名称不列入外，其他的内容与书脊名称相同。边缘名称排在封四（如图 3）。

注：边缘名称便于人们寻找上架的无书脊名称出版物及书脊朝上置于文件盒内或叠放的出版物。

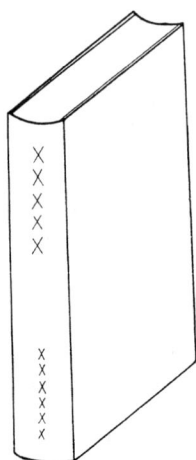

图 1　纵排书脊名称　　　图 2　横排书脊名称

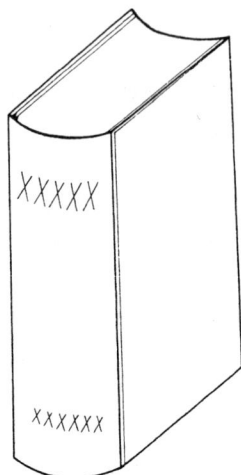

图 3　纵排边缘名称

附加说明：
本标准由全国文献工作标准化技术委员会第七分会提出，中华人民共和国新闻出版总署归口。

本标准由中国标准出版社负责起草。

本标准主要起草人崔静珍。

信息与文献　　参考文献著录规则

（GB/T 7714—2015，代替 GB/T 7714—2005，国家质量监督检验检疫总局、中国国家标准化管理委员会 2015 年 5 月 15 日发布，2015 年 12 月 1 日实施）

1　范围

本标准规定了各个学科、各种类型信息资源的参考文献的著录项目、著录顺序、著录用符号、著录用文字、各个著录项目的著录方法以及参考文献在正文中的标注法。

本标准适用于著者和编辑著录参考文献，而不是供图书馆员、文献目录编制者以及索引编辑者使用的文献著录规则。

2　规范性引用文件

下列文件对于本文件的应用是必不可少的。凡是注日期的引用文件，仅注日期的版本适用于本文件。凡是不注日期的引用文件，其最新版本（包括所有的修改版）适用于本文件。

GB/T 7408—2005　数据元和交换格式　信息交换　日期和时间表示法

GB/T 28039—2011　中国人名汉语拼音字母拼写规则

ISO 4　信息与文献　出版物题名和标题缩写规则（Information and documentation—Rules for the abbreviation of title words and titles of publications）

3　术语和定义

下列术语和定义适用于本文件。

3.1　参考文献　reference

对一个信息资源或其中一部分进行准确和详细著录的数据，位于文末或文中的信息源。

3.2　主要责任者　creator

主要负责创建信息资源的实体，即对信息资源的知识内容或艺术内容负主要责任的个人或团体。主要责任者包括著者、编者、学位论文撰写者、专利申请者或专利权人、报告撰写者、标准提出者、析出文献的著者等。

3.3　专著　monograph

以单行本或多卷册（在限定的期限内出齐）形式出版的印刷型或非印刷型出版物，包括普通图书、古籍、学位论文、会议文集、汇编、标准、报告、多卷书、丛书等。

3.4　连续出版物　serial

通常载有年卷期号或年月日顺序号，并计划无限期连续出版发行的印刷或非印刷形式的出版物。

3.5　析出文献　contribution

从整个信息资源中析出的具有独立篇名的文献。

3.6　电子资源　electronic resource

以数字方式将图、文、声、像等信息存储在磁、光、电介质上，通过计算机、网络或相关设备使用的记录有知识内容或艺术内容的信息资源，包括电子公告、电子图书、电子期刊、数据库等。

3.7　顺序编码制　numeric references method

一种引文参考文献的标注体系，即引文采用序号标注，参考文献表按引文的序号排序。

3.8　著者-出版年制　first element and date method

一种引文参考文献的标注体系，即引文采用著者、出版年标注，参考文献表按著者字顺和出版年排序。

3.9　合订题名　title of the individual works

由2种或2种以上的著作汇编而成的无总题名的文献中各部著作的题名。

3.10　阅读型参考文献　reading reference

著者为撰写或编辑论著而阅读过的信息资源，或供读者进一步阅读的信息资源。

3.11　引文参考文献　cited reference

著者为撰写或编辑论著而引用的信息资源。

3.12　数字对象唯一标识符　digital object identifier;DOI

针对数字资源的全球唯一永久性标识符,具有对资源进行永久命名标志、动态解析链接的特性。

4　著录项目与著录格式

本标准规定参考文献设必备项目与选择项目。凡是标注"任选"字样的著录项目系参考文献的选择项目,其余均为必备项目。本标准分别规定了专著、专著中的析出文献、连续出版物、连续出版物中的析出文献、专利文献以及电子资源的著录项目和著录格式。

4.1　专著

4.1.1　著录项目

主要责任者

题名项

　题名

　其他题名信息

　文献类型标识(任选)

其他责任者(任选)

版本项

出版项

　出版地

　出版者

　出版年

　引文页码

　引用日期

获取和访问路径(电子资源必备)

数字对象唯一标识符(电子资源必备)

4.1.2　著录格式

主要责任者.题名:其他题名信息[文献类型标识/文献载体标识].其他责任者.版本项.出版地:出版者,出版年:引文页码[引用日期].获取和访问路径.数字对象唯一标识符.

示例：

[1]陈登原.国史旧闻：第1卷[M].北京：中华书局，2000：29.

[2]哈里森，沃尔德伦.经济数学与金融数学[M].谢远涛，译.北京：中国人民大学出版社，2012：235-236.

[3]北京市政协民族和宗教委员会，北京联合大学民族与宗教研究所.历代王朝与民族宗教[M].北京：民族出版社，2012：112.

[4]全国信息与文献标准化技术委员会.信息与文献　都柏林核心元数据元素集：GB/T 25100—2010[S].北京：中国标准出版社，2010：2-3.

[5]徐光宪，王祥云.物质结构[M].北京：科学出版社，2010.

[6]顾炎武.昌平山水记；京东考古录[M].北京：北京古籍出版社，1992.

[7]王夫之.宋论[M].刻本.金陵：湘乡曾国荃，1865（清同治四年）.

[8]牛志明，斯温兰德，雷光春.综合湿地管理国际研讨会论文集[C].北京：海洋出版社，2012.

[9]中国第一历史档案馆，辽宁省档案馆.中国明朝档案总汇[A].桂林：广西师范大学出版社，2001.

[10]杨保军.新闻道德论[D/OL].北京：中国人民大学出版社，2010[2012-11-01].http://apabi.lib.pku.edu.cn/usp/pku/pub.mvc? pid=book.detail&metaid=m.20101104-BPO-889-1023&cult=CN.

[11]赵学功.当代美国外交[M/OL].北京：社会科学文献出版社，2001[2014-06-11].http://www.cadal.zju.edu.cn/book/trySinglePage/33023884/l.

[12]同济大学土木工程防灾国家重点实验室.汶川地震震害研究[M/OL].上海：同济大学出版社，2011：5-6[2013-05-09].http://apabi.lib.pku.edu.cn/usp/pku/pub.mvc? pid=book.detail&metaid=m.20120406-YPT-889-0010.

[13]中国造纸学会.中国造纸年鉴：2003[M/OL].北京：中国

轻工业出版社，2003［2014 － 04 － 25］. http://www. cadal. zju. edu. cn/book/view/25010080.

［14］PEEBLES P Z, Jr. Probability, random variable, and random signal principles［M］.4th ed. New York：McGraw Hill，2001.

［15］YUFIN S A. Geoecology and computers：proceedings of the Third International Conference on Advances of Computer Methods in Geotechnical and Geoenvironmental Engineering，Moscow，Russia，February 1 － 4，2000［C］. Rotterdam：A. A. Balkema，2000.

［16］BALDOCK P. Developing early chidhood services：past，present and future［M/OL］.［S. l. ］：Open University Press，2011：105［2012 － 11 － 27］.http://lib. myilibrary. com/Open. aspx? id ＝312377.

［17］FAN X，SOMMERS C H. Food irradiation research and technology. 2nd ed. Ames，Iowa：Blackwell Publishing，2013：25 － 26［2014 － 06 － 26］. http：//onlinelibrary. wiley. com/doi/10. 1002/9781118422557. ch2/summary.

4.2　专著中的析出文献

4.2.1　著录项目

析出文献主要责任者

析出文献题名项

　析出文献题名

　文献类型标识（任选）

析出文献其他责任者（任选）

出处项

　专著主要责任者

　专著题名

　其他题名信息

版本项

出版项

　　出版地

　　出版者

　　出版年

　　析出文献的页码

　　引用日期

获取和访问路径(电子资源必备)

数字对象唯一标识符(电子资源必备)

4.2.2　著录格式

析出文献主要责任者,析出文献题名[文献类型标识/文献载体标识].析出文献其他责任者//专著主要责任者.专著题名:其他题名信息.版本项.出版地:出版者,出版年:析出文献的页码[引用日期].获取和访问路径.数字对象唯一标识符.

示例:

[1]周易外传:卷5[M]//王夫之.船山全书:第6册.长沙:岳麓书社,2011:1109.

[2]程根伟.1998年长江洪水的成因与减灾对策[M]//许厚泽,赵其国.长江流域洪涝灾害与科技对策.北京:科学出版社,1999:32-36.

[3]陈晋镳,张惠民,朱士兴,等.蓟县震旦亚界研究[M]//中国地质科学院天津地质矿产研究所.中国震旦亚界.天津:天津科学技术出版社,1980:56-114.

[4]马克思.政治经济学批判[M]//马克思,恩格斯.马克思恩格斯全集:第35卷.北京:人民出版社,2013:302.

[5]贾东琴,柯平.面向数字素养的高校图书馆数字服务体系研究[C]//中国图书馆学会.中国图书馆学会年会论文集:2011年卷.北京:国家图书馆出版社,2011:45-52.

[6]WEINSTEIN L,SWERTZ M N.Pathogenic properties of invading mieroorganism [M]//SODEMAN W A, Jr, SODEMAN W A.Pathologic physiology: mechanisms of

disease. Philadelphia：Saunders，1974：745－772.

　　［7］ROBERSON　J　A，BURNESON　E　G. Drinking　water standards，regulations　and　goals［M/OL］//American　Water Works　Association. Water　quality&treatment：a　handbook　on drinking　water. 6th　ed. New　York：McGraw－Hill，2011：1.1－1.36［2012－12－10］. http：//lib. myilibrary. com/Open. aspx？id＝291430.

　　4.3　连续出版物

　　4.3.1　著录项目

　　主要责任者

　　题名项

　　　题名

　　　其他题名信息

　　　文献类型标识（任选）

　　年卷期或其他标识（任选）

　　出版项

　　　出版地

　　　出版者

　　　出版年

　　　引用日期

　　获取和访问路径（电子资源必备）

　　数字对象唯一标识符（电子资源必备）

　　4.3.2　著录格式

　　主要责任者.题名：其他题名信息［文献类型标识/文献载体标识］.年，卷（期）-年，卷（期）.出版地：出版者，出版年［引用日期］.获取和访问路径．数字对象唯一标识符.

　　示例：

［1］中华医学会湖北分会．临床内科杂志［J］.1984.1(1)- . 武汉：中华医学会湖北分会,1984 -.

［2］中国图书馆学会.图书馆学通讯［J］.1957(1)- 1990(4).北京：北京图书馆,1957 - 1990.

［3］American Association for the Advancement of Science. Science ［J］. 1883，1（1）- . Washington，D. C.：American Association for the Advancement of Science,1883 -.

4.4　连续出版物中的析出文献

4.4.1　著录项目

析出文献主要责任者

析出文献题名项

　　析出文献题名

　　文献类型标识(任选)

出处项

　　连续出版物题名

　　其他题名信息

　　年卷期标识与页码

　　引用日期

获取和访问路径(电子资源必备)

数字对象唯一标识符(电子资源必备)

4.4.2　著录格式

析出文献主要责任者.析出文献题名［文献类型标识/文献载体标识].连续出版物题名:其他题名信息,年,卷（期）:页码[引用日期].获取和访问路径.数字对象唯一标识符.

示例:

［1］袁训来,陈哲,肖书海,等.蓝田生物群:一个认识多细胞生物起源和早期演化的新窗口［J］.科学通报,2012,55(34):3219.

［2］余建斌．我们的科技一直在追赶:访中国工程院院长周济

[N/OL].人民日报,2013 - 01 - 12(2)[2013 - 03 - 20].http://paper. people. com. cn/rmrb/html/2013 - 01/12/nw. D110000renmrb_20130112_5 - 02. htm.

　　[3]李炳穆.韩国图书馆法[J/OL].图书情报工作,2008,52(6):6 - 12[2013 - 10 - 25]. http://www. docin. com/p - 400265742. html.

　　[4]李幼平,王莉. 循证医学研究方法:附视频[J/OL].中华移植杂志(电子版),2010,4(3):225 - 228[2014 - 06 - 09].http://www. cqvip. com/Read/Read. aspx? id=36658332.

　　[5]武丽丽,华一新,张亚军,等."北斗一号"监控管理网设计与实现[J/OL].测绘科学,2008,33(5):8 - 9[2009 - 10 - 25].http://vip. calis. edu. cn/CSTJ/Sear. dll? OPAC _ Create Detail. DOI:10. 3771/j. issn. 1009 - 2307. 2008. 05. 002.

　　[6]KANAMORI H. Shaking without quaking[J]. Science,1998,279(5359):2063.

　　[7]CAPLAN P. Cataloging internet resources[J].The public access computer systems review,1993,4(2):61 - 66.

　　[8]FRESE K S,KATUS H A,MEDER B. Next - generation sequencing:from understanding biology to personalized medicin[J/OL]. Biology, 2013, 2(1): 378 - 398[2013 - 03 - 19]. http://www. mdpi. com/2079 - 7737/2/1/378. DOI:10. 3390/biology 2010378.

　　[9]MYBURG A A,GRATTAPAGLIA D,TUSKAN G A,et al. The genome of Eucalyptus grandis[J/OL].Nature,2014,510:356 - 362(2014 - 06 - 19)[2014 - 06 - 25]. http://www. nature. com/nature/journal/v510/n7505/pdf/nature13308. pdf. DOI:10. 1038/nature13308.

4.5　专利文献

4.5.1　著录项目

专利申请者或所有者

题名项

　专利题名

　专利号

　文献类型标识(任选)

出版项

　公告日期或公开日期

　引用日期

获取和访问路径(电子资源必备)

数字对象唯一标识符(电子资源必备)

4.5.2　著录格式

专利申请者或所有者.专利题名:专利号[文献类型标识/文献载体标识].公告日期或公开日期[引用日期].获取和访问路径.数字对象唯一标识符.

示例:

[1]邓一刚.全智能节电器:20060171314.3[P].2006－12－13.

[2]西安电子科技大学.光折变自适应光外差探测方法:01128777.2[P/OL].2002－03－06[2002－05－28].http://211.152.9.47/sipoasp/zljs/hyjs－yx－new.asp? recid＝01128777.2&leixin＝0.

[3]TACHIBANA R，SHIMIZU S，KOBAYSHI S，et al.Electronic watermarking method and system:US6915001[P/OL].2005－07－05[2013－11－11].http://www.google.co.in/patents/US6915001.

4.6　电子资源

凡属电子专著、电子专著中的析出文献、电子连续出版物、电子连续出版物中的析出文献以及电子专利的著录项目与著录格式分别按4.1~4.5中的有关规则处理。除此而外的电子资源根据本规则著录。

4.6.1　著录项目

主要责任者

题名项

　题名

　其他题名信息

　文献类型标识（任选）

出版项

　出版地

　出版者

　出版年

　引文页码

　更新或修改日期

　引用日期

获取和访问路径

数字对象唯一标识符

4.6.2　著录格式

主要责任者.题名:其他题名信息［文献类型标识/文献载体标识］.出版地:出版者,出版年:引文页码(更新或修改日期)［引用日期］.获取和访问路径．数字对象唯一标识符.

示例:

［1］中国互联网络信息中心.第 29 次中国互联网络发展现状统计报告［R/OL］.（2012 － 01 － 16）［2013 － 03 － 26］.http://www.cnnic.net.cn/hlwfzyj/hlwxzbg/201201/P020120709345264469680.pdf.

［2］北京市人民政府办公厅.关于转发北京市企业投资项目核准暂行实施办法的通知:京政办发［2005］37 号［A/OL］.（2005 － 07 － 12）［2011 － 07 － 12］.http://china.findlaw.cn/fagui/p_1/

39934. html.

［3］BAWDEN D. Origins and concepts of digital literacy ［EB/OL］.（2008 － 05 － 04）［2013 － 03 － 08］. http：//www. soi. city. ac. uk/～dbawden/digital％20literacy％20chapter. pdf.

［4］Online Computer Library Center，Inc About OCLC：history of cooperation［EB/OL］.［2012 － 03 － 27］. http：//www. oclc. org/about/cooperation. en. html.

［5］HOPKINSON A. UNIMARC and metadata：Dublin core［EB/OL］.（2009 － 04 － 22）［2013 － 03 － 27］. http：//archive. ifla. org/IV/ifla64/138 － 16le. htm.

5　著录信息源

参考文献的著录信息源是被著录的信息资源本身。专著、论文集、学位论文、报告、专利文献等可依据题名页、版权页、封面等主要信息源著录各个著录项目；专著、论文集中析出的篇章与报刊上的文章依据参考文献本身著录析出文献的信息，并依据主要信息源著录析出文献的出处；电子资源依据特定网址中的信息著录。

6　著录用文字

6.1　参考文献原则上要求用信息资源本身的语种著录。必要时，可采用双语著录。用双语著录参考文献时，首先应用信息资源的原语种著录，然后用其他语种著录。

示例1：用原语种著录参考文献

［1］周鲁卫．软物质物理导论［M］.上海：复旦大学出版社，2011：1.

［2］常森.《五行》学说与《荀子》［J］.北京大学学报（哲学社会科学版），2013，50（1）：75.

［3］김세훈，외. 도서관및독서진흥법 개정안 연구 ［M］. 문화관광정

책연구원, 서울: 한국,2003:15.

　　［4］図書館用語辭典編集委員會.最新図書館用語大辭典［M］.東京:柏書房株式會社,2004:154.

　　［5］RUDDOCK L.Economics for the modern built environment［M/OL］.London:Taylor&Francis,2009:12［2010-06-15］.http://lib. mylibrary. com/Open. aspx? id＝179660.

　　［6］**Кочетков А Я. Молибден-медно-золотопорфиовое месторождение Рябиновсе**［J］.**Отечественная гелогия**，1993(7):50-58.

　　示例2:用韩中2种语种著录参考文献

　　［1］이병목. 도서관법규총람: 제1권 ［M］. 서울:구미무역 출판부,2005:67-68.

　　李炳穆．图书馆法规总览:第1卷［M］.首尔:九美贸易出版部,2005:67-68.

　　［2］도서관정보책위원회 발족식 및 도서관정보정책기획단 신설［J］.圖書館文化,2007,48(7):11-12.

　　图书馆信息政策委员会成立仪式与图书馆信息政策规划团［J］.图书馆文化,2007,48(7):11-12.

　　示例3:用中英2种语种著录参考文献

　　［1］熊平,吴颉.从交易费用的角度谈如何构建药品流通的良性机制［J］.中国物价,2005(8):42-45.

　　XIONG P, WU X. Discussion on how to construct benign medicine circulation mechanism from tranaction cost perspective ［J］.China price,2005(8):42-45.

　　［2］上海市食品药品监督管理局课题组.互联网药品经营现状和监管机制的研究［J］.上海食品药品监管情报研究,2008(1):8-11.

　　Research Group of Shanghai Food and Drug Administration. A

study on online pharmaceutical operating situation and supervision mechanism［J］．Shanghai food and drug information research，2008 (1)：8 - 11.

6.2　著录数字时，应保持信息资源原有的形式。但是，卷期号、页码、出版年、版次、更新或修改日期、引用日期、顺序编码制的参考文献序号等应用阿拉伯数字表示。外文书的版次用序数词的缩写形式表示。

6.3　个人著者，其姓全部著录，字母全大写，名可缩写为首字母（见 8.1.1）；如用首字母无法识别该人名时，则用全名。

6.4　出版项中附在出版地之后的省名、州名、国名等（见 8.4.1.1)以及作为限定语的机关团体名称可按国际公认的方法缩写。

6.5　西文期刊刊名的缩写可参照 ISO 4 的规定。

6.6　著录西文文献时，大写字母的使用要符合信息资源本身文种的习惯用法。

7　著录用符号

7.1　本标准中的著录用符号为前置符。按著录-出版年制组织的参考文献表中的第一个著录项目，如主要责任者、析出文献主要责任者、专利申请者或所有者前不使用任何标识符号。按顺序编码组织的参考文献表中的各篇文献序号用方括号，如［1］、［2］…。

7.2　参考文献使用下列规定的标识符号：

．用于题名项、析出文献题名项、其他责任者、析出文献其他责任者、连续出版物的"年卷期或其他标识"项、版本项、出版项、连续出版物中析出文献的出处、获取和访问路径以及数字对象唯一标识符前。每一条参考文献的结尾可用"．"号。

：用于其他题名信息、出版者、引文页码、析出文献的页码前。

，用于同一著作方式的责任者、"等""译"字样、出版年、期刊年卷期标识中的年和卷号前。

；用于同一责任者的合订题名以及期刊后续的年卷期标识与页码前。

// 用于专著中析出文献的出处项前。

（ ）用于期刊年卷期标识中的期号、报纸的版次、电子资源的更新或修改日期以及非公元纪年的出版年。

［ ］用于文献序号、文献类型标识、电子资源的引用日期以及自拟的信息。

/ 用于合期的期号间以及文献载体标识前。

– 用于起讫序号和起讫页码间。

8　著录细则

8.1　主要责任者或其他责任者

8.1.1　个人著者采用姓在前名在后的著录形式。欧美著者的名可用缩写字母，缩写名后省略缩写点。欧美著者的中译名只著录其姓；同姓不同名的欧美著者，其中译名不仅要著录其姓，还需著录其名的首字母。依据 GB/T 28039—2011 有关规定，用汉语拼音书写的人名，姓全大写，其名可缩写，取每个汉字拼音的首字母。

示例 1：李时珍　　　　　原题：(明)李时珍

示例 2：乔纳斯　　　　　原题：(瑞士)伊迪斯·乔纳斯

示例 3：昂温　　　　　　原题：(美)S. 昂温(Stephen
　　　　　　　　　　　　　　　　Unwin)

示例 4：昂温 G，昂温 P S

原题：(英)G. 昂温(G. Unwin)，P. S. 昂温(P. S. Unwin)

示例 5：丸山敏秋　　　　原题：(日)丸山敏秋

示例 6：凯西尔　　　　　原题：(阿拉伯)伊本·凯西尔

示例 7：EINSTEIN A　　　原题：Albert Einstein

示例 8：WILLIAMS ELLIS A

原题：Amabel Williams Ellis

示例 9：DE MORGAN A　原题：Augustus De Morgan

示例 10：LI Jiangning　　　原题：Li Jiangning

示例 11：LI J N　　　　原题：Li Jiangning

8.1.2　著作方式相同的责任者不超过 3 个时，全部照录。超过 3 个时，著录前 3 个责任者，其后加"，等"或与之相应的词。

示例 1：钱学森，刘再复　　原题：钱学森　刘再复

示例 2：李四光，华罗庚，茅以升

原题：李四光　华罗庚　茅以升

示例 3：印森林，吴胜和，李俊飞，等

原题：印森林　吴胜和　李俊飞　冯文杰

示例 4：FORDHAM E W，ALI A，TURNER D A，et al.

原题：Evenst W. Fordham Amiad Ali David A. Turner John R. Charters

8.1.3　无责任者或者责任者情况不明的文献，"主要责任者"项应注明"佚名"或与之相应的词。凡采用顺序编码制组织的参考文献可省略此项，直接著录题名。

示例：Anon,1981. Coffee drinking and cancer of the pancreas [J].Br Med J. 283(6292):628.

8.1.4　凡是对文献负责的机关团体名称，通常根据著录信息源著录。机关团体名称应由上至下分级著录，上下级间用"．"分隔，用汉字书写的机关团体名称除外。

示例 1：中国科学院物理研究所

示例 2：贵州省土壤普查办公室

示例 3：American Chemical Society

示例 4：Stanford University. Department of Civil Engineering

8.2 题名

题名包括书名、刊名、报纸名、专利题名、报告名、标准名、学位论文名、档案名、舆图名、析出的文献名等。题名按著录信息源所载的内容著录。

示例1:王夫之"乾坤并建"的诠释面向

示例2:张子正蒙注

示例3:化学动力学和反应器原理

示例4:袖珍神学,或,简明基督教词典

示例5:北京师范大学学报(自然科学版)

示例6:Gases in sea ice 1975－1979

示例7:J Math&Phys

8.2.1 同一责任者的多个合订题名,著录前 3 个合订题名。对于不同责任者的多个合订题名,可以只著录第一个或处于显要位置的合订题名。在参考文献中不著录并列题名。

示例1:为人民服务;纪念白求恩;愚公移山

原题:为人民服务　纪念白求恩　愚公移山　毛泽东著

示例2:大趋势　　　　原题:大趋势　Megatrends

8.2.2 文献类型标识(含文献载体标识)宜依附录 B《文献类型和文献载体标识代码》著录。电子资源既要著录文献类型标识,也要著录文献载体标识。本标准根据文献类型及文献载体的发展现状作了必要的补充。

8.2.3 其他题名信息根据信息资源外部特征的具体情况决定取舍。其他题名信息包括副题名,说明题名文字,多卷书的分卷书名、卷次、册次,专利号,报告号,标准号等。

示例1:地壳运动假说:从大陆漂移到板块构造[M]

示例2:三松堂全集:第 4 卷[M]

示例3:世界出版业:美国卷[M]

示例4:ECL 集成电路:原理与设计[M]

示例 5：中国科学技术史：第 2 卷　科学思想史［M］

示例 6：商鞅战秋菊：法治转型的一个思想实验［J］

示例 7：中国科学：D 辑　地球科学［J］

示例 8：信息与文献　都柏林核心元数据元素集：GB/T 25100—2010［S］

示例 9：中子反射数据分析技术：CNIC－01887［R］

示例 10：Asian Pacific journal of cancer prevention：e－only

8.3　版本

第 1 版不著录，其他版本说明应著录。版本用阿拉伯数字、序数缩写形式或其他标识表示。古籍的版本可著录"写本""抄本""刻本""活字本"等。

示例 1：3 版　　　　　原题：第三版

示例 2：新 1 版　　　　原题：新 1 版

示例 3：明刻本　　　　原题：明刻本

示例 4：5th ed.　　　　原题：Fifth edition

示例 5：Rev. ed.　　　　原题：Revised edition

8.4　出版项

出版项应按出版地、出版者、出版年顺序著录。

示例 1：北京：人民出版社，2013

示例 2：New York：Academic Press，2012

8.4.1　出版地

8.4.1.1　出版地著录出版者所在地的城市名称。对同名异地或不为人们熟悉的城市名，宜在城市名后附省、州名或国名等限定语。

示例 1：Cambridge，Eng.

示例 2：Cambridge，Mass.

8.4.1.2　文献中载有多个出版地，只著录第一个或处于显要位置的出版地。

示例1:北京:科学出版社,2013

　　原题:科学出版社　　北京　　上海　　2013

示例2:London:Butterworths,2000

　　原题:Butterwoths　　London　　Boston　　Durban
Syngapore　Sydney　Toronto　Wellington　2000

8.4.1.3　无出版地的中文文献著录"出版地不详",外文文献著录"S. l. ",并置于方括号内。无出版地的电子资源可省略此项。

示例1:[出版地不详]:三户图书刊行社,1990

示例2:[S. l.]:MacMillan,1975

示例3:Open University Press,2011:105[2014 - 06 - 16].
http://lib. myilibrary. com/Open. aspx? id=312377

8.4.2　出版者

8.4.2.1　出版者可以按著录信息源所载的形式著录,也可以按国际公认的简化形式或缩写形式著录。

示例1:中国标准出版社　　原题:中国标准出版社

示例2:Elsevier Science Publishers

原题:Elsevier Science Publishers

示例3:IRRI

原题:International Rice Research Institute

8.4.2.2　文献中载有多个出版者,只著录第一个或处于显要位置的出版者。

示例:Chicago:ALA,1978

原题:American Library Association/Chicago　　Canadian
Library Association/Ottawa 1978

8.4.2.3　无出版者的中文文献著录"出版者不详",外文文献著录"s. n. ",并置于方括号内。无出版者的电子资源可省略此项。

示例1:哈尔滨:[出版者不详],2013

示例2:Salt Lake City:[s. n.],1964

8.4.3　出版日期

8.4.3.1　出版年采用公元纪年，并用阿拉伯数字著录。如有其他纪年形式时，将原有的纪年形式置于"（　）"内。

示例1：1947（民国三十六年）

示例2：1705（康熙四十四年）

8.4.3.2　报纸的出版日期按照"YYYY－MM－DD"格式，用阿拉伯数字著录。

示例：2013－01－08

8.4.3.3　出版年无法确定时，可依次选用版权年、印刷年、估计的出版年。估计的出版年应置于方括号内。

示例1：c1988

示例2：1995印刷

示例3：［1936］

8.4.4　公告日期、更新日期、引用日期

8.4.4.1　依据GB/T 7408—2005专利文献的公告日期或公开日期按照"YYYY－MM－DD"格式，用阿拉伯数字著录。

8.4.4.2　依据GB/T 7408—2005电子资源的更新或修改日期、引用日期按照"YYYY－MM－DD"格式，用阿拉伯数字著录。

示例：（2012－05－03）［2013－11－12］

8.5　页码

专著或期刊中析出文献的页码或引文页码，应采用阿拉伯数字著录（参见8.8.2、10.1.3、10.2.4）。引自序言或扉页题词的页码，可按实际情况著录。

示例1：曹凌.中国佛教疑伪经综录［M］.上海：上海古籍出版社，2011：19.

示例2：钱学森.创建系统学［M］.太原：山西科学技术出版社，2001：序2－3.

示例3：冯友兰.冯友兰自选集［M］.2版.北京：首都师范大学

出版社,2008:第1版自序.

示例4:李约瑟.题词[M]//苏克福,管成学,邓明鲁.苏颂与《本草图经》研究.长春:长春出版社,1991:扉页.

示例5:DUNBAR K L,MITCHELL D A. Revealing nature's synthetic potential through the study of ribosomal natural product biosynthesis[J/OL].ACS chemical biology,2013,8:473 - 487[2013 - 10 - 06]. http://pubs. acs. org/doi/pdfplus/ 10. 1021/cb3005325.

8.6　获取和访问路径

根据电子资源在互联网中的实际情况,著录其获取和访问路径。

示例1:储大同,恶性肿瘤个体化治疗靶向药物的临床表现[J/OL].中华肿瘤杂志,2010,32(10):721 - 724[2014 - 06 - 25]. http://vip. calis. edu. cn/asp/Detail. asp.

示例2:WEINER S. Microarchaeology:beyond the visible archaeological record[M/OL]. Cambridge,Eng. Cambridge University Press Textbooks,2010:38[2013 - 10 - 14]. http:// lib. myilibrary. com/Open. aspx? id=253897.

8.7　数字对象唯一标识符

获取和访问路径中不含数字对象唯一标识符时,可依原文如实著录数字对象唯一标识符。否则,可省略数字对象唯一标识符。

示例1:获取和访问路径中不含数字对象唯一标识符

刘乃安.生物质材料热解失重动力学其分析方法研究[D/OL].合肥:中国科学技术大学,2000:17 - 18[2014 - 08 - 29]. http://wenku. baidu. com/link? rul = GJDJxb41xBUXnI Pmq1XoEGSIR1H8TMLb - idW - Lj1Yu33tpt707u62rKliypU - FBGUmox7ovPNaVIVBALAM65yfwuK - UUOAGYuB7cuZ - BYEhXa. DOI:10. 7666/d. y35165.

（该书数字对象唯一标识符为：DOI：10.7666/d. y351065）

示例 2：获取和访问路径中含数字对象唯一标识符

DEVERELL W. IGLER D. A companion to California history ［M/OL］.New York：John Wiley & Sons，2013：21－22（2013－11－15）［2014－06－24］. http：// onlinelibrary. wiley. com/doi/10. 1002/9781444305036. ch2/summary.

（该书数字对象唯一标识符为：DOI：10. 1002/9781444305036. ch2）

8.8　析出文献

8.8.1　从专著中析出有独立著者、独立篇名的文献按 4.2 的有关规定著录，其析出文献与源文献的关系用"//"表示。凡是从报刊中析出具有独立著者、独立篇名的文献按 4.4 的有关规定著录，其析出文献与源文献的关系用"."表示。关于引文参考文献的著录与标识参见 10.1.3 与 10.2.4。

示例 1：姚中秋.作为一种制度变迁模式的"转型"［M］// 罗卫东，姚中秋.中国转型的理论分析：奥地利学派的视角.杭州：浙江大学出版社，2009：44.

示例 2：关立哲，韩纪富，张晨珏.科技期刊编辑审读中要注重比较思维的科学运用［J］.编辑学报，2014，26(2)：144－146.

示例 3：TENOPIR C. Online databases：quality control［J］. Library journal，1987，113(3)：124－125.

8.8.2　凡是从期刊中析出的文章，应在刊名之后注明其年、卷、期、页码。阅读型参考文献的页码著录文章的起讫页或起始页，引文参考文献的页码著录引用信息所在页。

示例 1：2001,1(1)：5－6

　　　年　　卷期　页码

示例 2：2014,510：356－363

　　　年　　卷期　　页码

示例 3:2010(6):23

　　　　年　卷期　页码

示例 4:2012,22(增刊 2):81-86

　　　　　年　　　　卷期　　　　　页码

8.8.3　对从合期中析出的文献,按 8.8.2 的规则著录,并在圆括号内注明合期号。

示例:2001(9/10):36-39

　　　　年　卷期　　　页码

8.8.4　凡是在同一期刊上连载的文献,其后续部分不必另行著录,可在原参考文献后直接注明后续部分的年、卷、期、页码等。

示例:2011,33(2):20-25;2011,33(3):26-30

　　　　年　卷期　　页码　　　年　　卷期　　　页码

8.8.5　凡是从报纸中析出的文献,应在报纸名后著录其出版日期与版次。

示例:2013-03-16(1)

　　　年　　月　　日 版次

9　参考文献表

参考文献表可以按顺序编码制组织,也可以按著者-出版年制组织。引文参考文献既可以集中著录在文后或书末,也可以分散著录在页下端。阅读型参考文献著录在文后、书的各章节后或书末。

9.1　顺序编码制

参考文献表采用顺序编码制组织时,各篇文献应按正文部分标注的序号依次列出(参见 10.1)。

示例:

[1]BAKERS K,JACKSON M E. The future of resource sharing [M].New York:The Haworth Press,1995.

〔2〕CHERNIK　B　E. Introduction　to　library　services　for library Technicians〔M〕. Littleton, Colo. : Libraries　Unlimited, lnc, 1982.

〔3〕尼葛洛庞帝.数字化生存〔M〕.胡冰,范海燕,译.海口:海南出版社,1996.

〔4〕汪冰.电子图书馆理论与实践研究〔M〕.北京:北京图书馆出版社,1997:16.

〔5〕杨宗英.电子图书馆的现实模型〔J〕.中国图书馆学报,1996(2):24－29.

〔6〕DOWLER　L. The　research　university's　dilemma: resource sharing and research in a transinstitutional environment 〔J〕.Journal of library administration,1995,21(1/2):5－26.

9.2　著者-出版年制

参考文献表采用著者-出版年制组织时,各篇文献首先按文种集中,可分为中文、日文、西文、俄文、其他文种5部分;然后按著者字顺和出版年排列。中文文献可以按著者汉语拼音字顺排列(参见10.2),也可以按著者的笔画笔顺排列。

示例:

尼葛洛庞帝,1996.数字化生存〔M〕.胡泳,范海燕,译.海口:海南出版社.

汪冰,1997.电子图书馆理论与实践研究〔M〕.北京:北京图书馆出版社:16.

杨宗英,1996.电子图书馆的现实模型〔J〕.中国图书馆学报(2):24－29.

BAKER S K,JACKSON M E,1995. The future of resource sharing〔M〕.New York:The Haworth Press.

CHERNIK B E, 1982. Introduction to library services for library technicians〔M〕.Littleton,Colo. :Libraries Unlimited,Inc.

DOWLER L，1995. The research university's dilemma：resource sharing and research in a transinstitutional environment[J].Journal of library administration，21(1/2)：5 - 26.

10　参考文献标注法

正文中引用的文献的标注方法可以采用顺序编码制，也可以采用著者-出版年制。

10.1　顺序编码制

10.1.1　顺序编码制是按正文中引用的文献出现的先后顺序连续编码，将序号置于方括号中。如果顺序编码制用脚注方式时，序号可由计算机自动生成圈码。

示例1：引用单篇文献，序号置于方括号中

……德国学者 N. 克罗斯研究了瑞士巴塞尔市附近侏罗山中老第三纪断裂对第三系褶皱的控制[235]；之后，他又描述了西里西亚第 3 条大型的近南北向构造带，并提出地槽是在不均一的块体的基底上发展的思想[236]。

………………

示例2：引用单篇文献，序号由计算机自动生成圈码

……所谓"移情"，就是"说话人将自己认同于……他用句子所描写的事件或状态中的一个参与者"①。《汉语大词典》和张相②都认为"可"是"痊愈"，侯精一认为是"减轻"③。……另外，根据侯精一，表示病痛程度减轻的形容词"可"和表示逆转否定的副词"可"是兼类词④，这也说明二者应该存在着源流关系。

………………

10.1.2　同一处引用多篇文献时，应该各篇文献的序号在方括号内全部列出，各序号间用"，"。如遇连续序号，起讫序号间用短横线连接。此规则不适用于用计算机自动编码的序号。

示例：引用多篇文献

裴伟[570,83]提出……

莫拉德对稳定区的节理格式的研究[255-256]……

10.1.3　多次引用同一著者的同一文献时，在正文中标注首次引用的文献序号，并在序号的"[]"外著录引文页码。如果用计算机自动编序号时，应重复著录参考文献，但参考文献表中的著录项目可简化为文献序号及引文页码，参见本条款的示例2。

示例1：多次引用同一著者的同一文献的序号

……改变社会规范也可能存在类似的"二阶囚徒困境"问题；尽管改变旧的规范对所有人都好，但个人理性选择使得没有人愿意率先违反旧的规范[1]。……事实上，古希腊对轴心时代思想真正的贡献不是来自对民主的赞扬，而是来自对民主制度的批评，苏格拉底、柏拉图和亚里士多德3位贤圣都是民主制度的坚决反对者[2]260。……柏拉图在西方世界的影响力是如此之大以至于有学者评论说，一切后世的思想都是一系列为柏拉图思想所作的脚注[3]。……根据《唐会要》记载，当时拆毁的寺院有4 600余所，招提、兰若等佛教建筑4万余所，没收寺产，并强迫僧尼还俗达260 500人。佛教受到极大的打击[2]326-329。……陈登原先生的考证是非常精确的，他印证了《春秋说题辞》"黍者绪也，故其立字，禾入米为黍，为酒以扶老，为酒以序尊卑，禾为柔物，亦宜养老"，指出："以上谓等威之辨，尊卑之序，由于饮食荣辱。"[4]

参考文献：

[1] SUNSTEIN C R. Social and social roles [J/OL]. Columbia law review, 1996, 96：903［2012－01－26］. http：//www.heinonline.org/HOL/Page? handle＝hein.journals/clr96&id＝913&collection＝journals&index＝journals/clr.

[2]MORRI I. Why the west rules for now：the patterns of history, and what they reveal about the future[M]. New York：Farrar, Straus and Giroux, 2010.

　　[3]罗杰斯.西方文明史:问题与源头[M].潘惠霞,魏婧,杨艳,等译.大连:东北财经大学出版社,2011:15-16.

　　[4]陈登原.国史旧闻:第1卷[M].北京:中华书局,2000:29.

　　示例2:多次引用同一著者的同一文献的脚注序号

　　……改变社会规范也可能存在类似的"二阶囚徒困境"问题;尽管改变旧的规范对所有人都好,但个人理性选择使得没有人愿意率先违反旧的规范①……事实上,古希腊对轴心时代思想真正的贡献不是来自对民主的赞扬,而是来自对民主制度的批评,苏格拉底、柏拉图和亚里士多德3位贤圣都是民主制度的坚决反对者②。……柏拉图在西方世界的影响力是如此之大以至于有学者评论说,一切后世的思想都是一系列为柏拉图思想所作的脚注③。……据《唐会要》记载,当时拆毁的寺院有4 600余所,招提、兰若等佛教建筑4万余所,没收寺产,并强迫僧尼还俗达260 500人。佛教受到极大的打击④。……陈登原先生的考证是非常精确的,他印证了《春秋说题辞》"黍者绪也,故其立字,禾入米为黍,为酒以扶老,为酒以序尊卑,禾为柔物,亦宜养老",指出:"以上谓等威之辨,尊卑之序,由于饮食荣辱。"⑤

　　参考文献:

　　①SUNSTEIN C R. Social norms and social roles[J/OL].Columbia law review,1996,96:903[2012-01-26].http://www. heinonline. org/HOL/Page? handle = hein. journals/clr96&id = 913&collection = journals&index=journals/clr.

　　②MORRI I. Why the west rules for now:the patterns of history,and what they reveal about the future[M].New York:Farrar,Straus and Giroux,2010:260.

　　③罗杰斯.西方文明史:问题与源头[M].潘惠霞,魏婧,杨艳,等译. 大连:东北财经大学出版社,2011:15-16.

　　④同②:326-329.

⑤陈登原．国史旧闻：第 1 卷［M］．北京：中华书局，2000：29．

10.2　著者-出版年制

10.2.1　正文引用的文献采用著者-出版年制时，各篇文献的标注内容由著者姓氏与出版年构成，并置于"（ ）"内。倘若只标注著者姓氏无法识别该人名时，可标注著者姓名，例如中国人、韩国人、日本人用汉字书写的姓名。集体著者著述的文献可标注机关团体名称。倘若正文中已提及著者姓名，则在其后的"（ ）"内只著录出版年。

示例：引用单篇文献

The notion of an invisible college has been explored in the sciences(Crane,1972).Its absence among historians was noted by Stieg(1981)…

参考文献：

CRANE D, 1972. Invisible college ［M］. Chicago：Univ. of Chicago Press.

STIEG M F, 1981. The information needs of historians ［J］. College and research libraries,42(6):549 – 560.

10.2.2　正文中引用多著者文献时，对欧美著者只需标注第一个著者的姓，其后附"et al."；对于中国著者应标注第一著者的姓名，其后附"等"字。姓氏与"et al.""等"之间留适当空隙。

10.2.3　在参考文献表中著录同一著者在同一年出版的多篇文献时，出版年后应用小写字母 a，b，c…区别。

示例 1：引用同一著者同年出版的多篇中文文献

王临惠，等，2010a．天津方言的源流关系刍议［J］.山西师范大学学报（社会科学版），37(4):147.

王临惠，2010b．从几组声母的演变看天津方言形成的自然条件和历史条件［C］//曹志耘.汉语方言的地理语言学研究：首届中国地理语言学国际学术研讨会论文集.北京：北京语言大学出版社：138.

示例 2：引用同一著者同年出版的多篇英文文献

KENNEDY W J，GARRISON R E，1975a. Morphology and genesis of nodular chalks and hardgrounds in the Upper Cretaceous of southern England[J].Sedimentoligy，22：311.

KENNEDY W J，GARRISON R E，1975b，Morphology and genesis of nodular phosphates in the cenomanian of South - east England[J].Lethaia，8：339.

10.2.4　多次引用同一著者的同一文献，在正文中标注著者与出版年，并在"（ ）"外以角标的形式著录引文页码。

示例：多次引用同一著者的同一文献

主编靠编辑思想指挥全局已是编辑界的共识（张忠智，1997），然而对编辑思想至今没有一个明确的界定，故不妨提出一个构架……参与讨论。由于"思想"的内涵是"客观存在反映在人的意识中经过思维活动而产生的结果"（中国社会科学院语言研究所词典编辑室，1996）[1194]，所以"编辑思想"的内涵就是编辑实践反映在编辑工作者的意识中，"经过思维活动而产生的结果"。……《中国青年》杂志创办人追求的高格调——理性的成熟与热点的凝聚（刘彻东，1998），表明其读者群的文化的品位的高层次……"方针"指"引导事业前进的方向和目标"（中国社会科学院语言研究所词典编辑室，1996）[235]，……对编辑方针，1981 年中国科协副主席裴丽生曾有过科学的论断——"自然科学学术期刊应坚持以马列主义、毛泽东思想为指导，贯彻为国民经济发展服务，理论与实践相结合，普及与提高相结合，'百花齐放，百家争鸣'的方针。"（裴丽生，1981）它完整地回答了为谁服务，怎样服务，如何服务得更好的问题。

参考文献：

裴丽生,1981. 在中国科协学术期刊编辑工作经验交流会上的讲话[C]//中国科学技术协会.中国科协学术期刊编辑工作经验交流会资料选.北京:中国科学技术协会学会工作部:2-10.

刘彻东,1998. 中国的青年刊物:个性特色为本[J].中国出版(5):38-39.

张忠智,1997. 科技书刊的总编(主编)的角色要求[C]//中国科学技术期刊编辑学会.中国科学技术期刊编辑学会建会十周年学术研讨会论文汇编.北京:中国科学技术期刊编辑学会学术委员会:33-34.

中国社会科学院语言研究所词典编辑室,1996. 现代汉语词典[M].修订本.北京:商务印书馆.

…………

附录 A

（资料性附录）
顺序编码制参考文献表著录格式示例

A.1 普通图书

[1]张伯伟.全唐五代诗格汇考[M].南京：江苏古籍出版社，2002：288.

[2]师伏堂日记：第 4 册[M].北京：北京图书馆出版社，2009：155.

[3]胡承正，周详，缪灵.理论物理概论：上[M].武汉：武汉大学出版社，2010：112.

[4]美国妇产科医师学会.新生儿脑病和脑性瘫痪发病机制与病理生理[M].段涛，杨慧霞，译.北京：人民卫生出版社，2010：38－39.

[5]康熙字典：巳集上：水部[M].同文书局影印本.北京：中华书局，1962：50.

[6]汪昂.增订本草备要：四卷[M].刻本.京都：老二酉堂，1881（清光绪七年）.

[7]蒋有绪，郭泉水，马娟，等.中国森林群落分类及其群落学特征[M].北京：科学出版社，1998.

[8]中国企业投资协会，台湾并购与私募股权协会，汇盈国际投资集团.投资台湾：大陆企业赴台投资指南[M].北京：九州出版社，2013.

[9]罗斯基.战前中国经济的增长[M].唐巧天，毛立坤，姜修宪，译.杭州：浙江大学出版社，2009.

[10]库恩.科学革命的结构：第 4 版[M].金吾伦，胡新和，译.2

版.北京:北京大学出版社,2012.

[11]侯文顺.高分子物理:高分子材料分析、选择与改性[M/OL].北京:化学工业出版社,2010:119[2012 - 11 - 27].http://apabi. lib. pku. cdu. cn/usp/pku/pub. mvc? pid = book. detail&metaid=m.2011 1114 - HGS - 889 - 0228.

[12] GRA WFPRD W,GORMAN M. Future libraries:dreams,madness,& reality [M]. Chicago:American Library Association,1995.

[13] International Federation of Library Association and Institutions. Names of persons:national usages for entry in catalogues [M]. 3rd ed. London:IFLA International Office for UBC,1977.

[14] O' BRIEN J A. Introduction to information systems [M]. 7th ed. Burr Ridge,Ⅲ:Irwin,1994.

[15] KINCHY A. Seeds,sciences,and struggle:the global politics of transgenic crops [M/OL]. Cambridge,Mass.:MIT Press,2012:50 [2013 - 07 - 14]. http://lib. myilibrary. com? ID=381443.

[16] PRAETZELLIS A. Death by theory:a tale of mystery and archaeological theory [M/OL]. Rev. ed [S. l.]:Rowman & Littlefield Publishing Group,Inc.,2011:13 [2012 - 07 - 26]. http://lib.myilibrary.com/Open.aspx? id=293666.

A. 2 论文集、会议集

[1] 中国职工教育研究会. 职工教育研究论文集 [G]. 北京:人民教育出版社,1985.

[2] 中国社会科学院台湾史研究中心. 台湾光复六十五周年暨抗战史实学术研讨会论文集 [C]. 北京:九州出版社,2012.

［3］雷光春.综合湿地管理：综合湿地管理国际研讨会论文集［C］.北京：海洋出版社，2012.

［4］陈志勇.中国财税文化价值研究："中国财税文化国际学术研讨会"论文集［C/OL］.北京：经济科学出版社，2011［2013－10－14］.http://apabi.lib.pku.edu.cu/usp/pku/pub.mvc?pid＝book.detail＆metaid＝m.20110628－BPO－889－0135＆cult＝CN.

［5］BABU B V，NAGAR A K，DEEP K，et al. Proceedings of the Second International Conference on Soft Computing for Problem Solving，December 28－30，2012［C］. New Delhi：Springer，2014.

A.3 报告

［1］中华人民共和国国务院新闻办公室.国防白皮书：中国武装力量的多样化运用［R/OL］.（2013－04－16）［2014－06－11］.http://www.mod.gov.cn/affair/2013－04/16/content_4442839.htm.

［2］汤万金，杨跃翔，刘文，等.人体安全重要技术标准研制最终报告：7178999X－2006BAK04A10/10.2013［R/OL］.（2013－09－30）［2014－06－24］.http://www.nstrs.org.cn/xiangxiBG.aspx?id＝41707.

［3］CALKIN D，AGER A，THOMPSON M. A comparative risk assessment framework for wildland fire management：the 2010 cohesive strategy science report：RMRS－GTR－262［R］. [S.l.：s.n.]，2011：8－9.

［4］U.S. Department of Transportation Federal Highway Administration. Guidelines for handling excavated acid-producing material：PB 91－194001［R］. Springfield：U.S. Department of

Commerce National Information Service，1990.

［5］World Health Organization. Factors regulating the immune response：report of WHO Scientific Group ［R］. Geneva：WHO，1970.

A. 4　学位论文

［1］马欢. 人类活动影响下海河流域典型区水循环变化分析 ［D/OL］. 北京：清华大学，2011：27 ［2013 - 10 - 14］. http:// www. cnki. net/kcms/detail. aspx? dbcode ＝ CDFD＆QueryID ＝. 0＆CurRec＝11＆dbname＝CDFDLAST2013＆filename＝1012035905. nh＆uid＝WEEvREc-wSlJHSldTTGJhYlJRaEhGUXFQWVB6SGZX eisxdmVhV3ZyZkpoUnozeDElb0paM0NmMjZiQ3p4TUdmcw＝.

［2］吴云芳. 面向中文信息处理的现代汉语并列结构研究 ［D/OL］. 北京：北京大学，2003 ［2013 - 10 - 14］. http://thesis. lib.pku.edu.cn/dlib/List.asp? lang＝gb＆type＝Reader＆DocGroupID ＝4＆DocID＝6328.

［3］CALMS R B. Infrared spectroscopic studies on solid oxygen ［D］. Berkeley：Univ. of California，1965.

A. 5　专利文献

［1］张凯军. 轨道火车及高速轨道火车紧急安全制动辅助装置：201220158825. 2 ［P］. 2012 - 04 - 05.

［2］河北绿洲生态环境科技有限公司. 一种荒漠化地区生态植被综合培育种植方法：01129210. 5 ［P/OL］. 2001 - 10 - 24 ［2002 - 05 - 28］. http://211.152.9.47/sipoasp/zlijs/hyjs - yx - new.asp? recid＝01129210.5＆leixin＝0.

［3］KOSEKI A，MOMOSE H，KAWAHITO M，et al. Compiler：US828402 ［P/OL］. 2002 - 05 - 25 ［2002 - 05 - 28］.

http：//FF&p＝1&u＝netahtml/PTO/search-bool．html&r＝
5&f＝G&l＝50&col＝AND&d＝PG01&sl＝IBM．AS．&OS＝
AN/IBM/RS＝AN/IBM．

A.6　标准文献

[1] 全国信息与文献标准化技术委员会，文献著录：第4部
分　非书资料：GB/T 3792. 4—2009 [S]. 北京：中国标准出
版社，2010：3.

[2] 全国广播电视标准化技术委员会. 广播电视音像资料编
目规范：第2部分　广播资料：GY/T 202. 2—2007 [S]. 北
京：国家广播电影电视总局广播电视规划院，2007：1.

[3] 国家环境保护局科技标准司. 土壤环境质量标准：GB
15616—1995 [S/OL]. 北京：中国标准出版社，1996：2－3
[2013－10－14]. http://wenku. baidu. com/view/b950a34b767f5ac
falc7cd49.html.

[4] Information and documentation-the Dublin core metadata
element set：ISO 15836：2009 [S/OL]. [2013－03－24]. http://
www. iso. org/iso/home/store/catalogue _ tc/catalogue _ detail. htm?
csnumber＝52142.

A.7　专著中析出的文献

[1] 卷39 乞致仕第一 [M] //苏魏公文集：下册. 北京：
中华书局，1988：590.

[2] 白书农. 植物开花研究 [M] //李承森. 植物科学进展.
北京：高等教育出版社，1998：146－163.

[3] 汪学军. 中国农业转基因生物研发进展与安全管理
[C] //国家环境保护总局生物安全管理办公室. 中国国家生物安
全框架实施国际合作项目研讨会论文集. 北京：中国环境科学出

版社，2002：22 - 25.

　　［4］国家标准局信息分类编码研究所. 世界各国和地区名称代码：GB/T 2659—1986 ［S］//全国文献工作标准化委员会. 文献工作国家标准汇编：3. 北京：中国标准出版社，1988：59 - 92.

　　［5］宋史卷三：本纪第三 ［M］//宋史：第 1 册. 北京：中华书局，1977：49.

　　［6］楼梦麟，杨燕. 汶川地震基岩地震动特征分析 ［M/OL］//同济大学土木工程防灾国家重点实验室. 汶川地震震害研究. 上海：同济大学出版社，2011：011 - 012 ［2013 - 05 - 09］. http://apabi. lib. pku. edu. cn/usp/pku/pub. mvc? pid = book.detail&metaid = m.20120406 - YPT - 889 - 0010.

　　［7］BUSECK P R, NORD G L, Jr, VEBLEN D R. Subsolidus phenomena in pyroxenes ［M］//Pyroxense. Washington, D. C.： Mineralogical Society of America, c1980：117 - 211.

　　［8］FOURNEY M E. Advances in holographic photoelasticity ［C］//Symposium on Applications of Holography in Mechanics, August 23 - 25, 1971, University of Southern California, Los Angeles, California. New York：ASME, c1971：17 - 38.

A. 8　期刊中析出的文献

　　［1］杨洪升. 四库馆私家抄校书考略 ［J］. 文献，2013（1）：56 - 75.

　　［2］李炳穆. 韩国图书馆法 ［J］. 图书情报工作，2008，52（6）：6 - 21.

　　［3］于潇，刘义，柴跃廷，等. 互联网药品可信交易环境中主体资质审核备案模式 ［J］. 清华大学学报（自然科学版），2012，52（11）：1518 - 1523.

［4］陈建军. 从数字地球到智慧地球 ［J/OL］. 国土资源导刊，2010，7（10）：93 ［2013 - 03 - 20］. http：//d. g. wanfangdata. com. cn/Periodical_hunandz201010038. aspx. DOI：10. 3969/j. issn. 1672 - 5603. 2010. 10. 038.

［5］DES MARAIS D J，STRAUSS H，SUMMONS R E，et al. Carbon isotope evidence for the stepwise oxidation of the Proterozoic environment ［J］. Nature，1992，359：605 - 609.

［6］SAITO M，MIYAZAKI K. Jadeite-bearing metagabbro in serpentinite mélange of the "Kurosegawa Belt" in Izumi Town，Yatsushiro City，Kumamoto Prefecture，central Kyushu ［J］. Bulletin of the geological survey of Japan，2006，57（5/6）：169 - 176.

［7］WALLS S C，BARICHIVICH W J，BROWN M E. Drought，deluge and declines：the impact of precipitation extremes on amphibians in a changing climate ［J/OL］. Biology，2013，2（1）：399 - 418 ［2013 - 11 - 04］. http：//www. mdpi. com/2079 - 7737/2/1/399. DOI：10. 3390/biology2010399.

［8］FRANZ A K，DANIELEWICZ M A，WONG D M，et al. Phenotypic screening with oleaginous microalgae reveals modulators of lipid productivity ［J/OL］. ACS Chemical biology，2013，8：1053 - 1062 ［2014 - 06 - 26］. http：//pubs. acs. org/doi/ipdf/10. 1021/cb300573r.

［9］PARK J R，TOSAKA Y. Metadata quality control in digital repositories and collections：criteria，semantice，and mechanisms ［J/OL］. Cataloging & classification quarterly，2010，48（8）：696 - 715 ［2013 - 09 - 05］. http：//www. tandfonline. com/doi/pdf/10. 1080/01639374. 2010. 508711.

A. 9　报纸中析出的文献

[1] 丁文详. 数字革命与竞争国际化 [N]. 中国青年报，2000 - 11 - 20 (15).

[2] 张田勤. 罪犯 DNA 库与生命伦理学计划 [N]. 大众科技报，2000 - 11 - 12 (7).

[3] 傅刚，赵承，李佳路. 大风沙过后的思考 [N/OL]. 北京青年报，2000 - 01 - 12 [2005 - 09 - 28]. http://www. bjyouth. com. cn/Bqb/20000412/GB/4216％5ED0412B1401.htm.

[4] 刘裕国，杨柳，张洋，等. 雾霾来袭，如何突围？[N/OL]. 人民日报，2013 - 01 - 12 [2013 - 11 - 06]. http://paper. people. com. cn/rmrb/html/2013 - 01/12nw. D110000renmrb_20130112_2 - 04.htm.

A. 10　电子资源（不包括电子专著、电子连续出版物、电子学位论文、电子专利）

[1]萧钰. 出版业信息化迈入快车道 [EB/OL]. (2001 - 12 - 19) [2002 - 04 - 15]. http://www. creader. com/news/20011219/200112190019.html.

[2] 李强. 化解医患矛盾需釜底抽薪 [EB/OL]. (2012 - 05 - 03) [2013 - 03 - 25]. http://wenku. baidu. com/view/47e4f206b52acfc789ebc92f.html.

[3] Commonwealth Libraries Bureau of Library Development. Pennsylvania Department of Education Office. Pennsylvania library laws [EB/OL]. [2013 - 03 - 24]. http://www. racc. edu/yocum/pdf/PALibrary Laws.pdf.

[4] Dublin core metadata element set: version 1. 1 [EB/OL]. (2012 - 06 - 14) [2014 - 06 - 11]. http://dublincore.org/documents/dces/.

附录 B

（资料性附录）
文献类型和文献载体标识代码

B.1　文献类型和标识代码

表 B.1　文献类型和标识代码

参考文献类型	文献类型标识代码
普通图书	M
会议录	C
汇编	G
报纸	N
期刊	J
学位论文	D
报告	R
标准	S
专利	P
数据库	DB
计算机程序	CP
电子公告	EB
档案	A
舆图	CM
数据集	DS
其他	Z

B.2 电子资源载体和标识代码

表 B.2 电子资源载体和标识代码

电子资源的载体类型	载体类型标识代码
磁带 （magnetic tape）	MT
磁盘 （disk）	DK
光盘 （CD-ROM）	CD
联机网络 （online）	OL

图书编辑工作基本规程

（中国编辑学会、湖北省编辑学会编，新闻出版署
图书管理司 1998 年 2 月 10 日发布）

前　　言

　　工作规程是人们从事实践经验的总结和客观规律的反映，又是用以规范工作的共同遵守的标准。编辑工作是一种创造性的精神劳动，较之物质生产有着不同特性，具有自身发展的客观规律，包括多个环节，有许多人参加，因此同样需要加以规范，以保障工作的有序化和成果的优化。不过，编辑工作规程要比物质生产规程复杂，更需要我们按照编辑工作的规律去探索、总结。同时，工作规程既有相对的稳定性，又要随着实践的推移和对客观规律认识的深化，逐步加以修正、完善，正确处理规范与创新的关系。本文乃是这方面的一种尝试。

　　本文主要讲述图书编辑工作的性质、方针和任务，要经过哪些过程，有哪些工作要做和怎样做，它们之间有什么联系；既总结实践证明行之有效的经验，又注意新形势下出现的新情况、新问题，使基本规程与积极创新相结合。目的是使编辑工作做到精细有序，实现从粗放型向集约型的转变，促进图书质量提高。

　　在社会主义市场经济和高新科技条件下，图书编辑工作过程正在发生新的变化；各类图书的编辑工作既具共性，又有特性。本文只是从现实情况出发，一般地阐明图书编辑工作的基本规程，不包括电子出版物的编辑工作，也不可能照顾到方方面面的需要，写得很全面、具体，希望使用者从各自的实际出发，总结自己的经验，加以丰富、充实。

　　本文的征求意见稿于 1996 年 4 月写出，由中国编辑学会组

织北京和其他部分省市的专家进行讨论、修改或提出建议，在这个基础上，于 1996 年 7 月改写成初稿。初稿在一定范围内征求意见，并作修改后，提交 1996 年 8 月召开的中国编辑学会第三届年会讨论。年会充分肯定了编写基本规程的必要性和初稿主要内容，同时提出了一些修改补充意见。据此再次作了修改，送中国编辑学会审核后，形成现在的《图书编辑工作基本规程》。

1997 年 3 月 6 日

1.　总述

　　1.1　我国的出版事业是中国共产党领导的社会主义事业的一个重要组成部分。编辑工作是整个出版工作的中心环节，在社会主义市场经济条件下仍然如此。编辑工作的质量决定出版物的质量，是实现图书社会效益和经济效益的基础。市场对编辑工作有积极和消极两方面的影响，编辑工作既要适应市场，以多方面、多层次的优质出版物满足读者需要；又不能片面地追逐市场，以市场为唯一导向，降低工作的要求和出版物的品位。要在社会主义市场经济条件下探索出版业发展的规律，不断有所发现，有所创造，有所前进。

　　1.2　编辑工作必须坚持为人民服务、为社会主义服务的方向，贯彻百花齐放、百家争鸣、古为今用、洋为中用的方针，坚持以马克思列宁主义、毛泽东思想和邓小平建设有中国特色社会主义理论为指导，传播和积累一切有益于提高民族素质、有益于经济发展和社会全面进步的科学技术和文化知识，弘扬民族优秀文化，促进国际文化交流，丰富和提高人民的精神生活，为建设社会主义物质文明和精神文明服务。落实编辑工作的方针、任务，必须坚持党的基本路线和基本方针，要讲政治，树立全局观念，正确处理好改革、发展和稳定的关系；坚持以社会效益为最高准则，实现社会效益与经济效益的最佳结合；坚持质量第一的原则；坚持以科学的理论武装人，以正确的舆论引导人，以高尚的精神塑造人，以优秀的作品鼓舞人，为社会主义现代化建设提供智力支持、精神动力和舆论环境。

1.3　编辑工作不是简单的技术工作，有其自身的规律。编辑学是一门独立的学科。要在选题、组稿、审稿、加工整理、整体设计等编辑实践中总结探索它的规律性，并以此指导实践活动。如此循环往复，逐步建立和完善编辑学理论，才能使编辑工作不致成为盲目的实践，而成为自觉的创造性劳动。

1.4　编辑工作是一项系统工程。各环节相互联系、制约和促进，具有严密的整体性，而每一环节又具有相对的独立性。各环节中有许多工序，相互之间同样具有制约性和相对独立性。一个环节、工序的工作影响着另一个或几个环节、工序乃至全部编辑工作。这就既要从宏观上把握编辑工作的整体性，又要在微观上抓好每一个环节、工序的工作，处理好局部和全局的关系。要用严密的制度规范各自的职责和相互关系，使整个编辑工作协调一致，高效率运转。

1.5　编辑工作是一项高尚、光荣的职业，又是艰苦、细致的劳动。编辑人员要具有崇高的职业道德，包括无私奉献的品德，开拓进取的精神，敬业乐业的责任感和使命感，廉正奉公的精神，严谨认真的态度，一丝不苟的作风。编辑人员还要具有广博的学识和专业修养，至少熟练掌握一门外语，并不间断地学习和汲取新的知识，以适应现代编辑工作的需要。编辑工作不单纯是个体作业，它是个体和集体的积极性、创造性的结合，每项成果都凝聚着集体的智慧。因此，做好编辑工作，不仅要有一批人才，有一支优秀的编辑队伍，同时要有集合人才的凝聚力，组成团结和谐的编辑工作的集体。

1.6　编辑人员和作者的关系是同志式的互助合作关系。编辑人员必须依靠作者，尊重作者，与作者建立真诚的友谊。出版社要以自己的出书特色、优势和坚持不懈的工作，发现、吸引和团结作者，形成一支优秀的作者队伍。它同一支优秀的编辑队伍相配合，是出版优质高效图书的基础。

1.7　编辑人员要真诚地为读者服务，广泛地、经常地征求读者意见，同他们保持密切联系。在工作中要为读者着想，注意各层次读者不同的阅读需要和阅读兴趣，充分满足读者的正当读书要求，引导和提高他们的欣赏趣味和鉴赏能力，从而在出版社周围形成一支稳定的读者群。

1.8　在高新科技条件下，编辑工作手段日趋现代化，电脑及信息网络与编辑工作各环节的关系越来越密切。因此，编辑人员要能熟练使用电脑，掌握电子知识，懂得使用各种软件，并注意研究解决编辑工作应用高新科技中出现的新情况和新问题。

2. 信息

2.1　信息是选题之源。选题不是来自闭门造车，而是来自对信息的广泛收集、积累和提炼、研究。耳目闭塞，不可能做好编辑工作。当今社会信息急剧增加，瞬息万变，更要重视信息工作。出版社要有专门的机构和人员，运用先进的科学技术手段，收集、存储信息，为策划、论证选题和整个出版工作服务。

2.2　信息是一项经常性的基础工作。要从各个出版社的出书范围出发，收集国内外同行的编辑出版信息，有关的科研、著述及作者信息，本社及同行的图书销售信息，社会调查及统计资料信息，优秀图书编辑出版信息，专家对本社出版图书评价及读者需求信息。总之，一切为编辑工作所需的信息，都要收集、存储，并及时补充，逐步形成比较完备的编辑出版信息库。

2.3　出版社一定要有资料室。资料室要为编辑工作服务。马克思、恩格斯、列宁、斯大林、毛泽东、邓小平以及党和国家领导人的著作，党中央、国务院公开发表的文件，法律、法规（包括新闻出版工作的法律、法规），标点符号及计量单位等国家标准，重要古籍和中外文工具书，与本社专业分工有关的重要著作和专业工具书，以及编辑人员需要阅读、查询的其他书报刊，都应尽量备齐。有条件的出版社可将有关资料输入电脑，以便检索。

2.4　收集信息要多渠道、多方位。编辑和其他人员参加国内外书市、书展、考察和学术活动，调查研究和参与图书销售，开会和与作者交谈，以及阅读书报刊所获取的信息，都要形成文字并输入电脑存查。此项工作宜形成制度。

2.5　信息要鉴别和不断筛选，去伪存真，弃旧续新。对数据要进行比较和核实，选用权威性机构和著作的材料，使决策建立在真实可靠的定量分析基础上。信息要开发利用，如开会发布、分析信息，编发信息资料等。

2.6　信息贯穿编辑工作的始终。无论选题、组稿、审读、加工整理及后续工作，都不能离开对信息的积累、研究。编辑人员要关心天下大事，多走、多听、多读、多记，随时注意收集信息，使自己耳聪目明，头脑敏锐，并充分利用信息不断改进编辑工作。

2.7　建立信息网络。在出版社内部及本地和外地同行之间，可以形成电脑局域网络和远程网络，及时交流信息，以实现信息资源共享。

3. 选题

3.1　选题源于信息，但信息不等于选题。选题是对准备出版的图书的构思和策划，是依据党的方针、政策和一定时期的形势、任务，以及各个学科的研究状况和产业发展状况，对信息提炼、集中、升华的结果。编辑人员的构思和策划，对于制订选题和选题计划是十分重要的。单个的和系列的选题，是编辑构思和策划的产物；年度的和长远的选题计划，是社长、总编辑总体构思和总策划的产物。成功的选题策划，是出版优质高效图书的基础，同时又反映了编辑人员自觉的创造性劳动。因此，积极主动地策划选题，是各级编辑人员的一项基本职责。

3.2　选题是对文化的选择，具有导向作用。出版什么图书，不出版什么图书，反映了编辑人员的政治素质和文化修养。精神生产的基本要求是创新。要使图书受到读者欢迎，促进经济发展和社会全面进步，获得社会效益和经济效益，必须重视选题的优化，使选题具有特色，避免平庸重复。选题还必须体现出版社的专业分工，遵守新闻出版署核定的出书范围和有关规定。要注重抓精品，每年策划出版一批高水平的图书，包括优秀的普及读物。

3.3　选题不能只是一个题目，它一般应包括提出的依据，国内外有无同类的图书，有关学术界或行业的研究状况，本选题的大致内容、题材及特色，主要读者对象及市场需求，社会效益和经济效益预测，拟约或已有作者状况等。对于选题申报表的各项要求，都要逐项填写，越具体越能反映提出者对选题的把握程度。如果是一套丛书，则要求有一个详细、具体的编辑方案，除上述内容外，还要有丛书的规模、体例，各分册的联系，主编状况，专家及有关方面意见等。制订丛书选题计划宜作社会调查研究，并要有记录或报告。

3.4　选题和选题计划必须经过论证。这是因为单个的和系列的选题以及年度的和长远的选题计划，是一种重大的出版经营决策。选题的优劣，不仅影响图书质量。也在一定程度上决定出版社的成败兴衰，须慎重对待。要对选题和选题计划进行多方面的论证，既要从微观上论证选题的可行性，又要从宏观上考虑各类选题的合理结构。论证会由社内各方面的代表参加，充分讨论，开展质疑和答辩。论证会要成为一次科研鉴定会，要有会议记录。选题提出者要根据论证意见修改、充实选题设计。有些选题还要请社外专家论证。论证也许要进行多次，使选题的优化和可行性更有保证。

3.5　选题必须经过审批。选题经过论证以后，还要由社长、总编辑和副总编辑及有关部门负责人共同讨论。因为不论是分管哪方面工作的成员，都不能不过问选题，社长、总编辑只有掌握全部情况，对选题的决策才会是科学的和民主的。出版社年度选题计划要报送主管部门审批。对涉及政治、军事、外交、统战、宗教、民族等敏感问题和其他需宏观调控的选题，按照规定还要专项报有关领导部门批准。

3.6　年度和长远选题计划的制订，是一个从上到下和从下到上多次反复形成共识的过程。先由社长、总编辑提出出书的指导思想、重点、结构等方面的要求，再由各编辑部门提出具体选题，经过反复讨论，最后形成选题计划。年度和长远选题计划要体现出版社的特色、优势和重点，要优化结构，不能是没有明确指导思想的选题汇集。要注意上下年度计划之间和长远选题计划之间内容的衔接和历史连续性，体现出版社的特色定位。要让全社职工都知道选题计划的内容和要求，使人人都为实现选题计划尽力。

3.7　年度选题计划既包括新书计划又包括再版、重印书计划，两者要保持合理的比例。要在保证质量的前提下考虑增加新书品种，不宜过分追求新书品种逐年增加。要努力提高图书质量，以增加再版、重印书的比例。

4. 组稿

4.1　组稿同选题密切相关。选题有些由编辑人员提出，有些由作者提出；年度和长远选题计划中，有些已有作者，有些则要物色作者。把组稿作为一个单独的环节，是要强调组稿是一项有计划、有目的、有组织的工作，以便通过组稿，补充、修改和落实选题计划。好的选题没有合适的作者，就难以体现编辑思想，产生应有的效果。

4.2　组稿应有准备。事先要了解选题的要求、阅读有关资料、调查研究和向有关专家请教，对书稿的内容、题材、规模和读者对象等做到心中有数，然后向作者提出写作要求，并征求作者的意见。经过充分协商后形成共识。

4.3　作者要选准。不仅要了解作者的学识水平、专业修养、治学态度、语言文字功底，还要了解作者是否适合承担此项写作任务，对本选题涉及学科的研究水平，以及对特定读者对象是否熟悉。一般可通过阅读作者论著和有关专家推荐选定。作者选择不准，好选题不一定能成为好书。

4.4　审读写作提纲和试写（试译）稿。写作提纲要明确具体，有章节安排、主要论点和资料来源，不能只是书稿的内容简介，而应是书稿的框架。试写（试译）稿则要能基本反映书稿的质量和面貌。责任编辑要认真审读写作提纲和试写（试译）稿，复审和终审人员也要参与审读、讨论。经过审读并与作者商量修改写作提纲和试写（试译）稿后，书稿质量就有了初步保证。在写作过程中要与作者经常联系，了解写作进度。

4.5　交稿要求书写清晰、稿面整洁；语言文字、标点符号使用规范；数字、计量单位用法符合规定；引文、数据经过核对，注明出处和参考书目；体例一致，篇、章、节安排协调。可从各类图书的实际情况出发，制订一个《交稿须知》，在编写前向作者提出。众手合成的书稿，应由主编或专人负责统稿。交稿如是打印稿，字号不能小于五号，行距要宽松；如是软盘，要附有打印稿，其录入时的编辑排版系统要与出版社编辑排版系统相一致。

4.6 签订出版合同。书稿经出版社同意接受出版后，要按照《著作权法》签订图书出版合同。不签订合同，不利于保护作者和出版者的权益，不利于加强出版管理和著作权管理及促进出版繁荣。在合同约定期间，出版社享有专有出版权，他人不得出版该作品。合同期满后经协商同意可以续订。

5. 审稿

5.1 审读活动贯穿出版工作的全过程。在选题、组稿过程中的审读是事先审读，图书出版后的成书质量检查是事后审读。作为编辑工作一个阶段的审稿，是对书稿整体质量的全面审读，旨在对书稿作出基本评价，决定取舍，并对有修改基础的书稿提出修改建议。审稿的基本职责是坚持为人民服务、为社会主义服务的方向，按照出版工作的方针和政策，对书稿进行评价、选择和把关，以促进优秀图书的出版，防止有害读物流入社会。

5.2 审稿是编辑工作的决定性环节。写成的书稿只有经过审稿决定采用才能传播和发挥效益。审稿是一种对书稿进行科学分析判断的理性活动。它不同于对图书的浏览和阅读，不是根据审读者个人的观点和爱好情趣决定取舍，而是代表社会和读者对书稿作出的理性判断。它也不同于研究者对研究资料的阅读，而是从出版专业的角度，对书稿内容由表及里、由浅入深、全面反复地进行审视，以作出取舍的正确判断。即使是名家的书稿，也要认真审读。轻视、放松甚至放弃审稿，无异于放弃编辑责任、取消编辑工作。审稿与加工整理相互联系又各有分工，一般应先审稿，经确认采用后再加工整理。

5.3 审稿坚持三级审稿制度，即责任编辑初审，编辑室主任复审，社长、总编辑（或由他们授权的具有正、副编审专业技术职务的人员）终审。三级审稿缺一不可。因为只有经过多人多次审读，才能使认识深化，判断符合书稿实际。在三审过程中，始终要注意政治和政策性问题，同时切实检查书稿的科学性、艺术性和知识性问题。三审的要求各有侧重。初审是三审的基础。要坚持责任编辑制度。一般由具有编辑专业技术职务的人员或具备一定条件的助理编辑人员担任责任编辑。责任编辑必须逐字逐句地认真审读全稿，对书稿的政治倾向、思想品位、学术或艺术价值、科学性、知识性、结构体例、文字水平等各个方面进行把关，对其质量、社会效益和经济效益进行评价，并提出取舍意见和修改建议。复审应审读全部书稿，并对书稿质量和初审报告提出意见，作出总的评价。终审根据初审、复审意见，主要负责对书稿内容，包括思想政治倾向、社会效果、是否符合党和国家的政策规定等方面作出评价，如果书稿涉及敏感问题，选题属专项报批的，初审和复审意见不一致的，终审者也应通读书稿，在此基础上，对书稿是否采用作出决定。有些重要的书稿可由比较多的人审读、讨论。有些本社难以判断的专业性很强的书稿，经过社内审读后，还需请社外专家审读。翻译书稿要由有关的外语专家校订。

5.4　审稿要注意政治。书稿中凡涉及"一个中心、两个基本点"的基本路线和重大方针政策，对党和国家领导人的评价，国家法律，国界、政治、军事、外交、统战、宗教、民族、保密等重大问题，以及涉嫌宣扬淫秽色情、封建迷信、荒诞无稽等内容的，不论明显的或隐性的，均须认真审读，慎重对待，提出处理意见。属于按规定需报党中央、国务院有关部门审定的书稿，须履行专题报批手续。其一般程序是：先由出版社写出申请报告和对书稿的审读意见（写明没有把握要请示的问题），连同书稿一并报主管部门；主管部门经审读如认为有出版价值，再写出申请报告，连同出版社的报告、审读意见和书稿一并报新闻出版署；新闻出版署审核后决定是否出版，或先送党中央和国务院有关部门审查，根据审查意见，决定是否出版。

5.5 审稿时要注意发现和积极支持学术上有创见、艺术上有创新、勇于探索、发挥独创精神的著作和作品，贯彻"百花齐放、百家争鸣"的方针，鼓励不同论点的学术著作和不同流派、不同风格的文艺创作。编辑人员要具有胆识和慧眼，积极扶持新人和有创见的著作出版，使人才脱颖而出，使有价值的著作不断出现，有些书稿有一定价值，但不宜公开发行，可采取内部发行，供有关读者阅读参考。

5.6 审稿方法因作者水平、书稿质量情况而异，一般要把握书稿整体，采用比较、分析、综合、归纳等方法。衡量一部书稿的思想、科学价值，要依据马克思主义经典著作和党的方针、政策看观点，对比同类著作看特色，对比学术争鸣看创见。同时，分析书稿整体与部分的联系，主题思想的发展脉络，内容的主次关系，叙述的连贯性，以及说理是否充分，论据是否可靠，结论是否正确，思想表达是否清楚，体例规格是否一致等。然后对书稿的优缺点、质量进行综合思考。不仅要对书稿的整体内容全面地进行综合思考，还要对影响本书稿出版的社会因素，如出版管理规定、政治环境、社会影响、市场变化等，进行综合思考。最后将比较、分析、综合的结果加以归纳，对书稿作出基本评价。译稿的审稿包括原著内容和译稿质量两方面，二者都不可忽略。审读译稿可采取"对读"和"通读"相结合的方法。"对读"是从译稿的前、中、后部分抽查若干段落，对照原著审读。"通读"是脱离原著审读译稿一部分，发现问题再核对原著。不仅要检查正文，还要抽查注释、引文等辅文。

5.7 审读意见书是衡量编辑人员对书稿内容质量掌握程度的标尺。一般地重复书稿内容，加上空洞的评语，主要是由于没有认真审稿或不重视写审稿意见书。审稿意见书应有比较深入的分析和论述，不过与一般图书评介不同，它更带出版专业性。初审意见书一般应包括选题、组稿情况，书稿特点的分析和研究成果的介绍，对观点、论证的评价，对结构、体例、语言文字质量的看法，对书稿的取舍意见和修改建议等。有专家意见的可附上。初审意见书要尽可能详尽。复审、终审的意见书文字不一定很多，但要明确回答初审提出的问题，是对书稿的鉴定书。

　　5.8　对于需退修的书稿，要将意见综合向作者反映。重大的增删和篇、章、节调整，一些重要观点和原则性的修改意见，要同作者协商，特别是学术观点，要尊重作者意见，避免强加于人。涉及内容的重要修改由作者动手，有问题尽量提请作者解决，避免编辑在加工整理时大动。书稿不符合"齐、清、定"要求，应在退修过程中解决。修改意见和作者意见都要有书面记录，以备加工整理时查阅和归档。经过退修的书稿同样要进行三审，写出审读意见。编辑人员应在退修过程中加强与作者的联系，使书稿修改后符合出版要求。经作者授权，责任编辑可以对书稿进行修改，但重大修改要经作者同意。

　　5.9　经审读或退修不符合出版要求的书稿，要区别不同情况，采取妥善的方式退稿。如系约稿并订有出版合同的，应按合同支付一定酬金；如系投稿且未退修和签订出版合同的，可不支付酬金。但不论哪种情况，都要向作者诚恳地、恰如其分地说明退稿原因，并退还全部原稿。原稿污损、不全或丢失的，要支付赔偿费。

6. 加工整理

　　6.1　加工整理是编辑工作不可缺少的环节。经过审稿决定采用的书稿，在内容、体例、引用材料、语言文字、逻辑推理等方面难免存在一些问题，需要进行加工整理，使内容更完善，体例更严谨，材料更准确，语言文字更通达，逻辑更严密，消除一般技术性、常识性差错，防止出现原则性错误，并符合排版和校对要求。此项工作可由责任编辑担任，亦可设置专门机构或配备专人负责。加工整理较之前阶段的审稿，更为深入具体，要求认真细致，一句一字一符地推敲修改，不能放过一个疑点。

6.2　加工整理的方法主要有：修饰，即对文字作修改润色，使表达准确；改错，即改正不当提法和错别字等；校订，即根据可靠资料，订正引文、事实、数据等方面的差错；增删，指经作者授权所作少量的内容增删；整理，指为使书稿符合排版要求而进行的技术性加工，包括统一体例、用字用语、书写格式，描清字符，标注说明有关事项，保持书稿整齐清洁等；写辅文，如内容提要、出版说明、编者注等。根据书稿情况，还可以采用其他一些方法。不论哪种方法，对书稿内容的改动都要征得作者同意。

6.3　加工整理应严格遵守国家有关标准，如 GB/T 3259—1992《中文书刊名称汉语拼音拼写法》、《中国人名汉语拼音字母拼写法》、《中国地名汉语拼音字母拼写规则》、GB/T 8170—1987《数值修约规则》、GB/T 15834—1995《标点符号用法》、GB/T 15835—1995《出版物上数字用法的规定》、GB 3101—1993《有关量、单位和符号的一般原则》、GB/T 7714—1987《文后参考文献著录规则》、GB/T 12450—1990《图书书名页》等。中国标准出版社出版的《作者编辑常用标准及规范》，编辑人员应人手一册，以备查检。（编者注：此处提及的几个国家标准，大多已有新的国家标准替代它们，编辑对书稿进行加工整理应执行新标准。有关新标准的具体内容详见本书下编。）

6.4　篇、章、节、目层次及体例的加工整理。论文集、集体写作的作品、大型工具书、丛书类书稿，往往出现前后不一、层次不清、目录正文不符、技术规格混乱等问题，需统一规范整理。

6.5　人物、事实、时间和引文的核对。人名容易混淆，事实叙述容易有出入，时间容易颠倒，特别是引文容易出错。加工整理时，要根据国内外有定评的工具书及原著检查，有不同版次的应依据最新版本。书稿引文要有注释，引同一种书的版本应当统一，注释的版式、格式、注码符号及其位置应当统一。编辑要有一定的版本目录学知识，懂得如何使用工具书，以便查对。

6.6　语言文字、标点符号的检查。不规范的字和错别字及使用不当的标点符号要加以改正；难以辨认的笔画要描述清楚；数字用法要按照国家标准核改；对所引外文要进行核对，人名、地名译法要加以统一规范，将手写体改成印刷体；汉语拼音要注意遵守拼写规则；成语典故应加核对。

6.7　逻辑推理的检查。概念、判断的使用是否正确，论证是否恰当，观点材料是否统一，论述有无自相矛盾之处等，都要注意检查改正。

6.8　插图、表格、符号、计量单位的检查。对科技读物尤应注意核改。插图要绘制准确，缩放比例要恰当。要注意检查表格中的文字、数据和百分比，这些方面往往容易出错。一些已经废止使用的计量单位要换算成法定计量单位。编辑人员应熟练掌握有关规定，学习这方面的知识，不懂的地方可查规定。使用统计数字，特别是国名、地名、单位名涉及政治问题，必须仔细核对，采用法定的称谓，避免出现政治差错。

6.9　参考文献、注释、索引等辅文的检查。要对照正文核对有无脱漏和是否一致，注释内容有无问题，互见处有无矛盾，著录格式是否规范等。参考文献最好请作者提供部分原作，便于核实。

6.10　加工整理过程中发现和改正的问题要载入记录表，一是送复审、终审、作者审核认可，避免漏改和误改；二是便于积累资料，总结经验；三是作为考核工作的依据。

6.11　软盘的加工整理。目前我国出版社大都是在随附的打印稿上进行加工整理，然后输入电脑；少数直接使用电脑加工整理书稿的，会出现原稿和修改内容混淆不清，责任不明，差错难以记录等问题。可将编辑加工前的书稿和编辑加工后的书稿，分别加以复制，制成硬拷贝，妥善保留备查。

7. 整体设计

7.1 整体设计是图书外部装帧和内文版式的全面设计，包括封面及其附件、正文及辅文，以及开本、装订形式、使用材料等设计，是一个相互联系的整体。设计质量是图书整体质量的重要组成部分。

7.2 图书的整体设计是一门艺术。它要运用形象、图案、色彩等艺术手法，利用先进的科学技术手段与物资材料，反映书稿的内容、气质和风格，体现出版社的风貌和特色，同时具有实用性。字体字号、书名字大小、书脊设计等，都要为读者、发行者着想。整体设计同样是一种创造性劳动。

7.3 整体设计要有总体构思和方案。随着读者审美情趣和生活水平的提高，审美意识逐渐渗入社会生产、生活的各方面，艺术和实用结合日益紧密，图书整体设计要适应这一趋势。封面设计是整体设计的重要方面，电脑设计已摆脱传统设计的局限，给设计者以充分发挥智慧和艺术想象的自由，创作出各种风格的作品。版式设计也出现了多样化的发展趋势。但各项设计要服从总体构思，色彩、布局、风格相互协调，浑然一体，各显其个性美，又呈现和谐的整体设计的美。多卷本的整体设计更须协调一致。在一定的意义上说，图书是一种艺术品，既要求内容美，又要求内容与形式和谐统一的整体美。

7.4 纸张、油墨等物资材料和先进印刷技术的采用，是整体设计的内容之一。设计者要了解排印装设备的性能、使用材料的特性和工人的技术水平，力求通过物资材料和先进印刷技术达到整体设计的预期目的。同时，要考虑现有物资和排印装条件及图书成本，以尽可能少的投入取得最大限度的效果。

　　7.5　每部书稿，都要指定一名具有相应专业技术职务的编辑担任责任设计编辑，主要负责提出设计方案、具体设计或委托他人设计和对设计的成品质量负责审定。但整体设计涉及各个方面，要求有关方面相互配合。关于书稿的选题组稿计划、写作提纲、题材内容、作者要求等，责任编辑都要及时与设计编辑通气，提供资料，商讨设计方案。丛书在制订计划时，设计编辑就应参与。设计编辑要会同责任编辑检查、核改封面样和版式设计样，要注意书名、作者、文字规范、汉语拼音拼写、外语翻译等方面有无差错。总编辑要把整体设计作为一门艺术和提高图书整体质量的重要工作来对待，发挥指挥、协调作用，充分调动各方面的积极性，形成合力。

8. 发稿

　　8.1　发稿是将经过加工整理和整体设计的书稿转化成印刷符号的一个中间环节，既关系到前段编辑工作的成果，又关系到后续工作的质量。因此，对发稿工作必须引起足够重视，不能简单地作为一种例行手续。

　　8.2　发稿的基本要求是"齐、清、定"。"齐"，即书稿各部分包括文稿和图稿、正文和辅文、封面及其附件等一次发齐。"清"，即书稿纸规格统一，语言文字规范，笔画端正，外文和公式、图表中字母符号的文种、大小写、正斜体、上下角标等清晰可辨，字体字号、照片图表位置及其他版式要求批注明确，改动处勾画清楚。改动过多处应重新誊抄。"定"，即发排的书稿应是定稿，发稿后如无特殊情况，一般不再在校样上作大的增删、修改。

　　8.3　复查。经过加工整理的书稿，责任编辑还要按照"齐、清、定"要求进行检查，看有无疏忽遗漏之处，经复审复核后，送作者核阅，并向作者说明加工整理情况及原因。作者复核后，责任编辑要检查退回的书稿，看作者有无改动和改动是否适当。

8.4　填写发稿单。发稿单的项目如书名、作者（编、著、译者）、开本、字体字号等，要逐项填写清楚，注意与书稿内容及整体设计要求一致，有特殊要求的要具体标明，分别由责任编辑和复审、终审者签字。

9.　校对

9.1　校对广义上包括专业校对和非专业校对（编辑校对、作者校对），狭义上指专业校对。校对是编辑工作的继续。专业校对应对原稿负责，消灭一切排版上的错误。发现原稿有错漏和不妥之处，应及时提交编辑部门解决。与编辑加工整理书稿不同的是，校对人员不能改动原稿，只能提出疑问，请编辑人员研究处理。如同专业校对不能代替编辑一样，编辑也不能代替专业校对。校对工作有自身的规律，是一门学问。原稿排版出现差错常有某种规律可循，专业校对人员的职业修养，能独具慧眼，发现编辑、作者难以发现的差错。电脑排版和智能校对系统固然能减轻校对劳动，但不能完全取代人脑思维；校对方式将出现变化，但专业校对工作不能取消。著、编、校分工合作是出版事业发展的要求。出版社必须配备足够的具有专业技术职务的专职校对人员。轻视、取消专业校对工作，必然导致图书质量滑坡。

9.2　专业校对、编辑校对、作者校对的基本功能一致，即通过"校异同"以消灭排版差错，通过"校是非"以防止原稿差错，但校对工作的侧重点不同。专业校对主要是以校样对照原稿校对，侧重发现排版差错；编辑、作者校对是读校，侧重发现原稿疏漏，三者带有互补性。编辑必须看二校样，特别是字数多和多卷本的著作，原稿积筐盈尺，看校样易于发现审读和加工整理中疏忽的问题。编辑对专业校对人员提出的疑问必须重视，逐一核实改正，没有把握的可向作者提出，不须改正的要说明原因。编辑还要读清样，旨在消除文字差错和防止专业校对的失误。要将副样送交作者校阅，主要是防止专业校对和编辑校对的失误，但要求作者不要作大的改动，以避免增加工作量。编辑不看或不认真看校样，以及不送请作者校阅副样的做法，不利于保证提高图书质量，应加以改变。

9.3　坚持三校一读责任校对制度。重要读物还须适当增加校次。三校一读必须多人交替进行，不能由一人独立完成。这是因为校对容易使视力疲劳，重复校对同一内容的书稿，难免注意力分散，由不同的人分别校对，易于发现前校的失误。因此，校对一部书稿至少要有 2～3 人。誊样和核红同样十分重要，稍有不慎，就会造成失误。为防止出差错，宜由两人进行，一人誊写、初核，另一人复核。在多人分别校对的情况下，宜指定一人担任责任校对，负责校样的文字技术整理工作，包括核对目录和书眉，检查标题、注释、索引等的顺序，改正笔误和非规范字，综合质疑送交编辑等，并监督、检查各校次的质量。终校要由有中级以上专业技术职务的专业校对人员担任，业余校对要由具有相应专业技术职务和校对经验的人担任，并要加强监督、检查和管理。

9.4　电脑排版的校对。电脑排版具有许多优点，同时也出现了一些新情况、新问题。由于汉字录入时一键多字根、重码现象的存在，以及操作不慎或病毒污染，校样上往往出现字体字号差错，非文中符号和错别字，推行倒版时的差错，图表与正文匹配不好，图空差错，打印机输出与屏幕显示不一致，改样错位，甚至校样消失，特别是拼造非常用字时容易出现错改。电脑排版即使清样无错，如指令失误，软片也会出现版式变动和文字、行款错乱。电脑排版的校对工作要适应这种变化。一是校对人员要熟悉电脑知识和现有电脑设备的性能，以便掌握电脑排版的出错规律。二是校对方式上要作调整，如清样要做到一处不改才能出片，只凭"改正出片"往往出错；确需软片处理的，要核对软片；要通读软片或软片样；软片重制必须检查。

9.5　考核校对工作的标准主要是质量而不是数量。质量考核要定量化。依据原稿，文字差错率低于 0.25/10000 的优质品要给予奖励。质疑按采用量给予奖励。数字超额宜与质量考核综合考虑，制订数量、质量相结合的奖惩标准。专业校对没有校出的原稿差错，要按差错的不同性质（如属文字性、技术性、常识性错误或专业性、学术性错误等），以及校对主体不同的专业技术职务和职责加以区别对待，有的不究，有的批评，有的处罚。在校对考核中，文字差错率超过 1/10000 的，应视不同情况给予批评或处罚。

10. 质量检查

10.1　上机样检查。在图书临印前，组织专人对封面、正文进行检查，一是对在此以前的编辑工作质量进行监督，二是防止可能存在的质量差错，以免造成政治和经济损失。如发现问题，要尽快采取措施加以改正。

10.2　图书成批装订前的样书检查。承印厂在图书印刷完毕、未成批装订以前，要先装订样书送出版社查验。出版社负责联系印刷的业务人员、责任编辑、责任校对及主管社领导，应从总体上对样书的质量进行审核。如发现问题，要及时通知印刷厂封存印成品，并根据情况提出处理意见。如无问题，要正式具文通知印刷厂开始装订。样书检查是对读者负责的表现，关系着出版社的声誉和形象。较之物质产品，精神产品更应严格质量要求。这样做，也可促使前面诸环节坚持制度，加强责任感。

10.3　出书后的质量评审。出版社要成立由本社具有高级专业技术职务的人员（包括符合条件的离退休人员）和社会上的有关专家学者组成的图书质量评审委员会，定期对本社新出版的图书质量进行审读、评议。根据评议结果，奖优罚劣；对质量有问题的图书，根据有关规定，进行相应处理。

10.4　图书质量检查。按照 1997 年新闻出版署颁布的《图书质量管理规定》，出版社须设立图书质量管理机构，制定图书质量管理制度，建立质量管理和质量保证体系，于每年 1 月 31 日前上报上一年度的图书质量检查结果和有关情况。经检查为质量不合格的图书，须采取技术处理或改正重印，方可继续在市场上销售。同时，应切实加强图书出版前的质量把关，把每一流程应做的工作认真做好。

10.5　再版、重印图书检查。图书再版或重印，责任编辑须根据样书检查和图书质量检查记录及作者修改过的样书，对图书进行检查。这是因为国内外形势的变化，政策的某些调整，学术研究的进展，图书引用材料的更新等，都会要求对图书内容作某些修改。图书内容要与科学技术发展和时代需要同步。再版、重印图书由责任编辑检查修改后，须组织具有高级专业技术职务的人员（含离退休者）进行审核，写出书面审核意见，经过复审、终审认可和作者同意，才可再版或重印；内容不需修改的，再版、重印也要征得作者同意授权，否则是一种侵犯著作权行为。

10.6　严格依据标准进行检查。《图书质量管理规定》对图书质量的分级、标准、管理、奖罚作出了规定，并将编校质量差错率的计算方法加以量化，必须严格执行。审读者的专业修养和掌握标准宽严尺度不一，是质量分级出现不一致的重要原因。因此，审读者要严格依据标准进行检查，秉公办理，不徇私情。同时，出版社要按照条件认真物色、聘请审读员，并对审读员提出严格要求和实行监督。所有检查，不论内容质量、装帧设计质量、印刷装订质量、成品图书质量，都要具体填写差错记录，统计差错数量，划分质量等级并说明原因。成书经过检查仍存在差错的，对审读者要追究责任；检查中如有误判，责任编辑应提出异议。

10.7　图书质量分析。出版社要定期公布质量检查情况，并充分利用质量检查的材料，进行综合分析，找出一定时期或某些方面的突出问题和倾向，总结经验教训，讨论制订改进措施。可以开展群众性的讨论或召开专题质量分析会，以充分发挥质量检查的作用。

11. 图书的宣传、评介

11.1　图书宣传的目的。图书出版不是编辑工作的终结，图书要获得读者认可，自觉购买阅读，从中汲取有益的精神营养，才能实现其社会效益和经济效益。图书宣传就是及时把优秀图书的出版信息传播给读者，在出版者和读者中架起一座精神文明建设的桥梁。图书宣传不只是单纯宣传图书，同时还要在社会和读者中树立出版社的良好声誉和形象。这主要依靠图书整体质量，但宣传的作用不可低估。

11.2　充分运用各种方式进行图书宣传。要印发各种图书目录、书讯，刊登新书广告，开展读书、赠书活动。将出版社有储备、售缺即重印或再版以保证供应的图书编制《可供书目》，使发货店、销货店、图书馆及读者知道何处有可供销售和购买的图书，有利于促进图书销售和提高图书的质量及重版率。加强与各种新闻媒体的联系，利用其宣传优势，扩大出版社和图书的社会影响，也是一种行之有效的方式。

11.3　图书评介和评奖。它是促进图书质量提高的重要措施。图书要接受社会检验，社会评价是衡量图书优劣的重要标准，也是改进编辑工作的重要依据。图书评介还起着引导阅读的作用。出版社要重视图书评介工作，指定专人负责组织书评的撰写。重点图书更要精心组织评介。要提倡和鼓励编辑人员撰写书评。出版社要积极参与正规的图书评介和评奖活动，接受社会和读者对本社图书的检验，同时扩大宣传本社图书。

11.4　图书评论意见的收集与反馈。图书出版后，要注意学术界、发行部门、图书馆和读者的反映，还可通过座谈会、专访、售书等方式征求意见，包括肯定的意见和批评的意见。要有专人负责读者来信来访工作，涉及哪个方面的意见交由哪个部门处理。各种意见也是一种信息，要分门别类整理，进行分析，及时反馈。

12. 编务工作

12.1　总编室是编务工作的组织者和管理者。它是总编辑的指挥和参谋机构，基本职责是组织编辑工作各项计划的制订、实施，协调各环节的关系，联系作者、读者，管理版权业务，为编辑工作提供优质服务，促进图书质量的提高。工作内容涉及编辑工作各方面，是承接、联系编辑部上下左右及内外的桥梁和纽带。其重要作用在于促进出版方针的贯彻，出版管理的加强，信息的沟通，编辑工作流程的通畅，各部门关系的协调，工作步调的一致，上下环节的衔接。编务工作是一种政策性很强的编辑组织管理工作。

12.2　做好作者工作。出版社要加强与作者的联系，经常了解他们的情况，在可能条件下为他们的著述提供必要的条件，虚心听取他们的意见，以改进工作。经常掌握作者及其研究、著述的基本情况，建立完备的作者档案。依照《著作权法》保障著译者的权益，督促、检查出版合同的签订和认真执行。如果发生问题，要尽量争取协商解决。配合财务部门及时结算、支付稿酬，按规定赠送作者样书和向上级部门缴送样书。

12.3　做好编辑、印刷、发行各环节的协调工作。编制发稿计划，合理安排各编辑室的发稿，并使整体设计与正文发稿相衔接。配合出版部门安排好书稿的排校印装，了解进度和存在的问题，防止彼此之间工作脱节。编制征订目录，认真执行图书在版编目国家标准，及时报送在版编目信息，配合发行部门做好图书征订工作。出版、发行部门为推销图书印制的征订广告，应当如实介绍图书，并需事先经总编室负责人和责任编辑审核同意，出具书面意见。

12.4 图书档案的整理、保管和利用。图书档案由责任编辑负责收集、整理、立卷，经编辑室审核签交总编室归档管理。图书档案是一本书的历史，全部图书档案是一家出版社的社史。健全图书档案，对于总结经验、继承传统、教育职工、提高图书质量都十分重要。要按照 1992 年新闻出版署、国家档案局印发的《出版社书稿档案管理办法》建立和管理书稿档案。每一种图书的书稿档案，应反映编辑出版的全过程，其内容是：（1）选题、组稿、出版情况记录和书稿的有关合同、协议书（包括合作出版）；（2）各级审稿意见和外审、会审意见及加工整理记录；（3）有关书稿出版过程中的请示、报告，上级的指示、批复，重要电话、面洽、会议的记录；（4）原稿或复制件（原稿退还作者应有作者签收单）；（5）封面设计、重要人物的题词和手迹等材料；（6）与作者有关书稿问题的往来信件和退改意见；（7）图书出版通知单、清样、样书；（8）发稿后的变动（如书名、作者署名、发行方式的改变，停发、停印、停售及报废等）情况及变动的根据；（9）稿酬、版税通知单；（10）获奖、受惩处情况的记录；（11）有参考价值的读者来信和对图书的重要评论等。档案以书名立卷，按出版年度归档，分类整理编目，便于查询，并妥善保管。借阅使用要有规定，不能散失。

12.5 编务工作的现代化管理。编务工作繁杂具体，牵涉到方方面面，要做到管理有序，应有管理的规章制度，同时利用先进科学技术手段，逐步使各项工作实行电脑管理，并与社内其他部门电脑管理联网。

图书校对工作基本规程

（中国出版工作者协会 2004 年 10 月 12 日）

前　言

我国出版事业迅猛发展，需要制订校对工作规程，作为规范校对工作的基本准则，以保障校对工作的有序化和校对质量的优化。《图书校对工作基本规程》是校对理论与校对实践相结合的产物，是校对工作客观规律的反映，是现代校对实践经验的总结。

本《规程》包含七项内容：校对的地位和作用；校对的功能；校对的基本方法；现代校对的其他方法；校对工作的基本制度；书稿及校样差错的基本类型；校对管理。

本《规程》对校对工作提出的规范要求，着眼于全国，着眼于宏观，各地版协校对工作委员会和各出版社校对科室，可以据此制订适合本地本社实际的"实施细则"或"具体规程"。

1. 校对的地位和作用

1.1　校对是最重要的出版条件。古代校雠学将"校勘"的目的界定为：改正书面材料上的错误。多出善本，不出错本，是我国出版工作的优良传统。做好校对工作，是出善本、不出错本的基本条件，这是既对作者负责、又对读者负责，功在当代、利及后人的事。

1.2　图书是一种思想文化信息载体，其作用在于将负载的信息传递给读者，并作为文化遗产积累传承。实现文化传播和文化积累，最重要的条件是"保真"，即准确无误，完整无缺；失真的、残缺的信息是没有传播和积累价值的。图书是通过文字符号传递和贮存信息的，信息的"保真"，有赖于字、词乃至标点符号使用的准确无误。真理与谬误之间，有时只是一字一点之差。

1.3　图书出版过程存在的价值，在于以作者的原创作品为对象，在作者劳动成果的基础上进行再创造，这种再创造贯穿于图书编校工作的全过程。在校对过程，再创造的表现有二：其一，消灭书稿在录排过程出现的错漏，保证作者劳动成果不错、不漏地转换成印刷文本；其二，发现书稿本身可能存在的错漏，弥补作者创作和编辑加工的疏漏。校对是编辑工作的重要组成部分，是特殊的编辑工作，是学识性、文字性的创造性劳动。"校对是简单劳动"的观点是错误的。校对在图书出版生产流程中，处在编辑后、印制前的关键环节，是图书质量保障体系的最后防线。

1.4　综上所述，关于校对工作在出版工作中的地位和作用，可以作如下界定：校对工作是图书出版生产流程中的独立工序，其作用是将文字差错和其他差错消灭在图书出版之前，从而保证图书的传播和积累价值，因而是最重要的出版条件。编辑工作和校对工作，相互衔接又相互独立，共同构筑图书质量保障体系。

2. 校对的功能

2.1　校对的基本功能有二：校异同；校是非。这是校对的性质决定的。"校对"是个集合概念，包含着"校"（校是非）和"对"（校异同）的双重含义，应当全面地认识和实现校对的功能。

"校异同"的要旨在"异同"，是指将校样跟原稿逐字逐句比照，通过查找两者异同的方法，发现并改正录排错漏。其功能是：保证原稿不错、不漏地转换成印刷文本。

"校是非"的要旨在"是非"，是指通过对原稿内在矛盾的是非判断，发现并改正原稿可能存在的错漏。其功能是：弥补编辑工作的疏漏，使书稿趋于完善。

校对的两个基本功能，同样重要，不可偏废。不校异同，则不能保证作者的劳动成果准确而完整地转换；而不校是非，则不能发现和弥补作者创作和编辑加工的疏漏。偏废校异同或者偏废校是非，后果是一样的，都会造成谬误流传，损害作者，贻误读者。

2.2 传统校对以校异同为主要功能。传统校对有两个客体：一个是加工定稿后的编辑发排文本，通称"原稿"；一个是依据原稿排字拼版打印的样张，通称"校样"。校对的首要任务是：将校样与原稿逐字逐句比照，检查两者的异同，发现了"异"，即校样上与原稿不同之处，原则上依据原稿改正校样。这样做的目的是：消灭排字拼版过程的错漏，保证排版与原稿完全一致。在此基础上，再进行通读检查，发现原稿可能存在的错漏，然后以质疑形式向编辑提出。

现在，客观形势发生了变化，多数作者交给编辑的不再是手写书稿，而是一块磁盘，磁盘打印稿将传统的原稿与校样合二而一了，也将录排差错与写作差错合二而一了。编辑在磁盘打印稿上加工，排版人员根据编辑的加工修改磁盘稿，再按照版式设计要求进行版式转换，打印出来就是校样。这个校样除编辑加工修改部分以外，与磁盘稿并无二致。因此，校样上可能存在5类差错：（1）作者录入差错；（2）作者写作差错；（3）编辑错改；（4）排版人员修改磁盘稿时的漏改、错改；（5）版式转换过程可能发生的内容丢失和错乱。这5类差错除第4类、第5类差错可以用核红、对校方法发现外，均以是非形式隐藏在校样的字里行间。校对主体实际上是进行"无原稿校对"操作，通过是非判断发现差错。"校是非"上升为校对的主要功能。

2.3 现代校对的校是非，有 5 个方面的任务：（1）发现并改正常见错别字；（2）发现并改正违反语言文字、标点符号、数字、量和单位等使用的国家规范标准的错误；（3）发现并改正违反语法规则和逻辑规律的错误；（4）发现并改正事实性、知识性和政治性错误；（5）做好版面格式规范统一的工作。总之，凡是非录排造成的、用机械比照发现不了的差错，都属于"校是非"的范畴。

2.4 图书质量保障体系有两个主体：编辑和校对。编辑清源，校对净后，共同构筑图书质量保障体系。上述"校是非"任务（1）（2）（5）是校对员的职责。（3）（4）两类错误，本应在编辑加工过程中予以消灭，因而不应让校对员承担责任。但要建立激励机制，鼓励校对员发现这两类错误，并以质疑形式向责任编辑提出改正建议，以求达到消灭一切差错的目的。

2.5 要树立现代校对工作的理念。现代校对工作不能只"对原稿负责"，而应成为"编辑工作的必要延续"，负起协助编辑"把一切差错消灭在图书出版之前"的责任，即在消灭录排差错的基础上"校是非"，发现并改正原稿可能存在的错漏，从而发挥"对编辑工作的补充和完善"的作用。校对工作者必须与时俱进，树立"对读者负责，对社会负责"的现代校对理念。

3. **校对的基本方法**

校对基本方法有 4 种：对校法；本校法；他校法；理校法。这四种方法是古籍校雠的基本方法，完全适用于现代图书校对工作，因而也是现代校对的基本方法。

3.1 对校法。对校法的特点是："照本改字，不讹不漏。"对校的客体有两个——原稿和校样，采用比照原稿核对校样的方法，通过查找异同而发现差错。现代校对的折校、点校、读校等技术，都属于对校法。发现了校样上与原稿相异之处，原则上依据原稿改正校样。

3.2　本校法。本校法的特点是："定本子之是非。"现代校对的"本子"即原稿。本校的客体只有一个——改正录排错漏后的校样，采用通读检查的方法，通过文中内在矛盾发现问题，然后进行是非判断而发现原稿的差错。发现了原稿的差错，用铅笔在校样上标注，提出改正差错的建议，同时填写"校对质疑表"，向编辑质疑。校是非不同于文字加工，只管改错、补漏、删重，而不做文字润色。

3.3　他校法。他校法的特点是："以他书校本书。""他书"指其他的书。"改必有据"是校对改错的重要原则。在通读检查中发现了问题，又难以判断是非时，就得去查检相关的权威工具书或权威著作，找到判断是非、改正错误的可靠依据。

3.4　理校法。理校法的特点是：推理判断。在发现疑问又找不到可靠根据时，即应进行推理判断，包括分析字词含义、进行逻辑推理等。

上述四种基本校对方法，在实践中应当综合运用，以求得到相辅相成之效果，最大限度地消灭差错。

4．现代校对的其他方法

现代校对实践还有其他校对方法，主要有：人机结合校对；过红与核红；文字技术整理。这些校对新方法和校对的四种基本方法一起，构成现代校对方法系统，必须综合运用。

4.1　人机结合校对。校对软件查检常见错别字及成语、专名中的错别字辨识率高，速度快，是校对的得力工具。但是，计算机校对的本质决定了它只能处理可以形式化的问题，而文字的形式符号是一个十分有限的形式系统，自然语言更不可能彻底形式化，所以校对软件查错能力是有限的，不可能完全取代人工校对。正确的做法是人校与机校结合。人机结合校对需要找到优势互补的最佳结合模式。鉴于计算机校对误报率高，错漏多的一校样宜由人工校对，二校再用机校，机校后不改版，由人接着三校。三校的任务是：先对机校报错及改错建议逐一判断，然后通读检查一遍，发现并改正机器漏校。三校后再改版。这种"二三连校"模式，有利于人机优势互补、缩短校对周期。也可以在编辑加工之前，先实行机校，将机校的报错与改错建议作为加工时的参考；三校之后再用机校，清扫残留差错；然后，由人工通读检查。这种"清源净后"的人机结合模式，也可收到人机优势互补之效果。

4.2　过红与核红。二校样应一式三份，一份（通称正样）由校对人员校对，另两份（通称副样）分送作者和责任编辑校对。"过红"即将作者和编辑在"副样"上所作修改的字符，誊录到校对员校过的正样上。如果正样改动少而副样改动多，也可将正样誊录到副样上。誊录时，要注意副样上的修改是否合理，若有疑义则应提请责任编辑解决。如果副样上增删较大，导致版面变动，则要精心调整版面，有的还要增加校次。过红由责任校对或责任编辑负责。

核红即核对上校次纠错的字符是否改正，有无错改。核红的技术要领是：第一步，核对上校次改动的字符，至少反复核对两次；第二步，如果发现应改而未改的字符，除了重新改正外，还要搜检上下左右相邻字符有无错改，以避免邻行、邻位错改；第三步，比对红样（上校次校改样）与校样（改后打印样）四周字符有无胀缩，如有胀缩，就要对相关行及其上下行逐字细查，找出胀缩原因，改正可能存在的错误。二校、三校和通读检查，均应先核红后校对。

4.3　文字技术整理简称"整理"。整理是现代校对的必要程序。其作用有三：（1）弥补版式设计的疏漏；（2）改正排版造成的技术性错误；（3）防范多人交叉校对产生的文字处理和版面格式的不统一。

文字技术整理是一项细致的技术性工作。整理的内容有如下

10 项：（1）核对封面和书名页，使书名、著译者或主编者姓名、出版单位名称、出版日期等完全一致；（2）根据正文标题核对目录上的标题和书眉上的篇名、章名，检查文字是否一致，页码是否相同；（3）检查正文各级标题的字体、字号、占行和位置是否符合设计要求，同级标题字体、字号、占行和位置是否一致，书眉双页、单页上的标题是否符合规范；（4）检查插图的形象与文字说明是否相符；（5）检查图表、公式与正文是否衔接，图表、公式的编序形式是否正确，序码（应连续）有无缺失或重复；（6）检查表格和公式的格式是否规范，表格转页、跨页和公式转行是否符合规范，公式的变形是否正确；（7）检查正文注码与注文注码是否相符，参见、互见页码是否准确；（8）检查前言（序）、后记（跋）、内容提要等指示性文字，与正文内容是否相符；（9）如系全集、文集、套书，要检查是否成龙配套，版式、体例是否一致；（10）解决相互关联的其他问题。整理工作必须十分认真，一丝不苟。每个校次校后均应做整理工作，终校后应由责任校对进行全面整理。

5. 校对工作的基本制度

校对活动是校对主体与客体矛盾运动的过程，一方面客体存在讹误，一方面主体要改正讹误，两者相互对立又相互依存。只有当客体的讹误得到改正，主体查错正误的目标得以实现，校对活动的矛盾运动才会终止。校对又是群体活动，校对主体的多元性和校对过程的集体交叉性，不可避免地会产生校对主体之间的矛盾，只有解决好矛盾，协调好关系，才能形成合力，使校对活动健康开展，从而保证校对工作的质量。而要解决矛盾，协调关系，形成合力，就必须建立和完善校对工作制度。

校对工作的基本制度有如下 4 项：

5.1 三校一读及样书检查。"三校"即三个校次。"一读"即终校改版后的通读检查。由于校对客体差错的复杂性和出错原因的多样性，"校书如扫落叶"，校对活动不可能"毕其功于一役"，必须投入必要的校对工作量（即校次）。"三校一读"是《图书质量保障体系》规定的必须坚持的最低限度的校次；重要书稿和校对难度大的书稿，如经典著作、文件、辞书、古籍、学术著作、教科书及教辅读物等，还应相应增加校次。作者校对、编辑校对不能顶替校次，交给他们校对的校样是"副样"，"正样"仍由校对人员校对，三个校次都必须由经过专业训练的校对人员来完成。计算机校对如果使用得当，可以顶替一个校次。三校改版后打出的校样，不能算作付印清样，还必须进行一次通读检查，通读检查后改版打出的校样，才能算作付印清样。

为了保证校对的质量，凡遇到如下情况之一的校样，校对者有权提出增加 1～2 个校次：（1）初校样的差错率超过 15/10000的；（2）编辑发排的书稿没有齐、清、定，而在校样上修改的页码超过 1/3 的；（3）终校样的差错超过 3/10000 的。增加校次的决定权属于专业校对机构。

样书检查，指图书成批装订前先装订几本样书分由责任编辑、责任校对检查，经检查确认无误后，方能成批装订出厂。

5.2　校对主体多元化与专业化相结合。现代校对的特征之一，是校对主体多元化与专业化相结合。所谓主体多元化，是指作者、编者和专职校对员共同参与校对，还有社外人员参与校对活动，从而形成校对主体群。作者校对属于自校，编辑校对属于半自校。他们共同的优势是：对书稿内容的把握，对相关知识的熟悉。共同的劣势是：因习惯线性阅读难以感知个体字符的差异，因思维定式而往往对差错"熟视无睹"。社外校对人员，技术、经验、心态和责任心一般不如社内专职校对员。因此，校对主体多元化必须与专业化相结合，并且以社内专职校对员为校对主体群的核心。所谓以社内专职校对员为核心，有三层意思：其一，出版社必须建立专业校对机构，对全社校对工作进行统一组织和全程监控；其二，出版社必须配备足够的专职校对员（编校人员配备的科学比例为 3∶1，不应少于 5∶1），并由专职校对员担任责任校对；其三，必须由中级以上职称的校对员或工作认真、经验丰富的其他校对员来做三校，把好终校关。

5.3　集体交叉校对与责任校对相结合。现代校对的特征之二，是集体交叉校对与责任校对相结合。集体交叉校对，是指由不同职级、不同专长的校对者分别负责不同校次的校对，一般不得采取一人包校的做法。集体交叉校对，可以避免一人包校的知识局限和反复校读导致对差错"熟视无睹"，有利于最大限度地消灭差错。同时，集体交叉校对还是一种相互检查、相互监督的有效方式。但是，集体交叉校对也存在不足，主要是校对者对差错的认定不会完全一致，大部头书稿分章集体交叉校对，还会造成版面格式处理的不统一。因此，在集体交叉校对的基础上，还必须实行责任校对制。责任校对是本书校对工作的总责任人和总协调员，参与本书校对全过程，承担终校或通读检查（通读检查也可以由责任编辑承担）以及文字技术整理，协助责任编辑解决校对质疑，并最后核对付印清样。责任校对应在书名页上署名，以示对本书的校对质量负责。

5.4　校对质疑与编辑排疑相结合。校对质疑编辑排疑，是现代校是非的基本形式。校对员的校是非，不同于编辑的文字加工，两者有质的区别。校是非的任务是改错，即通常说的清除硬伤，不做篇章布局调整、思想内容提升和文字润色的工作。对于明显的错字、别字、多字、漏字、错简字、错繁字、互倒、异体字、旧字形、非规范的异形词，专名错误，不符合国家规范标准的标点符号用法、数字用法、量和单位名称及符号书写，不符合设计要求和规范的版面格式，校对员应当予以改正，但改后须经责任编辑过目认定。发现了语法错误、逻辑错误以及事实性、知识性、政治性错误，校对员无权修改，只能用灰色铅笔标注表示质疑，并且提出修改建议，填写"校对质疑表"，连同校样由责任校对送给责任编辑排疑。责任编辑应当认真地对待校对质疑，虚心采纳正确的修改建议。对于认定的修改建议，用色笔圈画表示照此修改；对于不拟采纳的修改建议，则打×表示删去（不要用色笔涂抹，保留校对质疑笔迹，以备需要时查检）。要建立激励机制，鼓励校对员质疑，校对员质疑经责任编辑认定后，应当给予质疑者适当的奖励，其质疑表应当存入个人业务档案，作为考察校对员业务水平、晋升专业职称的依据。

6. 书稿及校样差错的基本类型

校对以猎错改错为基本职责，校对工作者对原稿和校样上可能存在的差错类型心中要有数，这样才能更加自觉地猎错改错。

原稿和校样上存在着各种差错，归纳起来主要有如下 10 种类型：

6.1　文字差错。包括错别字、多字、漏字、错简、错繁、互倒、异体字、旧字形等，出现频率最高的是错别字。错别字是错字和别字的合称。像字但不是字叫做错字；是字但用在此处不当的字叫做别字。通常说的错别字，主要是指别字。

文字差错还有一种类型，即外文字母使用错误和汉语拼音错误。常见的错误有：各文种字母混用；大小写、正斜体不符合规范；汉语拼音违反《汉语拼音正词法基本规则》及声调标注错误。

6.2　词语差错。常见的词语差错有：（1）错用词语；（2）褒贬不分；（3）异形词选用不符合规范；（4）生造词；（5）错用成语。

6.3　语法错误。包括词法错误和句法错误。

常见的词法错误有：（1）名词、动词、形容词使用不当；（2）数量表达混乱；（3）指代不明；（4）副词、介词、连词使用不当。

常见的句法错误有：（1）搭配不当；（2）成分多余或残缺；（3）语序不当；（4）句式杂糅；（5）歧义；（6）不合事理。

6.4　数字使用差错。《出版物上数字用法的规定》（GB/T 15835—1995）是判断数字使用正误的国家标准，但对不同类型的图书有不同的要求：（1）《出版物上数字用法的规定》不适用于文学作品和重排古籍；（2）使用阿拉伯数字，要求"得体"和"局部统一"；（3）科技图书必须严格遵循《出版物上数字用法的规定》的标准。

6.5　标点符号使用差错。《标点符号用法》（GB/T 15834—1995）是判断标点符号使用正误的国家标准。标点符号有两大类：点号（7个）和标号（9个）。常见的标点符号使用差错，主要是点号错用：（1）该句断的不用句号；（2）句子内部该停顿的地方没用逗号，不该停顿的地方误用逗号；（3）非并列词语之间误用顿号，没有停顿的并列词语之间误用顿号，不同层次的停顿使用顿号造成结构层次混淆；（4）滥用分号，如并列词语之间误用分号，非并列关系的单重复句内分句间误用分号，不在第一层的并列分句之间误用分号，应该用句号断开的两个独立的句子误用分号；（5）有疑问词但并非疑问句误用问号；（6）有惊叹词但并非惊叹句误用叹号；（7）整句引文误将句号置于引号外，非整句引文误将句号置于引号内。（8）表示约数的两个数字误用阿拉伯数字或两个汉字数字之间误用顿号。（编者注：6.4、6.5中提及的《出版物上数字用法的规定》（GB/T 15835—1995）、《标点符号用法》（GB/T 15834—1995）已分别被新的国家标准《出版物上数字用法》（GB/T 15835—2011）、《标点符号用法》（GB/T 15834—2011）替代，编辑出版工作应执行新标准。有关新标准的具体内容详见本书下编。）

6.6　量和单位使用差错。除古籍和文学读物外，所有出版物特别是教科书和科技图书，在使用量和单位的名称、符号、书写规则时，都应符合国家技术监督局 1993 年发布的国家标准《量和单位》（GB 3100～3102－93）的规定。常见的量和单位使用错误有：（1）量名称不规范；（2）量符号不规范；（3）单位名称书写错误；（4）单位中文符号的书写和使用不准确；（5）单位国际符号书写和使用错误；（6）SI 词头符号的书写和使用不正确；（7）组合单位中文符号和国际符号混合构成的错误；（8）使用非法定单位或已废弃的单位名称；（9）图表中在特定单位表示量的数值时未采用标准化表示方式；（10）数理公式和数学符号的书写或使用不正确。

6.7　版面格式错误。常见的版面格式错误有：（1）规格体例不统一；（2）相关项目不一致；（3）文图、文表不衔接，不配套；（4）各种附件与正文排版格式不规范。

6.8　事实性错误。常见的错误有：事实有误；年代有误；数据有误。

6.9　知识性错误。要注意防范一般知识性错误，更要特别注意防范伪科学和反科学。

6.10　政治性错误。要注意防范政治立场、政治观点、政治倾向错误以及导向性、政策性错误。

7. 校对管理

7.1　校对人才培养。校对是出版行业里的特殊专业，需要具备特殊素质的特殊人才。现代校对人才必须具备如下基本素质：（1）熟悉语言文字的各种规范，掌握语言文字的出错规律，对语言文字使用错误有较强的辨识力；（2）通晓图书版面格式知识，能敏锐地发现版面格式错误；（3）熟练地掌握各种校对方法，并且善于综合运用；（4）具备比较广博的知识积累，不同学科图书的校对人才还必须掌握相关学科的基本知识；（5）能够熟练地使用工具书；（6）具备良好的心理素质，耐得寂寞，注意集中，自觉地控制情绪，保持良好的心态。

应当提高专职校对员从业准入学历，从事校对职业的学历为大学本科。对校对人员应进行系统的岗位培训，坚持持证上岗制度。按照终身教育的要求，对校对从业人员实行定期轮训的制度。校对专业技术职务，应纳入编辑系列，注重培养副编审、编审级的高级校对人才。

7.2 人本化管理。管理者要以人为本，尊重人才，善待人才，满足校对人员的精神需求，提高他们的思想、道德、文化和业务素质，培养社会责任意识，激发积极性、主动性和创造性。要营造人与人之间沟通、和谐、合作的氛围，使管理成为一种文化、一种凝合剂、一种驱动力。校对工作适合量化管理，不但工作任务可以量化，工作质量也可以量化。但是，在实施量化管理时，要同时建立激励机制，在校对功能向"校是非"为主转移的当代，单纯的量化奖惩的作用是有限的。校是非是一种心理过程，不仅是个人文化和技能功底的展现，还是个人职业道德和心理素质的展现。校对管理要培养人的职业志趣，激发人的成就感，为人的自我发展、为高级校对人才的成长创造条件。

7.3 量化管理。包括校对任务量化和校对质量量化两个方面。

校对任务量化管理，通称定额管理，即给校对人员规定校对工作量定额。校对工作量定额以字数为单位，日定额即每人一个工作日应当完成的校对字数，月定额即每人一个月实际工作日内应当完成的校对字数。当月月定额与实际完成校对字数之差，即当月的超额或缺额。超额部分按超额劳动另付报酬。缺额部分应在下月补齐。校对工作是脑体并用的劳动，过度的身心疲劳会影响校对质量，因此，非特殊情况不宜加班加点校对，平时也应对超额劳动进行必要的限制。按照平均先进的原则，一个工作日的校对定额以 20 000 字为宜，每月按 20 个工作日计算，月定额以400 000 字为宜。这个定额是一般标准，不同类型的书稿，校对定额应当有所差别，这个差别可用系数方法求出，增减幅度以日定额最低 15 000 字、最高 25 000 字为宜。核红、过红与文字技术整理的工作量可折算校对字数。二校、三校前的核红，过红与文字技术整理，均按校样总字数的 20％折算工作量。机校及其整理工作，按校样总字数的 30％折算工作量。样书检查按图书总字数的 30％折算工作量。

质量量化管理，即将校对质量进行量化，对不同校次规定"灭错率"或"留错率"。灭错率按百分比计算，即以差错总数为分母，以发现并改正的差错为分子，乘以 100/100，得出百分比。留错率即漏改的差错占校对总字数的比率，按万分比计算，以校对总字数为分母，以校后遗留差错为分子，乘以 10000/10000，得出万分比。通常要求：一校灭错率为 75％；二校灭错率为一校留错的 75％；三校原则上要消灭全部残存差错，最低标准为留错率不超过 1/10000，超过此限的为不合格。

在实施校对管理时，既要计算校对完成量（定额），又要检查校对质量指标。如果质量没有达到规定的量化指标，就应扣减相应校对完成字数作为惩罚；如果校对质量高于规定的量化指标，则应增加相应校对完成字数作为奖励。校对人员发现了原稿的错误，应视错误的性质给予物质奖励。校对字数计算方法，依据《图书质量管理规定》的附件《图书编校质量差错率的计算方法》的相关规定。

7.4　校对档案管理。校对的档案是出版档案的组成部分，一种图书的校对工作完成之后，应将校对档案及时整理归档。校对档案的内容包括：（1）校对登记表；（2）校对质疑表；（3）样书质量检查记录；（4）重印书质量检查记录；（5）送审图书质量检查记录。

7.5　外校管理。外校即由社外人员承担部分校对任务。在社内专职校对人员不足的情况下，适当使用社外校对力量，作为社内校对力量的补充，实践证明是可行的。但是，外校活动在社外循环，如果放任自流，质量是毫无保证的。所以，必须加强外校管理，将社外校对活动置于统一的、有效的监控之下。外校管理的主要内容如下：（1）严格考核选用合适人才，建立素质较高、适合本社出书学科门类需要、相对稳定的社外校对队伍；（2）对社外校对人员定期进行业务培训和业务考核，不适合继续做校对工作的要及时淘汰；（3）外校人员一般只能承担一校、二校，只有少数退休的专业校对人员，或经过考核确能胜任者，方可委以三校；（4）由专业校对机构统一组织外校，统一实施外校全程监控；（5）外校管理也应以人为本，尊重外校人员，激发他们的积极性、主动性和创造性；（6）实行计件付酬和质量量化检查相结合的管理制度，外校按千字为单位计酬，报酬应根据书稿类型及校对难易度而定，一般每千字校对报酬1～5元。没有达到质量指标者扣减相应计件报酬，校对质量高于规定指标，或排除了重大错误，应当提高报酬标准，或给予物质奖励。

校对符号及其用法

（GB/T 14706—93，国家技术监督局 1993 年 11 月 16 日批准，1994 年 7 月 1 日起实施）

1　主题内容与适用范围

本标准规定了校对各种排版校样的专用符号及其用法。

本标准适用于中文（包括少数民族文字）各类校样的校对工作。

2　引用标准

GB 9851　印刷技术术语

3　术语

3.1　校对符号　proofreader's mark

以特定图形为主要特征的、表达校对要求的符号。

4　校对符号及用法示例

编号	符号形态	符号作用	符号在文中和页边用法示例	说　明
			一、字符的改动	
1		改正	增高出版版质量。（提）　改革开收（效）	改正的字符较多，可用线在页边画起来　必须更换的损、坏、污字也用改正符号画出　有困难时，可用线在页边圈起来清改正的范围
2		删除	提高出版物物质量。	
3		增补	要摘好校工作。（对）	增补的字符较多，可用线在页边画起来　有困难时，可用线在页边圈起来清增补的范围
4		改正上下角	$16=40$　H_2SO_4　尼古拉 费欣　$0.25+0.25=0.5$　举例 $2\times3=6$　$X/Y=1:2$	

续表

编号	符号形态	符号作用	符号在文中和页边用法示例	说　明
			二、字符方向位置的移动	
5		转　正	字符颠倒要转正。	
6		对　调	认真经验总结。 认真验经结总。	用于相邻的字词 用于隔开的字词
7		接　排	要重视校对工作， 提高出版物质量。	
8		另起段	完成了任务。明年……	

续表

编号	符号形态	符号作用	符号在正文中和页边用法示例	说明
9		转 移	校对工作,提高出版物质量要重视。 "以上引文均见中文新版《列宁全集》。 …… 各位编委: 编者　年　月	用于行间附近的转移 用于相邻行首末衔接字符的转移 用于相邻页首末衔接行段的转移
10	⊔ ⊓ 或 T ⊥	上下移	 序号　名称　数量 01　显微镜　2	字符上移到缺口左右水平线处 字符下移到箭头所指的短线处

续表

编号	符号形态	符号作用	符号在文中和页边用法示例	说　明
11	或	左右移	——要重视校对工作，提高出版物质量。 3　4　5　6　5　唱 双呼	字符左移到箭头所指的短线处 字符左移到缺口上下垂直线处 符号画得太小时，要在页边重标
12		排　齐	校对工作非常重要必须提高印刷质量，缩短印刷周期。 国家标准	
13		排阶梯形	RH₂	

续表

编号	符号形态	符号作用	符号在文中和页边用法示例	说　明
14		正　图		符号横线表示水平位置，竖线表示垂直位置，箭头表示上方

三、字符间空距的改动

编号	符号形态	符号作用	符号在文中和页边用法示例	说　明
15		加大空距		表示在一定范围内适当加大空距；横式文字画在字头和行头之间

续表

编号	符号形态	符号作用	符号在文中和页边用法示例	说　明
16	︿	减小空距	二、校对程序	表示不空或在一定范围内适当减小空距
	﹀		校对胶印读物、影印书刊的注意事项：	横式文字画在字头和行头之间
17	＃ ╪ ╪ ╪	空 1 字距 空 1/2 字距 空 1/3 字距 空 1/4 字距	第一章校对职责和方法　　1. 责任校对	多个空距相同的，可用引线连出，只标示一个符号
18	Y	分开	Goodmorning	用于外文

续表

四、其他

编号	符号形态	符号作用	符号在文中和页边用法示例	说明
19	△	保　留	认真搞好校对工作。	除在原删除的字符下画△外，并在原删除符号上画两竖线
20	○=	代　替	蓝色的程度不同，从浓色到深色具有多种层次，如天蓝色、湖蓝色、海蓝色、宝蓝色……	同页内有两个或多个相同的字符需要改正的，可用符号代替，并在页边注明

续表

编号	符号形态	符号作用	符号在正文中和页边用法示例	说　明
21	○○○	说　明	改黑体 第一章 校对的职责	说明或指令性文字不要圈起来，在其字下画圈，表示不作为改正的文字。如说明文字较多时，可在首末各三字下画圈。

5　使用要求

5.1　校对校样，必须用色笔（墨水笔、圆珠笔等）书写校对符号和示意改正的字符，但是不能用灰色铅笔书写。

5.2　校样上改正的字符要书写清楚。校改外文，要用印刷体。

5.3　校样中的校对引线要从行间画出。墨色相同的校对引线不可交叉。

附　录　A

校对符号应用实例

（参考件）

[例] 今用伏安法法测一线圈的电感。当接入 36V 直流电源时，的通过电流为 6A；当备入 220V、50Hz 的交流电源时的电流为 22A。算什我圈的电感。

[解] 在直流电路中电感不起作用，即 $X_{(L)} = 2\pi f = 0$（直流电也可看成是频率 $f = 0$ 的交流电）。由此可算出线圈的电阻为

$$R = \frac{U}{I} = \frac{36}{6} = 6\,\Omega$$

接在交流电源上，线圈的阻抗为

$$Z = \frac{U}{I} = \frac{220}{22} = 10\,\Omega$$

线圈的感抗为 $X_L = \sqrt{Z^2 - R^2} = \sqrt{10^2 - 6^2} = 8\ \Omega$

故线圈的电感为

$$L = \frac{X_L}{2\pi f} = \frac{8}{2\pi \times 50} = 0.025\ \text{H} = 25\ \mu\text{H}$$

第七节　电容电路

电容器接在直流电源上（如图3—13甲所示），电路呈断路状态。若把它接在交流电源上，情况就不一样。电容器版上的电荷与两端电压的关系为 $q = c_u c_o$ 当电压 u_c 升高时，极版上

附加说明：

本标准由中华人民共和国新闻出版署提出。

本标准由全国印刷标准化技术委员会归口。

本标准由人民出版社负责起草。

辞书编纂符号

（GB/T 11617—2000，neq ISO 1951：1997，国家质量技术监督局 2000 年 10 月 17 日批准，2001 年 5 月 1 日起实施）

1　范围

本标准规定了辞书编纂符号及其用法。

本标准适用于：语文辞书、专业辞书、词汇集、术语库、有关辞书编纂和信息文献工作的著作。

本标准不涉及术语标准编排格式中所使用的规划。有关这方面的内容见 GB/T 1.6—1997。

2　引用标准

下列标准所包含的条文，通过在本标准中引用而构成为本标准的条文。本标准出版时，所示版本均为有效。所有标准都会被修订，使用本标准的各方应探讨使用下列标准最新版本的可能性。

GB/T 1.6—1997　标准化工作导则　第 1 单元：标准的起草与表述规则　第 6 部分：术语标准的编写规定（neq ISO 10241:1992）

GB/T 2659—2000　世界各国和地区名称代码（eqv ISO 3166-1:1997）

GB/T 4880—1991　语种名称代码（eqv ISO 639:1988）

GB/T 4880.2—2000　语种名称代码　第 2 部分:3 字母代码(eqv ISO 639-2:1998)

GB/T 8565.3—1988　信息处理　文本通信用编码字符集　第三部分:按页成象格式用控制功能(eqv ISO 6937/3:1987)

GB 13000.1—1993　信息技术　通用多八位编码字符集(UCS)　第一部分:体系结构与基本多文种平面(idt ISO/IEC 10646.1:1993)

ISO 999:1975　文献出版物索引

3　定义

本标准使用以下定义。

3.1　辞书编纂符号　lexicographical symbol

表述某些术语数据或辞书编纂数据的字母、标号符号、其他排版符号或图形符号,或上述元素的任意组合。

注:两个单词之间的间空可看作有意义的"字符"。

3.2　术语编纂　terminography

收集,记录,编排和描述术语及提供有关资料(如文献出处)的工作。

注:术语集可以用下述几种形式提供给使用者:术语库、术语附录、词汇表及其他形式的出版物。

4　语种名称代码和国家(地区)名称代码

在辞书编纂中使用语种名称代码和国家(地区)名称代码,应遵照 GB/T 4880,GB/T 4880.2 和 GB/T 2659 的规定。

5　辞书编纂使用的符号

下面列出适用于各类辞书编纂的符号和汉语辞书编纂使用的符号以及双语、多语辞书编纂使用的符号。它们的形式（包括间空的安排）应与 GB/T 8565.3 和 GB 13000.1 中制定的标准的字符集的原则一致。

辞书编纂常用符号如下。

5.1　各类辞书编纂使用的符号

编号	符号	名　称	说　明	举　例
5.1.1	X¹、X²、X³……	同形（同音）异义词号 homonym number	按阿拉伯数字顺序排列，数字置于词目右上角	白¹ 像霜或雪的颜色。 白² 错误 ▷写~字。 白³ 陈述、说明 ▷表~｜辩~。
5.1.2	❶❷❸ …… ① ② ③ ……	义项序号 sense number	置于多义项释义项的起始处 两种符号可并存使用	粹 ❶纯粹 ▷白~、而不杂。❷精华 ▷精~。 安 ①安定。②安全、平安。③安适。①安放、安置。⑤装设。⑥存着、怀着。
5.1.3	~	词目替代号 substitution of entry	置于示例中需要替代该词目处	搭配 ……这两个词~得不适当。
5.1.4	≈	同义词标志号 synonym indicator	置于被比较的同义词之间	友谊≈情谊

续表

编号	符号	名称	说明	举例
5.1.5	〈 〉	语域号 register indicator	将书面语、口语、方言等的缩略语置于其中	**尔**〈书〉①你。②如此、这样。 **蹩脚**〈方〉质量不好、本领不强 □～货。
5.1.6	〔 〕	字(词)省略 omission of Chinese word	将可省略的字或词置于其中	**accuracy** ①精确〔性〕。②精确〔密〕度。
5.1.7	( )	注释号 note	将释文中的补充说明置于其中	**顿挫** (语调、音律等)停顿、转折。
5.1.8	【 】 〖 〗	专业标志号 speciality indicator	将表示专业的缩略语置于其中 两种符号可并存使用	**contact** ❶接触。❷【电工】触点。触点；接触器。❸【数学】相切。 **纲** ❶鱼网上的总绳。喻指事物最主要的部分。❷【生】生物分类的一个阶元。门以下为纲，纲以下为目。
5.1.9	*	参见号 reference	置于释文中已收为词目之词的左上角，表示可以参见	**史记** 汉代*司马迁著。
5.1.10	·	同义词间隔号 separator of synonyms	置于释文中同义词之间	**功** 劝告、劝说。

续表

编号	符号	名称	说明	举例
5.1.11	；	同义词群间隔号 separator of synonym groups	置于释文中同义词群之间	face [feis] 脸，面孔；面貌，样子。
5.1.12	↔	反义词标志号 antonym indicator	置于被比较的反义词之间	出↔入

5.2　汉语辞书编纂使用的符号

编号	符号	名称	说明	举例
5.2.1	$^1X,^2X,$ $^3X\cdots$	字头笔画数 stroke number	置于同部首字左上角，以阿拉伯数字标出（除部首以外的笔画数）	^{3}杆 ^{4}板 ^{5}标
5.2.2	△	示例号 illustrative example	置于示例之前	辞令 交际场合应对得宜的话语△外交～。 辞让 客气地推让△他～了一番，才坐在前排。
5.2.3	｜	示例间隔号 separator of illustrative examples	置于释文中各示例之间	逞 显示△逞能｜逞威风。

续表

编号	符号	名称	说　明	举　例
5.2.4	◇	比喻号 metaphor indicator	置于释文中比喻用法之前	**敞开** 大开·打开▷大门～着◇～思想。
5.2.5	……	引文省略号 ellipsis indicator	置于示例引文中的省略处	**启蒙** 使初学者得到入门的基础知识……新月任还是很小的时候……就同时受到了汉、英两种语言的启蒙教育。

5.3　双语、多语辞书编纂使用的符号

编号	符号	名称	说　明	举　例
5.3.1	[ ]	注音 phonetic notation	用于放置音标	**China**['tʃainə] *n.* 中国：East～华东。
5.3.2	/	示例间隔号 separator of illustrative examples	置于各示例之间	**keen** *adj.* 锋利的、刺人的·尖锐的 锋利的刀/a～scent 刺鼻的气味/～criticism 尖锐的批评。
5.3.3	-	移行号 hyphen	用于外文单词需移行处	**共同** common：～语言 common language/～敌人 common enemy.

使用文字作品支付报酬办法

（国家版权局、国家发展和改革委员会第 11 号令，
2014 年 8 月 21 日通过，2014 年 11 月 1 日起施行）

第一条 为保护文字作品著作权人的著作权，规范使用文字作品的行为，促进文字作品的创作与传播，根据《中华人民共和国著作权法》及相关行政法规，制定本办法。

第二条 除法律、行政法规另有规定外，使用文字作品支付报酬由当事人约定；当事人没有约定或者约定不明的，适用本办法。

第三条 以纸介质出版方式使用文字作品支付报酬可以选择版税、基本稿酬加印数稿酬或者一次性付酬等方式。

版税，是指使用者以图书定价×实际销售数或者印数×版税率的方式向著作权人支付的报酬。

基本稿酬，是指使用者按作品的字数，以千字为单位向著作权人支付的报酬。

印数稿酬，是指使用者根据图书的印数，以千册为单位按基本稿酬的一定比例向著作权人支付的报酬。

一次性付酬，是指使用者根据作品的质量、篇幅、作者的知名度、影响力以及使用方式、使用范围和授权期限等因素，一次性向著作权人支付的报酬。

第四条 版税率标准和计算方法：

（一）原创作品：3%—10%

（二）演绎作品：1%—7%

采用版税方式支付报酬的，著作权人可以与使用者在合同中约定，在交付作品时或者签订合同时由使用者向著作权人预付首

次实际印数或者最低保底发行数的版税。

首次出版发行数不足千册的，按千册支付版税，但在下次结算版税时对已经支付版税部分不再重复支付。

第五条　基本稿酬标准和计算方法：

（一）原创作品：每千字 80—300 元，注释部分参照该标准执行。

（二）演绎作品：

1．改编：每千字 20—100 元

2．汇编：每千字 10—20 元

3．翻译：每千字 50—200 元

支付基本稿酬以千字为单位，不足千字部分按千字计算。

支付报酬的字数按实有正文计算，即以排印的版面每行字数乘以全部实有的行数计算。占行题目或者末尾排不足一行的，按一行计算。

诗词每十行按一千字计算，作品不足十行的按十行计算。

辞书类作品按双栏排版的版面折合的字数计算。

第六条　印数稿酬标准和计算方法：

每印一千册，按基本稿酬的 1% 支付。不足一千册的，按一千册计算。

作品重印时只支付印数稿酬，不再支付基本稿酬。

采用基本稿酬加印数稿酬的付酬方式的，著作权人可以与使用者在合同中约定，在交付作品时由使用者支付基本稿酬的 30%—50%。除非合同另有约定，作品一经使用，使用者应当在 6 个月内付清全部报酬。作品重印的，应在重印后 6 个月内付清印数稿酬。

第七条　一次性付酬的，可以参照本办法第五条规定的基本稿酬标准及其计算方法。

第八条　使用演绎作品，除合同另有约定或者原作品已进入公有领域外，使用者还应当取得原作品著作权人的许可并支付报酬。

第九条　使用者未与著作权人签订书面合同，或者签订了书面合同但未约定付酬方式和标准，与著作权人发生争议的，应当按本办法第四条、第五条规定的付酬标准的上限分别计算报酬，以较高者向著作权人支付，并不得以出版物抵作报酬。

第十条　著作权人许可使用者通过转授权方式在境外出版作品，但对支付报酬没有约定或约定不明的，使用者应当将所得报酬扣除合理成本后的70%支付给著作权人。

第十一条　报刊刊载作品只适用一次性付酬方式。

第十二条　报刊刊载未发表的作品，除合同另有约定外，应当自刊载后1个月内按每千字不低于100元的标准向著作权人支付报酬。

报刊刊载未发表的作品，不足五百字的按千字作半计算；超过五百字不足千字的按千字计算。

第十三条　报刊依照《中华人民共和国著作权法》的相关规定转载、摘编其他报刊已发表的作品，应当自报刊出版之日起2个月内，按每千字100元的付酬标准向著作权人支付报酬，不足五百字的按千字作半计算，超过五百字不足千字的按千字计算。

报刊出版者未按前款规定向著作权人支付报酬的，应当将报酬连同邮资以及转载、摘编作品的有关情况送交中国文字著作权协会代为收转。中国文字著作权协会收到相关报酬后，应当按相关规定及时向著作权人转付，并编制报酬收转记录。

报刊出版者按前款规定将相关报酬转交给中国文字著作权协会后，对著作权人不再承担支付报酬的义务。

第十四条　以纸介质出版方式之外的其他方式使用文字作品，除合同另有约定外，使用者应当参照本办法规定的付酬标准和付酬方式付酬。

在数字或者网络环境下使用文字作品，除合同另有约定外，使用者可以参照本办法规定的付酬标准和付酬方式付酬。

第十五条 教科书法定许可使用文字作品适用《教科书法定许可使用作品支付报酬办法》。

第十六条 本办法由国家版权局会同国家发展和改革委员会负责解释。

第十七条 本办法自 2014 年 11 月 1 日起施行。国家版权局 1999 年 4 月 5 日发布的《出版文字作品报酬规定》同时废止。

参考文献

1. 中国社会科学院语言研究所词典编辑室. 现代汉语词典：7 版 [M]. 北京：商务印书馆，2016.

2. 中国出版工作者协会校对研究委员会. 关于校对工作的两个建议 [S]. 1998.

3. 谢文庆. 编辑实用汉语 [M]. 哈尔滨：黑龙江教育出版社，1988.

4. 宋孟寅，马保超，董其芬，等. 实用出版词典 [M]. 太原：书海出版社，1988.

5. 王业康. 简明编辑出版词典 [M]. 北京：中国展望出版社，1988.

6. 李延沛，龚江红. 编辑出版手册 [M]. 哈尔滨：黑龙江人民出版社，1999.

7. 新闻出版总署图书出版管理司，中国标准出版社. 作者编辑常用标准及规范 [M]. 北京：中国标准出版社，1997.

8. 新闻出版总署图书出版管理司. 图书出版管理手册 [M]. 杭州：浙江教育出版社，2001.

9. 王均. 语文现代化论丛：第三辑 [M]. 北京：语文出版社，1997.

10. 苏培成，尹斌庸. 现代汉字规范化问题 [M]. 北京：语文出版社，1995.

11. 广东省教育厅材料编审室. 语言文字应用规范手册 [M]. 广州：暨南大学出版社，1998.

12. 教育部，国家语言文字工作委员会. 通用规范汉字表 [M]. 北京：语文出版社，2013.